Stefan Schweizer

50 Jahre RAF

Die ganze Geschichte

swb media entertainment

Bibliografische Information der Deutschen Nationalbibliothek:
Die Deutsche Nationalbibliothek verzeichnet diese Publikation in der Deutschen Nationalbibliografie; detaillierte bibliografische Daten sind im Internet über http://dnb.d-nb.de abrufbar.

Veröffentlicht im Südwestbuch Verlag, einem Unternehmen der
SWB Media Entertainment Jürgen Wagner, Waiblingen, September 2020

3. Auflage 2020
ISBN 978-3-96438-050-0

Lektorat: Martin Müncheberg
Titelgestaltung: Dieter Borrmann
Titelfotoanimation: © Dieter Borrmann
Satz: abc-satz, Waiblingen
Druck, Verarbeitung: Druck, Verarbeitung: Custom Printing, Warszawa
Für den Druck des Buches wurde chlor- und säurefreies Papier verwendet.

Ausführliche Informationen über unsere Autoren und Bücher finden Sie auf unserer Webseite www.suedwestbuch.de

Stefan Schweizer
50 Jahre RAF

Inhalt

1 Kritik aneignen

Literaturagenten, Verleger und Buchhändler sind sich einig, dass der Markt für Sachbücher und Belletristik über die Rote Armee Fraktion (RAF) umkämpft ist. Ein Blick auf die über die Jahre hinweg erschienenen Neuveröffentlichungen bestätigt diese Annahme.

Umso erfreulicher ist es, dass mein Sachbuch „RAF 1.0-3.0: Ideologie, Strategie, Attentate" reichlich Absatz gefunden hat und somit „gut gelaufen" ist. Auch nach über einem Jahr findet sich das Buch immer wieder unter den Top-Ten-Bestsellern in der Kategorie RAF bei Amazon.[1]

Der Nachfolgeband „RAF 3.0+: Zerfall, Auflösung, Überfälle (1992-2017)" konnte zwar nicht ganz an den Erfolg seines Vorgängerbandes anknüpfen, erzielte aber dennoch einen Achtungserfolg. Die etwas geringere Nachfrage ist beinahe logisch, da die dort besprochene und analysierte Zeitspanne viel kürzer als diejenige des ersten Bandes ist, und es sich „lediglich" um den Abgesang und das fulminante Ende einer bewaffneten Widerstandsgruppe handelt, die zunächst Westdeutschland und dann das wiedervereinigte Deutschland knapp 30 Jahre lang in Angst und Schrecken versetzt und die Herrschenden das Fürchten gelehrt hat.

Neben dem verlegerischen und buchhändlerischen Erfolg gilt es für einen lernwilligen Autor die an ihm und seinen Werken geäußerte Kritik im Auge zu behalten, um gegebenenfalls davon zu lernen. Dabei ist es für einen Schriftsteller schwierig, die richtige Balance zwischen Rückgrat und dem Akzeptieren von berechtigten Kritikpunkten zu bewahren. Ich bin der Meinung, dass sich ein Autor nur durch die konstruktive Annahme berechtigter Kritik weiter zu entwickeln in der Lage ist. Die Resonanz zu den beiden oben genannten RAF-Sachbüchern war in der Summe durchaus positiv.

Einzelne negative Kritiken gab es natürlich dennoch – das ist bei dem behandelten Gegenstand beinahe unausweichlich. So wurde mir zum Beispiel von Leser*innen der Vorwurf gemacht, dass die Bände sehr dünn seien. Das stimmt. Dem Manko der Kürze versuche ich durch dieses Sachbuch zu begegnen, da ich hier die „ganze Geschichte der RAF" erzähle. Konkret bedeutet das, dass dieses Buch seitenmäßig deutlich umfangreicher als die beiden „Vorgängerbände" ausgefallen ist. Es handelt sich dabei aber um mehr als ein schlichtes „Zusammenschreiben" der Bücher „RAF 1.0-3.0" und „RAF 3.0+". Zudem wird der

Großteil der seitdem neu erschienenen RAF-Literatur bei entsprechender Eignung berücksichtigt.

Ein gleich zweimal zu hörender Vorwurf lautete, dass ich mich ausschließlich auf die RAF-Texte beziehe und ansonsten keine direkten Zitate aus der vorhandenen Sekundärliteratur verwende. Einerseits verkennt diese Kritik die von mir mehrfach beschriebene Vorgehensweise. Ich habe schließlich immer erklärt, dass ich die RAF an ihren eigenen Maßstäben beurteilen, messen und keine in der Sekundärliteratur häufig anzutreffenden Vorverurteilungen übernehmen möchte. Dies stellt eine Besonderheit meiner beiden RAF-Sachbücher dar, die es ansonsten (meines Wissens nach) nicht anzutreffen gibt und die hier insofern etwas modifiziert wird, da sich das Gros der Zitate erneut ausschließlich auf RAF-Texte bezieht, aber auch wichtige Sekundärliteratur berücksichtigt und zitiert wird.

Zudem habe ich nie den Anspruch erhoben, methodologisch und methodisch „streng wissenschaftlich" verfahrende Bücher zu schreiben. Diese Kritik stammte von einem Amazon-Leser, der sich darüber beschwerte, dass „RAF 1.0-3.0" wohl kaum wissenschaftlichen Standards genügen würde. Solche Kritik verwundert, da ich offengelegt habe, dass es sich bei meinen Büchern um populärwissenschaftliche Sachbücher handelt. Abgesehen davon bin ich der Meinung, dass beide Sachbücher mindestens das wissenschaftliche Niveau anderer solcher besitzen, von hochintellektuellen und sonderspezifischen Arbeiten wie denjenigen von Wolfgang Kraushaar einmal abgesehen.

Dennoch haben mich beide Kritikpunkte dazu bewegt, an dem neuen Buch einiges hinsichtlich Zuschnitt und Vorgehensweise zu verändern, vor allem insofern es zur Verbesserung des Buchs beiträgt.

Ich werde also außer den RAF-Selbstbekundungen auch ausgewählte Sekundärliteratur zu Wort kommen lassen. Entweder, weil mich der/die Autor*in zur Gänze mit seinen/ihren Ansichten überzeugt hat oder weil ich im Gegenteil dazu der Meinung bin, dass es sich bei den Behauptungen um verzerrte oder falsche Darstellungen handelt. Das vorliegende Buch wird also insofern „wissenschaftlicher", da ich mehr Sekundärliteratur inkorporiere und diese auch direkt zitiere.

Zur Methodik: Es handelt sich nach wie vor um die hermeneutische Methode, die jeden Text als Interpretament ernst nimmt und versucht, die Kernaussagen eines Textes zu extrahieren und zu verdeutlichen, was bei RAF-Texten zugegebenermaßen nicht immer ganz einfach ist. Das führt mitunter auch dazu, dass etwas längere Textpassagen aus dem RAF-Text-Korpus zitiert werden, was einen anderen Amazon-Leser dazu verleitete mir zu unterstellen, dass ich lediglich aus RAF-Texten zitieren würde, und er selbst die Originalschriften nachlesen könne. Dass eine solche Kritik (wie auch immer motiviert) am Kern der Sache vorbeigeht, versteht sich (glaube ich) von selbst.

Am unzutreffendsten empfand ich allerdings den Kritikpunkt eines der führenden deutschen Linksextremismus-Forscher, Prof. Dr. Eckhard Jesse. Dieser lobte „RAF 1.0-3.0“ zum Teil und kritisierte (teilweise zu Recht) Redundanzen, die hier hoffentlich nicht mehr auftauchen werden. Dass er mich dabei pejorativ und pauschal als „Lehrer“ abqualifizierte, sagt mehr über Herrn Jesse als über die Qualität meiner Bücher aus.

Seine Kernkritik besteht darin, dass ich versucht habe, einen Kausalnexus zwischen der Ideologie, der Strategie und den Attentaten der RAF herzustellen. Jesse wörtlich dazu: „Damit geht Schweizer der RAF auf den Leim. Hauptziel der zweiten Generation war schlicht, die Mitglieder der ersten freizupressen.“[2]

Ein Vorwurf auf solch einem Niveau von einer vermeintlich fachlichen „Éminence Grise“ mit einer angeblich hervorragenden wissenschaftlichen Reputation ist schlichtweg indiskutabel. In einem solchen Fall kann ich mir die Mühe sparen und die RAF sofort als einen Haufen unpolitischer und mit Waffengewalt agierender Irrer abstempeln. Ich möchte nicht behaupten, dass es keine Autor*innen gibt, die so verfahren und die zu solch einem Ergebnis kommen. Was Prof. Jesse implizit fordert, ist, dass eine Vorverurteilung der RAF zu erfolgen habe, bevor überhaupt eine inhaltliche Auseinandersetzung stattfindet.

Dieses Anliegen belegt meines Erachtens einen professoralen Dünkel und eine ausgeprägte Selbstüberschätzung, die hier aber nicht weiter diskutiert werden sollen, denn es soll um die RAF und ihre Inhalte und nicht um einen eher belanglosen „Zwist“ zwischen einem Autor und seinem Kritiker gehen.

Trotz dieser „prominenten“ Kritik bleibe ich dabei, der RAF einen politischen Gehalt und politische Anliegen zu konzedieren. Dass die RAF nicht in der Lage war, ihre selbst gesetzten politischen Ansprüche einzulösen und dass Waffengewalt in einer Demokratie keine Lösung zur Durchsetzung politischer Inhalte sein kann, ist ein anderes Thema. Ich gehe aber nach wie vor davon aus, dass die RAF-Strategiepapiere, die RAF-Bekennerschreiben, die RAF-Briefe und weitere schriftliche RAF-Artikulationen ernst zu nehmende Texte sind, die eine inhaltlich-hermeneutische und soziopolitische Auseinandersetzung verdient haben.

Hermeneutik meint dabei sowohl die Lehre von der Auslegung und der Erklärung eines Texts (also der RAF-Texte) sowie das Verstehen von Sinnzusammenhängen und Lebensäußerungen aller Art aus sich selbst heraus.[3] In unserem Zusammenhang liegt der daraus resultierende Fokus insbesondere auf den durch die RAF verursachten geschichtlichen Ereignissen. Insofern handelt es sich im vorliegenden Fall um eine Form der doppelten Hermeneutik, denn einerseits werden die schriftlichen und mündlichen RAF-Äußerungen als hermeneutisch zu interpretierende Testate angesehen, die aber nur im hermeneutischen Zusammenhang mit den Testaten im Zusammenhang stehenden historischen RAF-Handlungen betrachtet werden können. Erst danach ergibt sich meines Erachtens ein kompletter hermeneutischer Sinnzusammenhang in Sachen RAF. Einfacher ausgedrückt geht es eben auch im Wesentlichen um das Aufeinander-Beziehen und die interaktiv-rekursiven Verflechtungen von RAF-Worten und RAF-Taten.

2 Worum es geht

Schenkt man dem ehemaligen RAF-Mitglied Christof Wackernagel Glauben, dann war er Mitglied in einer Organisation, die es eigentlich nie gegeben hat: „Die RAF – als solche – hat es übrigens nie gegeben."[4] Mit diesem Paradoxon würde sich der Rest des vorliegenden Buches im Großen und Ganzen erübrigen.

Aber Wackernagel wird danach etwas spezifischer: „Die RAF – das war ihre Besonderheit, ihre Stärke wie ihre Schwäche – war ein Zusammenschluss von Individuen, in dem jedes eine eigene Vorstellung von der Idee der RAF hatte".[5]

Da Wackernagel Mitglied der sogenannten 2. RAF-Generation war, bleibt der Inhalt seiner schriftlichen Aussagen zunächst einmal so stehen. Allerdings verkennen Wackernagels Aussagen, dass sich die RAF als Kollektiv mehrfach geäußert hat. Denn die RAF-Strategiepapiere und die RAF-Bekennerschreiben waren alle mit dem „Kollektivsiegel" RAF unterschrieben. Das heißt, dass diese Texte eben nicht individuell mit Christof Wackernagel, Andreas Baader, Wolfgang Grams, Gudrun Ensslin, Brigitte Mohnhaupt oder Birgit Hogefeld unterzeichnet waren. Insofern ist die RAF tatsächlich als Organisation und als zusammenhängende Gruppe schriftlich in Erscheinung getreten. Individuelle Briefe von RAF-Kadern bilden im schriftlichen Textkorpus der RAF-Schriften dabei die Ausnahme. Die RAF hat sich durch die gemeinsamen Kommandoerklärungen als Kollektiv zu den von ihr begangenen Taten bekannt.

Dies wird durch Beispiele illustriert. Andreas Baader und Gudrun Ensslin haben nicht ausschließlich die persönliche Verantwortung für das Bombenattentat gegen die US-Streitkräfte in Frankfurt am Main getragen. Dazu bekannte sich nämlich ein (kollektives) Kommando „Petra Schelm".

Und es war nicht Wolfgang Grams persönlich, der ausnahmslos und alleinverantwortlich die Ausführung des Attentats gegen den Treuhandchef Carsten Rohwedder trug. Dies tat stattdessen das RAF-Kommando „Ulrich Wessel".

Um den Gedanken der kollektiven Verantwortung für die schriftlichen Ausführungen und die eng damit verbundenen Attentate zu unterstreichen, bediente sich die RAF bei ihren Kommando-Unternehmen der Namen verstorbener RAF-Mitglieder. Als der RAF dafür die Namen ausgingen, „lieh" sie sich Kommando-Namen von befreundeten Terrororganisationen wie der Irish Republican Army (IRA), der Grupos de Resistencia Antifascista Primero de Octubre (GRAPO) oder den Brigate Rosse (BR). Kurzum, es war die RAF als Ganzes, die den bewaffneten Kampf gegen das kapitalistisch-imperialistische System aufnahm und in den späteren Generationen fortführte.

Zwar mag es zutreffen, dass (wie Wackernagel behauptet) die individuellen Vorstellungen der RAF-Mitglieder über Ziele und Inhalte des bewaffneten Kampfs divergierten, aber die RAF zeichnete als Gesamtheit bzw. Kollektiv für ihren Kampf gegen Imperialismus und Kapitalismus und für eine menschliche Welt verantwortlich. Doch worum ging es eigentlich?

Erklärtes Ziel der RAF war es, die bestehende demokratische Gesellschaftsordnung in ihren Grundfesten durch bewaffnete Angriffe zu erschüttern und sie zu stürzen. Dabei ist es in unseren westlichen Demokratien eine Selbstverständlichkeit, dass alle Bürger*innen mit legalen Mitteln für politische Veränderungen kämpfen dürfen. Dafür stehen mannigfaltige Wege zur Verfügung.

Bürger*innen mit deutscher Staatsbürgerschaft dürfen an allen Wahlen teilnehmen und somit ihren politischen Willen artikulieren. Zudem ist es möglich, selbst politische Ämter und politische Verantwortung anzustreben. Aber auch gesellschaftspolitische Einflussnahme in Form der Beteiligung an Interessenverbänden oder Bürgerinitiativen ist (abseits des politischen Mainstreams) möglich. Zudem sind auch unkonventionelle Protestformen wie Demonstrationen oder Sit-ins als Form der politischen Willensbildung zugelassen, solange sie sich an bestehende Gesetze halten.

Heikel wird es höchstens (bezüglich der Legalität der politischen Willensartikulation) dann, wenn sich friedliche, rechtskonforme Demonstrant*innen mit Gruppen zusammentun, die für ihre Gewalttätigkeit bei Auseinandersetzungen mit der Staatsmacht bekannt sind. Diesbezügliche Beispiele sind der Kampf um den Erhalt des Hambacher Forstes und die mannigfaltigen Protestformen gegen die G20-Gipfel – zuletzt in der Hansestadt Hamburg.

Bei solchen „Events“ mischen sich immer wieder gewaltbereite Protestler*innen unter die ansonsten friedlichen Demonstrant*innen. Der „Schwarze Block“ und andere solcher Gruppen lassen schön grüßen. Abgesehen von den genannten Artikulationsmöglichkeiten politischer Willensbildung von unten gibt es auch zahlreiche weitere Partizipationsmöglichkeiten für die in Deutschland lebenden Bürger*innen.

Was in unserer freiheitlich-demokratischen Grundordnung nicht möglich ist, ist, den bewaffneten Kampf als Ultima Ratio einzusetzen, um eigene politische Ziele zu erreichen und dadurch die Gesellschaft nach eigenen Vorstellungen umzugestalten. Aber genau diesen Ansatz hat die RAF jahrzehntelang verfolgt. Dabei fragt sich bereits an dieser Stelle, wer ihr die Berechtigung verlieh, sich im Besitz der alleinigen, die Massen glücklich machenden Wahrheiten zu wähnen.

Ein alter RAF-Veteran vertraute mir einmal an, dass es sich bei den Zielen der RAF um eine Art „Glauben" handelte, nur dass dieser eben nicht religiös, sondern säkular begründet wurde. Bei immunisierend-holistischen Strategien sind solche Fragen, wer/warum/wann/wie legitimiert einen bewaffneten Kampf gegen bestehende Systemstrukturen führt, obsolet. Nicht vom Tisch ist für die Außenstehenden, wer die furchtbaren Terrortaten verübte und „absegnete".

Da sich die RAF vor über 20 Jahren selbst auflöste, ist es nicht selbstverständlich, dass der deutsche Linksterrorismus auch heute noch von breitem Interesse ist, da er bereits mit dem würdigen Staub geschichtlicher Ereignisse bedeckt ist. Aber gerade die Historie der damaligen Ereignisse ist ein Grund, sich mit der RAF zu beschäftigen. Denn sie hilft dabei, die Nachkriegsgeschichte der BRD besser zu verstehen und einzuordnen. Ein anderer Rechtfertigungsgrund (sich auch weiterhin mit der RAF zu beschäftigen) ist, dass es heute noch Organisationen gibt, die zwar nicht unter dem Etikett der RAF firmieren, sich aber bewusst in deren Nachfolge stellen.

Abgesehen von wenigen, in der politischen Gemengelage eher unwichtigen, autonomen Gruppierungen und linksradikalen Splittergruppen wie den Revolutionären Aktionszellen (RAZ) aus Berlin, hat sich das Phänomen des Linksextremismus in Deutschland erledigt und gehört bis auf weiteres der Geschichte an. Daran änderte auch ein kurzes Intermezzo einer dubiosen Gruppierung namens Antiimperialistische Zellen (AIZ) nichts, die sich einerseits argumentativ-terminologisch in die Nachfolge der RAF stellte, dies aber mit Gedankenfiguren des islamistischen Terrorismus verband.[6]

Insofern (so das vorläufige Fazit) besitzt die RAF keine direkte gegenwartsrelevante politische Brisanz mehr. Worin besteht dann aber der durchaus notwendige Bezug zur Gegenwart, wenn man sich mit dem terroristischen Linksextremismus der RAF beschäftigt? Erschüttern nicht vielmehr brandaktuelle Ereignisse wie islamistischer Terrorismus à la Islamischer Staat (IS), rechtsradikaler Terrorismus des Nationalsozialistischen Untergrunds (NSU) und national gesteuerter (insbesondere in Russland und China) sowie privater Cyber-Terrorismus das tagespolitische Geschehen?

Genau hierin liegt ein Grund, der es lohnenswert macht, sich mit der Geschichte, der Ideologie, den Strukturen, den Zielen, den Attentatsformen als Performanz[7] sowie der Theorie und Ideologie der RAF zu beschäftigen. Vielleicht gelingt es uns, daraus wertvolle Lehren zu ziehen, die es uns ermöglichen, den Gefahren, die unsere heutige Demokratie bedrohen, gut gewappnet zu begegnen und diese bereits im Keim zu ersticken, um somit unser politisches Gemeinwesen zu schützen. Zudem könnte das Studium der Geschichte der RAF dabei helfen, in der Vergangenheit begangene Fehler zu vermeiden, aber auch altbewährte Vorgehensweisen noch einmal zu verwenden. Und das ganz unabhängig von der Frage, wie ernst die RAF als soziopolitisches Phänomen der bundesdeutschen Nachkriegszeit genommen wird (was sicherlich vom politischen Standpunkt des Beurteilenden abhängt). Es lohnt sich daher auf jeden Fall, sich mit dem vergangenen Phänomen der RAF zu beschäftigen, um für das Hier und Heute sowie das Morgen die richtigen Lehren zu ziehen.

Davon unberührt ist auch die eher geschichtsphilosophische Frage, ob sich Geschichte wiederholt oder ob sie in Zyklen verläuft. Eine RAF wie diejenige, die bereits da gewesen ist, wird es sicherlich nicht mehr geben. Aber Strukturmuster, Interaktionsroutinen, Ziele, politische Anliegen und bewaffnete Widerstandsformen können in ähnlicher Form jederzeit wieder auf die tagespolitische Agenda rücken – das hat die RAF auch in ihrer Auflösungserklärung vollmundig erklärt: Das Ende der RAF bedeute nicht das Ende jeglichen bewaffneten Widerstandes. Unverhohlen gestand sie auch ein, dass das von ihnen realisierte Projekt RAF noch zu sehr an hierarchischen Strukturmustern orientiert war und ein wirklich emanzipatorisches Projekt einer von unten nach oben verlaufenden Widerstandsgruppe noch unversucht und unverbraucht vor ihnen läge.

Es gibt meines Erachtens auch gute Gründe, über das oben Gesagte hinaus zu denken. Was macht auch heute noch die Faszination der Themenkomplexe Linksterrorismus und RAF aus? Warum beschäftigen sich junge Menschen, deren Jugend und Leben nicht von den Terrortaten der RAF überschattet wurde, mit der Geschichte des linksextremistischen Terrorismus à la RAF in Deutschland?

Antworten auf diese Fragen sind nicht einfach zu finden, dennoch soll im Folgenden ein kurzer Erklärungsversuch unternommen werden.

Die RAF besitzt bis heute einen starken gesellschaftspolitischen und popkulturellen Einfluss.

Ein Beispiel: Gesetze, die jeden von uns täglich betreffen, wurden als Reaktion des Staats auf die RAF und ihren unerbittlich geführten Kampf gegen die freiheitlich-demokratische Gesellschaft verabschiedet. Dies betrifft Aspekte des Datenschutzes, der Rasterfahndung und des Lauschangriffs. Einige heutige gesetzgeberische Aktivitäten, welche die Freiheiten des Individuums beschneiden, haben ihren Ursprung in dem Versuch der Legislative, der Exekutive den Weg zu ebnen und die RAF mit militärischen Mitteln zu besiegen, was allerdings bis zum heutigen Tag nicht geschehen ist, da sich die „Reste-RAF" immer noch im Untergrund versteckt hält, auch wenn sie sich kein militärisch-politisches Label mehr anheftet. Die damaligen (gegen die linksextremistische RAF gemünzten) gesetzgeberischen Bemühungen ebneten den Weg in ein Regime, in dem der gläserne Mensch, die staatliche Kontrolle des Individuums und starke digital-elektronische Überwachungsmaßnahmen an der Tagesordnung sind. Natürlich werden heutige „Überwachungsmaßnahmen" insbesondere mit der Gefahr des „islamistischen Terrorismus" begründet. Die Gesetze, die im Zusammenhang mit der RAF erlassen wurden, bildeten aber die Voraussetzung dafür, dass weitere staatliche Überwachungsmaßnahmen heute ohne nennenswerte Widerstände in der Bevölkerung durchgesetzt werden können.

Insofern half die RAF wider Willen den Widerstand in der Bevölkerung gegen weitgehende Überwachungsmaßnahmen zu brechen. Diese Ironie der Geschichte hat die RAF auf keinen Fall intendiert, aber nach ihrem Verständnis hat sie dazu beigetragen, das „wahre Gesicht des menschenverachtenden Systems BRD" aufzuzeigen – auch wenn dies dem „Otto-Normal-Bürger" gar nicht in dieser Form bewusst sein dürfte.

Vom legislativen und exekutiven Aspekt hin zum popkulturellen Einfluss: Arrivierte Fernsehköche machen T-Shirts mit Aufschriften wie Rote-Gourmet-Fraktion (RGF) in der Bevölkerung populär und vereinnahmen so den politischen Gehalt der RAF für den gesellschaftlichen Mainstream Deutschlands. Damit ziehen sie ursprünglich möglicherweise tatsächlich vorhandene ernsthafte politische Intentionen der RAF ins Lächerliche, indem sie das Ganze aufs Essen und harmlose Fernsehformate zur Prime-Time reduzieren.

Doch damit nicht genug: Die RAF wird außerdem in Filmen, Fernseh- und Hörsendungen, Seminaren, Podiumsdiskussionen, Büchern und Zeitungsartikeln immer wieder thematisiert. Die populäre ZDF-Sendung „Aktenzeichen XY" überschlug sich im Jahr 2016 in insgesamt drei ausgestrahlten Sendungen[8] beinahe vor Eifer, als sie ketzerisch die Frage stellte, ob die 3. Generation der RAF wieder aktiv sei und an eine Neuaufnahme des bewaffneten Kampfs denke, da die drei mutmaßlichen Terrorist*innen Ernst-Volker Staub, Burkhard Garweg und Daniela Klette Überfälle auf Geldtransporter durchgeführt haben sollen.

Sowohl die regionale als auch die überregionale Tagespresse und (etwas zurückhaltender) die wichtigsten deutschsprachigen Monatsmagazine stießen mit ins Horn. Als „RAF-Reste-Täterschafts-Beweis“ diente die (anscheinend nicht ernsthaft in Frage zu stellende) Gentechnik, wobei hier kritisch anzumerken ist, dass die 3. RAF-Generation über zehn Jahre lang so gut wie keine verwertbaren Spuren irgendwelcher Art nach Attentaten oder sonstigen Aktivitäten hinterließ.

In Bezug auf die Geldtransporter- und Supermarktüberfälle des früheren RAF-Trios war dann schnell von militärischem Know-how, Geldbeschaffungsmaßnahmen für neue Terroranschläge, mörderischen Taten und mordlüsternen Täter*innen sowie hochkonspirativem Vorgehen die Rede.

Von dem mittlerweile über 60 Jahre alten Ernst-Volker Staub wurde ein aktuelles Fahndungsfoto veröffentlicht, das einen offensichtlich gut gelaunten und körperlich fitten Mann zeigt. Woher dieses Bild einer Überwachungskamera stammt und woher die Behörden wissen wollten, dass es sich bei dem abgebildeten Mann tatsächlich um den mutmaßlichen Terroristen handelt, bleibt (wie so vieles im Bereich der Geheimdienst- und Geheimpolizei-Ermittlungen) im Dunklen.

Das Trio Ernst-Volker Staub, Daniela Klette und Burkhard Garweg gilt neben dem 1993 in Bad Kleinen Schussverletzungen erlegenen Wolfgang Grams und der dort verhafteten Birgit Hogefeld als Kern der 3. RAF-Generation.

Dabei wird allerdings leicht übersehen, dass auch weitere Mitglieder die 3. RAF-Generation gebildet haben, wie zum Beispiel Eva Haule oder Manuela Happe, die schon im Anfangsstadium der 3. RAF-Generation verhaftet wurden. Wieder andere Mitglieder wie Andrea Martina Klump oder Horst Ludwig Meyer lösten sich von der Gruppe und gingen entweder zu anderen extremistischen Gruppierungen oder wurden von der Polizei erschossen.

Damit bestätigt sich auch in diesem Fall das abgewandelte Motto „Die RAF ist tot – lang lebe die RAF“, denn sie sorgt noch immer für brillante Einschaltquoten, weites mediales Interesse und nicht zuletzt reichlich Absatz und damit verbundene Werbeeinnahmen.

„Jubiläen“ wie die Gründung der RAF, das sich 2020 zum 50. Mal jährt, die Mai-Offensive 1972, der Deutsche Herbst 1977 oder die RAF-Auflösung 1998 bieten ständig Anlass zu neuen Wortmeldungen. So entsteht eine Art ewiger Kreislauf, der sich letztlich selbst reproduziert. Aber Tote, Verletzte, Sachschaden in Millionenhöhe und zahlreiche Gesetze, welche die Bürgerrechte nach wie vor empfindlich einengen, rechtfertigen auch heute noch eine geschichtliche Auseinandersetzung mit der RAF.

Im Mittelpunkt steht dabei die Frage: Wie konnte die RAF ihr Tun vor sich selbst und ihren Unterstützer*innen rechtfertigen? Diese Fragestellung berührt die weltanschauliche und ideologische Ausrichtung der RAF. Hinzu kommt der Gesichtspunkt, welche Strategien und Taktiken sich damit verbanden.

Um diesen wesentlichen Fragen in der Auseinandersetzung mit der RAF-Geschichte auf den Grund gehen zu können, müssen die Erklärungen, Bekennerschreiben, Strategiepapiere, Leserbriefe sowie die Auflösungserklärung der RAF hermeneutisch untersucht werden.

Die genannten Texte sind allerdings Selbstzeugnisse der RAF und bedürfen deshalb einer besonders vorsichtigen Einschätzung und Interpretation. Von konservativer Seite aus wird nämlich häufig der Verdacht geäußert, dass die genannten RAF-Dokumente vornehmlich der Rechtfertigung von Terrortaten und der Verbreitung von Propaganda dienen und nicht die soziale Wirklichkeit beschreiben.

Dennoch stellen Texte (egal welch „zweifelhafter" Herkunft sie auch sein mögen) immer ein Interpretament dar, dem man zunächst eine gewisse Sinnhaftigkeit unterstellen muss, da jede/r Autor*in eine kommunikative Absicht mit seinem/ihrem Werk verfolgt. Insofern verdienen die RAF-Texte eine ernsthafte, hermeneutische Betrachtung und Analyse – dies kann gar nicht häufig und ernsthaft genug herausgestellt werden.

Die immer noch vor sich gehende Beschäftigung mit der RAF ist legitim, wenn nicht immer ein- und dieselbe Geschichte der RAF wiedergekäut wird. Dabei können sich die innovativen Aspekte auf mindestens zwei unterschiedlichen Ebenen abspielen. Zum einen ist es natürlich wünschenswert, dass neue inhaltliche Aspekte über die RAF ans Tageslicht kommen. Das können zum Beispiel bekannt gewordene Kooperationen zwischen RAF-Mitgliedern und Geheimdiensten sein oder aber ernst zu nehmende Beweise dafür, dass andere RAF-Mitglieder als bisher angenommen und verurteilt, für RAF-Terrortaten verantwortlich waren. Zum anderen ist es ebenso legitim, einen anderen narrativen Zugang zur Geschichte der RAF zu suchen.

Im vorliegenden Buch wird versucht beide Desiderate zu benennen. Es werden bisher fast unbekannte Aspekte (zum Beispiel über das Attentat auf den Generalbundesanwalt Siegfried Buback) präsentiert – dadurch entsteht ein gänzlich anderes Tat-Szenario als das bisher angenommene. Zudem wird die gut begründete These in den Raum gestellt, dass der Bundesverfassungsschutz (BfV) an diesem Attentat beteiligt war. Zudem werden neue Erkenntnisse präsentiert, die das Verhältnis der RAF zu den Geheimdiensten beleuchten.

Auch der narrative Zugang dieses Werks unterscheidet sich maßgeblich von ähnlichen Werken. Während die anderen Bücher oft bereits vor der inhaltlichen Auseinandersetzung ein Urteil über die RAF fällen, wird hier versucht, offen und objektiv die Texte und Taten der RAF in Korrelation zueinander zu setzen. Danach erfolgt die Bewertung der RAF anhand der von ihr selbst gesetzten Maßstäbe.

Diese Vorgehensweise zieht ein methodisches Vorgehen nach sich, das bisher in keinem der gängigen RAF-Standardwerke anzutreffen ist. Anstatt den in anderen Werken immer gleichen RAF-Zitate-Kanon zu übernehmen, setzt sich dieses Buch intensiv mit den RAF-Texten auseinander. Da diese Vorgehensweise Exegese im eigentlichen Sinne bedeutet (wobei der RAF-Textkorpus genau analysiert wird), ist es auch nicht überraschend, dass die Zitate aus RAF-Texten etwas länger ausfallen als allgemein üblich. Diese Vorgehensweise findet allerdings nur dann ihre Berechtigung, wenn die zitierte Textpassage auch entsprechend analytisch ausgewertet wird.

Die Bedeutung einer Fortführung des RAF-Narratives geht aber noch weiter: Schließlich steht die Geschichte der RAF für so etwas wie die ewige Menschheitsgeschichte. Die Jungen lehnen sich gegen die Alten auf und Neues rebelliert (oder in diesem Fall müsste man eher sagen „revoltiert") gegen das Bestehende. Geschichten nach demselben Strukturmuster finden sich bereits in der Bibel[9] und sprechen jeden an – je nach Standpunkt und Lebensalter natürlich von unterschiedlichen Standpunkten aus.

Das Morden und Bomben der RAF wandte sich nicht nur gegen die Demokratie und die freiheitlich-demokratische Grundordnung (FDGO), sondern auch gegen die Generation der Eltern, die das Dritte Reich, Hitler, Auschwitz und den bisher brutalsten „Weltanschauungskrieg" überhaupt mit zu verantworten und wenig bis gar nicht aufgearbeitet hatten.

3 Was die RAF wollte

Trotz mutmaßlicher Überfälle ehemaliger RAF-Mitglieder auf Geldtransporter sind die Schlachten zwischen der RAF und dem Staat geschlagen.[10] Sie gehören der Geschichte an. Die systemisch ausgerichteten Klassenkämpfe von einst sind Vergangenheit, und es steht nicht zu vermuten, dass sie in nächster Zeit wieder aufflackern werden.

Trotz des historischen Abstands ist das Kapitel des linksradikalen Terrorismus für die deutsche Nachkriegsgeschichte nach wie vor von zentraler Bedeutung und das aus verschiedenen Gründen. Ein wesentliches Argument (sich mit der RAF-Historie zu beschäftigen) ist, dass sie nachhaltige gesellschaftliche und politische Erschütterungen im Nachkriegsdeutschland hervorrief. Zudem sind viele Sachverhalte, die im Zusammenhang mit der RAF stehen, bis heute noch nicht aufgeklärt.

Einer der bekanntesten Protagonisten des RAF-Terrors der ersten Stunde war Andreas Baader, der vor nunmehr 43 Jahren unter mysteriösen Umständen im Hochsicherheitstrakt der Justizvollzugsanstalt (JVA) Stuttgart-Stammheim starb. Mehrere internationale Mediziner-Kommissionen kamen zu unterschiedlichen Ergebnissen bezüglich der Frage, ob Baader Suizid begangen hat oder umgebracht wurde. Sollte die zweite Version zutreffen, so bliebe die Frage, wer ihn umgebracht haben soll – hierzu gibt es abenteuerliche Versionen, die von einem MOSSAD/CIA-Hit-Team oder von (vom deutschen Staat beauftragten) Killern ausgehen.

Es gibt wenige Charaktere der deutschen Nachkriegsgeschichte, die bis auf den heutigen Tag so stark polarisieren wie Baader. Um Baader ranken sich zudem legendenumwobene Mythen und zahlreiche sprichwörtlich sagenhafte Geschichten, sodass aus heutiger Sicht nicht mehr klar auszumachen ist, was davon einen Wahrheitskern besitzt und was nicht. Sahen die links orientierten Menschen in Deutschland und anderswo in ihm eine Art deutschen Che Guevara, so stellte er für die konservative Elite und das bundesdeutsche Establishment (nach dem sowjetischen Feind im Osten) die größte Bedrohung für die junge Demokratie der Bundesrepublik Deutschland dar. Baader galt zu seiner Zeit (die er als seine Blütezeit erlebt haben dürfte) als Staatsfeind Nummer Eins – das ist heute lagerübergreifend unumstritten.

Gravierende Unterschiede gibt es aber in der Bewertung der politischen

Dimension, die ihm zugeschrieben wird. Während ihn die politische Linke als gerechten Freiheitskämpfer feiert, sieht die gesellschaftliche Mitte und der rechtskonservative Rand in ihm einen außergewöhnlichen, höchstens politisch irregeleiteten Schwerverbrecher, auf dessen Konto Morde, Bombenanschläge, Entführungen, Raubüberfälle und weitere schwere Straftaten gehen. An dieser ambivalenten, politisch motivierten Beurteilung seiner Person wird sich auch in Zukunft kaum etwas ändern.

Nach dem Zusammenbruch des Ostblocks Anfang der 90er Jahre hat sich in der Summe eine neue Form der „Baader- und RAF-Rezeption" eingestellt. So gilt Baader heute vielen eher unpolitisch orientierten Menschen als fester Bestandteil einer Art Popkultur, die politisch motivierten gewalttätigen Widerstand in den gesellschaftlichen Mainstream integriert hat. Die diesbezüglichen Motive mögen vielfältig sein, aber sie laufen auf dasselbe Ergebnis heraus.

Einige Motive (Baader zum Bestandteil der popkulturellen Ikonografie Deutschlands zu erklären) lauten, damit Kasse zu machen und dem eigenen Selbst, Tun und Handeln den Stempel des Exotischen und Besonderen zu verleihen. Das soll konkret heißen, dass sich auch „Fritz Maier" oder „Lieschen Müller" mit einem Baader-T-Shirt oder einem an die RAF erinnernden T-Shirt als Teil des Widerstands, des Unorthodoxen und Nicht-Angepassten fühlen können, was ihrem sonst vielleicht recht konform verlaufenden Leben eine gewisse Würze verleihen mag.

Diesbezügliche Beispiele der Merchandise-Kommerzialisierung gibt es zuhauf: So ziert das Emblem der ehemaligen Terrorgruppe heute viele T-Shirts, deren Aufdrucke von 0711-Club bis Rote Gourmet Fraktion zahlreiche Varianten umfassen. Bei dieser kapitalistischen Verwertung und Integration in den Mainstream gehen (je nach Sichtweise) folgende Sachverhalte verloren: Baader und die RAF verübten schwere Verbrechen (vom Mord bis hin zum Versuch des Umsturzes der freiheitlich-demokratischen Grundordnung der Bundesrepublik Deutschland), was den einen als Freiheitskampf und den anderen als brutaler Terrorismus erschien.

Den meisten jungen Leser*innen ist die RAF kein Begriff mehr, zumal das Thema RAF auch nie wirklich Eingang in den schulischen oder universitären Bildungskanon gefunden hat, was bedeutet, dass das Thema für die Nachgeborenen der RAF-Zeit gar kein Thema mehr sein kann. Ausnahmen bestätigen natürlich die Regel. So kann es sein, dass jemand aus dem näheren persönlichen

Umfeld ehemaliger Widerstandskämpfer*innen das Thema aufgebracht hat oder sich gewisse Menschen aus intrinsischen Motiven mit der Geschichte der RAF beschäftigen.

Aber auch Menschen, die die Zeit des RAF-Linksterrorismus (egal aus welcher politischen Einstellung und Perspektive heraus) hautnah miterlebt haben, vergessen zusehends die Ereignisse und geopolitischen Konstellationen von damals. Dabei unternimmt die Zunft der Historiker*innen viel, um das kollektive Vergessen der RAF zu verhindern.

Auch hier sind (vereinfacht gesagt) zwei politische Lager mit diametraler Ausrichtung am Start. Die (radikale) Linke fordert immer wieder eine geschichtliche Aufarbeitung der RAF. Das Ziel lautet, aus den Erfahrungen der Vergangenheit für die Kämpfe der Zukunft zu lernen.[11] Aber auch Historiker*innen aus anderen als linksradikalen Zusammenhängen beginnen mit der Untersuchung eines der stürmischsten Kapitel der deutschen Nachkriegsgeschichte. Die Linken werfen dann wertkonservativen Geschichtsschreibern vor, Erfüllungsgehilfen des Staatsschutzes zu sein und genau dieses Ziel zu verfolgen: den Staat vor möglichen weiteren linksextremistischen Angriffen zu schützen. Das Ziel der wertkonservativen Geschichtsschreiber bestünde darin, die RAF und ihren Kampf aus der Geschichte Deutschlands zu löschen. Damit solle im Bewusstsein der Bevölkerung jede Erinnerung an eine erfolgreiche revolutionäre Bewegung vernichtet werden. Neue revolutionäre Bewegungen hätten so erst gar nicht die Gelegenheit sich zu entwickeln.

Diese Unterstellungen gehen mit dem Vorwurf einher, dass die geschichtliche Untersuchung der RAF durch staatstreue, demokratische und die freiheitlich-demokratische Grundordnung verteidigende Personen im Ergebnis immer mit einer Kriminalisierung und Entpolitisierung der RAF ende. Dieser Befund kann an dieser Stelle aus eigener Erfahrung bestätigt werden.

In diesem Buch wird ausdrücklich die Meinung vertreten, dass eine ernsthafte Auseinandersetzung mit der Geschichte der RAF hilft, die Geschichte Nachkriegsdeutschlands besser zu verstehen, was eine legitime Gedankenfigur von zentraler Bedeutung darstellt. Dazu ist es nötig, die inhaltlichen Aussagen der RAF (bezüglich ihrer Ideologie, Strategie, Taktik und Attentate) als ernsthafte Interpretamente wahrzunehmen und sie einer exegetischen Vorgehensweise zu unterziehen. Alles andere empfinde ich als wissenschaftlich und historisch unseriös – und zwar in beide politische Richtungen.

Wenn ich die RAF politisch vorverurteile, ohne mich mit ihren schriftlichen Äußerungen beschäftigt zu haben, kann ich lediglich meinen weltanschaulichen Standpunkt offenlegen und klar machen, dass er demjenigen der RAF nicht im Geringsten entspricht. Wer die RAF vorbehaltlos und ohne Exegese unterstützt, für den gilt dasselbe, nur dass es sich dieses Mal um die entgegengesetzte politische Richtung handelt.

Wer sich mit dem Phänomen RAF beschäftigt, der kommt nicht um die Frage herum, was Terrorismus überhaupt sein soll. Es gibt Autor*innen, welche der Klärung dieser Frage weit über 50 Druckseiten schenken und dennoch zu keinem für alle Seiten befriedigenden Ergebnis kommen.[12]

Eine einheitliche Auslegung ist nicht auszumachen, da der Begriff von verschiedenen Gruppen unterschiedlich benutzt wird. Häufig unterstellen sich jene, die den Staat bekämpfen und jene, welche die Aufständischen niederringen möchten, gegenseitig den Vorwurf gnadenlosen Terrorismus zu betreiben.

Im Folgenden wird (in Anlehnung an die Formulierung der Konferenz über Terrorismus in Jerusalem im Jahre 1979) unter Terrorismus verstanden: Terrorismus bekämpft vorsätzlich und systematisch mit Waffengewalt das bestehende politische System, um eigene politische Ziele umzusetzen. Diese Definition trifft in besonderem Maße auf die RAF zu und besitzt den heuristisch-klassifikatorischen Vorteil, dass sie eindimensional verläuft, was aber nicht bedeutet, dass der von der RAF an den deutschen Staat gerichtete Terrorismus-Vorwurf ausgeklammert wird.[13]

Bei der Untersuchung der RAF interessieren die folgenden Fragen, die optimal einer inhaltlich-exegetischen Vorgehensweise entsprechen und somit den Ansprüchen genügen, sich inhaltlich mit der RAF auseinanderzusetzen und den heutigen Leser*innen ein rekonstruiertes Bild des Selbstverständnisses der RAF zu ermöglichen:

- Welche Weltanschauung und Ideologie vertrat sie?
- Welche Strategie und Taktik benutzte sie?
- Wie wirkten sich Strategie und Taktik auf die Attentate aus?

Nach dieser kurzen Tour de Force lautet die Frage: was bleibt? Dies führt zu einem weiteren wichtigen Aspekt, der in diesem Buch und dem ihm zugrunde gelegten Konzept Verwendung findet. Was ist Geschichte? Etwas Objektives, unumstößlich Vorgegebenes?

Geschichtliche Objektivität ist kaum zu leisten, denn geschichtliche Sachverhalte können immer aus unterschiedlichen Sichtweisen heraus beurteilt werden. So hat die RAF in ihrer Geschichte zum Beispiel mehrfach versucht, das Terrorismus-Verhältnis umzudrehen.

Sie beschuldigte die USA in Bezug auf den Vietnamkrieg, Terrorismus gegenüber dem vietnamesischen Volk auszuüben. Der deutsche Staat erhielt den Terrorismus-Vorwurf in Sachen Umgang mit politischen Gefangenen und bezüglich des Tötungsverdachts gegenüber Terrorist*innen. Finaler Rettungsschuss und Kill-Fahndung lauten nur zwei diesbezügliche Stichworte.

Aus diesen wenigen Andeutungen dürfte ersichtlich werden, dass Geschichte immer perspektivisch verläuft. Und auch wenn es abgedroschen klingt, aber das Bonmot, dass Geschichte immer von den Siegern geschrieben wird, trifft zu. Aber neben dem herrschenden Narrativ, also der Geschichte der Sieger, gibt es immer noch ein Minderheiten-Narrativ,[14] nämlich die Geschichte aus Sicht der Verlierer. Ideal wäre es, beide Perspektiven miteinander verknüpfen zu können, um eine möglichst gute Annäherung an so etwas wie „die Wahrheit" zu erhalten.

Ohne an dieser Stelle ins geschichtswissenschaftliche Detail gehen zu wollen, seien dennoch die Grundprobleme der „Geschichte" angedeutet. Der Umgang mit Geschichte wirft nämlich grundsätzlich folgende Fragen auf:

- Wie entsteht Geschichte?
- Wer schreibt Geschichte?
- Oder gibt es nur „Geschichten" über eine bestimmte zeitliche Periode?

Geschichte wird von Menschen erzählt und derjenige, der die Geschichte erzählt, wählt die ihm wichtigen Ereignisse der Geschichte aus. Wer diese Geschichtsdarstellung dann liest, kann anschließend den Standpunkt der Autorin bzw. des Autors offenlegen. Geschichte ist nichts unumstößlich Wahres oder Objektives, das dürfte durch diese kurzen Ausführungen deutlich geworden sein.

Ein Geschichtsschreiber stellt also Geschichte durch eine Auswahl bestimmter Punkte aus der Vergangenheit her (Rekonstruktion). Wer die Geschichtsdarstellung dann liest, kann anschließend den Standpunkt der Autorin bzw. des Autors darstellen (Dekonstruktion).

Geschichte ist folglich nichts unumstößlich Wahres oder Objektives. Rekonstruktion und Dekonstruktion von Geschichte sind aber keine in einem neutralen Werte-Vakuum wabernden Entitäten. Vielmehr sind auch Re- und Dekonstruktion weltanschaulich geprägte Schritte, welche die Darstellung der geschichtlichen Inhalte bestimmen. Aus dieser Gesamt-Gemengelage ergibt sich ein spezifisches Narrativ, das unter einem bestimmten Fokus die RAF-Geschichte erzählt.

4 Die RAF nach dem Ende des Kalten Krieges

Was sich in den Jahren nach 1989 weltgeschichtlich vollzog, ist bis heute schwierig nachzuvollziehen. In zahlreichen Staaten fand ein Systemwandel vom real existierenden „Sozialismus" hin zur Demokratie und zum System des freien Unternehmertums (vormals: Kapitalismus) statt. In politischen, gesellschaftlichen und wirtschaftlichen Bereichen erfolgten Umstellungen, die das bisher Vorhandene vom Kopf auf die Füße stellten. Die Welt war nicht mehr dieselbe. Sogar zuversichtliche Analytiker*innen westlicher Geheimdienste sahen den Zusammenbruch des sogenannten Ostblocks in dieser Form und zu diesem Zeitpunkt nicht voraus und waren von den geschichtlichen Ereignissen überrascht. War dieser Zusammenbruch eine Laune der Geschichte oder unausweichliche Notwendigkeit? Heute geht man von einer doppelten Ursache des Zerfalls des Ostblocks und der sowjetisch inspirierten Staatensysteme aus:

- Zum einen waren die politischen Strukturen und Akteur*innen des politischen Systems der selbsterklärten sozialistischen Staaten nicht flexibel genug. Notwendige Änderungen und Kurskorrekturen konnten sich gegen den zähen Widerstand einer trägen Masse in Politik und Verwaltung kaum durchsetzen. Gesellschaftspolitische Hardliner*innen bestimmten das politische, wirtschaftliche und gesellschaftliche Tagesgeschehen. Änderungs- und Reformwünsche galten per se als offener Angriff auf den Sozialismus und wurden von daher bereits im Keim erstickt. Dadurch wurde die für Gesellschaften notwendige Dynamik der Evolution im Ansatz abgewürgt. Gesellschaften müssen sich ständig verändern, um den sich wandelnden Anforderungen gerecht zu werden.[15]
- Zum anderen standen die sozialistischen Ostblockstaaten vor dem wirtschaftlichen Ruin. Offensichtlich war die dort herrschende Zentralverwaltungswirtschaft (ZVW) nicht in der Lage, effektiv, effizient und gewinnbringend zu wirtschaften und die materiellen Bedürfnisse ihrer Bürger*innen angemessen zu erfüllen.

Die Gründe für die Niederlage des Ostblocks sind natürlich mehrschichtiger und zahlreicher. Manche sehen einen weiteren wesentlichen Grund für den Kollaps des sozialistischen Staatensystems in der „Hardliner"-Politik der USA unter Ronald Reagan und ihrer Verbündeten, vor allem der Britin Margaret Thatcher. Durch das anhaltende Wettrüsten und Pläne wie dem „Weltraumkrieg" (SDI) war es den USA schließlich gelungen, den Antagonisten Sowjetunion (UdSSR) wirtschaftlich in die Knie zu zwingen, ohne dass eine direkte, offene Schlacht geschlagen werden musste und der Kalte Krieg in eine heiße Phase eintrat – auch wenn zahlreiche Stellvertreterkriege in Korea, Vietnam, Afghanistan und Ereignisse wie die Kuba-Krise diesen Anschein erweckten.

Die Planwirtschaft der kommunistischen Parteien erwies sich in der Gesamtheit als zu träge. Es fehlten zum Beispiel Leistungsanreize für den Einzelnen. Der Mensch scheint aus seiner anthropologischen Veranlagung heraus insbesondere aus eigennützigen Gründen zu verstärkten Arbeitsanstrengungen bereit zu sein.[16] Bildliche und symbolische Belohnungen wie die Auszeichnung „Held der Arbeit“ sind auf Dauer wohl unzureichend.

Mit einem Schlag änderte sich Ende der 80er bis Anfang der 90er Jahre die geostrategische Situation. Der Ost-West-Konflikt gehörte auf einmal der Geschichte an. Die Systemalternative der sozialistischen Staaten verschwand fast vollständig von der Landkarte. Wenige Ausnahmen bestätigten die Regel. China, Kuba und Nordkorea blieben der Idee des Kommunismus und der damit verbundenen Zentralverwaltungswirtschaft treu. Heute haben diese Länder immer noch kommunistische Regimes und Spielarten der Planwirtschaft.

China ist auf dem besten Weg zur globalen Supermacht,[17] Kuba besitzt innerhalb des lateinamerikanischen Kontinents das beste Bildungs- und Gesundheitswesen und Nordkorea konnte trotz internationaler Sanktionen und Proteste zur Atommacht aufsteigen.

Inzwischen sehen sich der US-amerikanische Präsident Trump und der nordkoreanische Machthaber Kim zwar immer wieder mal als „Freunde“, auch wenn Verhandlungen wiederholt scheiterten.[18] Sprechen diese Merkmale vielleicht dafür, dass doch nicht alles so schlecht war in den ehemaligen Ostblock-Staaten? Zumindest belegen sie, dass diese Staaten auch in der Welt des freien Unternehmertums weiter hätten bestehen können – ohne ein großes Netzwerk von Verbündeten und solidarischen Völkern.

Nach dem Ende des Ostblocks wurden die „One World“ und das „Ende der Geschichte“ verkündet. Dieser fromme Wunsch eines US-Präsidenten[19] und die wissenschaftlich verkleidete Vermutung eines bekannten US-amerikanischen Wissenschaftlers[20] bestätigten sich hingegen nicht, denn es traten immer neue Konflikte zutage. Heute kann man mit dem amerikanischen Politikwissenschaftler und ehemaligen CIA-Analysten Samuel Huntington durchaus von einem „Kampf der Kulturen“ sprechen. Der radikale und militante Islamismus ist zu einer ernsthaften und umfassenden Bedrohung der westlichen Welt und ihrer Demokratien geworden. Dieser Terrorismus ist ein völlig anderer als derjenige der RAF des 20. Jahrhunderts.

Der Linksterrorismus in Europa versuchte in den meisten Fällen, hochrangige politische, wirtschaftliche und militärische Vertreter des kapitalistischen Systems zu töten, aber zivile Opfer möglichst zu vermeiden. Es ging ihm also in erster Linie darum, bedeutende Personen aus Politik, Wirtschaft und Militär (die stellvertretend für das kapitalistische System standen) anzugreifen. Ebenso wurden Angriffe auf militärische oder polizeiliche Ziele (wie Polizeistationen oder Militärflughäfen) durchgeführt.

Al Qaida und noch stärker die selbst ernannten Soldaten des Islamischen Staats zeigen in einer bis dato nicht gekannten Kompromisslosigkeit, wie Terrorismus noch viel brutaler und rücksichtsloser praktiziert werden kann – etwas, das bis dahin undenkbar gewesen war. Bei Al Qaida und dem Islamischen Staat besteht das Ziel terroristischer Anschläge darin, möglichst viele Zivilist*innen zu töten und grenzenlosen Schrecken in der Bevölkerung hervorzurufen.

Am 11. September 2001 gelang es Al Qaida durch einen Anschlag auf das New Yorker World Trade Center (WTC) mehrere tausend Menschen an einem Tag zu töten.[21] Bereits die Anschläge auf US-Botschaften in Afrika hatten ein paar Jahre zuvor hunderte von Menschenleben gefordert.[22] Diese Opferdimensionen wurden in den Jahrzehnten des deutsch-europäischen Linksterrorismus nicht einmal im Ansatz erreicht.

Der Islamische Staat hat die Form der terroristischen Kriegsführung noch einmal entscheidend simplifiziert. Statt aufwändig synchronisierte Terroranschläge mit Flugzeugen oder komplizierten, aber potenten Bomben auf prominente Ziele zu orchestrieren, fordert der Islamische Staat seine Anhänger*innen dazu auf, weltweit Terrorattentate mit einfachsten Mitteln wie Autos, Messern oder Steinen zu begehen.

Entscheidend ist zudem, dass es in diesem Zusammenhang völlig ausreichend ist, wenn vor dem Attentat der Attentäter ein Treuebekenntnis zum Islamischen Staat ablegt, sodass quasi jede/r Muslim/a von einer Sekunde auf die andere zu einer/m „Soldat*in" des Islamischen Staats werden kann.[23]

Dies unterscheidet sich fundamental von den Rekrutierungsmaßnahmen der RAF. Hier mussten die Aspirant*innen in der Regel mehrere Jahre in Prozessgruppen und bzw. oder im militantem Umfeld der RAF tätig sein, um schließlich von bereits renommierten RAF-Mitgliedern in die RAF „berufen“ zu werden.

Auch die durch Autos in Paris, London, Barcelona und anderswo begangenen Attentate des islamischen Kalifats verbreiteten Angst und Schrecken. In seinem ehemaligen Herrschaftsgebiet hat der Islamische Staat noch mehr auf Abschreckung und schreckliche Bilder gesetzt. Er inszenierte mit viel Aufwand massenmedial perfekt in Szene gesetzte Einzel- und Massenhinrichtungen, wobei die grausigen Details (wie zum Beispiel das Durchtrennen einer Kehle) bewusst explizit dargestellt und festgehalten wurden, um in der westlichen Bevölkerung für maximalen Schrecken zu sorgen.[24]

Dieses Gewicht auf der Inszenierung der Tat (die nur darauf ausgerichtet ist, die „normale“ Bevölkerung in Angst und Schrecken zu versetzen) und das mediale Verbreiten der Terrortaten war der RAF völlig fremd. Der RAF ging es im Gegensatz dazu immer um Angriffe auf die Führungsspitze und um die Beseitigung des „Systems“. Der Terror der RAF richtete sich fast ausschließlich gegen die Funktionseliten, die (nach Meinung der RAF) ihrerseits Terror gegen die einfache, arbeitende Bevölkerung ausüben.

5 Die orientierungslose Linke nach der Wende

Was bedeutete der Zusammenbruch des Ostblocks und Warschauer Pakts für die Linke in Westdeutschland? Der politisch legale und staatsbejahende Teil der Linken (das heißt vor allem die SPD und die Gewerkschaften) lehnten den real existierenden Sozialismus und das Bündnis des Warschauer Pakts als politisch nicht opportun ab.

Diese Aussage gilt, obwohl es der sozialdemokratische Bundeskanzler Willy Brandt war, dem die weitgehende Normalisierung der Beziehungen zur Deutschen Demokratischen Republik (DDR) und zur Volksrepublik Polen gelang. Brandts symbolischer Kniefall vor den Opfern des Aufstands im Warschauer Ghetto leitete eine neue Ära der Beziehungen zwischen West und Ost ein.[25] Brandt sah sich wegen dieser Ost-Annäherung vor allem aus dem nationalkonservativen Lager massiven Anfeindungen ausgesetzt.[26]

Es ist aufgrund der momentan vorliegenden Indizienlage gut denkbar, dass das RAF-Attentat auf den Generalbundesanwalt Siegfried Buback in mehr oder weniger direktem Zusammenhang mit Brandts neuer Ostpolitik stand – doch dazu später mehr.

Die SPD und die Gewerkschaften begrüßten beide den Untergang des Ostblocks. Geschichtlich gesehen hat diese antikommunistische Haltung der SPD ihren Ursprung im Bad Godesberger Parteitag im 19. Jahrhundert. Hier hatte die SPD eine Abkehr vom Marxismus beschlossen und sich fortan einen strikten Antikommunismus auf die Fahnen geschrieben. Die Gewerkschaften in Deutschland können in der Summe als an den Arbeitnehmer*innen ausgerichtet, sozialistisch orientiert und links beschrieben werden. Dennoch sind sie zugleich regierungsnah und wirtschaftsfreundlich. Den deutschen Nachkriegsgewerkschaften wohnt keine revolutionäre Sprengkraft inne.

Es geht nicht um die Umwälzung bestehender Wirtschaftsordnungen und die Umverteilung von Produktionsmitteln. Kommunistische Parteien wie die Deutsche Kommunistische Partei (DKP) und die Marxistisch-Leninistische Partei Deutschlands (MLPD) wurden teilweise offen von der DDR finanziell unterstützt. Dasselbe galt für manche der früher zahlreichen sogenannten K-Gruppen.

Es versteht sich, dass diese Gruppierungen nicht offiziell Position gegen ihre Finanziers einnehmen konnten und somit den politischen Kurs des Ostblocks und der dort herrschenden kommunistischen Parteien bejahten. Nach dem Wegfall des Ostblocks waren diese K-Gruppen verschwunden und die meisten Mitglieder versuchten, sich so angenehm wie möglich in der kapitalistischen Heimat einzurichten. Die KPD und MLPD blieben zwar formal als Parteien bestehen, verschwanden aber nach dem Untergang ihrer finanziellen und ideologischen Unterstützer*innen noch mehr in der Bedeutungslosigkeit.

Die Außerparlamentarische Opposition (APO) und diverse „Sponti-Gruppen" besaßen ein zwiespältiges Verhältnis zur UdSSR und ihren Satelliten-Staaten. Einerseits war es offensichtlich, dass der Kommunismus der Ostblock-Staaten vieles verkörperte, was von der APO und den „Sponti-Gruppen" abgelehnt wurde. Gerade Bürokratismus, stumpfsinniges Hierarchie- und Kaderdenken sowie eine starre Parteidisziplin waren in diesen Kreisen Westdeutschlands verpönt. Die APO und „Sponti-Gruppen" hatten sich aber bereits größtenteils vor dem Zusammenbruch des Ostblocks aufgelöst.

Die Rote Armee Fraktion und ihr Umfeld existierten 1989 hingegen noch. Wie war das Verhältnis der RAF, der gewaltbereiten Autonomen und des linksradikalen Umfelds zur UdSSR und zur DDR? Auch hier gibt es keine eindeutigen Antworten.

Der real existierende Sozialismus war sicherlich nicht das Ideal einer Herrschafts-, Lebens- und Gesellschaftsform, das den RAF-Kämpfer*innen vorschwebte, wobei die diesbezügliche Begründung ähnlich wie bei der APO und den Spontis lautete. Letztlich hatten die Kämpfer*innen der 3. RAF-Generation recht postmaterialistische Lebensvorstellungen, welche die Bedeutung und Bedürfnisse des Einzelnen viel stärker als diejenigen der Gemeinschaft betonten. Ein strenger Kader-Sozialismus mit grauer Alltagstristesse passte daher überhaupt nicht in die Vorstellungswelt der RAF-Kommandoebene.

Recht schwierig ist bei diesen Erörterungen der Aspekt, dass sich die RAF nie wirklich dazu geäußert hat, welche Gesellschafts-, Herrschafts- und Lebensform ihr denn konkret vorschwebte. Vieles deutete die RAF aber durch das Ausschlussverfahren an, indem sie zum Beispiel erklärte, dass eine Gesellschaft ohne Leistungsdruck und mit mehr Menschlichkeit ihr Ziel sei.

Trotz aller Vorbehalte benötigte die RAF aber die DDR. Insbesondere die 2. RAF-Generation arbeitete mit der Staatssicherheit (Stasi) der DDR zusammen. So ist in diesem Zusammenhang zum Beispiel in dem Buch „Die RAF-Stasi-

Connection" von Ausbildung an Waffen, logistischer und materieller Unterstützung die Rede.[27]

Inge Viett (die zuerst Mitglied bei der Westberliner bewaffneten Widerstandsgruppe 2. Juni war, die sich später mit der RAF zusammenschloss) spielte bei der Zusammenarbeit des ostdeutschen Geheimdienstes mit der westdeutschen Terrororganisation eine tragende Rolle, wie in ihrem autobiografisch inspirierten Buch „Nie war ich furchtloser" nachzulesen ist. Sie war es, die die ersten Kontakte zum DDR-Ministerium für Staatssicherheit herstellte.[28]

Andere Mitglieder der Terrorgruppe 2. Juni (wie Till Meyer) verfügten auch über gute Kontakte zur Staatssicherheit.[29] Fest steht, dass zahlreiche RAF-Aussteiger*innen mit Hilfe des ostdeutschen Geheimdienstes in der DDR ein sicheres Exil fanden, bis sie ihre Vergangenheit einholte und sie sich nach der deutschen Wiedervereinigung doch noch für ihre Taten vor bundesdeutschen Gerichten verantworten mussten.

Teilweise freundeten sich ehemalige RAF-Kämpfer*innen mit dem Alltag in der DDR an. Inge Viett wurde zum Beispiel zur Vorzeigearbeiterin und setzte sich stark für den real existierenden Sozialismus ein. Dies ging sogar so weit, dass die Stasi Viett in ihrem Eifer bremsen musste, um nicht zu viel Aufmerksamkeit zu erregen.

Bei den Aussteiger*innen der RAF überwogen jedoch eher Vorbehalte gegen die DDR – von einer nahtlosen Integration der ehemaligen RAF-Kämpfer*innen konnte insofern nicht durchgängig die Rede sein. Die Basis der Zusammenarbeit zwischen RAF und Staatssicherheit bildete der gemeinsame Klassenfeind im Westen. Vielmehr an Gemeinsamkeiten gab es nicht, weder im ideologischen noch im taktisch-strategischen Bereich.

Die 3. Generation der RAF unterbrach wohl im Wesentlichen alle Verbindungen zur Stasi. Ihr war vermutlich das Risiko bewusst, das damit verbunden war, in Abhängigkeit von einem Geheimdienst (egal welcher Herkunft) zu stehen. Somit war die letzte Generation der RAF (zumindest nach bisherigen Erkenntnissen) weder auf die Stasi noch einen anderen Ostblock-Geheimdienst angewiesen. Bedeutete dies, dass die RAF den Zusammenbruch des Kommunismus problemlos überleben und weitermachen konnte wie bisher? Es hat heute wie damals den Anschein, als ob die 3. Generation der RAF alles versuchte, genau diesen Eindruck zu erwecken. Die RAF präsentierte sich nach der Wende als frei, selbstständig und fest entschlossen, den bewaffneten Kampf gegen den ihr verhassten Kapitalismus auch ohne die real existierende Systemalternative fortzuführen.

Die Anschläge der RAF gingen nahtlos weiter – Menschen starben, Bomben wurden gezündet. Anzeichen von kritischem Nachdenken oder einer Auseinandersetzung mit den welthistorischen Ereignissen suchte man bei der RAF der Nach-Wende-Zeit zunächst vergebens – oder sie fand nicht im notwendigen Umfang statt. Die althergebrachten RAF-Weltanschauungen wurden weiter via Bekennerschreiben, Strategie- und Diskussionspapieren und später sogar durch Leserbriefe (!) kundgetan.

Es bleibt die berechtigte Frage: Hatten die Wende und die deutsche Wiedervereinigung wirklich keinen Einfluss auf die RAF, ihre Weltanschauung und ihr Handeln?

Die Antwort auf diese Frage gilt es vorsichtig zu formulieren. Die Ereignisse um die deutsche Wiedervereinigung hatten zunächst keinen direkten Einfluss auf die RAF. Die Folgen der welthistorischen Umbrüche zeigten erst mittel- und langfristig Auswirkungen auf das Bestehen der RAF. Sicherlich führte der Zusammenbruch des real existierenden Sozialismus schließlich dazu, dass sich die RAF auflöste.

Die gesamte bundesdeutsche Linke zeigte sich nach 1989 in einem Zustand der Verwirrung und des Rückzugs. Die RAF versuchte, in dieser Leere eine ideologische und strategische Neuorientierung zu liefern und scheiterte damit. Die deutsche Linke zerfiel nach der Wende und konnte sich bis auf den heutigen Tag nicht mehr von der Niederlage 1989 erholen. Verschiedene linke Gruppierungen führten untereinander einen erbarmungslosen Kampf bei der Suche nach neuen Wegen und Konzepten. Dabei ging es diesen Gruppen vor allem um Fragen der Macht und der Meinungshoheit.

Zahlreichen führenden Köpfen der Linken wurde damals beispielsweise in der Szene-Zeitschrift „konkret“ vorgeworfen, „heim ins Vierte Reich“ zu wollen, um sich einen Platz fürs eigene (insbesondere materielle) Auskommen zu sichern. Tatsächlich zogen sich viele radikale Linke nach 1989 ins rein Private zurück und wurden weitgehend unpolitisch. In solch einem Klima des Rückzugs und der Aufgabe war es schwierig, etwas Neues auf die Beine zu stellen.

Die deutsche Linke befand sich also vor ihrem endgültigen Zusammenbruch und die RAF vermochte es in diesem Chaos nicht, zur starken Führungsmacht aufzusteigen, die das Ruder herumreißen konnte. Diesen Führungsanspruch hatte die RAF aber jahrelang innerhalb der Linken für sich reklamiert. Das Selbstverständnis der RAF hatte immer darin bestanden, die Speerspitze der Linken und der Revolution zu sein.

Was sich innerhalb der Linken zeigte, setzte sich im Verhältnis zwischen der RAF und Teilen der politischen Gefangenen (also nach dem RAF-Verständnis: ehemaligen RAF-Kämpfer*innen in Haft) fort. Was die RAF und die Gefangenen bis dahin immer ausgezeichnet hatte, war ihre Einheit und Geschlossenheit. Nur wenige Gefangene waren bereit, mit dem Staat zusammenzuarbeiten und gegen ehemalige Kampfgenoss*innen auszusagen.[30]

Nach außen vermittelten die RAF und die politischen Gefangenen bis dahin den Eindruck einer durch nichts zu zerstörenden Einheitsfront. Diese Einheit verschwand nach der Wende, wenn auch nicht sofort. Beschleunigt wurde dieser Prozess durch die Verhaftungen der RAF-Aussteiger*innen in der DDR. Diese Aussteiger*innen waren meistens zu umfangreichen Aussagen und einer uneingeschränkten Zusammenarbeit mit der Bundesanwaltschaft (BAW) bereit.[31] Danach rollte auf zahlreiche bereits verurteilte RAF-Mitglieder eine neue Prozesslawine zu, die teilweise zu erneuten, empfindlichen Haftstrafen führte.

Hinzu kam die Einführung der Kronzeugenregelung, die Strafreduzierung bei entsprechenden Aussagen in Aussicht stellte. Manche der politischen Gefangenen (wie Peter-Jürgen Boock) fanden unter Umständen sogar Gefallen an der medialen und gesellschaftlichen Aufmerksamkeit, die mit belastenden Aussagen gegen ehemalige Mitstreiter*innen verbunden war. Boock meldete sich immer wieder medienwirksam zu Wort:[32] meistens mit (gelinde formuliert) windigen Aussagen.

Selbst sonst eher unkritische Journalist*innen weisen auf die Fragwürdigkeit seiner Aussagen hin.[33] Eine ehemalige Bettgenossin Boocks (seine Ex-Frau Waltraud) sagte über ihn sinngemäß: Der Typ habe ein taktisches Verhältnis zur Wahrheit.[34] Die Wahrhaftigkeit dieses Urteils durften auch die bundesdeutschen Strafverfolgungsbehörden erfahren, die feststellen mussten, dass die meisten belastenden, skandalträchtigen Aussagen Boocks weder ermittlungs- noch gerichtsverwertbar waren und weitgehend dem Reich der Phantasie angehörten.

Nach 1991 entstand im engeren RAF-Zusammenhang ein fundamentaler Richtungsstreit, wie die RAF und die politischen Gefangenen sich in Zukunft politisch betätigen sollten. Letztlich war es dieser verbitterte Streit innerhalb der

RAF und ihres engsten Umfelds, welcher der RAF das Genick brach, zum Zerfall und schließlich zur Auflösung und zum Untergang führte.[35] Der Untergang der RAF wurde also nicht direkt durch den politischen Wandel im Ostblock oder durch einen militärischen Sieg der Geheimdienste, Polizei und Politik herbeigeführt.

Die RAF verschwand schließlich so wie sie auch entstanden war: ganz von selbst. In aller Deutlichkeit bleibt festzuhalten, dass es dem gesamten geheimdienstlich-polizeilichen Apparat Deutschlands nie gelungen ist, die RAF militärisch zu besiegen.

6 Geschichtliche und inhaltliche Aufarbeitung der RAF

Im Folgenden werden die verschiedenen Phasen der ideologischen Ausrichtung der RAF rekonstruiert und dargestellt. Alle Schriften der RAF sind (soweit dies nicht anders gekennzeichnet ist) zitiert aus der Materialsammlung ID-Verlag (HG.), Rote Armee Fraktion. Texte und Materialien zur Geschichte der RAF, Berlin 1997. Bei den Versuchen, die RAF-Generationen bestimmten Phasen zuzuordnen, handelt es sich um ein nachträglich entworfenes Konstrukt, das der besseren Einteilung und einem optimierten Verständnis dient. Normalerweise ist es möglich, ideologische Schriften oder ideenpolitische Konzepte bestimmten Autor*innen zuzuordnen. Dies ist bei den Schriften der RAF schwierig bis unmöglich. Dennoch werden häufig Versuche unternommen, Papiere der RAF mit Namen wie Meinhof oder Mahler zu verbinden. Dies widerspricht allerdings dem Selbstverständnis der RAF, denn die RAF-Positionspapiere entstanden nach den Geständnissen und Selbstbezeugungen von RAF-Mitgliedern kollektiv – und sie gelten als repräsentativ für die Meinung der gesamten RAF. Bei den RAF-Wortmeldungen soll es sich um manifest gewordene Papiere (also um Endprodukte langer Diskussionen und endloser Verhandlungsprozesse) handeln. Dieser gemeinsame Nenner verbindet alle drei RAF-Generationen miteinander. Abweichende Meinungen, wie zum Beispiel Schriften des späteren Rechtsradikalen Horst Mahler, wurden eindeutig vom Kollektiv als nicht der RAF zugehörig gebrandmarkt.

6.1 Soziopolitische und soziohistorische Kontextualisierung der 1. RAF-Generation

Um die RAF-Texte und die darin enthaltenen Äußerungen angemessen texthermeneutisch interpretieren zu können, ist es notwendig, die damaligen soziopolitischen Rahmenbedingungen soziohistorisch zu rekonstruieren.[36] Erst so ist eine gehaltvolle und umfassend verständliche Analyse der RAF-Interpretamente möglich.

Vielfach wird behauptet, dass die Geschichte der RAF mit den Ereignissen vom 2. Juni 1967 begann, als der friedlich protestierende Student Benno Ohnesorg von einem zivilen Greifer der Berliner Polizei regelrecht hingerichtet wurde. Dies führte in der Folgezeit zu einer sich rasant entwickelnden Radikalisierung der Studentenbewegung. Andere hingegen nehmen das „offizielle" Geburtsdatum der RAF als Entstehungsdatum des bewaffneten Widerstands: Die Befreiung Andreas Baaders am 14. Mai 1970 wird an dieser Stelle aber eher als der „formaljuristische" Beginn der RAF-Epoche gesehen. Die Gründe für die Entstehung der RAF liegen aber zeitlich weiter zurück.

Letztlich sollte ein Kausalnexus, der sich auf die Entstehung der RAF bezieht, bis Nazi-Deutschland, dem Zweiten Weltkrieg und dem Untergang des Dritten Reichs zurückdatiert werden. Dass also in der Bundesrepublik Deutschland eine bewaffnete Fundamentalopposition entstand, liegt insbesondere in der Geschichte des deutschen Faschismus und dessen verhinderter Aufarbeitung und Verdrängung bei großen Teilen der deutschen Bevölkerung in der Nachkriegszeit begründet.

So äußerte mir gegenüber ein Mitglied der 2. RAF-Generation, dass für ihn der tragende Grund sich der RAF anzuschließen der nicht bewältigte Faschismus in der BRD war, den er eben mit Waffengewalt bekämpfen wollte. Wieso spielt die NS-Herrschaft in Deutschland, die ja 25 Jahre vor der Baader-Befreiung endete, solch eine zentrale Rolle für die Entstehung der RAF? Der ganze deutsche NS-Widerstand sah sich gezwungen, die Flucht ins Ausland anzutreten, (innerlich) unterzutauchen oder aber er wurde von den NS-Schergen ins Gefängnis oder Konzentrationslager geworfen, wo ihm nicht selten ein qualvoller Tod bereitet wurde. Aber nachdem die Alliierten Sowjetunion, USA, Großbritannien, Frankreich und andere über den deutschen Faschismus gesiegt und diesen zerschlagen hatten, war die Hoffnung der Emigrant*innen, Sozialist*innen, Kommunist*innen und Antifaschist*innen groß, dass sich aus dem mit der „Stunde Null" verbundenen Neuanfang eine antifaschistische, demokratische und sozialistische Gesellschaft entwickeln würde.

Diese Wünsche erfüllten sich aber beileibe nicht, denn das politische und gesellschaftliche Klima in den drei von den USA, Großbritannien und Frankreich besetzten Westzonen war nämlich bald von der Verdrängung der nationalsozialistischen Verbrechen, von einem strikten Antikommunismus und der Herstellung dessen geprägt, was unter dem semantischen Label des „Wirtschaftswunders" firmierte.

Dabei klangen die während der Potsdamer Konferenz formulierten Ziele der alliierten Siegermächte vom August 1945 recht viel versprechend. Die „vier Ds" sahen vor, dass Deutschland de-militarisiert, de-nazifiziert, dezentralisiert und demokratisiert werden soll. Da aber aus den ehemaligen Verbündeten schnell Feinde wurden, verkündete der US-amerikanische Präsident Harry Truman bereits 1947 eine Doktrin, die bald unter dem Etikett „Truman-Doktrin" firmierte. Die Truman-Doktrin kann als das formale Ende der amerikanischen Kriegskoalition mit der UdSSR betrachtet werden, und sie markierte zugleich den Beginn des Kalten Krieges.

Zugleich bedeutete diese Erklärung den Beginn des finanziellen Engagements der USA bezüglich ihrer Containment-Politik. Diese Eindämmungspolitik richtete sich in erster Linie gegen die Sowjetunion und verfolgte das Ziel, die Ausbreitung von Kommunismus und Stalinismus zu verhindern bzw. einzudämmen. Gemäß der Truman-Doktrin galt der US-außenpolitische Grundsatz, allen „freien Völkern beizustehen, die sich der angestrebten Unterwerfung durch bewaffnete Minderheiten oder durch äußeren Druck widersetzen."[37]

Insofern ist es nicht falsch zu behaupten, dass Westdeutschland von den US-amerikanischen Leitlinien des Antikommunismus und des Kalten Kriegs in der Nachkriegszeit bestimmt wurde und dass die angestrebte Entnazifizierung weitgehend auf der Strecke blieb, zumal die USA ehemalige Nationalsozialisten als zuverlässige Verbündete im Kampf gegen den Kommunismus betrachteten.

Der Sieg der Christlich Demokratischen Union (CDU) und die Wahl des Bundeskanzlers Konrad Adenauers im August 1949 trugen im Wesentlichen zu einer Konsolidierung der Nicht-Entnazifizierungsstrategie bei, die ja ein Hauptvehikel für die Entstehung der RAF darstellte. Vielmehr verstand sich die BRD nunmehr als vorderster Frontstaat gegen den Kommunismus, zumal der ostdeutsche Teil Deutschlands ja vom Antipoden UdSSR besetzt war und sich insofern die beiden Systemblöcke in Deutschland unerbittlich gegenüberstanden.

Statt die in Potsdam beschlossene Entnazifizierung endlich einzuleiten und durchzuführen, begann zu Beginn der 50er Jahre vielmehr eine regelrechte Kommunisten-Hetze. Dabei entblödeten sich die neuen Machthaber der BRD nicht, gegen Kommunist*innen, die bereits während der NS-Herrschaft in Zuchthäusern und Konzentrationslagern ihr Dasein fristen mussten, teilweise dieselben Beschuldigungen zu erheben, wie sie das NS-Regime bereits vorgebracht hatte. Die Kommunisten-Jagd fand einen ersten traurigen Höhepunkt im Verbot der Kommunistischen Partei Deutschlands (KPD) im Jahr 1956. Die Partei und ihre Mitglieder wurden als illegale Opposition kriminalisiert und von der Exekutive zerschlagen. Insofern kann etwas pointiert festgehalten werden, dass statt der beschlossenen Entnazifizierung eher Säuberung von kommunistischem Gedankengut und kommunistischen Aktivist*innen stattfand, wobei die bittere Ironie dieser historischen Volte jedem ins Auge springen dürfte.

Aber auch ein weiteres „D" der Siegerkonferenz von Potsdam wurde bald obsolet. Denn die Adenauer-Regierung strebte als wichtigen Bestandteil ihrer Integrationspolitik in das westliche Militärbündnis der NATO das Gegenteil der Demilitarisierung an, nämlich eine Remilitarisierung Deutschlands, wobei sich in der Bevölkerung hiergegen massiver Widerstand regte, der aber von den herrschenden bestenfalls ignoriert und schlimmstenfalls zerschlagen wurde.

Mit dieser Widerstandsbewegung gegen eine Remilitarisierung Deutschlands verbunden ist die erste außerparlamentarische Massenbewegung, die quasi als Blaupause für die spätere Außerparlamentarische Opposition firmierte, welche für die Entstehung der RAF von entscheidender Bedeutung war. Die Remilitarisierung Deutschlands mündete im Beitritt der BRD zum Militärbündnis NATO und in der Einführung der allgemeinen Wehrpflicht.

Schon damals schienen die Herrschenden geahnt zu haben, was später einmal auf sie zukommen würde, denn bereits zehn Jahre vor der offiziellen Entstehung der RAF wurden die ersten Notstandsgesetze zur Wahrung der Inneren Sicherheit in die Wege geleitet, die später massiv ausgebaut und als Unterdrückungsinstrument verwendet werden sollten. Der Ausnahmezustand konnte demnach erklärt werden, wenn eine drohende Gefahr für die freiheitlich-demokratische Grundordnung bestand. Dieses Instrument spielte später im Kampf gegen die RAF eine nicht unwesentliche Rolle.

Im November 1966 bildete sich in Westdeutschland die erste große Koalition (GroKO). Dies stellte nicht eben ein solides Fundament für die Aufarbeitung der nationalsozialistischen Verbrechen dar – sieht man einmal vom berühmten Auschwitz-Prozess in Frankfurt am Main ab.

Noch viel gravierender als die nicht stattfindende Aufarbeitung der NS-Vergangenheit wog aber, dass das Gros des NS-Establishments in der BRD nicht nur weitgehend unbehelligt leben durfte, sondern dass sich Teile der alten Funktionärseliten anschickten auch Teil der neuen zu werden. Hinzu kam eine Re-Politisierung der Rechten, rechte Politikinhalte wurden wieder salonfähig, denn die rechtsextreme Nationaldemokratische Partei Deutschlands (NPD) zog zwischen 1966 und 1968 in sage und schreibe sieben Länderparlamente ein. Mehr als dieser Etappensieg auf föderaler Ebene gelang den Neonazis allerdings nicht.

Wendet man den Blick von den innenpolitischen Nachkriegsparametern ab, die für die Entstehung der RAF verantwortlich zeichneten, hin zu den außenpolitischen Faktoren, so rücken die seit den 50er Jahren in Gang gekommenen Befreiungskämpfe in zahlreichen Ländern Afrikas, Asiens und Lateinamerikas in den Fokus. Diese richteten sich häufig gegen die USA und die mit ihr verbündeten Kolonialmächte und deren krampfhafte Versuche, ihren ökonomisch-kulturell-militärischen Einfluss aufrechtzuerhalten.

Am bedeutsamsten für die Entstehung der RAF war der Kampf der kommunistischen Guerilla in Vietnam ab 1946 – zunächst gegen die französische Kolonialmacht und dann etwa ein Jahrzehnt später gegen die militärische Präsenz der US-Berater und des US-Militärs. Außerdem siegte die kubanische Revolution unter der Führung von Fidel Castro und die US-Gegenoffensive in Form der Schweinebucht-Invasion scheiterte nicht zuletzt an einem zaudernden US-Präsidenten John F. Kennedy, der sich nicht dazu durchringen konnte, „offiziell" den Gegenschlag zu unterstützen, was (so viele Meinungen heute[38]) seinem Todesurteil gleichkam, welches dann mit dem Attentat in Dallas vollstreckt wurde.

Im Zusammenhang mit der kubanischen Revolution ist Che Guevaras und später von dem deutschen Studentenführer Rudi Dutschke übernommene Diktum von Bedeutung, zwei, drei oder viele Vietnams zu schaffen, um so schließlich den Imperialismus und damit auch den Kapitalismus in die Knie zu zwingen. Wie noch zu zeigen sein wird, nahm die RAF diese Aufforderung nicht nur ernst, sondern wörtlich und versuchte die Aufforderung in die Tat umzusetzen, um auch in Westdeutschland ein neues Vietnam entstehen zu lassen.

Damit einher ging eine zunehmende gesellschaftliche Mobilisierung gegen den Kapitalismus und Imperialismus in dessen ureigenen Metropolen. So entstand in den USA bereits zu Beginn der 60er Jahre eine große Bürgerrechtsbewegung gegen Rassismus, und in den segregationistisch geprägten Ghettos der US-amerikanischen Großstädte kam es zu Massenrevolten, die von der Staatsmacht meist brutal niedergeschlagen wurden. Mitte der 60er Jahre trat die Black Panther Party als militante Bewegung der Schwarzen in Erscheinung und etwas später entstand auch ein bewaffnet kämpfender Arm der weißen Bevölkerung, die legendären „Weatherman".

Mit den soziopolitischen Aufbruchsbewegungen einher gingen Formen der Bewusstseinsveränderung durch Drogen wie Cannabis und LSD und manchmal verliefen militanter Widerstand und bewusstseinsinduzierter Widerstand synchron-parallel zueinander. So befreiten die linksextremistischen Weatherman den zum Staatsfeind Nummer eins deklarierten LSD-Papst Timothy Leary aus der Haft und verhalfen ihm zu Asyl bei der provisorischen Black Panther Bewegung in Algier, Algerien.

In Westdeutschland grenzte sich die Studentenbewegung spätestens zu Beginn der 70er Jahre von der (inzwischen konformistischen und mitregierenden) SPD ab. Wesentliche ideologische Referenzpunkte bildeten die maßgeblichen Theoretiker des Marxismus-Leninismus. Neben Anarchismus und Existentialismus spielte vor allem die Kritische Theorie der Frankfurter Schule, in personae Adorno, Horkheimer, Marcuse eine entscheidende Rolle. Diese Theoretiker sollten beim theoretischen Überbau der 2. RAF-Generation eine wesentliche Rolle spielen, weil diese die subjektive Wende hin zu einem mit Individualismus verbundenen Revoluzzertum scheinbar passgenau begründeten.

Die ersten Studentenaufstände gab es bereits zu Beginn der 60er Jahre im Münchener Stadtteil Schwabing. Angriffsziel war die spießig-autoritäre Wirtschaftswunder-Mentalität der immer noch „braunen" alten Eliten. 1968 schritten die Gründungsmitglieder der RAF dann selbst zur Tat. In Frankfurt am Main zündeten Andreas Baader, Gudrun Ensslin und andere in zwei renommierten Kaufhäusern Brandsätze. Ziel der Aktion war es, die deutsche Bevölkerung aus ihrer Lethargie gegenüber dem völkerrechtswidrigen Massenmord in Vietnam zu reißen. Bei den Brandanschlägen kamen keine Menschen zu Schaden und der größte materielle Schaden wurde durch das Löschwasser der Feuerwehr verursacht. Nur wenige Tage später wurden die Brandverursacher von der Polizei festgenommen. Im Frühjahr 1968 erlebten dann Baader und Ensslin aus der Haft heraus, wie der rechtsradikale Hilfsarbeiter Joseph Bachmann den charismatischen Studentenführer Rudi Dutschke anschoss – Dutschke überlebte zwar das Attentat, aber er starb an dessen Spätfolgen etwa zehn Jahre danach.

Als Folge des Attentats kam es in großen Städten zu mitunter recht gewalttätigen Demonstrationen. Da diese von der Staatsmacht brutal niedergeschlagen wurden, stellte sich der studentischen Opposition die Frage, ob Gegengewalt nicht ein notwendiges und legitimes Mittel im Umgang mit der Staatsgewalt sei. Im weiteren Zusammenhang mit den Kaufhausbrandstiftern und ihrem Anwalt

Horst Mahler kam es im Herbst 1968 in Berlin zu einer regelrechten Straßenschlacht zwischen Rockern und politisierten Jugendlichen auf der einen und der Polizei auf der anderen Seite. Die auch „Schlacht am Tegeler Weg" genannte Auseinandersetzung mündete in einem taktischen Sieg der Aufständischen, da sich die Staatsmacht gegen etwa 1000 Demonstrant*innen zum Rückzug gezwungen sah, nachdem 130 Polizeibeamte durch Steinwürfe verletzt worden waren. Weiteren Nährstoff für milieuübergreifenden Protest gegen das kapitalistische Establishment bildeten zum Beispiel die Fahrpreiserhöhungen im öffentlichen Nahverkehr.

Aber auch international kulminierten im Jahr 1968 die Proteste gegen die Herrschenden. Paris bildete das diesbezügliche europäische Zentrum. Die sogenannte „Mai-Revolte" wurde von der französischen Polizei brutal niedergekämpft – Analogien zur heutigen Bekämpfung der „Gelbwesten" durch militärische Elite-Truppen des französischen Präsidenten Emanuel Macron könnten durchaus erkennbar sein. Anders als in Deutschland schalteten sich in Frankreich auch zahlreiche proletarische Arbeiter*innen mit in die Auseinandersetzungen ein. Es dauerte sage und schreibe einen Monat, bis der französische Staatsapparat in der Lage war, die Situation wieder zu stabilisieren.

Auch in Italien und in der Türkei kam es zu massiven Ausschreitungen. Doch damit nicht genug. Sogar in Übersee gab es Angriffe auf das herrschende Establishment, zum Beispiel in Montevideo, Rio de Janeiro, Santo Domingo und Tokio. Mexiko-City bildete kurz vor der Eröffnung der olympischen Sommerspiele einen weiteren diesbezüglichen Höhepunkt. Am 6. August beendete das mexikanische Militär eine linke Massenkundgebung mit einem veritablen Massaker, bei dem fast 500 Menschen ums Leben kamen.

Interessanterweise beschränkte sich der Protest aber nicht nur auf die Zentren und die Peripherie des imperialistisch-kapitalistischen Systems. Auch in einigen Staaten des Warschauer Paktes fanden Proteste gegen die jeweiligen Regime statt. In der Summe lässt sich festhalten, dass diese Bewegungen eine Art kulturrevolutionären Protest darstellten, die sich teilweise auf ähnliche Theoretiker wie die Protestierenden aus dem Westen beriefen, zum Beispiel Bloch, Lukács oder Mao. Die Proteste in den Warschauer-Pakt-Staaten wurden ebenso wie die Demonstrationen im kapitalistischen Westen mit brutaler Härte niedergeschlagen. Nachdem in der damaligen ČSSR Hunderttausende Menschen in Prag für Reformen protestierten, sahen sich die Machthaber im kommunistischen Kreml gezwungen, eigene Truppen zu entsenden, um die Proteste im Keim zu ersticken.

Die Niederschlagung des Protests rief ihrerseits einige Solidaritätsbekundungen in westeuropäischen Metropolen hervor. Es hatte den Anschein, dass sich die ursprünglich links orientierten Protestformen system- und gesellschaftsübergreifend zu einem Generationenkonflikt entwickelten. Nach dem Einmarsch der Warschauer-Pakt-Truppen in Prag war die Perspektive für einen nachhaltig-friedlichen Wandel zumindest für die osteuropäische Opposition zerstört, aber auch viele westeuropäische Revoltierende sahen diese Ereignisse als warnenden Fingerzeig, was ihnen drohen könnte, wenn sie ihrem Unmut weiterhin ungezügelt Luft lassen würden.

Die Studentenvertretung ASTA der Westberliner Universitäten sah sich nach den schrecklichen Realitäten in Prag und anderswo gezwungen, folgendes Statement für einen Demonstrationsaufruf abzugeben: „Die militärische Intervention hat den Kräften des proletarischen Internationalismus erneut gezeigt, wie notwendig ihr Kampf gegen jede Form bürokratischer Herrschaft in den verschiedenen Gesellschaftssystemen ist. Es lebe die sozialistische Weltrevolution!!!“[39]

Diese Einlassung ist von höchstem Interesse, da sie belegt, dass den westdeutschen Revoltierenden kein real-sozialistisches System vorschwebte, sondern dass sie system- und länderübergreifend eine sozialistisch-kommunistische Weltrevolution herbeiführen wollten.

Mit anderen Worten: Die real-sozialistischen Staaten des Ostblocks entsprachen mitnichten dem Revolutionsideal der westdeutschen Protestierenden – ein Sachverhalt, der die Einstellung der RAF zu den real-sozialistischen Regimen lange Zeit prägen sollte. Berührungspunkte zwischen der RAF und Geheimdiensten real-sozialistischer Staaten bezogen sich so auch überwiegend auf praktisch-logistische Aspekte, welche die RAF zeitweise dankbar annahm.

In Deutschland besaß die Protestbewegung allerdings auch einen kulturellen Überbau. Im Zusammenhang mit Rock ’n’ Roll-Konzerten von Bands wie den Rolling Stones kam es immer wieder zu gewalttätigen Protesten. Auch Staatsbesuche despotischer Herrscher wie des kongolesischen Ministerpräsidenten Tschombé führten zu massiven Unruhen. Zu Beginn des Jahres 1966 gab es wütende Proteste von Tausenden von Student*innen in Berlin, die auf das Amerika-Haus nahe des Westberliner Hauptbahnhofs „Zoologischer Garten“ Farbeier und -beutel schleuderten.

In der Folge geriet der Vietnamkrieg zur Hauptantriebsfeder der Studentenproteste und genau hierin liegt einer der kausalursächlichen Entstehungsgründe der RAF, da Baader, Ensslin und Konsorten genau diesem Umfeld entstammten (obwohl zum Beispiel Baader kaum etwas mit formal-akademischer Bildung zu tun hatte[40]).

Da sich in den Studentenkreisen die antiautoritären Flügel zusehends durchsetzten, rief Dutschke die Außerparlamentarische Opposition ins Leben. Als der erste Protestschwung der APO-Bewegung erlahmte und ins konformistisch-systembejahende Lager abzustürzen drohte, hielten es die Gründerväter und -mütter der RAF für nötig, den ehemals in der APO angelegten Protest weiterzuführen und wenn möglich sogar noch zu radikalisieren.

In der Summe liefen die traditionellen Protestformen immer weiter ins Leere, sodass in Folge immer mehr direkte Aktionen von antiautoritär eingestellten Gruppen angestrebt wurden. So verhinderte die Berliner Polizei im Frühjahr 1967 in letzter Sekunde ein Pudding-Attentat auf den US-Präsidenten Hubert Humphrey. Gerade Andreas Baader trieb sich in seiner Phase der Politisierung und Radikalisierung gerne im Umfeld der für spontane Aktionen bekannten Kommune I um Dieter Kunzelmann und Rainer Langhans herum. Sowohl der dort mitunter herrschende heftige Drogenkonsum als auch das Experimentieren mit Formen freier Sexualität dürften Baader besonders angezogen haben.

Zentraler Kulminationspunkt für den linksextremistischen, bewaffnet kämpfenden Widerstand in der BRD bildete jedoch der bereits mehrfach erwähnte 2. Juni 1967.[41] Sowohl die Rote Armee Fraktion als auch die Bewegung 2. Juni, die später mit der RAF „fusionierte", nahmen die Ereignisse des Datums zum Anlass, sich zu bewaffnen, illegale Strukturen aufzubauen, in den Untergrund zu gehen und den Staat mit radikalsten Mitteln zu bekämpfen.

Was war an diesem verhängnisvollen Tag der deutschen Geschichte passiert? Im Zuge des Besuchs des Schahs von Persien, der von der deutschen Linken als gnadenloser Despot, Unterdrücker und US-imperialistischer Vasall angesehen wurde, kam es zu Demonstrationen, in dessen Folge Benno Ohnesorg, ein 26-jähriger Student der Freien Universität Berlin (FU), von dem Zivilpolizisten Karl-Heinz Kurras mit einem Kopfschuss regelrecht hingerichtet wurde.

Der eigentliche Skandal erfolgte aber erst noch, denn Kurras wurde später für diese Tat freigesprochen. Und erst sehr viel später wurde bekannt, dass Kurras ein informeller Mitarbeiter des Ministeriums für Staatssicherheit der DDR war. Diese Tatsache bot Anlass für zahlreiche Spekulationen, die zum Beispiel auch die Frage aufwarfen, ob Kurras eine Art Schießbefehl von seinen ostdeutschen Auftraggebern erhalten habe, um die gesellschaftspolitischen Verhältnisse in der BRD nachhaltig zu destabilisieren.[42]

Wie dem auch sei, das Ergebnis lief in der Tat auf eine nachhaltige Erschütterung der bundesdeutschen Republik hinaus. In vielen Universitätsstädten kam es zu großen Demonstrationen. Bei der Beerdigung Ohnesorgs in Hannover nahmen immerhin 10.000 Menschen teil und lediglich 3000 Menschen weniger nahmen am anschließenden Kongress „Hochschule und Demokratie" in der Niedersachsenhalle teil. Der Kongresstitel ist vielsagend, stellte doch das erstarrte, höchst autoritär-patriarchalisch geprägte bundesdeutsche Universitätswesen eine Antriebsfeder für weitere Proteste dar, wobei der enge Bezug des damaligen Universitätssystems zu dem unter den Nationalsozialisten geführten Bildungswesen mit dem bündigen Slogan „Unter den Talaren der Muff von 1000 Jahren" ironisch herausgestellt wurde. Auch im universitären Diskursgefüge rächte sich so die nicht aufgearbeitete und weiterhin bestehende „braune" Kontinuität in Form von wütenden Protesten, die sich allerdings bald auf gesamtgesellschaftliche Bereiche ausweiteten.

Der vor allem für die 2. RAF-Generation an Wichtigkeit kaum zu überschätzende Moralphilosoph und Theoretiker Herbert Marcuse formulierte im Zusammenhang mit der Erschießung Ohnesorgs das Naturrecht auf Widerstand für unterdrückte und überwältigte Minderheiten, sobald sich die gesetzlichen Rahmenbedingungen insofern als unzulänglich herausgestellt hätten, dass sie keine Abhilfe zu schaffen in der Lage waren.[43] Ziel der studentischen Proteste war mittlerweile auch der Springer-Verlag und dessen Flaggschiff, die Bild-Zeitung. Die damalige Konkret-Journalistin und spätere RAF-Ikone Ulrike Meinhof beteiligte sich tatkräftig und gewalttätig an diesen Protesten.

Wichtigster Referenzpunkt des Widerstandes blieb allerdings der Vietnamkrieg. Im Januar 1968 fand ein Meilenstein dieses Protests in Form eines Vietnam-Kongresses in Westberlin statt. Dabei wurde die für die Gründung der RAF kaum zu überschätzende Frage aufgeworfen, ob und wie die Metropolen-Linke den Kampf gegen den US-Imperialismus führen sollte. Über 15.000 Menschen (Teilnehmer*innen aus aller Herren Länder) beteiligten sich an der Abschlussdemonstration dieses Kongresses.

Die APO setzte sich nach den Demonstrationen gegen die Ermordung Ohnesorgs noch viel stärker in Szene als bisher. Anlässlich des 50. Todestages von Rosa Luxemburg und Karl Liebknecht, die 1919 brutal von rechtsextremen Freikorps-Mitgliedern hingerichtet wurden, kam es zu militanten Auseinandersetzungen mit der Berliner Polizei, wobei unter anderem Fensterscheiben des renommierten und Symbolkraft besitzenden Kaufhauses des Westens (KadeWe) eingeworfen wurden. Mit dieser symbolischen Gewaltform des Protests wurde die systemkritische Komponente gegen den kapitalistischen Konsumterror herausgestellt, als dessen Flaggschiff das KadeWe zu Recht galt.

Diese und weitere Proteste führten zu äußerst repressiven Maßnahmen. Westberlin galt aufgrund seines Vier-Mächte-Status bis dahin als idealer Fluchtpunkt, um sich der Wehrpflicht, also der zwangsweisen Einberufung zur Bundeswehr, zu entziehen, was auch ein Grund dafür war, dass Baader Westberlin in diesen Jahren zu seinem Wunschwohnort erkor.

Im Juli 1969 traf sich die spätere RAF-Elite in einem „Knastcamp" im bayrischen Ebrach. Andreas Baader, Gudrun Ensslin, Rolf Heißler, Irmgard Möller und Brigitte Mohnhaupt nahmen an dieser Veranstaltung teil. Mit der Gründung dieser Gruppen, die außerhalb der Knäste Gefangene unterstützten, hatte die bundesdeutsche politische Linke endlich ein Pendant zur rechtsextremistisch orientierten HIAG (Hilfe auf Gegenseitigkeit)[44] gebildet. Die HIAG unterstützte in erster Linie zu Haftstrafen verurteilte NS- und SS-Kriegsverbrecher.

Im Herbst desselben Jahres gab es linkspolitisch inspirierte Massenstreiks in der Industrie und bei einer Abschlusskundgebung gegen die rechtsextreme NPD in Nürnberg, der ehemaligen Stadt der Reichsparteitage der NSDAP, nahmen nicht nur über 20.000 Protestierende teil, sondern es kam auch zu handfesten Auseinandersetzungen mit der Polizei, wobei auf beiden Seiten jeweils ca. 50 Menschen verletzt wurden. Anschläge gegen US-amerikanische Einrichtungen, aber auch Konsulate, Banken, Rathäuser, Justiz- und Polizeieinrichtungen bildeten weitere Höhepunkte des linken Protests.

Theoretisch verschärfte sich auch der Protestdiskurs, da immer radikalere und extremere Protestformen in Anlehnung an Fanon, Che Guevara, die Black Panther und die chinesische Kulturrevolution geplant und umgesetzt wurden. Diese Radikalisierung und Militarisierung der Protestformen führte sicherlich auch dazu, dass die RAF als Kulminationspunkt dieser Entwicklungen 1970 schließlich den bewaffneten Kampf gegen das System der BRD aufnahm.

Der Großen Koalition aus CDU und SPD folgte im Oktober 1969 eine erstmals in dieser Konstellation stattfindende SPD/FDP-Regierung. Die Marschrichtung der neuen Regierung wurde bald klar: Es sollte versucht werden, das politisch Widerständige wieder in den gesellschaftlichen Mainstream zu rücken.

So erließ Bundeskanzler Willy Brandt eine Amnestie für alle Demonstrations-Strafdelikte, die das Strafmaß von acht Monaten nicht überschritten. Dadurch wurden weite Teile der Studentenbewegung wieder in das System integriert. Neben der gesellschaftspolitischen Befriedung war den Machthabern offensichtlich klar, dass das System nicht auf eine beinahe vollständige Generation der akademischen Elite verzichten konnte.

Auf das Zuckerbrot folgte die Peitsche, denn 1970 begann eine massive Aufrüstung zur Wahrung der Inneren Sicherheit, was ein Sofortprogramm zum Ausbau und zur Aufrüstung von Polizei und Staatsschutz bedeutete. Bereits zuvor hatten massive Umrüstungsmaßnahmen im Sicherheits- und Polizeisektor stattgefunden.

Bereits 1968 fand eine Zentralisierung von Polizei, Staatsanwaltschaft, Bundeskriminalamt (BKA) und Bundesgrenzschutz (BGS) statt. Zwei Jahre nachdem die RAF erstmalig offiziell in Erscheinung getreten war, verabschiedete der Deutsche Bundestag den sogenannten Radikalenerlass, der besagt, dass alle Linken, die sich nicht vorbehaltlos der deutschen Demokratie und der freiheitlich-demokratischen Grundordnung unterwerfen, nicht als Beamte in den Staatsdienst treten können. Dieses Mittel sollte den Kern des Staats vor einer subversiven Unterwanderung durch „Wölfe im Schafspelz" (Radikale, die sich als Beamte und so weiter andienen) schützen.

Zu dieser Zeit steuerte auch der Vietnam-Krieg auf seinen unrühmlichen Höhepunkt zu. Zu Beginn der 70er Jahre wurden immer mehr von der US-Armee an der vietnamesischen Bevölkerung verübte Gräueltaten bekannt. Zugleich gelang es der Widerstandsbewegung der Vietcong die US-amerikanischen GIs an strategisch entscheidenden Punkten zurückzudrängen.

Gemeinsam mit massiven Protesten gegen den Vietnamkrieg in den USA und weltweit, entschloss sich die US-Regierung zu ersten Truppenabzügen, ohne dabei den Krieg verloren geben zu wollen.

Aber auch der Nahe Osten glich zu dieser Zeit einem veritablen Pulverfass. Mit dem 6-Tage-Krieg besetzte Israel das Westjordan-Ufer und den Gaza-Streifen, was zu massiven palästinensischen Fluchtbewegungen führte. Problematisch war, dass auch arabische Regimes den Palästinenser*innen nicht immer wohlgesonnen waren. Dies führte unter anderem zu einem äußerst brutalen und blutigen Angriff der Jordanier auf ein palästinensisches Flüchtlingscamp: Am 19. September 1969, der später auch der schwarze September genannt wurde, ermordete die jordanische Armee 20.000 palästinensische Flüchtlinge. Das Massaker provozierte Gegenreaktionen der Palästinenser*innen, die durch ihren militärischen Arm, die PLFP, medien- und öffentlichkeitswirksam mehrere Flugzeuge entführten.

Bereits gut ein Jahr nach der Geburtsstunde der RAF gründete sich die palästinensische Terrororganisation „Schwarzer September". Während die RAF-Anführer*innen Baader, Ensslin und Meinhof bereits nach ihrer Mai-Offensive 1972 inhaftiert waren, griff der „Schwarze September" während der olympischen Sommerspiele 1972 in München die israelische Olympia-Mannschaft an. Dabei wurden zwei Mitglieder getötet und der Rest als Geiseln genommen. Der „Schwarze September" forderte die Freilassung von gut 200 politischen Gefangenen, vornehmlich Palästinenser*innen, aber auch RAF-Mitgliedern.

Die deutschen Sicherheitsbehörden gaben bei der Geiselnahme ein katastrophales Bild ab, was im Nachgang zur Gründung der Elite-Einheit des Bundesgrenzschutzes GSG 9 führte, die immer wieder an vorderster Front gegen die RAF eingesetzt werden sollte. Der Versuch der deutschen Sicherheitsbehörden, die israelischen Gefangenen auf dem Militärflughafen Fürstenfeld-Bruck zu befreien, endete in einem Blutbad, da sich die Palästinenser*innen erbittert wehrten und ihr Versprechen, im Falle einer Befreiung alle Geiseln zu töten, tatsächlich einhielten. Zudem starben fünf Mitglieder des Terror-Kommandos und ein deutscher Polizist.

Die Kaufhausbrandstifter Baader, Ensslin & Co sollten nach dem Februar 1970 ihre Haftstrafen antreten, da der Hessische Justizminister den Revisionsantrag ihrer Anwälte abgelehnt hatte. Allerdings dachten die späteren RAF-Gründer*innen gar nicht daran, ihre Haftstrafen abzusitzen und tauchten im Ausland (zuerst Frankreich und dann Italien) unter.

Baader und Ensslin ging es dabei bereits zu diesem Zeitpunkt um die Bildung einer klandestinen, bewaffnet kämpfenden Untergrundgruppe – unterstützt wurden sie in diesem Ansinnen von Andreas Baaders Rechtsanwalt Horst Mahler, der während eines heimlichen Rom-Besuchs bei den Flüchtigen signalisierte, dass er in Westberlin die Voraussetzungen für eine bewaffnete Untergrundgruppe zu schaffen gedachte.

Nach der Rückkehr nach Deutschland gelang es Baader und Ensslin nach und nach die renommierte Konkret-Journalistin Ulrike Meinhof von der Notwendigkeit des bewaffneten Kampfs gegen das „Schweine-System" zu überzeugen und sie für ihre Ziele zu gewinnen. Manche Chronisten berichten, dass sie dazu auch bewusstseinserweiternde Drogen wie LSD und Cannabis nutzten.

Baader geriet beim Versuch der Bewaffnung der sich formierenden Gruppe an einen Agenten des Landesamts für Verfassungsschutz (LfV) Berlin, Peter Urbach. Der auch S-Bahn-Peter genannte Informant hatte linke Gruppen seit längerer Zeit mit Drogen und Waffen versorgt und seinen Arbeitgebern dafür detailliert von diesen Vorgängen, bestimmten revolutionär gesonnenen Personenkreisen und konkreten Straftaten berichtet.

Bei einem Versuch der Waffenbeschaffung mit Urbach geriet Baader schließlich in eine polizeiliche Fahrzeugkontrolle, die sorgfältig als Falle vorbereitet worden war und wurde dabei mit der Konsequenz verhaftet, dass er seine Reststrafe doch noch absitzen musste.

So sehr Baader dem eigenen Vernehmen nach an der erneuten Inhaftierung litt, so sehr konnte er auf seine Geliebte und die ihm verbundenen Genoss*innen zählen. Es ist also nicht verwunderlich, dass in relativer Zeitnähe die sogenannte Baader-Befreiung erfolgte. Mehrere eigene Fluchtversuche, unter anderem mit dem Terroristen und Anarchisten „Bommi" Baumann der Bewegung 2. Juni, scheiterten zunächst, bevor sich ein Kommando unter der Leitung von Ensslin und Meinhof anschickte, Baader tatsächlich zu befreien.

Im Frühjahr 1970 war es so weit, Baader wurde von seinen Gesinnungsgenoss*innen bei einer Gefangenenausführung mit Waffengewalt befreit, wobei ein gemeinsames Buchprojekt mit Ulrike Meinhof beim Verlag Klaus Wagenbach für die Gefangenenausführung die Legitimation bildete. Dabei wurde ein Institutsangestellter lebensgefährlich durch einen Steckschuss in die Leber verletzt.

Bis heute ist nicht schlussendlich geklärt, wer für die Abgabe dieses Schusses verantwortlich war. Einiges deutet darauf hin, dass sich die angehenden Berufsrevolutionär*innen der Dienste eines Schwerkriminellen ohne politische Ambitionen bedienten, der den Schuss abgab – als erwiesen gilt das aber nicht.

Bereits am nächsten Tag klebten an zahlreichen Berliner Litfaßsäulen Steckbriefe mit dem Konterfei Ulrike Meinhofs und der dramatischen Aufschrift „Mordversuch. 10.000 Mark Belohnung". Damit war nun ausgerechnet Ulrike

Meinhof, die nur schwer für die Ziele einer bewaffneten kommunistischen Revolution in Deutschland hatte gewonnen werden können, zum ersten ikonischen Konterfei der neuen revolutionären Bewegung geworden. Dies besaß sicherlich eine doppelte Stoßrichtung, denn Meinhof war somit von einer scharfzüngigen Kolumnistin mit salon-kommunistischen Ambitionen zum Sinnbild des bewaffneten Befreiungskampfs geworden. Meinhof war und blieb für lange Zeit das außenwirksamste „Flaggschiff" der 1. RAF-Generation, auch wenn die eigentliche Steuerung der Gruppe auf vielen Schultern lastete, allen voran Baader und Ensslin.

Die neu gebildete Widerstandsgruppe tauchte nach der Baader-Befreiung für kurze Zeit in Westberlin unter, um sich kurz darauf in Jordanien bei palästinensischen Terrorgruppen militärisch ausbilden zu lassen, was einen wesentlichen Schritt zum Aufbau einer militärischen Widerstandsbewegung darstellte. Bereits in der Erklärung zur Baader-Befreiung im Jahre 1970, die (eine Woche später in der linksradikalen Zeitschrift Agit 883) die erste öffentliche Erklärung der RAF unter der Überschrift „Die Rote Armee aufbauen" darstellt, wurde implizit durch die Namensgebung „Rote Armee" ein marxistisch-leninistischer Bezug hergestellt, der durch Parolen über die Entfaltung von Klassenkämpfen und Aspekte der daraus folgenden Proletariats-Organisierung verstärkt wurde.

Der „schnittige" Ton dieser ersten RAF-Erklärung ist allerdings im Vergleich zu späteren RAF-Strategiepapieren und RAF-Bekennerschreiben eher vulgär-agitatorisch im Agit-Prop-Stil gehalten,[45] wie das folgende Beispiel[46] illustrieren soll: „Ihr habt klarzumachen, dass das sozialdemokratischer Dreck ist, zu behaupten, der Imperialismus, der ganze Schweinkram ließe sich unterwandern, nasführen, überrumpeln, einschüchtern, kampflos abschaffen. Macht das klar, dass die Revolution kein Osterspaziergang sein wird. Dass die Schweine natürlich so weit eskalieren werden, wie sie können, aber auch nicht weiter. Um die Konflikte auf die Spitze treiben zu können, bauen wir die Rote Armee auf."[47]

Die Erklärung zur Baader-Befreiung verurteilt offensichtlich diejenigen Positionen aufs Schärfste, die versuchen, das System durch einen Marsch durch die Institutionen zu besiegen, da dies einerseits im eigenen Reformismus endet und andererseits die Verhältnisse nicht zu ändern vermag. Es hat den Anschein, als hätten die Gründerväter der RAF bereits sehr wohl im Blick gehabt, was später Realität wurde, denn die ehemals radikalen Linken vollzogen ja tatsächlich im Laufe der Jahrzehnte einen Marsch durch die Institutionen, um sich selbst an die Spitze des gesellschaftspolitischen Systems zu setzen.

Zugleich benennt die RAF aber auch eines ihrer zentralen Desiderate, das sie aber bis zum Schluss nicht realisieren konnte, denn es gelang ihr sogar im Deutschen Herbst 1977 nicht, die Verhältnisse so auf die Spitze zu treiben, dass das politische System der BRD vor dem Kollaps stand. Die Konsequenz liegt gemäß dem ersten RAF-Schreiben aber im Aufbau einer revolutionären Gegenmacht, nämlich der Roten Armee,[48] deren Aufgabe es sei, die Konflikte mit dem Staat und dem System so zuzuspitzen, dass revolutionäre Veränderungen auch und gerade in Deutschland möglich sind. Semantisch betrachtet enthält diese erste Erklärung bereits ein sehr zentrales Wort, das in beinahe allen weiteren Erklärungen eine zentrale Rolle einnehmen wird: „eskalieren". Sogar in den letzten Erklärungen der 3. RAF-Generation kommt diesem Begriff immer noch eine zentrale Bedeutung zu.

Letztlich war dies so etwas wie eine Grundprogrammatik der RAF: die Verhältnisse in Deutschland so auf die Spitze zu treiben, dass die Gewalteskalation auf beiden Seiten in einem systemischen Zusammenbruch und im Sieg der kommunistisch inspirierten Revolution münden würde. Oder wie Helmut Pohl, einer der Protagonisten der 1. und 2. RAF-Generationen es sinngemäß auf den Punkt brachte, dass die Kosten höher getrieben werden müssten, als der Profit, den sie, also die Systemakteur*innen, sich versprächen.

Damit ist das Programm klar und deutlich benannt: Die Opfer der strategisch-taktischen RAF-Kriegsführung müssen so hoch sein, dass die dadurch evozierte System-Destabilisierung so gravierend wird, dass sie letztlich im System-Kollaps mündet.

6.2 Ideologie, Strategie und Attentate der 1. RAF-Generation

Nachdem bisher der soziohistorische und soziopolitische Entstehungskontext der RAF skizziert wurde, wird im Folgenden der Versuch unternommen, die Ideologie, die Strategie und die Attentate der 1. RAF-Generation zu rekonstruieren und dann in einem weiteren Schritt aufeinander zu beziehen, sodass ein kohärent schlüssiges RAF-Gesamtbild entsteht, das wesentliche Kontextfaktoren miteinbezieht.

Dieser Anspruch ist schwer einzulösen, da es vermutlich dieses aufeinander abgestimmte Gesamtpaket niemals von den Planern und Machern der RAF als

„Gesamtentwurf" gab. Vielmehr darf getrost davon ausgegangen werden, dass in einem ersten Schritt die Ideologie als theoretischer Überbau des Ganzen entworfen wurde. Anschließend wurde sich vermutlich dem militärisch-strategischen und militärisch-taktischen Bereich zugewandt. Erst in einem letzten Schritt gingen die RAF-Macher*innen der ersten Stunde an die konkreten Attentatsplanungen. Zu guter Letzt: Jede RAF-Generation vollzog diese Schritte teilweise oder vollständig für sich selbst.

Trotz der skizzierten Schwierigkeiten ergibt sich (wie zu sehen sein wird) dennoch ein recht schlüssiger Kausalnexus zwischen Ideologie, Strategie, Taktik und den konkreten Attentatsformen. Dies ist das eigentliche Novum dieses Buches – oder um den Faden von der Einleitung wieder aufzugreifen: dieser narrative Zugang bestimmt die hier verwendete Vorgehensweise und ist in dieser Exklusivität in bisher keinem anderen Werk über die RAF zu finden.

Durch die sorgsame Rekonstruktion der RAF-Schriften ist ein authentischeres Bild über die Grundanliegen und das eigentliche Gesicht der RAF möglich, als die vorfabrizierten Meinungen, derer sich die meisten RAF-Sachbuchautor*innen bedienen – meist recht voreingenommen aus der Staatsschutz-Perspektive und seltener stark voreingenommen von einem linksextremistischen Standpunkt aus.

Hier hingegen wird das weitestgehend „objektiv-neutrale" Unterfangen angegangen, die RAF im Kern an den von ihr selbst getätigten Aussagen und den damit verbundenen Ansprüchen zu messen. Erst dann ist meines Erachtens ein fundiertes, sozusagen selbstimmanentes Urteil möglich, ob die RAF ihren selbst gesetzten Zielen gerecht werden konnte oder ob ihre Politik zum Scheitern verurteilt war.

Dabei gilt es möglichst die Balance zu wahren. Die RAF soll durch die wesentlichen Zitate ihrer Strategiepapiere und Bekennerschreiben in ihrem Wesensgehalt dargestellt werden, ohne dass dabei die Leser*innen das Gefühl beschleicht, dass hier „lediglich" aus RAF-Texten zitiert werde. Zugleich besteht die Gefahr eines Mangels an konkreter Textarbeit. Denn wenn ich mir nur die Stellen der RAF-Texte heraussuche, die meine ohnehin vorgegebene Meinung und Einstellung zur RAF bestärken, dann muss ich als Autor den Anspruch der Objektivität und Neutralität aufgeben.

Insofern sollen die folgenden Teilkapitel wie aus der Vogelperspektive über die Ideologie, Strategie und Taktik der RAF gleiten, ohne gleich a priori alles als moralisch-ethisch verwerflich zu klassifizieren. Diese politische Urteilsbildung findet natürlich dennoch statt, aber erst nachdem eine ausführliche und intensive Auseinandersetzung mit den Quellen, Äußerungen und Taten der RAF stattfand.

Dass Bomben und Morden und die Beseitigung der freiheitlich-demokratischen Grundordnung keine begrüßenswerten Ziele sind, sei an dieser Stelle in aller Deutlichkeit versichert, um möglichen Kritiker*innen von vornherein jegliche Munition zu nehmen. Aber diese Beteuerung wird sie wahrscheinlich nicht weiter tangieren, da es für sie gar nicht opportun ist, überhaupt in eine inhaltliche Auseinandersetzung mit der RAF zu treten. Gemäß dem Motto: RAF-Texte sind keine Beschreibungen soziopolitischer Realitäten und RAF-Handlungen jeglicher Art sind keine Versuche die Welt zu einer besseren zu machen, sondern es handelt sich dabei ausschließlich um die Legitimation zur Durchführung von Terrortaten.

Dabei übersieht dieser Ansatz meines Erachtens auf fundamentale Weise die Tatsache, dass Terror selten um des Terrors willen begangen wird. So irre- und fehlgeleitet die Terrorist*innen im Einzelnen sein mögen: ihre Motivation speist sich immer aus der sie umgebenden sozialen Realität, an der sie aus irgendeinem Grund Anstoß nehmen.

Was für den einen dann einen Grund bildet, sich gesellschaftlich zurückzuziehen und sich vielleicht dem süßen Vergessen und Verdrängen durch Drogenkonsum hinzugeben, das bildet für andere wiederum die Grundlage, zur Not auch mit Waffengewalt eine Veränderung der soziopolitischen Gegebenheiten herbeiführen zu wollen.

Bei der RAF vermischten sich (wie wir noch sehen werden) häufig beide Ebenen. Um ihre Ohnmacht gegen die herrschenden Verhältnisse betäuben zu können, konsumierten viele RAF-Mitglieder Drogen, aber sie blieben an diesem Punkt nicht wie viele andere stehen. Vielmehr nahmen sie die durch die Drogen gewonnenen Einsichten und den durch die Drogen gedämpften Schmerz über die gesellschaftspolitischen Realitäten als Anlass aktiv zu werden.

Setzt man dies noch mit den im vorigen Teilkapitel dargestellten soziohistorischen und soziopolitischen Gegebenheiten der jeweiligen RAF-Generation in Korrelation, dann stehen die Chancen nicht schlecht, ein aussagekräftiges, emphatisches Panoptikum zu erhalten, ohne dabei Gefahr zu laufen, die Worte oder Taten der RAF zu verherrlichen.

Hier wird die RAF als Versuch gesehen, die abgeflaute Studentenrevolte mit neuem Leben zu versehen, dem Verbalradikalismus tatsächlich Taten folgen zu lassen und in einer formvollendeten, kommunistisch inspirierten Revolution münden zu lassen. Daraus wird dann mitunter recht pauschal abgeleitet, dass der Marxismus-Leninismus unter anderen Einflüssen eine ideologische Basis für die ersten Strategiepapiere der Roten Armee Fraktion bis zum Ende der 70er Jahre bildete, was sicherlich dem Wesensgehalt nach auch zutreffend ist, aber durch einen sorgfältigen Blick in die Texte und auf die Details bestätigt und ausdifferenziert werden muss.

Aber im Laufe der Zeit hat die RAF-Rezeption verschiedene Stufen und Varianten durchlaufen. Es gab zwar keine bedenkliche Tendenz zur Verharmlosung, aber es herrschte wohl die Meinung, dass einige in die Irre laufende (Noch-)Jugendliche auf die falsche Bahn geraten seien. Diese Einschätzung zeigt zwar einen Rest von Fürsorge und Zutrauen, die Irregeleiteten wieder auf den rechten Weg bringen zu können, zugleich aber negiert sie genuin den der RAF innewohnenden politischen Gehalt. In einer frühen Einschätzung der RAF, die später diverse Renaissancen erlebte, schien man sich (gesellschaftlich, politisch, aber auch innerhalb der Strafverfolgungsbehörden) in der Einschätzung der 1. RAF-Generation jedoch nicht vollständig einig zu sein.

So war anfangs häufig von verirrten „Bürgerkindern“ die Rede, wobei sicherlich die soziale Herkunft der Mitglieder der 1. RAF-Generation diese Lesart bestätigt. Dabei wurde häufig Gudrun Ensslin als schwäbische Pfarrerstochter als diesbezügliches Beispiel par excellence genannt. Gudrun Ensslin hat diese bürgerliche Kindheit aber (wie viele andere RAF-Mitglieder die ihrige) als sehr einengend und beängstigend empfunden. Dies bestätigte auch mehr oder weniger die Mutter von Ensslin, als sie nach dem Untertauchen ihrer Tochter in die RAF von einem von Angst besetzten, engen Haushalt sprach, in dem Ensslin aufwuchs. Wer die Mentalität vieler schwäbischer protestantischer Pfarrer*innen kennt, dem wird die Schlüssigkeit dieses Arguments sofort einleuchten.

Die Rote Armee Fraktion startete ihr Dasein auch nicht direkt als RAF. Vielmehr wurde die RAF zu Beginn lediglich als „Baader-Meinhof-Bande“[49] tituliert, was ihren Charakter als „lediglich“ hochkriminelle und vor allem als nicht-politische Vereinigung betonen sollte. Ebenso häufig war zu Beginn der RAF-Historie in den Massenmedien auch von anarchistischen Gewalttäter*innen die

Rede. Dabei wurde der Begriff der Anarchie aber nicht als ideengeschichtlich-theoretisches Konstrukt gesehen, sondern sollte die Irrationalität, Nicht-Kalkulierbarkeit und die Gefährlichkeit der Mitglieder dieser Vereinigung betonen. Die semantischen Beherrschungsversuche des Staatsapparats um mit dieser für ihn neuen Form des Terrorismus umzugehen, gingen aber im Wesentlichen am Kern der Sache vorbei und bargen den nur unzureichend kaschierten Versuch, die RAF-Bewegung politisch und anderweitig zu desavouieren.

Die oben genannten Begrifflichkeiten und ihre damit verbundenen Bewertungen lassen die klassenkämpferisch-kommunistische Ebene und die Grundintention der Guerilla-Bewegung meines Erachtens völlig außer Acht, denn die RAF legte bereits in dem bereits zitierten Pamphlet zur Baader-Befreiung ihre Intentionen offen: „Ohne gleichzeitig die Rote Armee aufzubauen, verkommt jeder Konflikt, jede politische Arbeit im Betrieb und im Wedding und im Märkischen Viertel und in der Plötze und im Gerichtssaal zu Reformismus ... Ohne die Rote Armee aufzubauen, können die Schweine alles machen, können die Schweine alles weitermachen: einsperren, entlassen, pfänden, Kinder stehlen, einschüchtern, schießen, herrschen."[50]

Durch den Begriff der Roten Armee wird die Ausrichtung auf Klassenkampf, Räteherrschaft und Kommunismus deutlich. Zugleich zementiert diese erste Erklärung den militärischen Anspruch der neuen Bewegung. Denn die Rote Armee sollte dazu dienen, die kapitalistische Willkürherrschaft einzudämmen und wenn möglich, sie sogar zu überwinden: „Die Konflikte auf die Spitze treiben heißt: Dass die nicht mehr können, was die wollen, sondern machen müssen, was wir wollen."[51]

Damit war das politische Programm benannt, das auf nicht weniger als einen politischen Umsturz der bestehenden herrschenden Verhältnisse in der Bundesrepublik Deutschland hinauslief. Solche politisch ambitionierten Vorhaben besitzen verirrte Bürgerkinder in der Regel nicht und auch anarchistisch-kriminelle Banden stehen meist derart klar strukturierten Vorstellungen fern.

Außerdem war es der RAF von Beginn an wichtig, ein deutscher Bestandteil des internationalen Befreiungskampfs zu sein. Damit stellte sich die RAF in die Tradition der weltweit stattfindenden Befreiungskämpfe gegen Imperialismus und Kapitalismus: „Die können das kapieren, dass das, was hier jetzt losgeht, in Vietnam, Palästina, Guatemala, in Oaklands und Watts, in Kuba und China, in Angola und New York schon losgegangen ist."[52]

Die Einschätzung der politischen Verhältnisse in den Vereinigten Staaten von Amerika erwies sich zwar als übertrieben und entsprach keineswegs der politischen Realität, aber die dort herrschenden Rassenunruhen konnten aus der damaligen globalen Perspektive heraus auch als Versuch des proletarischen Aufstands und als das sanfte Aufflackern eines sich anbahnenden Klassenkampfs verstanden werden. Dass die revolutionäre Basis in den USA zu schwach und das Rollback des Establishments viel zu stark waren, konnten die angehenden deutschen Revolutionäre zum damaligen Zeitpunkt noch nicht wissen.

In Abwandlung des berühmten Bibel-Zitats[53] kann für die 1. RAF-Generation konstatiert werden, dass am Anfang die Tat stand, nämlich die Baader-Befreiung.[54] Erst nach ihr folgte die erste schriftliche Äußerung. In einer Art dialektischen Bewegung folgte auf das Wort dann die Anleitung zur Tat. Die RAF flog in zwei Gruppen über den Ostberliner Flughafen Schönefeld in den Nahen Osten, wobei gerne als Bonmot erzählt wird, dass alle Mitglieder der Gruppe zu Studententarifen reisen konnten – außer dem Anwalt Horst Mahler, der damals bereits über 30 Jahre alt war.

Im Sommer 1970 trainierten die angehenden Terrorist*innen in einem Ausbildungslager der El Fatah. Dabei ist das Ausbildungsverhältnis keine Einbahnstraße gewesen. Zwar übernahm die El Fatah, eine radikal-palästinensische Organisation, deren Feindbild Israel war, die gesamten Kosten, die als nicht gering veranschlagt werden dürften. Aber sie erwartete von den deutschen RAF-Kämpfer*innen auch Gegenleistungen. So sollten die Deutschen durch ihre revolutionären Taten und die damit verbundenen schriftlichen Äußerungen auf die extreme Position der Palästinenser*innen unter israelischer Herrschaft hinweisen.

Diese Forderung der palästinensischen Ausbilder hat die RAF mehr als erfüllt, in zahlreichen Bekennerschreiben und Strategiepapieren war umfangreich und eingehend von der politisch-sozialen Lage der Palästinenser*innen die Rede. Auch kam es (wie zum Beispiel während der Schleyer-Entführung im Herbst 1977) zu konkreten gemeinsamen Aktionen mit den palästinensischen Terrorist*innen.

Aber die Ausbildung funktionierte nicht konfliktfrei. Gerade Andreas Baader, der mit Anwalt Horst Mahler um die männliche Vorherrschaft in der sich neu formierenden Gruppe buhlte, tat sich schwer, den Wünschen und Anweisungen seiner Gastgeber zu entsprechen. Diese Schwierigkeit sich anderen unterzuordnen mag biografisch begründet sein bzw. in Baaders hochkomplexer Persönlichkeitsstruktur liegen,[55] andererseits spielten sich zu Beginn der RAF-Ära gruppeninterne Machtkämpfe ab, die Baader unter allen Umständen gewinnen wollte – auch unter Einsatz von nicht sonderlich feinen Mitteln, die den Zielsetzungen der RAF zutiefst widersprachen.

Um das kurz zu veranschaulichen: Zwischen ihm und dem damaligen Geliebten von Ulrike Meinhof, Peter Homann, herrschte zwar keine Rivalität um den Führungsanspruch in der Gruppe, aber es ging um die Frage, wer von den beiden der „bessere“ und „härtere“ Mann war. Als durch einen Faustkampf keine klare Entscheidung fiel, versuchte Baader Homann durch intrigante Finten auszustechen, die seinem Verbündeten durchaus das Leben hätten kosten können. So denunzierte Baader Homann bei den Palästinenser*innen, indem er behauptete, dass dieser israelischen Rundfunk höre und ein israelischer Spion sei, worauf eigentlich die Todesstrafe stand. Aber die El Fatah bewies genug Fingerspitzengefühl, diese gruppeninternen Rivalitäten nicht überzubewerten.

Homann allerdings fühlte sich dadurch so verunsichert, dass er nach seiner Rückkehr nach Deutschland erst einmal untertauchte, um vor den anderen RAF-Mitgliedern in Sicherheit zu sein. Baader hingegen legte sich auch mit den Gastgebern an. So setzte er sich bei der Frage durch, ob Frauen und Männer gemeinsam in einem Zimmer übernachten dürfen, er zog aber den Kürzeren, als es um die Frage ging, wie viel Munition die angehenden RAF-Kämpfer*innen während ihrer Ausbildungsphase verbrauchen durften.

Alles in allem hatten sich bereits während der terroristischen Ausbildungsphase, in der so ziemlich alles von Schießen, Bomben bauen und legen sowie Urkundenfälschung gelehrt wurde, die für die 1. Generation bestimmenden Gruppenstrukturen herausgebildet, die später im Wesentlichen nur noch durch Verhaftungen verändert wurden.

Nach der Rückkehr nach Westberlin stand die RAF vor der Frage, wie sie die von ihr präferierte Ideologie in konkrete Strategien und Taktiken ummünzen konnte. Als erster Anhaltspunkt diente das Handbuch für Revolutionäre des brasilianischen Freiheitskämpfers Marighella, das Baader als konkrete Anleitung zur Herstellung der notwendigen Infrastruktur einer den Staat bewaffnet bekämpfenden Gruppe ansah. Wohnungen wurden angemietet, Autos beschafft und Dokumente gefälscht.

Den ersten, „schwerkriminellen" Schritt nach Außen, also in das Bewusstsein der Öffentlichkeit, bildete der Aspekt der Geldbeschaffung. Die erste Eskalationsstufe nach der militärischen Ausbildung in Jordanien versuchte die RAF im sogenannten Dreierschlag im Herbst 1970 in Berlin zu erreichen. In einer waghalsigen und sagenumwobenen Aktion überfiel die RAF drei Banken gleichzeitig und verfügte damit über genügend Startkapital (bei einer Beute von mindestens 200.000 DM), um Logistik, Infrastruktur und Lebensunterhalt der Terrororganisation für eine Weile sicherzustellen.

Ursprünglich hätte der Dreierschlag, der die Behörden ohnehin schon in einen Zustand der höchsten Alarmbereitschaft versetzte, sogar ein Viererschlag sein sollen. Aber bei der vierten ausgewählten Bank gab es Probleme, denn dort waren kurz vor der geplanten Tatausübung nicht vorhersehbare Handwerkerarbeiten im Gange, welche die Sicherheit der RAF-Mitglieder (aber auch die der Bankangestellten und Bankkund*innen) gefährdet hätte.

Hier zeigte sich zum ersten Mal ein Markenzeichen des RAF-Terrorismus, das ihn im Vergleich zu heutigen Formen des Terrorismus eher wohltuend abhebt. Die RAF versuchte immer bei allen ihren Aktionen das Leben von unbeteiligten Zivilist*innen so gut wie möglich zu schonen und sah das als einen Akt revolutionärer Selbstverständlichkeit an, da es ihr ja gerade um den „kleinen Mann" ging.

Der dreifach simultan verlaufende Banküberfall hatte aber auch noch ein Nachspiel: Inzwischen hatte sich hinsichtlich der theoretischen Richtungsentscheidung zwischen Horst Mahler und Ulrike Meinhof ein Machtkampf entwickelt. Während Mahler eher für eine national-sozialrevolutionäre Ausrichtung der Gruppe votierte, setzte sich Meinhof für eine internationalistisch-imperialistische, genuin terroristisch verfahrende Orientierung ein. Meinhof übersah bei dem von ihr geleiteten Banküberfall ein Zählbrett, in dem sich gegebenenfalls sogar ein sechsstelliger Betrag befand. Dies führte zu Späßen auf ihre Kosten, dass sie das Geld wohl lieber durch ihre journalistische Arbeit verdienen wolle.

Zu Beginn des Jahres 1971 wurde die RAF zu einem innenpolitischen Thema ersten Ranges. Der Innenminister der sozialliberalen Bundesregierung, Hans-Friedrich Genscher von der Freien Demokratischen Partei (FDP), übergab den Fahndungsauftrag gegen „Baader und andere" an die sogenannte Sicherungsgruppe Bonn, die dem Innenministerium direkt unterstellt war. Die damit verbundene semantische Beschreibung des Fahndungsauftrags signalisierte, dass die Politiker*innen noch nicht die Tragweite des Projekts RAF erkennen wollten oder konnten.

Allerdings sprachen die Analysen der führenden Beamt*innen bereits eine andere Sprache. So erklärte der im Kampf gegen die RAF eine zentrale Rolle spielende Beamte des Bundeskriminalamts (BKA), Alfred Klaus, über die RAF, dass die Beweggründe für die von der RAF begangenen Straftaten revolutionärer Natur sind. Folgerichtig verwies er auf die gesellschaftspolitischen Auseinandersetzungen der vorigen Jahre, die bereits ausführlich dargestellt und diskutiert wurden. Namentlich erwähnte er die Studenten, die Studentenbewegung und die Außerparlamentarische Opposition.

Am 10. Februar 1971 kam es zu einem Showdown mit Schusswechseln. Beamte der Sicherungsgruppe Bonn und des Verfassungsschutzes beschatteten in einer gemeinsam koordinierten Aktion die RAF-Mitglieder Manfred Grashof und Astrid Proll. Im Frankfurter Westend sollte der Zugriff erfolgen, aber die RAF-Kämpfer*innen konnten den Beamten entkommen, obwohl diese das Feuer eröffneten.

Daraufhin erklärte die Springer-Presse die RAF endgültig zum Staatsfeind Nummer Eins. Ende Februar übernahm die Bundesanwaltschaft das Ermittlungsverfahren gegen die RAF, da nunmehr endgültig von einem terroristischen, das Staatswesen im Kern bedrohenden Szenario ausgegangen wurde.

Der Fahndungsaufwand, der gegen die RAF betrieben wurde, war bereits von Beginn an immens. Und die Polizeiarbeit blieb nicht ohne Erfolge: Am 8. Oktober 1970 gelang ihr in Westberlin, genauer in Berlin-Charlottenburg, die Verhaftung von Horst Mahler, Brigitte Asdonk, Monika Berberich, Ingrid Schubert und Irene Goergens. Sensationell daran ist vor allem die Tatsache, dass es später zur Freilassung von Horst Mahler kam. Wie konnte das passieren? Heute würde bei solch einer Konstellation stehenden Fußes der Verdacht ausgesprochen, dass Mahler ein V-Mann der Vollzugsbehörden sei. Doch das ließ sich trotz des mehr als seltsamen Werdegangs von Horst Mahler nicht belegen und so wurde der RAF-Mitgründer im zur Festung ausgebauten Kriminalgericht Moabit mangels Beweisen freigesprochen. Allerdings blieb Mahler weiterhin in Haft, denn nach § 129 StGB war es möglich, ihn bis zu einem weiteren Prozess im Oktober 1972 inhaftiert zu halten, da er einer kriminellen Vereinigung zugerechnet wurde.[56]

Irene Goergens und Ingrid Schubert, die beide maßgeblichen Anteil an der Baader-Befreiung hatten, wurden hingegen zu vergleichsweise hohen Haftstrafen verurteilt. Damit machte der Staat klar, dass er in Sachen RAF eine harte Linie zu fahren gedachte. Dies bestärkte wiederum die auf freien Fuß befindlichen RAF-Mitglieder und ihre Unterstützer*innen in ihrer harten Linie gegen den Staat. Damit entstand ein Teufelskreis, der beinahe 30 Jahre lang nicht durchbrochen werden konnte und der auf beiden Seiten viele Opfer verlangte.

Am 20. Dezember 1970 kam es zu einem Novum. Der Polizei gelang es in Oberhausen Karl-Heinz Ruhland festzunehmen. Aber nicht nur das: Die Staatsmacht „drehte" Ruhland „um". Mit Aussicht auf massive Straferleichterungen erklärte sich Ruhland bereit, präzise Aussagen über die RAF, ihre Mitglieder sowie ihren militärisch-politischen Status zu machen. Damit gibt es in der Geschichte der RAF bereits im ersten Jahr ihres Bestehens einen Überläufer, der die Existenz der Gruppe als Ganzes gefährdete.

Im April 1971 erschien dann mit „Das Konzept Stadtguerilla" die erste theoretisch fundierte Schrift der RAF – nach der erwähnten kurzen Erklärung zur Baader-Befreiung. In diesem umfangreichen Strategiepapier beschrieb die RAF recht konkret ihre Vorstellungen für die revolutionäre Praxis und sicherte sie im theoretischen Bereich durch einen ideologischen Rahmen ab.

Dieser theoretische Überbau war auch dringend notwendig, um für die terroristischen Aktivitäten eine ideologische Rechtfertigung zu liefern. Nur so konnte die RAF sicher gehen, ihrer Unterstützer-Basis die eigenen Aktionen gut vermitteln zu können. Eine fundierte Analyse des Konzepts Stadtguerilla ergibt, dass sich die RAF einerseits bei marxistisch-leninistischem Gedankengut bediente. Zugleich sind aber auch Anleihen aus den südamerikanischen Befreiungskämpfen nicht zu übersehen – wobei es eventuell sogar Bezüge zur lateinamerikanischen Befreiungs-Ekklesiologie gibt, die hier allerdings nicht vertieft werden sollen.

Aus dem im Konzept Stadtguerilla propagierten Marxismus-Leninismus ergab sich zwangsweise ein Praxisgebot. Dieses Gebot zum Handeln, zur revolutionären Tat machte die RAF-Vordenker*innen zur selbst erklärten kommunistischen Avantgarde in Deutschland.

Bereits terminologisch verrät der Titel des Strategiepapiers den Bezug zu Süd- und Lateinamerika, denn die Herkunft des Begriffs „Stadtguerilla" stammt dorther, dort wurde dieses Konzept erfunden und in die Praxis umgesetzt. Der Bezug auf Lateinamerika wird noch stärker verdeutlicht, wenn man annimmt, dass die RAF-Strategen damit einen zentralen Hinweis für die Motivation und die Ideologie der RAF lieferten – das ist durchaus ganz im Sinne der internationalen Solidarität und Völkerverständigung zu verstehen. Die RAF reklamierte damit für sich den Anspruch, dass sie die Probleme der Dritten Welt durch den bewaffneten Kampf in der Bundesrepublik mit lösen wollte. Anders formuliert wollte die RAF durch ihren bewaffneten Kampf nicht nur die Verhältnisse in der BRD verändern, sondern auch die Freiheitskämpfe in der Dritten Welt symbolisch und praktisch unterstützen.

Dass dieser selbst gesetzte Anspruch überzogen war und von einem völlig übersteigerten Selbstwertgefühl zeugt, wird schnell klar, wenn man reflektiert und sich anschaut, inwiefern es der RAF gelungen ist, die Verhältnisse in Deutschland tatsächlich zu ändern. Wenn es nicht möglich ist, das System in den Metropolen nachhaltig zu verändern, dann sind auch Ansprüche auf Kämpfe in wenig entwickelten Gebieten reines Wunschdenken.

Es lässt sich aus diesen wenigen Aspekten bereits ablesen, dass die RAF zu diesem frühen Zeitpunkt ihrer Existenz eine marxistisch-leninistische Grundausrichtung inne hatte und dass unter anderem aus diesem gewählten Blickwinkel heraus versucht wurde, eine „solidarisch-internationalistische“ Position in Bezug auf die revolutionären Befreiungsbewegungen der ganzen Welt einzunehmen. Allerdings dürfte den RAF-Anführer*innen bereits zu dieser Zeit bewusst gewesen sein, dass sie die Probleme der vom Imperialismus ausgebeuteten Ländern nicht in Deutschland lösen konnten, denn ihnen muss zumindest von Beginn an klar gewesen sein, dass ihre Bewegung einen beschränkten Aktionsradius besaß. Darauf, dass es der RAF nicht einmal in ihrem eigenen Aktionsraum gelang, die politischen Verhältnisse nachhaltig und grundsätzlich umzugestalten, wurde bereits hingewiesen.

Dennoch blieb der Wunsch nach einer Einbettung in die weltweiten Befreiungsbewegungen kein reines Wunschdenken. Im internationalen Kontext fanden zu diesem Zeitpunkt Ausbildungsgeschäfte, Waffendeals und Wissenstransfers statt – vor allem mit den bereits weiter oben erwähnten palästinensischen, linken Terrorgruppierungen.

Darüber hinaus gab es aber zu diesem Zeitpunkt keinerlei Aktivitäten mit anderen Gruppierungen auf der globalen Ebene, wie beispielsweise gemeinsam synchronisierte Attentate – dies sollte der 2. RAF-Generation vorbehalten bleiben. Eine Internationalisierung der Terrorbewegung, die auch tatsächlich über Einzelaktionen hinausgehende praktische Konsequenzen besaß, sollte erst zur

Zeit der 3. RAF-Generation von statten gehen, zum Beispiel durch den Zusammenschluss mit der französischen Action Directe (AD), einem Flügel der italienischen Brigate Rosse, spanischen und belgischen Terrorgruppen sowie kurdischen Kämpfer*innen (PKK).

Doch zurück zum ersten umfangreichen Strategiepapier: Nichtsdestotrotz ist im Konzept Stadtguerilla eine solidarische Grundhaltung der RAF mit den kommunistisch orientierten Befreiungsbewegungen der Dritten Welt festgeschrieben und dieses Programm sollte die RAF bis hin zu ihrer Auflösung im Jahr 1998 anleiten. Das nach den Vorstellungen des chinesischen Revolutionärs und späteren Staatsmannes Mao Tse Tung propagierte Primat der Praxis, das der späteren RAF den Vorwurf der Theoriefeindlichkeit einbrachte, wurde von der RAF darauf gemünzt, eine wirkliche Revolution anstatt Marx-Interpretation betreiben zu können – denn ohne revolutionäre Initiative und ohne den konkreten antiimperialistischen Kampf werde es keinen Vereinheitlichungsprozess geben.

Diese Stoßrichtung zielte vor allem auf den Verbalradikalismus damaliger linker und marxistischer Gruppen, die zwar äußerst scharfzüngig agierten und dadurch den deutschen Staat in Grund und Boden zu reden gedachten, die aber gleichzeitig Angst vor der praktischen revolutionären Umsetzung hatten.

In der Papierproduktion der marxistischen Organisationen erkannte die RAF im Konzept Stadtguerilla folgerichtig eine Praxis, die hauptsächlich nur wieder als Konkurrenzkampf von Intellektuellen um die bessere Marx-Rezeption ausgetragen wurde, ohne dabei irgendwelche praktischen Auswirkungen zu besitzen, welche aber für die angestrebte Gesellschaftsveränderung von entscheidender Bedeutung gewesen wäre.

Von großer Tragweite für die weiteren Generationen der RAF war die fatale Fehleinschätzung der 1. RAF-Generation in Bezug auf die chinesische Revolution und deren Anführer Mao Tse Tung, die im Konzept Stadtguerilla festgeschrieben wurde: „Wenn es richtig ist, dass der amerikanische Imperialismus ein Papiertiger ist, d.h., dass er letzten Endes besiegt werden kann; und wenn die These der chinesischen Kommunisten richtig ist, dass der Sieg über den amerikanischen Imperialismus dadurch möglich geworden ist, dass an allen Ecken und Enden der Welt der Kampf gegen ihn geführt wird, so dass die Kräfte des Imperialismus zersplittert werden und durch ihre Zersplitterung schlagbar werden – wenn das richtig ist, dann gibt es keinen Grund, irgendein Land ... aus dem antiimperialistischen Kampf auszuschließen ..., weil die Kräfte der Reaktion dort besonders stark sind."[57]

Heute wissen wir, wie vermessen eine solche Einschätzung der US-imperialistisch-kapitalistischen Kräfte, der konservativen Reaktion und des faschistisch inspirierten Rollbacks waren. Die damalige analytische Einschätzung durch die RAF sollte aber wohl insbesondere den revolutionären Kräften in der Bundesrepublik Deutschland und in Westeuropa Mut machen und Selbstbewusstsein zusprechen. Denn dessen waren sich die RAF-Protagonist*innen sehr wohl bewusst, dass in Europa die revolutionären Kräfte schwach und der Staat stark waren.

Dennoch blieb diese zentrale Gedankenfigur der RAF aus dem ersten Strategiepapier beinahe bis zum Ende der RAF erhalten. Denn die 3. RAF-Generation teilte immer noch die im Zitat genannte Einschätzung im Wesentlichen und versuchte durch den Aufbau einer westeuropäischen Front die Kräfte des Imperialismus in seinem Kernland, also in Westeuropa, zu bündeln.

Im Zusammenhang mit dem Mao-Zitat ist auch das Diktum Che Guevaras zu verstehen, dass ein, zwei, drei und viele Vietnams geschaffen werden sollten, um den Imperialismus zu besiegen. Denn durch die Fragmentierung der imperialistischen Kräfte sollten finanzielle, infrastrukturelle und logistische Probleme für die Herrschenden entstehen, welche den revolutionären Bewegungen dieser Welt zu einem einfachen Sieg verhelfen sollten.

Nachdem die RAF im Konzept Stadtguerilla eine wahrhafte Tour de Force veranstaltete, welche die Analyse der Bundesrepublik, eine Ex-Post-Bewertung der Studentenrevolte, die Beschreibung des Primats der Praxis und eine Erläuterung des Konzept der Stadtguerillas beinhaltete, kommt sie darin auch zum ersten Mal auf das Konzept der Illegalität zu sprechen.

Die Illegalität wurde sozusagen von der RAF für ihren bewaffneten Kampf erfunden und als Basis-Voraussetzung für den revolutionären Kampf verstanden. Dabei verurteilte sie aufs Schärfste das Verharren in der Legalität, das sie letztlich mit zauderndem und reaktionärem Reformismus gleichsetzte. Reformismus bildete in der RAF-Geschichte einen durchweg pejorativ besetzten Begriff, der für Feigheit, sich bequem in den systemischen Strukturen einrichten und letztlich für verräterische Ambitionen hinsichtlich der Weltrevolution steht.

Programmatisch hält die RAF fest: „Die reformistische Linie zielt darauf ab, Konflikte zu vermeiden, durch Institutionalisierung (Mitbestimmung), durch Reformversprechen (im Strafvollzug z.B.), indem sie überalterten Konfliktstoff ausräumt (der Kniefall des Kanzlers in Polen z.B.), indem sie Provokationen vermeidet (die weiche Linie der Münchner Polizei und des Bundesverwaltungsgerichts in Berlin z.B.), durch die verbale Anerkennung von Missständen (in der öffentlichen Erziehung in Hessen und Berlin z.B.)."[58]

Durch diese Beobachtungen zeigte sich die RAF als eine genaue Beobachterin und Analystin der bundesdeutschen Zustände. Sie sah die Zugeständnisse der Herrschenden an das Volk als den Versuch, dieses weiter an sich zu ketten und von revolutionären Taten abzuhalten, um schließlich die Konsolidierung der Herrschaft auf die Spitze zu treiben, denn: „Unter dem Deckmantel des politischen Reformismus nimmt im übrigen die Monopolisierung von staatlicher und wirtschaftlicher Macht zu".[59]

Aber die RAF blieb nicht nur bei diesem analytischen Befund stehen, sie offerierte auch Strategien, wie der Reformismus der Herrschenden als Befriedungs-Strategie durchbrochen werden kann. Damit kommt sie zum wesentlichen Punkt des Strategiepapiers: „Die Rote Armee Fraktion organisiert die Illegalität als Offensiv-Position für revolutionäre Intervention. Stadtguerilla machen heißt, den antiimperialistischen Kampf offensiv führen. Die Rote Armee Fraktion stellt die Verbindung her zwischen legalem und illegalem Kampf, zwischen nationalem und internationalem Kampf, zwischen politischem und bewaffnetem Kampf, zwischen der strategischen und der taktischen Bestimmung der internationalen kommunistischen Bewegung. Stadtguerilla heißt trotz der Schwäche der revolutionären Kräfte in der Bundesrepublik und in Westberlin hier und jetzt revolutionär intervenieren."[60]

Zugespitzt formuliert: Reformismus bedeutet Verrat und Revolution ist nur durch Illegalität möglich. Die RAF sah sich an allen Fronten gebraucht, überall benötigt und ohnehin an erster Stelle. Sie versprach die konkrete revolutionäre Intervention. Obwohl sie sich im Klaren darüber schien, wie schwach die revolutionären Kräfte im Kernland der BRD waren, fand sie den Schritt wichtig, dennoch sofort zu intervenieren. Bezeichnenderweise geschah aber genau das nicht. Denn auf die erste Schrift folgte sofort die zweite, ohne dass in der Zwischenzeit spektakuläre revolutionäre Aktivitäten der RAF zu verzeichnen gewesen wären.

Die Genese und Erscheinungsform des lediglich zwei Monate später erschienenen neuen RAF-Strategiepapiers ist kurios. Publiziert wurde es erst im September 1971 als Rotbuch im Berliner Wagenbach-Verlag, der ja bereits bei der Baader-Befreiung durch das Ausstellen eines Verlagsvertrags und die Notwendigkeit einer Ausführung Baaders zum Schreiben des Buchs die Flucht ermöglichte. Der Buchtitel lautet „Kollektiv RAF – über den bewaffneten Kampf in Westeuropa". Bereits hier wird ersichtlich, dass die RAF ihre Strategiepapiere als eine kollektive Leistung und als kollektiven Anspruch verstand.

Sofort nach der Veröffentlichung wurde das Buch verboten und beschlagnahmt. Das offizielle Strategiepapier trägt einen etwas anderen Namen: „Die Lücken der revolutionären Theorie schließen – Die Rote Armee aufbauen!" Damit bekräftigten die RAF-Revolutionär*innen, dass sie in ihrem ersten Strategiepapier etliche theoretische Lücken hinterlassen hätten, die sie nun schließen wollten. Offensichtlich hatte die RAF schnell Kritik an ihrer ersten Schrift inkorporiert und versuchte nun die Theoriearchitektur zu komplettieren.

Dem neuen Papier steht wiederum ein Mao-Zitat voran, das besagt, dass der revolutionäre Kampf eine Notwendigkeit ist, um neue politisch-militärische Linien ziehen zu können.[61] Damit ist das Programm der neuen Schrift in nuce benannt. Einerseits konzedierte die RAF, dass immer mehr junge Menschen revolutionäres Bewusstsein besäßen und sich für eine proletarische Revolution einsetzen würden, andererseits sah sie auch die noch fehlende notwendige revolutionäre Theorie und beschrieb, was diese zu leisten habe. Was die RAF durch ihr neues Strategiepapier geleistet zu haben glaubte, drückte sie wie folgt aus: „Die revolutionäre Theorie ist keine akademische Betrachtung, nicht nur eine Erklärung gesellschaftlicher Zusammenhänge, sondern in erster Linie eine Anleitung zum revolutionären Handeln. Sie muss auf die Frage nach den Kräften, den Zielen, den Mitteln und den Wegen der sozialistischen Revolution eine konkrete und praktische Antwort geben."[62]

Diese Desiderate versuchte die RAF zu schließen. Das Fazit ist wenig überraschend, denn erneut untermauerte die RAF den Anspruch, dass eine Revolution gewalttätig zu verlaufen habe und dass die Bevölkerung aktiv an der Revolution teilnehmen müsse: „Die revolutionäre Situation entsteht nicht erst, wenn sie auch die Soziologen erkennen. Sie kündigt sich an in der Richtungsänderung der Gewalttätigkeit. Sie ist vorhanden, wenn die durch die Unterdrückung in den Unterdrückten erzeugte Gewalttätigkeit, der gewaltsame Widerstand gegen das Ausbeutungssystem, gegen die Gewalt der Herrschenden die Fesseln einer individuellen Abreaktion abschüttelt und kollektive Züge annimmt. Der kollektive Widerstand ist der Keim der Revolution. Die richtige revolutionäre Theorie hat ihn zu entwickeln und zu formen."[63]

Damit wurde die Gedankenfigur aus dem Konzept Stadtguerilla vertieft, denn Soziologen stehen hier als Pseudonym für Verbalradikale, die gesellschaftliche Veränderung aufs Schärfste fordern, dann aber nicht bereit sind, zu revolutionären Taten überzugehen. Die RAF stellte klar, dass sie sich den diesbezüglichen Weg anders vorstellt. Erst wenn in der Masse der Bevölkerung das revolutionäre Bewusstsein erwacht, wird ein kollektives revolutionäres Handeln gegen das System und gegen den Staat möglich. Es ist in diesem Selbstverständnis unter anderem die Aufgabe der Guerilla, durch die revolutionäre Theorie dieses Bewusstsein in der Bevölkerung für die Notwendigkeit der revolutionären Praxis zu schaffen. Der Einzelne kann keine gesellschaftlichen Änderungen herbeiführen, er ist immer darin gefangen, sich lediglich gegen die Aktionen des Systems, des Staats zu wehren. Erst wenn sich viele Individuen in ihren Aktionen gegen den Staat vereinigen und diese koordinieren, kann so etwas wie revolutionärer Enthusiasmus entstehen.

Vom theoretischen Niveau her ist „Über den bewaffneten Kampf in Westeuropa“ zwar nicht viel abstrakter als das Konzept Stadtguerilla, aber die theoretischen Argumentationen fokussieren sich nunmehr ganz konkret auf die praktischen Bedingungen des bewaffneten Kampfs. Im ersten Abschnitt sind Lenin und Mao die Referenzpunkte, anhand derer sich laut RAF eine Revolution auch in Deutschland zu orientieren habe. Besonders Maos Theorie gilt als Königsweg, „den künftig alle revolutionären Bewegungen zu gehen haben.“[64]

Allerdings übersieht diese Schlussfolgerung meines Erachtens die eklatanten Unterschiede, die zwischen dem agrarisch geprägten und wenig industrialisierten China Anfang des 20. Jahrhunderts und dem industriell in voller Blüte stehenden Deutschland in den 70er Jahren des 20. Jahrhunderts bestanden. Ein solcher Vergleich hinkt beinahe zwangsläufig. Dem versuchte die RAF entgegenzuwirken, indem sie die Notwendigkeit unterstreicht, dass eine revolutionäre Bewegung in der Lage sein muss, „den Massen überzeugend die Möglichkeiten eines Sieges aufzuzeigen.“[65]

Da die heutigen Massen sehr kritisch seien, handele es sich dabei um eine unabdingbare Vorbedingung zum Gelingen der Revolution. Ihre eigene Rolle zum Vorantreiben der Revolution sah die RAF mitunter darin, dass sie die revolutionäre Intelligenz darstellt, welche die proletarischen Massen anleiten kann und muss, um die Revolution zu einer erfolgreichen Unternehmung zu machen. So sollte sie „die Massen in ihrer positiven Einstellung zur Gewalt als Mittel des Klassenkampfes … bestärken, jede Abwiegelei streng … verurteilen und gleichzeitig die Mittel und Wege auf … zeigen, die in der unvermeidlichen gewaltsamen Auseinandersetzung zwischen Proletariat und Bourgeoisie ersterem den Sieg über das Kapital“[66] ermöglichen. Die RAF sah sich hierbei als revolutionäre Avantgarde und auf die Unterstützung durch die proletarischen Massen angewiesen, die bereits zur Revolution bereit seien.[67]

Danach kommt sie auf die Vorzüge des Konzepts Stadtguerilla zu sprechen und spezifiziert dieses: „Abzutragen ist der Berg der militärischen Potenz des bürgerlichen Staates.“[68]

Dies könne nur gelingen, wenn die Revolutionäre im Volk untertauchen und wie die Fische im Wasser schwimmen. Daraus leitete die RAF ab, dass die politische und militärische Kraft aus den revolutionären Energien des Guerilla-Krieges bezogen werden können.

Die urbanen Bedingungen beurteilte die RAF für den revolutionären Volkskampf sogar als optimaler als die agrarisch-ländliche Voraussetzungen. Die ins Visier genommenen Ziele der Guerilla sind vielfältig, da so der Staat in seinem Wesenskern am effektivsten getroffen werden kann: Institutionen, Verwaltungsdienststellen, Direktionszentren aber auch Funktionsträger wie leitende Beamte, Richter und so weiter.[69] Bewaffnete Kommandos der revolutionären Bewegung sollten diese Angriffe vorbereiten und durchführen – damit gewährte die RAF schon einen ganz klaren Ausblick auf die von ihr im Mai 1972 unternommene sogenannte Mai-Offensive, und zwar sowohl was die Angriffsziele als auch was die Angreifer*innen betrifft.

Deutlich tritt hier eine Strategie zu Tage, welche die RAF nach der weltgeschichtlichen Zäsur in den Jahren 1990 ff. als einen ihrer Kardinalfehler bezeichnet hat: „Will man es zerstören, muss man seine Organe ausschalten … Die Herrschenden bedienen sich der Angst, die sie durch Terror erzeugen, um sich das Proletariat gefügig zu halten. Was spricht dagegen, dass sich die Unterdrückten ebenfalls der Angst bedienen, die sie durch Terror ihren Feinden einjagen“?[70]

Damit wird klar, dass sich die RAF der strategisch-taktischen Variante bedient, dass ihre Strategie diejenige gegen die der Strategie der Herrschenden sei. Später gestand sie ein, dass dies als Anreiz (um die Massen zur Revolution zu bewegen) zu wenig sei. Zwar relativierte sie diesen Zugang 1971 noch selbst, wenn sie kurz darauf behauptet, dass die revolutionären Änderungen den Bedürfnissen der Massen entgegen kämen,[71] allerdings wird auch hier nicht näher klar gestellt, was damit genau gemeint ist.

Allerdings bleibt „Über den bewaffneten Kampf in Westeuropa“ nicht nur auf einer abstrakt-theoretischen Stufe stehen, sondern es werden auch praktische Handlungsanleitungen gegeben. Sowohl Propaganda als auch die infrastrukturellen Voraussetzungen für den revolutionären Volkskampf müssten geschaffen werden, um dann kleine Kommandogruppen zu bilden. Schließlich sollten sich die Kommandogruppen zusammenschließen.[72]

Damit lieferte sich die RAF selbst die Blaupause derer sie sich bei der Mai-Offensive bediente. Insofern kann bereits an dieser Stelle davon gesprochen werden, dass bei der 1. RAF-Generation Ideologie, Strategie, Taktik und Attentate einen recht harmonischen, aufeinander abgestimmten Vierklang ergaben. Dass es dennoch bei der praktischen Umsetzung erhebliche Probleme gab und dass der erste RAF-Revolutionsversuch schnell versandete, lag letztlich doch an einem theoretisch-ideologischen Aspekt. Trotz aller in den Texten vorkommenden Unkenrufen über die Schwäche der eigenen und die Stärke der gegnerischen Verhältnisse hat die RAF wohl den Kardinalfehler begangen und die bundesdeutschen Verhältnisse zu früh als „revolutionsreif“ beurteilt. Eine theoretische Fehleinschätzung, die katastrophale praktische Auswirkungen hinsichtlich der RAF-Zielrealisierungen haben sollte.

Bis zum nächsten Strategiepapier und dem Versuch der Umsetzung der ersten revolutionären Schritte passierten einige eher als Randnotizen der RAF-Geschichte bekannt gewordenen Vorfälle, wobei es nun auch die ersten Toten zu beklagen gab. Am 15. Juli 1971 fand die bisher größte Fahndungsaktion gegen die RAF statt. Dabei wurde die ehemalige Friseurin Petra Schelm im Zuge ihrer Festnahme erschossen.

Damit hatte die RAF ihre erste Märtyrerin. Dieser Faktor darf nicht unterschätzt werden, wenn es um die Frage geht, wie es der RAF immer wieder aufs Neue gelungen ist, revolutionären Nachwuchs für ihre Organisation zu gewinnen, auch wenn die Erfolgsaussichten der Revolution alles andere als vielversprechend waren. Schelms Begleiter, Werner Hoppe, wurde verhaftet und später wegen versuchten Mordes angeklagt. Im Gegensatz dazu wurde der Polizist, der die tödlichen Schüsse auf Schelm abgegeben hatte, von der Staatsanwaltschaft quasi begnadigt, das heißt, dass das Ermittlungsverfahren gegen ihn eingestellt wurde, da davon ausgegangen wurde, dass er in Notwehr gehandelt habe.

Ab dem 1. September 1971 wurden außerdem die polizeilich-exekutiven Chefposten neu besetzt. Horst Herold wurde neuer Chef des Bundeskriminalamts (BKA), und er stellte die Weichen in Richtung Computerisierung. Die EDV sollte als neue Fahndungsmethode eingeführt werden, um die RAF-Revolutionär*innen zur Strecke zu bringen. So versetzte die EDV das BKA in die Lage, Fakten schnell und zuverlässig überprüfen zu können.

Herold prahlte später, dass durch den EDV-Einsatz das Abgleichen von Fingerabdrücken mit 2,8 Millionen gespeicherter Fingerabdrücke innerhalb kürzester Zeit möglich sei. Mit dieser Aufrüstung im digitalen Bereich ging der von der Bundesregierung lancierte Antrag auf ein Bundesmeldegesetz einher, welches die lückenlose Erfassung von Personendaten und deren Verfügbarkeit für alle staatlichen Behörden ermöglichen sollte.

Am 22. Oktober 1971 gab es auf staatlicher Seite die ersten Toten zu beklagen. Das RAF-Mitglied Margit Schiller[73] wurde in Hamburg festgenommen, wobei der Polizist Norbert Schmid erschossen wurde. Später wurde nachgewiesen, dass der tödliche Schuss nicht aus Schillers Waffe stammte.

Vermutlich wurde der Schuss von ihrem Begleiter Gerhard Müller abgegeben, aber da Müller der erste RAF-„Kronzeuge“ wurde (aus RAF-Sicht also schlimmsten Verrat beging), stellte man im Gegenzug die Ermittlungen wegen Polizistenmordes gegen ihn ein. Schon dieser erste Akt in einem unrühmlichen Reigen des behördlich geförderten Denunziantentums stellte die staatliche Linie in dieser Sache klar: Wer bereit war die RAF, ihre Ideen und die ehemaligen Genoss*innen aufzugeben, der hatte von der Staatsmacht wenig zu befürchten und bekam einen justiziellen Sonderstatus, der für einen Rechtsstaat zumindest fragwürdig ist.

Im November wurde die RAF-Gefangene Astrid Proll faktisch die erste politische Gefangene, die mehr oder weniger einer totalen Isolation hinsichtlich ihrer Haftbedingungen unterworfen wurde. Dies später als Isolationshaft bezeichnete Verfahren sollte den Willen der Revolutionär*innen brechen, und sie zum Beispiel im Sinne einer Kronzeugenregelung gefügig machen.

Allerdings war eher das Gegenteil der Fall, denn die Isolationshaft war einer der Gründe dafür, dass die RAF generationsübergreifend immer wieder genügend Personal für ihren revolutionären Kampf rekrutieren konnte. Proll wurde in den „Toten Trakt“ des Gefängnisses in Köln-Ossendorf verlegt, der vom restlichen Gefängnis abgeschieden lag.

Mit der Isolationshaft einher gingen extremste körperliche, seelische und soziale Deprivationen, was im Kalkül der Bundesanwaltschaft lag, um RAF-Kader zum Aussteigen zu bewegen und diese dann der Öffentlichkeit als Trophäen des gewonnen Kampfs vorzuführen.

Anfang Dezember 1971 wurde im Rahmen einer groß angelegten Fahndungsaktion in Westberlin der Student Georg von Rauch durch einen Kopfschuss getötet. Rauch war zwar offiziell kein RAF-Mitglied, aber er stand revolutionären Gruppierungen recht nahe und unterstützte diese aktiv. Die RAF betrachtete ihn wohl als einer der ihren, da sie ein Kommando der Mai-Offensive nach ihm benannte – eine „Ehre", die ansonsten nur RAF-Märtyrer*innen (und später Märtyrer*innen freundlich gesinnter Widerstandsbewegungen) zuteil wurde.

Während des gesamten Jahres 1971 konzentrierte die RAF einen großen Teil ihrer Bemühungen darauf, ideale infrastrukturelle Voraussetzungen für die von ihr für 1972 vorgesehene konzertierte Offensiv-Aktion zu schaffen. In zahlreichen bundesdeutschen Städten wie Kassel, München, Hannover, Kiel und Berlin wurden von der Polizei politisch motivierte Banküberfälle registriert. Dabei wurde insgesamt etwa eine Million D-Mark erbeutet. Zudem verübten militante, vermutlich der RAF nahestehende Gruppierungen in Berlin und München Anschläge auf Justizgebäude, US-Einrichtungen, Polizeireviere und Banken. Inwiefern de facto RAF-Mitglieder in diese Anschläge involviert waren, lässt sich auch heute nicht mit letzter Sicherheit sagen.

Mit dem bereits erwähnten Extremist*innen-Beschluss verschärfte die Bundesregierung gleich zu Beginn des Jahres 1972 ihr politisches Verhältnis zur RAF und allen, die ihr positiv gegenüberstanden. Am 2. März 1972 erschossen Beamte einer Sonderkommission (Soko) des bayerischen Landeskriminalamts (LKA) in Augsburg den Studenten Thomas Weisbecker. Seine Begleiterin Carmen Roll wurde verhaftet. Am selben Tag kam es in der Hansestadt Hamburg zu einem Feuergefecht zwischen RAF-Mitgliedern und Zivilpolizisten, wobei einer der Polizisten schwer verletzt wurde und später an den Folgen dieser Verletzung starb.

Ende März rüstete die sozialliberale Koalition der Bundesregierung die Sicherheitsapparate massiv auf. Insbesondere das BKA wurde personell und mit Ressourcen reichlich ausgestattet. Dem Bundesgrenzschutz wurde eine neue Rolle zugedacht, denn er sollte ein zusätzliches Element des Sicherheitsapparates werden, das aktiv in den Anti-Terrorkampf eingreifen konnte. Dem diente (neben der personellen Aufstockung) auch der Ausbau von Hubschrauberstaffeln.

Auch der Verfassungsschutz ging nicht leer aus, denn seine Observationsgruppen wurden ausgebaut. Damit schien sich der Staat auf eine aktive und erfolgreiche Bekämpfung der RAF auszurichten. Dass finanziell, personell und ressourcenstark optimierte Exekutivorgane kein Mehr an Sicherheit oder gar das Ende der revolutionären Bestrebungen bedeutete, sollte den Herrschenden spätestens im Mai 1972 klar werden. Zuvor gab es aber noch eine weitere Wortmeldung der RAF, die es zu betrachten gilt.

Eine erste ausführliche Analyse der Verhältnisse in der Bundesrepublik durch die RAF findet sich in der Schrift „Dem Volk dienen". Natürlich betrachteten die vorherigen Erklärungen unter anderem auch die gesellschaftspolitischen Rahmenbedingungen in der Bundesrepublik. Aber die erste Seite von „Dem Volk dienen" bezieht sich auf Deutschland betreffende Statistiken, welche Schattenbereiche und Probleme wie Selbstmordraten, Verkehrstote und ermordete Kinder in den Fokus rücken.[74]

Besonders vehement wird in „Dem Volk dienen" (sozusagen vorbereitend als Rechtfertigung für die im Mai 1972 verübten Attentate) gegen den scheinheiligen Reformismus der SPD gewettert, der sich (so das RAF-Autor*innen-Kollektiv) lediglich in der größeren Subtilität von den offensiveren, plumperen Strategien der CDU abhebt, wodurch letztlich hervorgehoben wird, dass die Herrscher- und Beherrschungsstrategien im kapitalistisch-imperialistischen System letztlich überall dieselben seien: „Reformversprechen sind zum Religionsersatz geworden, Opium fürs Volk ... Ein Unterschied zwischen SPD und CDU besteht trotzdem. Sie schätzen die Arbeiterklasse, das Volk verschieden ein. Die SPD sagt: Zuckerbrot und Peitsche. Die CDU will lieber nur die Peitsche. Die SPD, erfahrener darin, wie man die Arbeiterklasse an der Nase herumführt, Wehner, erfahrener darin, wie man die Linken austrickst und austreibt, Brandt, erfahrener darin, wie man sich an die Spitze der Bewegung stellt, um sie besser abwürgen zu können (die Anti-Atom-Bewegung in Berlin 1958 z.B.) – sie trauen sich mehr Taktieren gegenüber dem Volk zu als die CDU."[75]

Es ist offensichtlich, welche Schlussfolgerungen aus dieser Analyse der bundesrepublikanischen Verhältnisse gezogen werden sollen. Da die Herrschenden (hier vor allem die SPD) es immer wieder verstehen, revolutionäre Bestrebungen in Reformismus umzuwandeln, bleibt für die RAF als einzige Konsequenz, ihre Revolution in aller Schärfe durchzuführen und sich nicht auf die Schein-Angebote der Herrschenden einzulassen. Nur die Revolution kann demnach dem

Reformismus das Wasser abgraben. Das hat die RAF durch ihre Attentatsserie im Frühjahr 1972 in aller Schärfe zu demonstrieren versucht.

Sachlich-inhaltlich beginnt die Argumentationslinie allerdings in Persien. Die dortigen Verhältnisse nimmt die RAF ins Visier, allerdings nur, um sie zu den bundesrepublikanischen Verhältnissen scharf in Beziehung zu setzen. Die Reise Brandts nach Teheran interpretiert die RAF als Kotau vor dem sein Volk ausbeutenden und eine Marionette des US-Imperialismus darstellenden Schahs.

Dies sei notwendig, da die Studentenproteste und Unruhen gegen den Schah 1967, in dessen Folge der Student Benno Ohnesorg getötet wurde, das Verhältnis zwischen der BRD und dem Iran nachhaltig verstimmt hätten.[76] Damit rekurriert die RAF selbstreferenziell auf ihre eigene Entstehungsgeschichte.

Den deutschen Chemiearbeiter-Streik von 1971 sieht die RAF als Zementierung von Herrschaftsproblemen bezüglich der deutschen Arbeiterschaft.[77] Letztlich unternimmt sie den Versuch, der Arbeiterschaft ihre revolutionären Dienste anzutragen. [78] Danach wird ein weiter Bogen gespannt, der als sozialpolitisches Panoptikum einer kommunistischen Klassenanalyse bundesdeutscher Verhältnisse verstanden werden kann.

Zusammengefasst läuft es darauf hinaus, dass der programmatische Titel „Dem Volk dienen" von der RAF auf alle Lebens- und Gesellschaftsbereiche angewendet wird, um die Verhältnisse zum Besseren zu führen und das Volk aus der „imperialistisch-kapitalistischen Knechtschaft" zu befreien.[79] Schließlich mündet das Ganze in Einzelfragen, welche die RAF im Konkreten betreffen.[80] Dabei geht es um Prozesse gegen gefangene RAF-Mitglieder, den Verrat, den ehemalige RAF-Mitglieder an der RAF begangen haben und um die Rechtfertigung, dass Bankraub eine politische Aktion im Sinne einer Enteignungsaktion sei.

Schließlich ruft die RAF zur Solidarität auf und proklamiert, dass alle Macht dem Volke gehören solle: „Solidarität, indem sie nicht von den Kriterien des Marktes ausgeht, setzt diese außer Kraft. Solidarität ist politisch, nicht erst als Solidarität mit Politischen, sondern als Weigerung, nur unter dem Büttel des Wertgesetzes, nur unter dem Aspekt von Tauschwert zu handeln. Solidarität ist ihrem Wesen nach herrschaftsfreies Handeln, als solches immer Widerstand gegen den Einfluss der herrschenden Klasse auf die Beziehungen der Menschen zueinander, als Widerstand gegen die herrschende Klasse immer richtig."[81]

Damit sieht die RAF Solidarität als den Gesetzen der kapitalistischen Warenproduktion entzogen an. Damit stelle sich Solidarität außerhalb des kapitalistischen Systems, da sie die Erfolgskriterien des kapitalistischen Marktes außer Kraft setze.

Solidarität bedeutet für die RAF folglich eine der schärfsten Waffen, wenn sie organisiert und konsequent angewendet wird. Es ist wohl kein Zufall, dass die RAF kurz vor dem Start ihrer militärischen Offensive der Solidarität einen solch hohen Stellenwert einräumt und diese auch vom deutschen Proletariat und anderen potenziellen Verbündeten in Sachen Revolution einfordert.

Die Logik dieser Argumentation scheint auf den ersten Blick bezaubernd und kann als symptomatisch für das hohe intellektuelle Niveau der 1. RAF-Generation angesehen werden: Da sich die Solidarität außerhalb der kapitalistischen Logik befindet, wird diese automatisch zu einem stechenden Argument gegen die herrschende Klasse. Womit der Zirkelschluss à la Meinhof und Ensslin bestätigt wäre.

Bemerkenswert ist in besonderem Maße, dass das recht umfangreiche, als Buchpublikation angedachte Strategiepapier „Dem Volk dienen“, kurz vor der Mai-Offensive 1972 veröffentlicht wurde. Nun ließ die RAF ihren vollmundigen Ankündigungen auch Taten folgen – wobei immer mitbedacht werden muss, dass die RAF Ende 1970 und das ganze Jahr 1971 über mit dem Aufbau einer komplexen Infrastruktur und Logistik beschäftigt war. Zudem trat sie in diesem Sinne vor allem durch Banküberfälle und Autodiebstähle sowie das Anmieten von Wohnungen in Erscheinung. Hinzu kommt, dass es in der Zwischenzeit bereits zu zahlreichen Feuergefechten zwischen der Staatsmacht und den selbst ernannten Freiheitskämpfer*innen gekommen war.

Im Mai 1972 startete die RAF eine bis dato nie dagewesene Angriffswelle gegen den deutschen Staat und die amerikanischen Streitkräfte, die als Mai-Offensive in die Annalen der deutschen Nachkriegsgeschichtsschreibung eingegangen ist.

Gemäß der internationalistischen Ausrichtung der RAF war ihre erste große Tat ein symbolischer Angriff gegen den US-Imperialismus. Dieses Faktum darf nicht unterschätzt werden, da die RAF somit der internationalistischen Ausrichtung eindeutig den Vorrang vor der sozialrevolutionären (nationalen) Ausrichtung gab.

Zudem griff die RAF damit den Faden der Studentenrevolte explizit auf, die sich ja dezidiert gegen den US-imperialistischen Vernichtungskrieg in Vietnam richtete. Die USA wollten unbedingt verhindern, dass Vietnam kommunistisch wurde, da die sogenannte „Domino-Theorie" davon ausging, dass, wenn ein Land in Südostasien kommunistisch wurde, viele andere schnell folgen würden. Dies führte zu einem auch gegen die vietnamesische Zivilbevölkerung äußerst brutal geführten Krieg.

Während der Studentenrevolte hatten ihre verbalradikalen Anführer*innen lediglich rhetorisch massiv gegen den US-Imperialismus gehetzt, wobei der Schritt zur Tat meist unterblieb. Diesen hatten dann Baader und Ensslin mit ihrer Kaufhausbrandstiftung vollzogen und umgesetzt, da sie die imperativische Aufforderung der Kommune I „Burn warehouse, burn!" wörtlich genommen hatten, um der europäischen Bevölkerung vor Augen zu führen, welchen Kriegsgräueln die vietnamesische Bevölkerung ausgesetzt war.

Diese Vorgeschichte (auch als Kausalnexus zwischen Ideologie, Strategie, Taktik und Attentaten interpretierbar) gilt es nun bei der Anschlagsserie der 1. RAF-Generation im Auge zu behalten. Das US-Hauptquartier des V. US-Korps in Frankfurt am Main war aus RAF-Sicht durchaus ein lohnendes und ideologisch zu rechtfertigendes Ziel. Denn hier gab es eine CIA-Dependance und ein Rechenzentrum, in dem die verheerenden Flächenbombardements in Vietnam koordiniert wurden. Die RAF bewertete also die US-amerikanische Einrichtung als strategisch-zentralen Aspekt, welcher die Kriegsführung in Vietnam erst ermöglichte.

Gemäß ihrer ideologisch-theoretischen Ausrichtung und der Orientierung am Guerilla-Krieg der Dritten Welt und vor allem durch die kollektivistisch-kommunistische Weltanschauung bot sich die strategisch-taktische Umsetzung der Angriffe durch Bomben an. Damit reagierte die RAF auch aus vergeltungstechnischer Perspektive adäquat, denn so wurde der Bombenterror der USA in Vietnam durch einen Bombenterror der RAF gegen die US-Streitkräfte in Deutschland vergolten – gemäß dem alttestamentarischen Motto „Auge um Auge, Zahn um Zahn" oder in diesem Fall: Bombe um Bombe. Dabei dürfte die Orientierung an der Bibel für die RAF natur- und ideologiegemäß keine Rolle gespielt haben, aber das alttestamentarische Motto trifft dennoch bezüglich des intentionalen Charakters der US-Aktion und der RAF-Reaktion den Nagel auf den Kopf.

Am 11. Mai 1972 griff die RAF das US-Hauptquartier des V. US-Korps in Frankfurt am Main mit mehreren Bomben an, wobei diese mit gestohlenen PKWs auf das Militärgelände gelangten. Zwei Bomben detonierten im I.G. Farben-Haus und eine weitere im Eingangsbereich des dahinter liegenden Terrace Clubs.

Der erste militärische Angriff größeren Stils der RAF forderte einen hohen Blutzoll. Es gab einen Toten und 13 Verletzte. Der Sachschaden betrug sage und schreibe 3,1 Millionen Deutsche Mark – ein wichtiger Faktor, den die RAF als Erfolg feierte.

Aber auch ideologisch war der Angriff im militärisch-strategischen Sinne zumindest ein beachtenswerter Teilerfolg, denn die RAF erreichte eines ihrer wesentlichen Ziele. Eine der Bomben beschädigte tatsächlich Teile der CIA-Zentrale, die für die Berechnungen der Flächenbombardements in Vietnam verantwortlich war. Damit hatte die RAF ihr Ziel erreicht, internationalistisch und solidarisch in den Kampf zugunsten der kommunistischen Vietcong einzugreifen und diesem eine zumindest kurze Unterbrechung in Sachen Bombardierungen zu ermöglichen.

Die RAF äußerte sich zu ihrem Angriff auf die US-Streitkräfte in Deutschland nur in einem kurzen Statement. Die wohl wichtigste Botschaft, die gleichsam ihren Unterstützer*innen als auch den Angegriffenen galt, lautete: „Sie müssen wissen, dass ihre Verbrechen am vietnamesischen Volk ihnen neue erbitterte Feinde geschaffen haben, dass es für sie keinen Platz mehr geben wird in der Welt, an dem sie vor den Angriffen revolutionärer Guerilla-Einheiten sicher sein können."[82]

Bereits einen Tag später erfolgte eine neue RAF-Angriffswelle. Die kurze Taktung zeigt, dass die Mai-Offensive in jeder Hinsicht mustergültig vorbereitet worden war und dass die RAF auch über ausreichend Kämpfer*innen verfügte, um die immensen logistischen und personellen Ressourcen zeitgenau einzusetzen. Dabei handelte es sich sogar um synchronisierte, beinahe zeitgleich verlaufende Anschläge. Kurz nach 12 Uhr explodierten am 12. Mai 1972 zwei Bomben in der dritten und vierten Etage der Polizeidirektion Augsburg. Nachdem am Tag zuvor der äußere Feind, der US-Imperialismus, angegriffen worden war, wendete sich die RAF nun ihrem inneren Feind, den deutschen Exekutivorganen, dem Polizei- und Repressionsapparat zu. Dies schien aus RAF-Sicht nur folgerichtig, da bereits einige ihrer Genoss*innen durch die Polizei „exekutiert" worden waren. Bei dem Anschlag wurden sechs Polizisten und ein Arbeiter verletzt. Die dritte Bombe zündete aufgrund eines Konstruktionsfehlers nicht.

Doch damit nicht genug. Zwei Stunden nach den verheerenden Anschlägen von Augsburg warnte eine Anruferin die Landesbesoldungsstelle in München, dass in sieben Minuten eine Bombe im direkt benachbarten Landeskriminalamt Bayern zünden würde. Damit verband die Anruferin die Aufforderung, das Amt zu räumen.

Dass das Ganze eine geschickt drapierte Falle war, konnten die Behörden nicht ahnen und so folgten sie den Instruktionen. Doch erst auf dem Evakuierungsparkplatz zündete die dort in einem Personenkraftwagen versteckte RAF-Bombe. Die Behördenmitarbeiter*innen waren dadurch in eine Falle getappt. Das Attentat von München verletzte zehn Personen, darunter auch ein Kind. Der Sachschaden betrug deutlich über eine halbe Million Mark, da unter anderem etwa hundert PKWs beschädigt wurden.

Es folgte ein RAF-Bekennerschreiben, das in der Schweiz abgesendet worden war. Die Begründung für die Angriffswelle gegen die deutschen Behörden nahm sich wie folgt aus: „Thomas Weisbecker ist am 2. März in Augsburg im Zuge einer lange vorbereiteten Überraschungsaktion von einem Exekutionskommando aus Münchner Kripo und Augsburger Polizei und ohne noch irgendwie reagieren zu können ermordet worden. Die Polizei hat Thomas Weisbecker bewusst nicht gefangen genommen, sondern erschossen."[83]

Damit begründet die RAF die Auswahl ihrer zwei Angriffsobjekte. Da die Polizei einen der ihren exekutiert habe, sei die Bestrafungsaktion nötig, wobei sich die Rhetorik eng an die im ersten RAF-Bekennerschreiben anlehnt: „Die Fahndungsbehörden haben zur Kenntnis zu nehmen, dass sie keinen von uns liquidieren können, ohne damit rechnen zu müssen, dass wir zurückschlagen werden."[84]

Damit wird das Vergeltungs- und Rachemotto des Attentats gegen den US-Imperialismus wiederholt. Wer dachte, dass sich damit der Angriffsschwung der selbsternannten revolutionären Elite Deutschlands erledigt hätte, wurde bereits drei Tage später eines Besseren belehrt. Am 15. Mai 1972 verübte die RAF einen Anschlag auf einen Richter des Bundesgerichtshofs (BGH) in Karlsruhe. RAF-Mitglieder hatten eine mit Sprengstoff gefüllte Feldflasche unter dem Beifahrersitz von Buddenbergs PKW vor seinem Haus deponiert, da dieser in der Regel von seiner Frau zur Arbeit gefahren wurde und auf dem Beifahrersitz Platz nahm. Am Tag des Anschlag ging Buddenberg jedoch aufgrund gesundheitlicher Probleme zu Fuß zur Arbeit. Deshalb erwischte die durch das Starten des Autos ausgelöste Detonation seine Frau: Der Beifahrersitz wurde auseinandergerissen, das Schiebedach des PKWs wurde meterweit fortgeschleudert.

Die Polizei stellte später fest, dass der Anschlag das Ziel, den vermuteten Beifahrer Richter Buddenberg zu töten, realisiert hätte. Die Frau des BGH-Richters überlebte schwer verletzt.

Das Bekennerschreiben des RAF-Kommandos „Manfred Grashof", das fünf Tage später bei den Behörden einging, sprach aus, worum es bei diesem (und auch den anderen) Anschlägen ging – um eine Bestrafungsaktion. Wie bei Weisbecker wird auch hier ein direkter Zusammenhang zwischen dem Kommando-Namen und dem Attentatsziel hergestellt: „Buddenberg, das Schwein, hat Grashof zu einem Zeitpunkt vom Krankenhaus in die Zelle verlegen lassen, als der Transport und die Infektionsgefahr im Gefängnis noch lebensgefährlich für ihn waren. Er hat den Mordversuch an Grashof, der den Bullen nicht gelungen war, wiederholt."[85]

Doch dabei beließen es die RAF-Köpfe dieses Mal nicht, denn das Auge-um-Auge-Motiv wurde auch auf die Zukunft ausgeweitet: „Wir werden sooft und solange Sprengstoffanschläge gegen Richter und Staatsanwälte durchführen, bis sie aufgehört haben, gegen die politischen Gefangenen Rechtsbrüche zu begehen."[86]

Damit wurde klar, dass die RAF die militärischen Ziele nicht nur als Bestrafungsmittel für bereits Begangenes verstand, sondern auch als Druckmittel für von ihr erwünschtes zukünftiges Verhalten. In der Summe wird bei den deutschen Anschlagzielen der Vorwurf von faschistischen Zuständen in der deutschen Justiz und Exekutive deutlich.

Am 19. Mai 1972 wurde ein Anschlag auf das Verlagsgebäude von Axel Springer in Hamburg verübt. Dieses Attentat ist viel diskutiert worden, da davon ausgegangen wird, dass es hierüber innerhalb der RAF einen heftigen Disput gab. Schließlich schrieb man Ulrike Meinhof die Verantwortung für das Attentat zu.

Baader, Ensslin und andere RAF-Führer*innen waren nicht glücklich über das Attentat, da es nicht ausreichend diskutiert und abgestimmt wurde und zudem für eine negative Presse über die RAF sorgte, da bei dem Anschlag Arbeiter*innen verletzt wurden und die staatstreue Presse der RAF vorwarf, ihre Angriffe jetzt gegen die deutsche Arbeiterschaft zu richten, was den RAF-Intentionen aber gar nicht entsprach.

Das eigentliche Ziel des Anschlags, den Verleger Axel Springer höchstselbst zu treffen, wurde verfehlt. Auch die Details des Anschlags sind umstritten, zum

Beispiel die Fragen, wann welche Warnanrufe erfolgten und wie viele Sprengsätze insgesamt in dem Gebäude deponiert waren.

Fest steht, dass es einen Warnanruf gab. Im Korrektursaal explodierte eine Bombe und 17 Arbeiter*innen wurden verletzt, zwei davon schwer. Eine weitere Bombe detonierte aufgrund technischer Mängel nicht. Der Sachschaden des Anschlags belief sich auf knapp eine Drittel Million D-Mark.

Das RAF-Kommando nannte sich nun „2. Juni", nach dem Datum, an dem der friedlich protestierende Student Benno Ohnesorg von dem Zivilpolizisten Kurras erschossen worden war.

Argumentativ-ideologisch schoss das Bekennerschreiben massiv gegen die Springer-Presse: „Wir fordern von Springer: dass seine Zeitungen die antikommunistische Hetze gegen die Neue Linke, gegen solidarische Aktionen der Arbeiterklasse wie Streiks, gegen die kommunistischen Parteien hier und in anderen Ländern einstellt; dass der Springerkonzern die Hetze gegen die Befreiungsbewegungen in der Dritten Welt einstellt, besonders gegen die arabischen Völker, die für die Befreiung Palästinas kämpfen; dass er seine propagandistische und materielle Unterstützung für den Zionismus – die imperialistische Politik der herrschenden Klasse Israels einstellt".[87]

Sowohl dem Inhalt als auch dem Duktus nach scheint die Urheberschaft von Ulrike Meinhof außer Frage zu stehen. Zum ersten Mal rekurrierte die RAF damit ausdrücklich und ausführlich auf das Palästinenser*innen-Problem und kam damit den Forderungen der Palästinenser*innen, im Gegenzug für die erhaltene terroristische Ausbildung Werbung für die Politik der Palästinenser*innen zu machen, nach. Schließlich folgte der Aufruf, Springer zu enteignen. Inhaltlich scheint klar zu sein, dass Meinhof mit dem Anschlag die Anti-Springer-Kampagne der APO fortsetzen wollte (wobei Meinhof damals schon zum Molotow-Cocktail gegen die Auslieferungsfahrzeuge der Bild-Zeitung gegriffen hatte). Der Anschluss an die APO wird auch durch den Kommando-Namen deutlich, da die Schah-Proteste unter dem Deckmantel der APO vor sich gingen. Zudem hatte die RAF Springer (maßgeblich die Bild-Zeitung) für die Radikalisierung des Dutschke-Attentäters Bachmann verantwortlich gemacht.

Den fulminanten Abschluss der Mai-Offensive bildete ein weiterer Anschlag gegen die äußeren Feinde, nämlich die US-Militär-Maschine. Dies scheint politisch opportun zu sein, da die Kritik nach dem Springer-Attentat auch unter den potenziellen RAF-Sympathisant*innen nicht spärlich ausfiel. Folgerichtig versuchte die RAF an ihrer „erfolgreicheren" Politik im Kampf gegen den US-Imperialismus anzuknüpfen. Der Anschlag richtete sich gegen das Hauptquartier der 7. US-Armee in Heidelberg. RAF-Observationen hatten ergeben, dass PKWs mit US-amerikanischen Kennzeichen bei der Einfahrt auf das Gelände nicht regelmäßig oder überhaupt nicht kontrolliert wurden. Deshalb rüstete die RAF zwei gestohlene Autos mit US-Kennzeichen aus, um sich möglichst perfekt zu tarnen.

Am 24. Mai 1972 deponierten RAF-Kämpfer*innen die zwei besagten PKWs auf dem Gelände der US-Kaserne, wobei sie ein Auto vor dem Gebäude des Secret Intelligence Service abstellten und das andere vor einem Funkleitmast. Beide Bomben detonierten in einem Abstand von etwa zehn Sekunden.

Drei amerikanische Soldaten bezahlten den Anschlag mit ihrem Leben und fünf Menschen wurden verletzt. Im Bekennerschreiben heisst es: „Die amerikanische Luftwaffe hat in den letzten 7 Wochen mehr Bomben über Vietnam abgeworfen als im Zweiten Weltkrieg über Deutschland und Japan zusammen. Von weiteren Millionen Sprengstoffen ist die Rede, die das Pentagon einsetzen will, um die nordvietnamesische Offensive zu stoppen."[88]

Die daraus abgeleitete Schlussfolgerung ist terminologisch drastisch, da von Genozid, Völkermord und „Endlösung" die Rede ist. Damit ist die RAF-Ideologie deutlich über das selbst gesetzte Ziel hinausgeschossen – argumentativ sollte dies wohl in erster Linie dazu beitragen, dass die bundesdeutsche Bevölkerung über das Ausmaß des US-Kriegs in Südostasien sensibilisiert wurde. Noch prekärer scheinen die mit den Schlussfolgerungen in Verbindung gesetzten Vergleiche mit den Bombardierungen von Dresden und Hamburg, wobei seltsamerweise und historisch keineswegs stimmig Auschwitz im selben Atemzug genannt wird: „Die Menschen in der Bundesrepublik unterstützen die Sicherheitskräfte bei der Fahndung nach den Bombenattentätern nicht, weil sie mit den Verbrechen des amerikanischen Imperialismus und ihrer Billigung durch die herrschende Klasse hier nichts zu tun haben wollen. Weil sie Auschwitz, Dresden und Hamburg nicht vergessen haben, weil sie wissen, dass gegen die Massenmörder von Vietnam Bombenanschläge gerechtfertigt sind."[89]

Unabhängig von dieser schief wirkenden und falsche historische Zusammenhänge suggerierenden Erklärung wurde jedoch ein militärisch-taktisches Ziel des Anschlags vollumfänglich erreicht, denn die Bombe zerstörte die Computeranlage im Gebäude des Secret Services, mit der die US-Armee den Nachschub für die Flächenbombardierungen in Vietnam berechnete. Damit hatte die RAF die von ihr angestrebte praktische Unterstützung der Vietcong ein zweites Mal in die Tat umgesetzt.

Damit war die bis dato beispiellose RAF-Mai-Offensive beendet und die deutschen Behörden holten zum Gegenschlag aus. Bereits am 29. Mai 1972 verständigten sich BKA-Chef Herold, Bundesinnenminister Genscher und hochrangige Behördenvertreter darauf, am 31. Mai 1972 die bundesweite „Aktion Wasserschlag" durchzuführen, mit dem Ziel, die RAF-Mitglieder durch Kontrollen eventuell zu Fluchtbewegungen zu veranlassen und sie dadurch aufzuspüren. Überall in Deutschland gab es Straßensperren, Fahrzeugkontrollen und Überwachungsflüge.

Über die Massenmedien wurde die deutsche Bevölkerung aufgerufen, bei der Aktion gegen den Terrorismus mitzuwirken. Die umfangreichste Großfahndung seit dem Kriegsende spürte jedoch keine RAF-Mitglieder auf, sondern verursachte in erster Linie ein massives Verkehrschaos. Obwohl dadurch Bürgerrechte teilweise massiv eingeschränkt wurden, begrüßte der Großteil der Bevölkerung die Maßnahmen. Trotz des Versagens der Aktion Wasserschlag sollte den deutschen Behörden einen Tag später der entscheidende Durchbruch im Kampf gegen die RAF gelingen.

Bereits Ende Mai 1972 hatte die Polizei Hinweise auf mögliche RAF-Wohnungen am Hofeckweg in Frankfurt erhalten und ließ diese observieren. Als die Durchsuchung einer verdächtigen Garage erfolgte, fanden die Beamten in Eimer gefülltes Sprengstoffpulver, das sie gegen eine ähnliche, aber harmlose Substanz austauschten.

Am 1. Juni 1972 hielt am frühen Morgen ein teures Luxus-Auto vor der Garage, in dem sich die drei RAF-Anführer, Baader, Meins und Raspe befanden. Während Baader und Meins in die Garage gingen, blieb Raspe als Sicherungsposten davor stehen. Raspe wurde hier durch zwei mit Maschinenpistolen bewaffnete Zivilpolizisten gestellt, aber ihm gelang die Flucht, und er gab als Warnung für die in der Garage befindlichen Genossen Warnschüsse ab.

Baader und Meins interpretierten diese richtig und verbarrikadierten sich in der geschlossenen Garage, welche die Polizei über zwei Stunden lang mit etwa 150 Beamten belagerte. Aber erst ein Panzerwagen sorgte für die entscheidende Wende, da es diesem gelang, die Garagentür einzudrücken. Baader wurde durch einen mit einem Präzisionsgewehr abgegebenen Fernschuss am Oberschenkel schwer verletzt, woraufhin sich Meins ergab.

Die Bilder vom nackten Meins und dem verwundeten Baader brannten sich in das ikonografisch-kollektive Gedächtnis Deutschlands ein. Kurz darauf wurden weitere RAF-Führungsmitglieder festgenommen. Am 7. Juni erwischte es Gudrun Ensslin in einer Boutique am Hamburger Jungfernstieg. Zwei Tage später wurde Brigitte Mohnhaupt mit einem Genossen in Berlin in Haft genommen – Mohnhaupt sollte noch zur Führungsperson der 2. RAF-Generation avancieren. Mitte Juni wurde Ulrike Meinhof bei Hannover festgesetzt. Bei ihr fand sich ein Kassiber, der seltsamerweise von Ensslin aus der Haft zu der zuvor noch in Freiheit befindlichen Meinhof gelangt sein musste.

Danach folgten weitere Festnahmen in Stuttgart und Offenbach, wodurch beinahe die gesamte Führungsriege der 1. RAF-Generation festgesetzt worden war. Die RAF-Kader wurden unter strengen Haftbedingungen auf unterschiedliche Gefängnisse in Deutschland verteilt.

Bis zu diesem Zeitpunkt kann getrost davon ausgegangen werden, dass die RAF quasi mit einer Stimme gesprochen hatte, wobei die führenden ideologischen Köpfe Meinhof, Ensslin und Mahler waren. Eine Ausnahme bildete hier das Attentat auf das Springer-Haus in Hamburg, wobei auch in diesem Fall letztlich von einer Kollektiv-Entscheidung oder aber zumindest einer kollektiven Verantwortung ausgegangen werden kann.

Andreas Baader war zwar die Galionsfigur der RAF, nicht jedoch der ideologische Kopf, der sich mit der Theoriearchitektur der Revolution beschäftigte. Baader war vielmehr für die praktischen Dinge verantwortlich; ein Mann der Tat und nicht der Worte, der eher bei der Herstellung von Bomben und beim Organisieren von Waffen und bei Sprengstoffen gewisse Kompetenzen besaß.

Ebenso oblag Baader wohl darüber hinaus die Disziplinierung der RAF-Kader, die Propagierung der Tat und die Planung sowie die Durchführung der Attentate. In gewisser Weise kann Baader als der militärisch-strategische Chef der RAF betrachtet werden, der zudem auch für die einzelnen taktischen Schläge, also die konkreten Attentate, verantwortlich war. Die RAF kann als ein monolithisches Kollektiv betrachtet werden, das mit einer Stimme sprach, nachdem es die Entscheidungen durch zahlreiche und schier endlose Diskussionen getroffen hatte.

Aber dieser Sachverhalt blieb nicht immer so und erfuhr erste Risse. Wesentliche ideologische Spannungen innerhalb der RAF traten spätestens ab Herbst 1972 auf, also während die RAF-Kader bereits verhaftet waren. Diese diskursiven Zerwürfnisse entsprangen aus verschiedenen theoretischen Konzepten zweier Protagonist*innen der RAF: Horst Mahler und Ulrike Meinhof. Da dieser Richtungsstreit wesentlich für das Verständnis der 1. RAF-Generation ist, soll darauf an dieser Stelle noch einmal eingegangen werden.

Meinhof und Mahler brachten zeitnah jeweils eine größere, in der Haft verfasste theoretische Abhandlung mit dem Ziel heraus, ihre Meinungsführerschaft innerhalb der RAF zu festigen. Aus diesen beiden Schriften heraus kann das Spannungsverhältnis zweier RAF-„Theorie-Richtungen" exemplarisch beschrieben werden.

Während Horst Mahler in Anlehnung an lateinamerikanische und, mit Abstrichen, chinesische Modelle eher die Strategie des klassischen Guerillakrieges und des Stadtguerillakrieges vertrat, verschrieb sich Ulrike Meinhof allerspätestens seit Ende 1972 einer eher genuinen terroristischen Strategie. In der Summe kann gesagt werden, dass Mahler an dem gemeinsam entwickelten Konzept Stadtguerilla mit Modifikationen festhielt, während Meinhof nunmehr eher zu einer strategisch-funktionalen Verschiebung der Kriegsführung zu einzelnen Attentaten tendierte.

Nach der Neuorientierung von Meinhof wurde nicht mehr die Verankerung und Unterstützung von und durch die Massen als Primärziel verfolgt, sondern einzelne Attentate sollten als terroristische Strategie herhalten, um die Revolution einzuläuten, zu ermöglichen und sie zum Sieg zu führen.

Aus heutiger Sicht ist zu vermuten, dass Ulrike Meinhof einen realistischeren Blick auf die bundesrepublikanischen Verhältnisse der damaligen Zeit besaß, denn eine Verankerung der RAF in den Massen war nicht einmal ansatzweise gegeben und im Gegensatz zu den großen revolutionären Bewegungen in China und Südamerika war es der RAF nicht einmal im Ansatz gelungen, bei der Landbevölkerung Unterstützung und Rückzugsräume zu finden und ebenso war es in urbanen Gebieten schwierig, flächendeckend Fuß zu greifen. Kurzum, die von der RAF erhoffte Unterstützung durch die Bevölkerung blieb weitgehend aus.

Mahler wurde schließlich aufgrund der ideologischen Unterschiede und weiterer Streitigkeiten formal aus der RAF ausgeschlossen. In dem während der Haft von Meinhof verfassten Strategiepapier „Die Aktion des Schwarzen September in München", das sich in erster Linie auf das Olympia-Massaker in München bezog und auf die Lage der Palästinenser*innen aufmerksam machen wollte, findet sich fast durchgängig das Wort „antiimperialistisch" in allen möglichen Abwandlungen: „Die Aktion war antiimperialistisch. Die Genossen vom „Schwarzen September" haben ihren eigenen Schwarzen September 1970 – als die jordanische Armee über 20.000 Palästinenser hingemetzelt hat, dahin zurückgetragen, wo dieses Massaker ursprünglich ausgeheckt worden ist: Westdeutschland – früher Nazi-Deutschland – jetzt imperialistisches Zentrum."[90]

Israel wird in dieser Analyse Meinhofs als Teil des imperialistischen Systems gesehen.

Diese Schrift Meinhofs musste sich häufig und berechtigterweise den Vorwurf des Antisemitismus gefallen lassen. Dabei befand sie sich in der radikalen Linken der Bundesrepublik in guter Gesellschaft, denn eine anti-israelische Haltung gehörte in diesen Kreisen quasi zum guten Ton.

So ist das Fazit dieses Strategiepapiers, das wohl zum Kanon der RAF-Schriften gezählt werden darf, wenig überraschend: „An der Aktion des Schwarzen September in München gibt es nichts miss zu verstehen. Sie haben Geiseln genommen von einem Volk, das ihnen gegenüber Ausrottungspolitik betreibt. Sie haben ihr Leben eingesetzt, um ihre Genossen zu befreien. Sie wollten nicht töten. Sie haben ihr Ultimatum mehr als aufgeschoben. Sie haben angesichts der unnachgiebigen Haltung Israels vorgeschlagen, die israelischen Geiseln als Gefangene zu behalten. Die israelischen Geiseln waren damit einverstanden. Sie sind von den deutschen Behörden genauso getäuscht worden wie die Revolutionäre. Die deutsche Polizei hat die Revolutionäre und die Geiseln massakriert."[91]

Offensichtlich schob Meinhof die Schuld an dem Massaker von München den Israelis und den bundesdeutschen Behörden in die Schuhe. Während die ersteren eine Ausrottungspolitik gegen die Palästinenser*innen betreiben, sei die deutsche Polizei für die Toten auf deutschem Boden verantwortlich.

Obwohl sich die RAF von Mahler zusehends distanzierte, hatte auch Meinhof einen schwereren Stand in der RAF. Denn Ensslin und Baader distanzierten sich nach der Publikation zusehends von Meinhof und ihrer Schrift über den Schwarzen September. Die Distanzierung hatte insbesondere politisch-ideologische Gründe. Baader und Ensslin wollten in erster Linie die Entscheidungsgewalt über die weitere Politikrichtung der RAF an sich reißen und diese monopolisieren. Eine Art Politikwechsel wird in Meinhofs Schrift ziemlich evident – vom Marxismus-Leninismus ist dort weder wörtlich noch im übertragenen Sinne die Rede.

An dieser Stelle sei eine „steile" Hypothese aufgestellt, die für den zweiten Teil dieses Buchs und die 2. RAF-Generation, von überragender Bedeutung sein wird. Bereits im Zusammenhang mit Meinhofs Schrift über den Schwarzen September kann in gewissem Maße und im geringen Umfang von einer subjektivistischen Wende weg vom Marxismus-Leninismus und hin zur „Frankfurter Schule" gesprochen werden. Dieser ideologisch-theoretische Überbau unterlag einer vollkommenen Wandlung, die sich insbesondere bei der 2. und 3. RAF-Generation vollzog. In der Bewegung der 2. und zum Teil auch 3. RAF-Generation wurde die Teilnahme an der revolutionären Bewegung als ein Selbstverwirklichungsprozess propagiert, der Subjektwerdung, Individuationserfahrung und Selbstfindung ermöglichte, was in der kapitalistisch-imperialistischen Konsumgesellschaft in dieser Form nicht mehr möglich zu sein schien.

In dieser Klarheit ist das in Meinhofs Strategiepapier noch nicht ersichtlich, aber die ersten Samen wurden bereits hier gepflanzt. Der bei Meinhof zunächst eher auf philosophisch-soziologischer Ebene angesiedelte Subjektivismus wurde in der Folgezeit auf den militärischen Bereich projiziert, denn es wurde von Seiten der RAF realistischerweise nicht mehr die Verankerung in den Volksmassen angestrebt, sondern es herrschte ein elitär-individuelles Verständnis einer kämpfenden Avantgarde vor, die zudem eine intellektuelle Meinungsführerschaft anstrebte.

Mahler vertrat hingegen in seiner Schrift „Die neue Straßenverkehrsordnung", die ebenfalls aus dem Jahre 1972 stammt, weiterhin das Stadtguerilla-Konzept und eine strenge, kommunistisch-dogmatische Linie, allerdings mit starker nationaler und sozialrevolutionärer Ausrichtung. Hierbei ist anzumerken, dass Mahlers Strategiepapier nie Eingang in den offiziellen Kanon der RAF-Schriften gefunden hat, was für die RAF auch in der Retrospektive als Glücksfall gelten darf, da Mahler bald einen vollkommenen Gesinnungswandel vollzog, Mitglied bei der Nationaldemokratischen Partei Deutschlands und sogar zum Holocaust-Leugner wurde.

Exemplarisch zeichnete sich diese Entwicklung bereits mit dem Insistieren auf der national-sozialrevolutionären Ideologie ab, die politisch-ideologisch im krassen Gegensatz zu Meinhofs internationalistisch-antiimperialistischer Stoßrichtung stand, wobei sie den Antiimperialismus nicht zuletzt durch ihre Schrift über den Schwarzen September zementierte. Meinhofs Linie (und damit die subjektivistische, hauptsächlich terroristischen Einzelakten zuneigende Strategie) setzte sich durch und Mahler wurde sogar offiziell von der RAF ausgeschlossen.

An dieser Stelle sollte allerdings auch die Tatsache nicht außer acht gelassen werden, dass sich Meinhof später während des Hochsicherheitsprozesses im

Oberlandesgericht (OLG) Stuttgart zusehends von Baader und Meinhof distanzierte bzw. von diesen immer mehr an den Rand der Gruppe gedrängt wurde (neudeutsch wäre es sicherlich nicht verfehlt, in diesem Zusammenhang von „Mobbing" zu sprechen).

Die Richtungsentscheidungen von 1972 für Meinhof (trotz leichter Vorbehalte gegen ihre Schrift über den Schwarzen September) und gegen Mahler hatten für die weiteren RAF-Generationen weitreichende Bedeutung, denn sie orientierten sich (wie noch im Einzelnen darzulegen sein wird) an der strategisch-ideologischen Ausrichtung ihrer Gründungsväter.

Zusätzlich zu den offiziellen Verlautbarungen der Strategiepapiere und Bekennerschreiben gab es weitere Wortmeldungen der RAF. Noch aus dem Untergrund heraus, aber kurz vor der ersten Verhaftungswelle im Zuge der Mai-Offensive, nahm die RAF mittels eines Tonbandbeitrags anlässlich eines verbotenen Teach-Ins der maoistischen Roten Hilfe am 31.5.1972 in Frankfurt/Main Stellung zu diversen Themen. Sie beging dabei den Versuch, ihre Mai-Offensive vor ihren potenziellen Verbündeten zu rechtfertigen. Gleichzeitig wollte sie den an ihr in der Zwischenzeit laut gewordenen Kritiken von Gruppen wie dem Kommunistischen Bund (KB) und Kommunistischen Studentenverband (KSV) etwas entgegensetzen.

Insofern geht sie publizistisch-propagandistisch in die Offensive und wirft den zum Teil massive Kritik übenden Genoss*innen vor, sich hinter den passiv bleibenden Massen zu verstecken. Außerdem prangert sie die Hilflosigkeit des reinen Verbalradikalismus an, der angesichts der angespannt-bedrohlichen Situation in Vietnam nicht die notwendige Konsequenz in sich birgt, um den vietnamesischen Freiheitskämpfer*innen die notwendige praktische und solidarische Hilfe zuteil werden zu lassen. Pauschal kanzelt sie also ihre kommunistisch orientierten Kritiker*innen mit dem Vorwurf ab, dass es die Pflicht eines jedes einzelnen Revolutionärs sei, auch tatsächlich revolutionär zu agieren und nicht nur das große Wort zu schwingen.

Die RAF forderte alle potenziell verbündeten Militanten in der Bundesrepublik ausdrücklich dazu auf, in ihrem politischen Kampf gegen den US-Imperialismus, alle amerikanischen Einrichtungen zum Ziel ihrer Angriffe zu machen. Damit verwies sie natürlich selbstsicher auf die bereits von ihr geleistete Arbeit in Form der Attentate. Zu diesem Zeitpunkt hatte sie ja bereits zwei für den Vietnam-Krieg relevante US-Kasernen in Deutschland angegriffen und diese in ihrer Funktionsweise beeinträchtigt. Was sich die RAF hoch anzurechnen schien, war, dass sie den Krieg von der Peripherie Vietnams zurück nach Deutschland getragen hatte. Die BRD wurde ohnehin als Marionette bzw. Erfüllungsgehilfe der USA bewertet.

Als erstes Resümee kann festgehalten werden, dass die 1. RAF-Generation als eine kommunistisch inspirierte Bewegung begann. Folgerichtig wurde der revolutionäre Kampf als Kollektivkampf begriffen, der sich gegen ein geschlossenes Feindbild auf zwei Ebenen wandte: die deutschen Polizei- und Justizbehörden einerseits und zum anderen die US-amerikanischen Streitmächte. Als logische Konsequenz einer kollektivistisch-kommunistischen Bewegung vollzog die RAF in dieser Phase keine Einzelattentate durch Schussfeuerwaffen oder ähnliches, sondern sie legte Bomben. Diese Bomben hatten zum Ziel, die Ordnungskräfte Deutschlands und die Streitmacht der USA als Gesamtes zu treffen. Insofern korrelieren Ideologie, Strategie, Taktik und Attentate der RAF in der 1. Kampfphase in besonders hohem Maße; hier ist eine hohe logische Kohäsion aller Bereiche zu konstatieren.

Aber bereits zu Beginn der Inhaftierung, also ab der Jahresmitte 1972, setzte ein ideologisches Umdenken ein. Die Richtung, die sich vom starren Parteikader-Kommunismus verabschiedete und sich einer subjektivistischer orientierten Denkrichtung zuwandte, setzte sich durch, wie anhand des Duells zwischen Meinhof und Mahler gezeigt wurde.

In der Folge, so kann hier schon antizipiert werden, gewinnen die Attentate einen subjektiveren Charakter und wenden sich weniger gegen kollektive Massen oder Institutionen, sondern vor allem gegen hochrangige Einzelpersonen. Strategisch-taktisch bedeutet dies unter Umständen eine Abkehr von der Bombe und eine Hinwendung zu Handfeuerwaffen, die für Exekutionen und Entführungen besser geeignet sind.

Zusammenfassung

Im April 1971 erschien das erste Positionspapier der RAF, das Konzept Stadtguerilla. Darauf folgten kurz hintereinander die längeren, detaillierteren und dezidierten Ausführungen „Über den bewaffneten Kampf in Westeuropa“ und ein Jahr später „Dem Volk dienen. Stadtguerilla und Klassenkampf“. Summarisch kann für die drei Positionspapiere bzw. Strategiepapiere festgehalten werden, dass die Verhältnisse in der Bundesrepublik Deutschland im Allgemeinen und die Lebenssituation respektive Unterdrückung von Arbeiter*innen, Jugendlichen und Randgruppen im Besonderen dargestellt und analysiert wurden. Das ist aber nur einer von zahlreichen Aspekten, denn inhaltlich liegt in jedem der drei Strategiepapiere der Schwerpunkt auf der scharfsinnigen und elaborierten Begründung, warum der Antiimperialismus als Kampfform für die RAF und für den linksradikalen Widerstand insgesamt das ausschließlich probate Mittel der Wahl darstellen kann. Dabei geht es nicht nur um die richtige Wahl einer gut austarierten Kampfform, sondern auch um eine politisch-ideologische Richtungsentscheidung, der ein erbittert geführter Kampf zwischen Meinhof und Mahler vorausging, der von weiteren gruppeninternen Machtkämpfen gefolgt wurde. Insofern (und aus den konkreten inhaltlichen Ausführungen der Strategiepapiere) lassen sich bestimmte Aussagen über die RAF-Politik treffen. Demnach sah sich die Rote Armee Fraktion als Bestandteil einer weltumfassend-globalen Widerstandsbewegung. Dies könnte unter dem Label des „proletarischen Internationalismus“ firmieren: antikapitalistisch und daraus abgeleitet bzw. damit verbunden antiimperialistisch.

Ideengeschichtlich lassen sich diese Befunde in etwa wie folgt formulieren: Die RAF stellt einen Zusammenhang zwischen der Geschichtswissenschaft des historischen Materialismus und der marxistischen Gesellschaftsanalyse her. Beides ist als Einheit zu begreifen, wobei die Vielfalt an antiimperialistischen Befreiungsbewegungen mit dem Desiderat der Dekolonisation hervorzuheben ist. Die nötigenfalls durch Waffengewalt herzustellende nationale Souveränität findet ihren jeweiligen Ausdruck in den Kämpfen gegen die Überfremdung und Ausbeutung, wobei für beide pejorativen Aspekte vor allem das US-Kapital, die US-Kultur und das US-Militär verantwortlich gemacht wurden.

Die theoretisch-ideologischen Grundlagen der RAF wurden mehrfach benannt. Neben den kommunistischen Theorieklassikern wie Lenin und Mao Tse Tung waren in diesem frühen Stadium soziologische Theorien von einer gewissen Bedeutung. Aufgrund dieses Theoriekonglomerats kam die RAF zu dem Schluss, dass der bewaffnete Kampf folgerichtig, durchführbar und gerechtfertigt sei. Erst nach einer langen logistischen Vorbereitung sah sie sich dazu in der Lage, konkret mit bewaffnetem Kampf revolutionär zu intervenieren.

Im November 1972 erschien die vorerst letzte, ausführliche Schrift der RAF, die den vielsagenden Titel „Die Aktion des Schwarzen September in München.

Zur Strategie des antiimperialistischen Kampfes“ trug. Dass sich das von Ulrike Meinhof verfasste Strategiepapier auf die schrecklichen Ereignisse des Münchener Olympia-Massakers bezieht, wird bereits aus dem Titel evident.

Das Papier war RAF-intern umstritten, das heißt, dass insbesondere Baader und Ensslin nicht mit den Inhalten einverstanden waren. Meinhofs Papier besaß allerdings eine brandaktuelle Komponente und stand im direkten Zusammenhang mit dem Verbot palästinensischer Organisationen in der BRD und der gehäuft auftretenden Ausweisung arabischer Student*innen. Die inhaltliche Orientierung des Papiers ist deshalb stärker an internationalistisch-antiimperialistischen Kämpfen ausgerichtet, der in den früheren Strategiepapieren anzutreffende Bezug zu den deutschen sozialrevolutionären „Randgruppen“ tritt hierbei in den Hintergrund.

Aus historischer Perspektive (in Bezug auf die Gräuel der Nazi-Verbrechen gegen die Juden im Dritten Reich durchaus verständlich) lehnte ein überwiegender Teil der Linken den Überfall während der Münchener Olympiade ab, aber der in den Papieren der RAF ausführlich begründete Antizionismus war in der linksradikalen deutschen Subkultur ebenso verbreitet.

Die Gegenseite dynamisierte ihre Strategie und Taktik im Kampf gegen die RAF, zum Beispiel durch die erste bundesweite Fahndungsaktion nach Mitgliedern der Baader-Meinhof-Gruppe. Die weitgehend uniform argumentierenden Organe wie Presse, Funk und Fernsehen verstärkten ihre Hetzkampagnen gegen die Linke und riefen ein aufgeladenes gesellschaftliches Klima hervor. Dies bewerkstelligte die Presse auch durch Vorgehensweisen, die man heute als Fake News bezeichnen würde.

So wurden angeblich von der RAF stammende Bombendrohungen gegen Bahnhöfe veröffentlicht: zum Beispiel wurde eine Serie von Bombenattentaten für einen bestimmten Tag in der Stuttgarter Innenstadt angekündigt, wobei später ans Tageslicht kam, dass die Bombendrohungen vermutlich von den Behörden selbst lanciert wurden. Die RAF dementierte die „falschen“ Bombendrohungen umgehend und erklärte, niemals solche Drohungen ausgesprochen zu haben.

Die Suche der RAF nach Verbündeten fiel ihr nicht leicht. Zahlreiche militant-sozialrevolutionäre Gruppen, die teilweise aus demselben gesellschaftlichen Milieu wie die RAF kamen, teilten mit der RAF das internationalistisch-antiimperialistische Grundverständnis und erkannten den strategisch-taktischen Einsatz von Gewalt als notwendiges Kampfmittel sowohl gegen den Staat als auch gegen den US-Imperialismus an. Insofern bestand zwischen der RAF und diesen Gruppen eine Konformität, die beinahe zu einem gemeinsamen bewaffneten Kampf geführt hatte. Die Hauptkritik dieser Gruppen an der RAF war deren Avantgarde-Anspruch, der quasi jeder anderen Gruppierung von vornherein die bedingungslose Unterordnung unter die Führung der RAF nahelegte. Bereits kurz nach dem Erscheinen von Konzept Stadtguerilla bezeichneten dementsprechend einige dieser Gruppen die RAF abwertend als Marxisten-Leninisten mit einer Knarre.

Die diese Kritik äußernden marxistisch-leninistischen Gruppen stimmten zwar mit der Imperialismus-Analyse der RAF weitgehend überein, vertraten jedoch eine andere Sichtweise auf die realen Verhältnisse in der BRD und sahen die Aufnahme des bewaffneten Kampfs als verfrüht an, weil die gesellschaftlichen Verhältnisse noch nicht revolutionsreif genug seien. Diese anderen Gruppen verstanden sich selbst als legitime Führer der Arbeiterklasse und vermissten die Hinwendung der RAF zu den in Deutschland herrschenden Klassen- und Schichten-Antagonismen. Kurzum, für diese Gruppen war die RAF-Politik nach der Mai-Offensive in Sachen Deutschland verfehlt, da sie sich lieber den internationalen Zuständen zuwandte.

6.3 Soziopolitische und soziohistorische Analyse der 2. RAF-Generation

Spätestens nach der Mai-Offensive 1972 und dem beinahe vollständigen Zerschlagen der 1. Generation war die RAF zum Staatsfeind Nr. 1 geworden. In Film-Dokumenten werden Bilder der RAF-Aktionen aus der damaligen Zeit häufig mit martialischer Protest-Musik von Jimmy Hendrix, Bob Dylan, Janis Joplin oder anderen unterlegt, um dergestalt einen kulturell-politischen Kausalnexus herzustellen.

Damit suggerieren die Dokumentarfilme, dass der bewaffnete Kampf der RAF seine Inspiration unter anderem aus der durchaus aufrührerischen Rock-Musik bezog. Unter den Tisch fällt dabei der nicht unwesentliche Aspekt, dass die RAF tatsächlich einen hohen politischen Anspruch sui generis besaß, der jedoch nichts mit subkulturellen Musikrichtungen zu tun hatte.

Fest steht aber, dass die bundesrepublikanische Gesellschaft auf eine bewaffnete Widerstandsgruppe, die sich nicht nur in Verbalradikalismen erging, sondern tatsächlich zur Tat im Sinne einer bewaffneten Widerstandspolitik schritt, überhaupt nicht im Geringsten vorbereitet war.

Insofern gelang der RAF die Ausnutzung des Überraschungsmoments bei ihren Guerilla-Angriffs ziemlich gut. Doch nach der Zerschlagung und Inhaftierung der RAF-Kommandoebene war dieses Überraschungsmoment verpufft und sowohl Behörden als auch Bevölkerung rechneten fortan mit weiteren Taten der Guerilleros.

Darüber hinaus schürten die Ministerien und exekutiven Behörden noch die Angst vor der RAF in der Bevölkerung, um eine Art Massenhysterie hervorzurufen und sich dergestalt des Denunzianten- und Kooperationswillens der normalen Bevölkerung zu versichern. Zudem wurden auf diese Weise die Ressourcen vieler Behörden aufgestockt. Die RAF war für viele Behörden, die im weitesten Sinne mit dem Themenkomplex Staatsschutz zu tun hatten, ein veritabler Segen, da diese durch die Existenz der RAF zahlreiche neue Mitarbeiter*innen und finanzielle Zuwendungen erhielten.

Folglich überrascht es keineswegs, dass sich die Medien zunächst mit Berichten über die „Baader-Meinhof-Bande" und wenig später dann über die RAF überschlugen. Der Propagandaschlacht ließ der Staat konkrete Taten folgen, denn er scheute sich nicht, seinen gigantischen Apparat rücksichtslos und mit kompromissloser Härte einzusetzen, um gegen RAF-Sympathisant*innen vorzugehen. Darüber hinaus unternahm der Staat sogar den Versuch, die gesamte radikale Linke einzuschüchtern, um ihren Protest gegen das System zum Verstummen zu bringen.

Dieses repressive Roll-Back vollzog sich nicht in aller Stille, sondern wurde von der Staatsmacht ganz bewusst und martialisch in Szene gesetzt, um Angst und Schrecken unter den „gefährlichen" (potenziell revolutionären) Bevölkerungsteilen hervorzurufen. Die polizeilich-exekutive Taktik sah vor, radikale und rücksichtslose Repression zum Gebot der Stunde zu machen, was bedeutete, dass sogar im Rausch an der Theke bekundete Sympathien für die RAF, ihre politischen Ziele oder einzelne RAF-Mitglieder hinreichende Inhaftierungsgründe waren bzw. eine empfindliche Geldstrafe nach sich zogen. Dadurch wurden viele Biografien nachhaltig beschädigt und Leben zerstört. Ob das Einschüchterungs-Kalkül der Herrschenden aufging oder der RAF noch mehr Sympathien als ohnehin schon zuschanzte, lässt sich aufgrund fehlender empirischer Erhebungen heute nicht mehr nachvollziehen.

Was aber als gesichert gelten darf, ist der Befund, dass die bundesrepublikanisch-soziopolitische Realität eine völlig andere geworden war. Diese Aussage lässt sich noch dahingehend präzisieren, dass es der RAF gelungen war, die nach 1967 im Abflauen begriffene revolutionäre Stimmung, die 1970 als beinahe schon erloschen galt, wieder mit neuem Leben zu füllen und sogar noch zu steigern. Diese Aussage lässt sich zwar nicht auf die Gesamtzahl der revolutionär gesonnenen Personen beziehen, gleichwohl aber auf die qualitative revolutionäre Einstellung einzelner Personen.

Anders formuliert: Der RAF gelang es durch ihr äußerst radikales Agieren, weitere Personen für ein ebensolches Vorgehen zu begeistern, was sich in massiven Unterstützungskampagnen für die RAF zeigte – sei es im Bereitstellen von sicheren Unterkünften, dem Überlassen von amtlichen Papieren oder dem Besorgen von Waffen. Das weitere RAF-Umfeld wurde von der Staatsseite als massive Bedrohung bewertet.

Das war aber lediglich die eine Seite der Medaille, denn die RAF verschreckte den Großteil der bundesrepublikanischen Bevölkerung, darunter auch viele, die sich den „anständigen" Bürger*innen zurechneten und die nie Sympathien für die Student*innen und ihre gesellschaftsumwälzenden Ambitionen besessen hatten. Die durch die Handlungen der RAF veränderte soziopolitische Realität zeigte sich also bei diesen Bevölkerungsteilen anhand einer vehement antikommunistischen und antirevolutionären Grundstimmung, die teilweise sogar in regelrechten, unverblümten Hass gegen die RAF umschlug. „Auf der Flucht erschießen!" oder „Aufhängen!" waren nicht selten zu hörende Forderungen dieser Bevölkerungsteile, wenn es darum ging, wie der Staat mit den RAF-Gefangenen oder den RAF-Kommandoebene-Mitgliedern umgehen sollte.

Aber nicht nur die gesellschaftspolitische Grundstimmung hatte durch die RAF eine fundamentale Polarisierung erfahren, sondern auch die Alltagserfahrungen der Bürger*innen und die Präsenz des Staats im tagtäglichen Leben hatten sich massiv geändert. Folgerichtig bildeten nun Straßensperren und mit Maschinenpistolen bewaffnete Polizist*innen, brachiale Hausdurchsuchungen und rigorose Festnahmen einen Kernbestand des deutschen Alltags. Alles, was im Verdacht stand, subversiv zu sein, wurde konsequent niedergewalzt.

Die Polizei und andere Ordnungsorgane des deutschen Staats räumten so ohne Rücksicht auf Verluste zum Beispiel besetzte Häuser und selbstverwaltete Jugendzentren. Derartige Projekte standen unter Generalverdacht, da sie selbstständige, nicht vom Staat gegängelte Lebensformen anstrebten und zudem auch Frei- und Schutzräume für kulturell und politisch subversives Leben boten. Es stand auch immer der Verdacht mit im Raum, dass solche Projekte die RAF unterstützten.

Zudem hatte eine gesellschaftspolitisch-historische Diskurs-Verschiebung stattgefunden. Wie bereits angedeutet wurden jegliche Versuche einer öffentlichen Diskussion über die Politik der RAF, ihre Inhalte und Ziele a priori unterdrückt und kriminalisiert, ganz unabhängig von der individuellen Aussage und vom inhaltlichen Gehalt derselben. Dadurch war der RAF gelungen, was sie ursprünglich lediglich behauptet hatte, nämlich dem faschistisch-totalitären Staat der BRD die Maske vom Gesicht zu reißen und ihn als Wolf im Schafspelz zu entlarven. Damit stellte die RAF ihr ureigenes Verständnis vom deutschen Staat klar.

Für sie herrschte in der BRD eine faschistisch-imperialistische Kontinuität, die (mit gewissen Abstrichen) beinahe nahtlos an das Dritte Reich, Nazi-Deutschland und Adolf Hitler anknüpfte. Spricht man heute noch mit ehemaligen RAF-Mitgliedern der späten 1. oder frühen 2. Generation, dann wird zumeist betont, dass die damalige RAF der Meinung war, dass der Faschismus der Nazi-Zeit weder aufgearbeitet noch beseitigt war.

Das dergestalt skizzierte neuartige soziopolitische Klima schlug sich auch in diversen Bemühungen der Legislative nieder, was als Reaktion des Staats auf die geänderten gesellschaftlichen Parameter angesehen werden muss. So wurden 1976 eine Reihe von Gesetzen erlassen, die gezielt gegen die RAF und ihre Unterstützer*innen ausgerichtet waren. Am bedeutsamsten war hierbei sicherlich der § 129 a des Strafgesetzbuches (StGB).

Der lange Zeit sehr kontrovers diskutierte Paragraf erhielt auch den nach linker Sichtweise pejorativen Beinamen „Anti-Terror-Paragraf". Dieser stellte die Mitgliedschaft in und Werbung und Unterstützung für eine terroristische Vereinigung unter drakonische Strafen.

Aber auch der Paragraf 88a des StGB, der den Straftatbestand des verfassungsfeindlichen Befürwortens von Straftaten umfasste, trat in Kraft. Generell konnte dieser Artikel jede positive Äußerung zu einer RAF-Aktion oder zu einem RAF-Attentat bedeuten. Aber auch der § 130a StGB bedeutete ein Höchstmaß an staatlich-justizieller Repression für diejenigen, die für die RAF und ihre Aktionen Sympathien verspürten. Demnach fiel der Besitz von Schriften, welche die politische Gewalt befürworteten, unter empfindliche Strafandrohungen. De facto bedeutete dies, dass jede/r, der/die sich im Besitz von RAF-Schriften befand, in denen Gewalt gegen das herrschende System befürwortet wurde, mit Geld- und/oder Haftstrafen belegt werden konnte.

In der Summe zeichneten sich die oben dargestellten Paragrafen für einen negativen Lebenslauf von zahlreichen Menschen verantwortlich. Der Staat wollte damit das Meinungsmonopol über Themen ausbauen, die mögliche Widerstandsformen zur Abschaffung der freiheitlich-demokratischen Grundordnung implizieren. Dies ist ihm sicherlich in gewissem Maße gelungen, denn diese Paragrafen entfalteten durchaus eine abschreckende Wirkung auf alle potenziellen RAF-Sympathisant*innen. Aber trotz dieser justiziell-exekutiven Repressionsmethoden und -taktiken gelang es dem Staat nie (wie von ihm angestrebt) jeglicher Unterstützung für die RAF den Boden zu entziehen. Dieses Merkmal kann für alle drei RAF-Generationen konstatiert werden.

Während für die 1. RAF-Generation insbesondere soziopolitische und soziohistorische Fakten für eine Kontextualisierung der RAF-Genese notwendig sind, kann bei der 2. RAF-Generation der Fokus viel enger gefasst werden. Hier ist es möglich, die Weiterentwicklung der RAF hin zur 2. Generation durch die Haftbedingungen der 1. RAF-Generation, die politischen Prozesse gegen Baader, Ensslin, Meinhof & Co sowie die Repressionen gegen das sich um die 1. Generation herum bildende Umfeld zu erklären.

Drei Jahre nach der Mai-Offensive begann im eigens dafür gebauten Hochsicherheitsgericht, dem Oberlandesgericht Stuttgart, der Prozess gegen die Hauptangeklagten der 1. RAF-Generation. Den Protagonist*innen Baader, Ensslin, Meinhof und Raspe wurde der Prozess in dem neuen Gebäude gemacht. Auch anderswo fanden RAF-Prozesse statt, die aber nicht dieselbe Brisanz wie derjenige in Stuttgart besaßen.

Von Anfang an standen die RAF-Verteidiger im Visier der Justiz. Das bedeutet, dass jegliches Verhalten von ihnen sofort als Unterstützung der RAF und ihrer Gefangenen inkriminiert wurde, wobei gesagt werden muss, dass die Verteidiger in der Tat nicht selten als „Transmissionsriemen“ zwischen den RAF-Gefangenen und der sich im Aufbau befindlichen 2. RAF-Generation fungierten. Auch deshalb versuchte der Staat den RAF-Gefangenen ihre Verteidigung zu erschweren.

Bereits ein Jahr nach der Inhaftierung von Baader & Co wurden die RAF-Rechtsanwälte Ströbele, Groenewold und Becker suspendiert. Der von der Staatsseite lancierte Vorwurf lautete, dass die RAF-Rechtsanwälte für eine reibungslose Kommunikation unter den RAF-Gefangenen gesorgt hätten. Hier griffen auch die nach und nach erlassenen Anti-Terror-Paragrafen und die besagten Rechtsanwälte wurden mit Verfahren wegen der Unterstützung einer kriminellen Vereinigung überschüttet.

Auch die Gefangenen sahen sich mit einer massiven Einschränkung ihrer Handlungsfreiheit und ihrer Persönlichkeitsrechte konfrontiert. Schikanen wie eine Rektaluntersuchung bei Andreas Baader sollten den Widerstandsgeist der Angeklagten brechen helfen. Aber der Staat griff auch zu illegalen Mitteln, denn er hörte Gespräche zwischen den RAF-Mandanten und den RAF-Verteidigern ab, was nach den Grundsätzen der freiheitlich-demokratischen Grundordnung ein absolutes No-Go ist, da das Verhältnis von Angeklagtem und Verteidiger als besonders schützenswert erachtet wird. Die meisten der staatskonformen Medien gingen gar so weit, die RAF-Anwälte als Drahtzieher innerhalb der RAF zu vermuten und sie dadurch öffentlich an den Pranger zu stellen.

Die Haftbedingungen, denen sich die RAF-Gefangenen unterwerfen mussten, waren hart. Bereits im Oktober 1970 wurde Astrid Proll in den sogenannten Toten Trakt in Köln-Ossendorf verlegt, was nicht ohne Auswirkungen auf ihren Gesundheitszustand blieb – dreieinhalb Jahre später attestierten Ärzt*innen, dass sie haftunfähig war.

Exemplarisch können die harten und zum Teil extralegalen Haftbedingungen an dem späteren ersten Hungerstreik-Toten der RAF, Holger Meins, dargestellt werden. Die wegen der 1. RAF-Generation ins Leben gerufene Sicherungsgruppe Bonn instruierte den Leiter der JVA Wittlich in etlichen Punkten, welche die Sonderbehandlung von Meins betrafen. So sollten alle Zellen in direkter Nachbarschaft frei bleiben. Meins wurde einer strengen Einzelhaft unterworfen und sollte bei allen Bewegungen außerhalb der Zelle gefesselt sein. Ihm wurde die Teilnahme an Gemeinschaftsveranstaltungen wie dem Kirchgang verboten. Schließlich wurde angeordnet, dass seine Zelle und er täglich durchsucht werden.

Nicht zuletzt aufgrund dieser extremen Haftbedingungen traten 40 politische Gefangene im Januar/Februar 1973 für einen Monat in ihren ersten organisierten Hungerstreik. Primäres Ziel war eine Aufweichung der harten Haftbedingungen, insbesondere die Abschaffung der Isolationshaft. Der Hungerstreik weitete sich noch aus, da sich ihm sieben RAF-Anwälte anschlossen. Für drei Tage schlossen sie sich dem RAF-Hungerstreik an, indem sie vor dem Bundesgerichtshof in Karlsruhe in ihren Anwaltsroben hungerten. Da der Hungerstreik konsequent durchgeführt wurde, signalisierte der Staat ein Einlenken, um Todesfälle zu vermeiden. Doch dieses Manöver stellte sich als Falle heraus, da die gegebenen Zusagen bald widerrufen wurden.

Gut zwei Monate nach Beendigung des ersten Hungerstreiks erfolgte der zweite, an dem sich dieses Mal 80 politische Gefangene beteiligten. Ziel des beinahe zwei Monate dauernden Hungerstreiks war die Gleichstellung der politischen Gefangenen mit den „normalen" Gefangenen. Zudem sollte es den politischen Gefangenen möglich sein, freien Zugang zu „unzensierten" politischen Informationen zu erhalten. Bei diesem Hungerstreik wollte der deutsche Staat nicht weiter in die passive Rolle des Zuschauers gedrängt bleiben und ordnete eine Zwangsernährung an. Der Hungerstreik endete erst, als durch ein Landgericht die Isolation von einigen politischen Gefangenen aufgehoben wurde.

Ansonsten blieb das Jahr 1973 vergleichsweise ereignisarm. Am 20. Juni brach Inge Viett aus dem Frauengefängnis in Berlin-Moabit aus. Damals gehörte sie noch der mit der RAF konkurrierenden Widerstandsbewegung 2. Juni an. Später (als Viett bereits zur RAF gehörte) spielte sie eine wichtige Rolle, indem sie für die RAF Kontakte zum Ministerium für Staatssicherheit der DDR herstellte.

Der Januar 1974 drehte sich in erster Linie um (aufgrund gravierender Erkrankungen) nicht verhandlungsfähige RAF-Mitglieder. So wurde Monika Berberich für verhandlungsunfähig erklärt. Bei Katharina Hammerschmidt wurde sogar der Prozess abgebrochen, und sie wurde wegen einer Krebserkrankung aus dem Gefängnis entlassen. Gut zwei Jahre später verstarb Hammerschmidt an ihrer Krebserkrankung in einem Berliner Krankenhaus – später benannte die RAF eine spektakuläre Aktion nach ihr, nämlich die Sprengung des Gefängnisneubaus der JVA Weiterstadt. Astrid Proll wurde wenig später wegen Haftunfähigkeit ebenfalls aus dem Gefängnis entlassen und tauchte unter.

Der Februar 1974 war für die RAF von zahlreichen Rückschlägen gekennzeichnet. Am 4. Februar wurden Helmut Pohl, Ilse Stachowiak, Christa Eckes und der Rechtsanwalt Eberhard Becker verhaftet. Pohl sollte in der 2. RAF-

Generation zu einem der Chef-Theoretiker und Architekten der militärisch-strategischen Ausrichtung avancieren. Ihm wird die Urheberschaft des einzigen umfangreichen Strategiepapiers der 2. RAF-Generation, das sogenannte Mai-Papier aus dem Jahre 1982 zugeschrieben, das teilweise auf massive Kritik stieß. Wenige Tage später wurden in Amsterdam zwei weitere RAF-Mitglieder verhaftet, wobei Waffen, Sprengstoffe und Papiere sichergestellt wurden.

Im Herbst 1974 begann der dritte RAF-Hungerstreik, an dem 40 politische Gefangene teilnahmen. Er dauerte beinahe fünf Monate – bis Anfang Februar 1975. Die politischen Gefangenen erhielten jetzt die Möglichkeit eines stundenweisen Umschlusses und zum Teil sogar gemeinsame Freistunden. Dem Anwalt der Stammheimer Insassen, Klaus Croissant, gelang es sogar, den berühmten französischen Existentialisten Jean-Paul Sartre dazu zu bewegen, Baader et al. in der JVA Stuttgart-Stammheim zu besuchen[92], jedoch zeigten sich beide Seiten vom Verlauf der Gespräche recht enttäuscht.

Der Preis dieses Hungerstreiks war immens, da Holger Meins am 50. Tag in der Justizvollzugsanstalt Wittlich starb. Allerdings muss erwähnt werden, dass Tote im Kalkül der RAF-Anführer*innen gelegen haben. Baader sagte zu Beginn des Hungerstreiks sinngemäß, dass dieses Mal Typen dabei drauf gehen würden.

Durch einen Märtyrer in ihren Reihen konnte die RAF die Zwangsernährungsmaßnahmen des Staats anprangern und dabei auch die zweifelhaften Rollen, die Anstaltsarzt und Anstaltsleitung von Wittlich gespielt hatten (und damit eine Mitschuld am Tod von Meins trugen), herausstellen. Meins behandelnder Anstaltsarzt war trotz des lebensbedrohlichen Zustandes von Meins in einen Wochenendurlaub gefahren. Der Verlegung in ein Krankenhaus wurde trotz massiven Drängens seitens seiner Verteidiger nicht nachgegeben. Der beim Stammheim-Prozess als Vorsitzender Richter fungierende Theodor Prinzing war kategorisch gegen die Verlegung in ein Krankenhaus.

Zehn Tage nach dem Tod von Holger Meins stellte sein Rechtsanwalt Rupert von Plottnitz im Namen der Angehörigen von Meins Strafanzeigen wegen Mordes bzw. Totschlags. Die Anzeige richtete sich gegen den Richter Theodor Prinzing, den Anstaltsleiter der JVA Wittlich und den Anstaltsarzt.

Ende September desselben Jahres erfolgte der offizielle Ausschluss von Horst Mahler aus der RAF. Monika Berberich verfasste hierzu eine Erklärung für die politischen Gefangenen. Mahler hatte sich zu der Zeit der maoistisch geprägten Kommunistischen Partei Deutschlands (KPD) angeschlossen – doch damit war

Mahlers Irrfahrt und sein politischer Amoklauf noch längst nicht abgeschlossen. Bekanntlich wandte er sich später noch den ganz Rechten zu und trat in die Nationaldemokratische Partei Deutschlands ein. Dort wurde er zum Holocaust-Leugner und verhinderte als juristischer Meisterstratege zwei Mal das Verbotsverfahren des Bundesverfassungsgerichts (BVerfG) gegen die NPD.

1975 gewann die inhaftierte Führungsriege der RAF an publizistischer Visibility und gesellschaftspolitischer Provenienz. Am 20. Januar erschien im bekannten Nachrichtenmagazin „Der Spiegel" ein ausführliches Interview mit Andreas Baader, Gudrun Ensslin, Ulrike Meinhof und Jan-Carl Raspe. Dieses Interview bot ihnen eine geeignete Plattform und so konnten sie sich über ihre politische Ausrichtung und die Haftbedingungen öffentlich äußern.

Das Jahr 1976 begann mit einem juristischen Paukenschlag. Ein Verteidiger Ulrike Meinhofs, der Rechtsanwalt Azzola, stellte den Antrag, dass die Angeklagten als Kriegsgefangene anzuerkennen seien. Diese Forderung besaß reichlich Sprengstoff. Denn zum einen wäre dann dieses Verfahren beendet gewesen und zum anderen hätte es eine „Aufwertung" der RAF-Gefangenen in Form einer Anerkennung der politischen Motivation ihrer Taten bedeutet. Im bisherigen Status wurden die RAF-Gefangenen juristisch und in weiten Bevölkerungsteilen lediglich als normale bzw. besonders gefährliche Schwerverbrecher betrachtet.

Bis heute ist umstritten, unter welchen Umständen genau Ulrike Meinhof am 9. Mai 1976 zu Tode kam. Fest steht, dass sie erhängt in ihrer Zelle aufgefunden wurde. Die RAF-Gefangenen sprachen von Mord durch die Staatsseite. Diese Version wurde weitgehend vom RAF-Sympathisant*innen-Umfeld übernommen. Es gibt aber auch Hinweise auf gruppeninterne Prozesse der Stammheimer Gefangenen, die belegen, dass Meinhof von den anderen Gefangenen massiv angefeindet wurde.[93]

Am Ende des politischen Prozesses in Stuttgart-Stammheim gab es für Andreas Baader, Gudrun Ensslin und Jan-Carl Raspe erwartungsgemäß mehrfach lebenslange Haftstrafen. Bei den Gerichtsverhandlungen ging es nicht um einen sogenannten Einzeltäternachweis, sondern um kollektive Schuld qua Zugehörigkeit und Beteiligung an RAF-Aktionen. Deshalb waren weitere lebenslängliche Haftstrafen auch für weniger „prominente" RAF-Gefangene zu erwarten.

Da so die Justiz nicht dem Individuum die konkrete Beteiligung an einer Tat nachweisen musste, schien es ein Leichtes, weitere Lebenslänglich-Urteile zu fällen. Doch nach dem offiziellen Abschluss des Stammheim-Verfahrens gab es Zweifel an der Rechtsstaatlichkeit des gesamten Verfahrens. Die RAF-Vertrauensverteidiger gaben in Stuttgart eine Erklärung zum Prozess ab, in welcher sie das ganze Verfahren als ungesetzlich bezeichneten.

Zwischen dem 29. März und dem 30. April 1977 fand der vierte RAF-Hungerstreik statt. Dabei forderten die Gefangenen und ihre Unterstützer*innen die Abschaffung der (Gruppen-)Isolation, die Auflösung der Toten Trakte sowie eine unabhängige Untersuchung der Tode von Holger Meins, Siegfried Hausner und Ulrike Meinhof durch internationale Medizinerkommissionen. Zu Meinhofs Begräbnis kamen immerhin über 5000 Menschen, die damit auch mit den Zielen der RAF sympathisierten.

In dieser Zeit hatte es einige Cointel-Pro-Aktionen[94] der deutschen Geheimdienste gegeben: durch die Staatsmedien wurde verlautbart, dass die RAF Anschlagsserien auf die normale Bevölkerung in deutschen Großstädten plane. Die politischen Gefangenen forderten daher auch eine öffentliche Erklärung darüber, dass diese Meldungen nicht wahr und Bestandteil der Feindpropaganda waren. Da die Staatsmacht schließlich Versprechungen hinsichtlich einer Zusammenlegung von politischen Insassen machte, brachen die RAF-Gefangenen ihren vierten Hungerstreik ab.

Dass die politischen Gefangenen aktiv blieben und der Staat eine harte Linie gegen sie fuhr, blieb nicht ohne Auswirkungen auf die legale RAF-Unterstützer*innen-Szene.[95] Bereits 1973 bildeten sich in mehreren bundesdeutschen Städten Sympathisantenbewegungen, die zumeist Namen wie „Komitee gegen Folter an politischen Gefangenen in der BRD und Westberlin“ trugen. Diese Zusammenschlüsse hatten zum Ziel, die bildungsbürgerlich-liberal eingestellte Öffentlichkeit auf die unmenschlichen Haftbedingungen und die rechtswidrige Praxis des Haftvollzugs aufmerksam zu machen.

Zudem sollte innerhalb linker und linksradikaler Zusammenhänge für die Mobilisierung des Kampfs gegen die Isolationshaft geworben werden. Die Mobilisierung traf auf große gesellschaftliche Resonanz, denn zahlreiche Ärzt*innen, Schriftsteller*innen und weitere hochrangige Personen des öffentlichen Lebens begleiteten die Aktionen wohlwollend. So bildete die Folter von politischen Gefangenen in der BRD einen Schwerpunkt des 1973 (unter anderem von Hans Magnus Enzensberger) herausgegebenen Kursbuchs 32, das immerhin in einer Auflage im mittleren 5-stelligen Bereich vertrieben wurde.

Durch die gelungene gesellschaftliche Mobilisierung kam es nach dem Tod von Holger Meins in rund 50 bundesdeutschen Städten zu Demonstrationen, die zum Teil in heftigen Auseinandersetzungen mit der Polizei mündeten. Im November 1974 gab es eine bundesweite Fahndungsaktion, bei der zahlreiche Wohnungen und Kanzleien von RAF-Rechtsanwälten durchsucht wurden, wobei zehn Personen verhaftet und knapp 100 Personen vorläufig verhaftet wurden. Zudem wuchs der Kriminalisierungsdruck auf die Mitglieder der Komitees gegen die Isolationshaft. Diese repressive Welle hatte zur Folge, dass einige der Komitee-Mitglieder sich der RAF in der Illegalität anschlossen, wodurch die Komitees ihre Funktion als Rekrutierungsbecken für neue RAF-Kämpfer*innen erfüllt hatten.

Die Bildung der RAF als bewaffnete Fundamentalopposition blieb nicht ohne Nachahmer. So wurde bereits 1972 die Bewegung 2. Juni gegründet; zudem traten auch alsbald die Revolutionären Zellen (RZ) als bewaffnete Widerstandsgruppe in Erscheinung. Einige Jahre später trat der „weibliche Ableger" der Roten Zellen (die Rote Zora) in Aktion, die 1977 einen Anschlag auf die Bundesärztekammer verübte. Die Konkurrenz zur RAF in Sachen bewaffneter Widerstand resultierte insbesondere aus einer anderen Lesart der marxistisch-leninistischen Theorie. Zudem hielten sie die von der RAF im Konzept Stadtguerilla abgeleiteten strategisch-taktischen Bestimmungen für falsch. Dennoch gab es große gemeinsame Schnittmengen, zum Beispiel beim Empfinden der Notwendigkeit, bewaffnet gegen den US-Imperialismus zu kämpfen und auch hinsichtlich der Solidarität zu allen politischen Gefangenen.

Trotz der unterschiedlichen theoretischen Verständnisse unterhielten die bewaffneten Gruppen untereinander teilweise Kontakte und unterstützten sich hauptsächlich in logistischen Fragen. Bis zum durch die 2. RAF-Generation evozierten Deutschen Herbst 1977 gab es unter der bundesdeutschen radikalen Linken weitgehende Unterstützung der RAF und ihrer Ziele. Anschließend beschränkte sich diese Unterstützung auf radikale antiimperialistische und antifaschistische Gruppen.

Wie aus den vorstehenden Ausführungen deutlich geworden sein dürfte, waren die gesellschaftspolitischen Parameter, welche die Entwicklung der RAF bestimmten, weitgehend von der Situation der politischen Gefangenen abhängig. Nach der Verhaftung der 1. RAF-Generation meldete sich die RAF bis 1977 weder durch Strategiepapiere noch durch Bekennerschreiben zu Wort.

Die gefangenen RAF-Kader hingegen hielten ihren politisch-verbalen Output auch weiterhin relativ hoch. Das bedeutete aber, dass die RAF-Politik in diesen Jahren weitgehend durch die politischen Vorgaben und Äußerungen der politischen Gefangenen bestimmt war. Die im Stammheimer Prozess verlesene „Erklärung zur Sache" des Autor*innen-Kollektivs Baader, Ensslin, Meinhof und Raspe von 1976 gilt bis heute als ein analytisches Meisterstück der RAF in Sachen Geschichte der BRD und Verhältnis der BRD zur Dritten Welt. Darin verankerten sie auch die nach wie vor gültige Bestimmung der Metropolen-Guerilla. Durch die tatkräftige Mithilfe ihrer Vertrauensverteidiger gelang es den RAF-Häftlingen untereinander relativ frei und zeitnah zu kommunizieren. Dabei gaben vor allem die Stammheimer Gefangenen Baader, Ensslin, Meinhof und Raspe den Ton an und bestimmten Prozessstrategien und weitere wichtige Aspekte des politischen Lebens der Gefangenen.

Aber auch abseits der RAF und der politischen Gefangenen gab es seit 1972 weitere Entwicklungen. So kam es bereits 1972 in Berlin zu Hausbesetzungen und teils massiven Kämpfen für selbstverwaltete Jugendzentren. In Universitätskreisen entstanden die Spontis, die sich als antiinstitutionelle, basisdemokratische, autonome und anarchistische Vorstellungen vereinigende Bewegung ansahen. Konkret traten die Spontis vor allem durch Hausbesetzungen und „Fahrpreiskämpfe" (gegen Erhöhungen im öffentlichen Nahverkehr) in Erscheinung. Die genuin kommunistisch inspirierten „K-Gruppen" erreichten in den 70er Jahren ihren Höhepunkt, wobei zahlreiche Mitglieder als normale Werktätige in die Betriebe gingen. Zudem gab es zu dieser Zeit eine sich herauskristallisierende Alternativbewegung – viele linke Buchläden, Kneipen, Cafés, Druckereien und so weiter wurden als kulturelles Gegengewicht zur vorherrschenden Bürgerlichkeit gegründet. Auch publizistisch wurde die Linke in jener Zeit durch die Gründung linker Zeitschriften aktiv.

Weitere gesellschaftliche Kreise schlossen sich mit der Zeit dem unter dem Etikett „links" firmierenden Protest an. Die Frauenbewegung kämpfte für ihre Selbstbestimmung und gegen den die Abtreibung verbietenden Paragrafen 218 des StGB. Zudem gewann der Gedanke des Umweltschutzes, zunächst als Kampf gegen die Atomkraftwerke, immer größeren Raum. So gab es massive Proteste der Anti-AKW-Bewegung in Wyhl, Grohnde und Brokdorf. Diese zunächst friedlich verlaufenden Proteste wurden alsbald von den militanten Flügeln übernommen.

Der Deutsche Herbst 1977 bedeutete für weite Teile der deutschen Linken eine herbe Niederlage. Aber auch die vielen Verhaftungen, die massive Repression und das Eingeständnis, keines der politischen Ziele realisiert zu haben, bedeutete nicht das Ende der RAF. Gleichwohl fand eine tiefgehende Zäsur im Selbstverständnis der bundesdeutschen Linken statt.

Allerdings verlagerte sich das Gros der deutschen Linken nach 1977 ins eher reformistisch ausgerichtete Lager. Für diese Linken war die RAF nach 1977 nur noch ein Haufen wild gewordener Desperados, die sich letztendlich nur noch unwesentlich von der Staatsseite unterschieden. In der Summe bedeutete der Herbst 1977, dass die Illusion der 68er-Revolte nun endgültig zu Grabe getragen wurde. Was blieb, war noch die Frage, ob die Tode von Andreas Baader, Gudrun Ensslin und Jan-Carl Raspe in Stammheim Mord oder Selbstmord waren. Diese „Glaubensfrage" polarisiert die Linke noch bis zum heutigen Tag.[96]

Nach dem Deutschen Herbst wurde im Ausland sogar vom „Modell Deutschland" gesprochen. Es war offensichtlich: Die sozialdemokratische Regierung hatte in den 70er Jahren aus der Bundesrepublik einen veritablen Sicherheitsstaat gemacht. Die bereits angesprochene staatliche Extralegalität spielte dabei eine besondere Rolle: Verfassungsschutz und Polizeiapparat arbeiteten oftmals jenseits der Gesetze, der Radikalenerlass mit seinen Berufsverboten wurde zum massiven Kontroll- und Disziplinierungs-Instrument des Staats, Verteidigerrechte wurden bei politischen Strafverfahren außer Kraft gesetzt und Zensur fand auf beinahe allen gesellschaftlichen Ebenen statt – so zum Beispiel in der Literatur, in der Schule, im Theater, in öffentlich-rechtlichen Medien oder Druckereien.

Am 23. Februar 1978 kam der Untersuchungsausschuss des Baden-Württembergischen Landtags in seinem Abschlussbericht über die Geschehnisse in der Nacht vom 18. Oktober 1977 in Stammheim (der berüchtigten „Todesnacht") zu dem wenig überraschenden Ergebnis, dass eine Fremdeinwirkung beim Tod der Gefangenen Baader, Ensslin und Raspe auszuschließen sei. Eine unabhängige Kommission zur Untersuchung des Sachverhalts wurde aber nicht zugelassen. Bei all der vorherrschenden Kritik der ausländischen Medien an der BRD im Jahr 1977 wurde das „Modell Deutschland" dennoch ein gefragtes Exportgut für andere europäische Regierungen. Die Elitegruppe des Bundesgrenzschutzes, die GSG 9, erhielt weltweit Aufträge.

Welche internationalen Kontextfaktoren spielten darüber hinaus eine Rolle? Im Iran siegte im Jahr 1979 die fundamentalistische klerikale Opposition unter Ayatollah Khomeini und errichtete einen Gottesstaat. 1979 war auch der Kampf der Sandinisten in Nicaragua erfolgreich, in anderen Ländern Lateinamerikas fanden in den 80er Jahren ebenfalls Aufstände und Befreiungskämpfe gegen einheimische Oligarchien und Militärdiktaturen statt, die von den USA militärisch gestützt wurden. Diese Befreiungskämpfe riefen eine harsche Reaktion der USA und ihrer Geheimdienste hervor.

In Afrika/Simbabwe (Rhodesien) erreichten Guerillakämpfer*innen 1980 die Unabhängigkeit, in Südafrika bekämpften diverse schwarze Untergrundorganisationen das vom Westen unterstützte Apartheid-Regime, das auf klarer Rassentrennung bestand. Insofern ist es nicht verwunderlich, dass Solidaritätsbekundungen in Sachen Lateinamerika und Afrika zu einem wichtigen Bestandteil linker Politik wurden.

Bei solchen Urteilen gab es auch Irrungen und Wirrungen, denn die iranische Revolution wurde anfangs von radikalen Linken als beispielhaft für den antiimperialistischen Kampf bewertet. Angesichts der dortigen Entwicklung wurde dieser positive Bezug allerdings schnell wieder revidiert.

Die damalige Welt stand im Zeichen der bipolaren Weltordnung – die USA und die Sowjetunion standen sich systemantagonistisch gegenüber. 1979 beschloss dann die NATO im Rahmen der sogenannten „Nachrüstung“ die Stationierung atomarer Marschflugkörper und Mittelstreckenraketen in Westeuropa, was einen massiven Protest der Friedensbewegung hervorrief. Der Kalte Krieg und damit der Rüstungswettlauf mit der Sowjetunion ging seinem absoluten Höhepunkt entgegen. In der BRD entstand die Friedensbewegung als Massenphänomen – weitgehend friedlich orientiert, aber auch mit einem kleinen radikalen Teil. Insofern überrascht es kaum, dass es 1982/83 bei Besuchen von US-Präsident Reagan und Außenminister Haig zu schweren Auseinandersetzungen mit der Polizei kam.

Aber auch im Ausland tat sich etwas: 1980/81 kam es in der Schweiz, Holland und der BRD zu heftigen „Jugendrevolten“: Knapp 300 Autonome und Punks besetzten Hunderte von Häusern und verteidigten diese mit teilweise militanten Mitteln gegen die Staatsmacht. Diese Straßenschlachten bildeten einen wesentlichen Teil des militanten Selbstverständnisses der radikalen Linken – das setzte sich auch in anderen Bereichen fort. Die Bewegung gegen den Bau der Startbahn-West am Frankfurter Flughafen zum Beispiel brachte Anfang der 80er Jahre eine ganze Region an den Rand der Unregierbarkeit. Neben dem ökologischen Aspekt waren auch die NATO-Pläne für den Flughafenausbau von Bedeutung für die Anti-Startbahn-Bewegung.

Die Revolutionären Zellen meldeten sich Anfang der 80er Jahre mit verschiedenen Aktionen und Diskussionsbeiträgen zu Wort und ab Mitte der 80er Jahre unternahmen sie, gemeinsam mit der Frauengruppe Rote Zora, zunehmend militante Aktionen gegen internationale Ausbeutung und Frauenhandel sowie gegen die bundesdeutsche Flüchtlingspolitik. Wie bei der RAF zeichneten sich die Anschläge der Roten Zellen durch begleitende Bekennerschreiben aus.

Die Situation in den Gefängnissen hatte sich nach dem Deutschen Herbst kaum verändert – auch in diesem Bereich ist ein völliges Scheitern der RAF-Politik zu konstatieren. Zwar wurde die vollständige Kontaktsperre gegen rund 100 Gefangene aus der RAF und der Bewegung 2. Juni am 20.10.1977 wieder aufgehoben, die Isolationsmaßnahmen wurden jedoch zunehmend verfeinert und perfektioniert. Fast alle politischen Gefangenen waren nach wie vor isoliert. Ein Beispiel: Im 7. Stock in Stuttgart-Stammheim saßen sechs politische Gefangene, die keine Möglichkeiten hatten, miteinander zu sprechen oder miteinander zu arbeiten.

Die Trennscheibe war auch bei Anwaltsbesuchen obligatorisch. Besuchs- und Schreibverbote wurden sehr schnell ausgesprochen, und die Möglichkeit, Bücher und Zeitschriften zu bekommen, wurde immer weiter eingeschränkt. Ende der 70er Jahre wurden innerhalb der Gefängnisse die Hochsicherheitstrakte neu eingerichtet, um für noch mehr Überwachung und Kontrolle sorgen zu können. Gegen die Haftbedingungen fanden in den Jahren zwischen 1978 und 1986 mehrere kollektive Hungerstreiks der politischen Gefangenen statt; zum Teil traten auch Einzelpersonen in einen Hungerstreik.

Am 20. April 1979 begannen die RAF-Gefangenen ihren siebten Hungerstreik, anfänglich beteiligten sich daran 47 Insassen. Am Ende waren es 70 politische Gefangene. Die Gefangenen forderten vor allem ihre Zusammenlegung in interaktionsfähige Gruppen und die Überwachung der Haftbedingungen durch internationale humanitäre Organisationen. Der Hungerstreik wurde am 26. Juni 1979 unterbrochen, um die Verhandlungsergebnisse abzuwarten. Die Verhandlungen liefen zwischen der (von den Gefangenen respektive ihren Anwälten beauftragten) Internationalen Kommission und Amnesty International sowie dem Bundesjustizministerium. Die Verhandlungen blieben jedoch ergebnislos.

Folgerichtig erfolgte vom 2. Februar bis 16. April 1981 ein weiterer Hungerstreik. Nach der Zusage des Innenministeriums, kein Gefangener bleibe weiterhin in Einzelisolation, brachen die Gefangenen ihren Hungerstreik am 16. April 1981 ab. Am selben Tag starb Sigurd Debus, der ein Gefangener aus einer anderen militanten Gruppe außerhalb der RAF war, sich aber dem Hungerstreik angeschlossen hatte und seit dem 16. März zwangsernährt wurde. Debus starb unter nicht vollständig geklärten Umständen nach mehrtägiger Bewusstlosigkeit. Erneut erwies sich der Staat als jemand, der Zusagen machte, diese aber später nicht einhielt.

An der Schnittstelle zwischen der 2. und der 3. RAF-Generation begann am 4. Dezember 1984 der neunte Hungerstreik von 40 RAF-Gefangenen und dem mehr oder weniger der RAF angehörigen antiimperialistischen Widerstand. Der Hungerstreik dauerte bis zum 1. Februar 1985 und wieder war mit Toten zu rechnen: Mehrere Gefangene schwebten im Verlauf des Hungerstreiks in Lebensgefahr und viele von ihnen trugen von den Hungerstreiks gravierende irreparable körperliche Schäden davon.

In den 70er Jahren galt, dass alle politischen Gefangenen, also auch die Gefangenen der Bewegung 2. Juni, mit Sonderhaftbedingungen konfrontiert waren. Insofern verwundert es nicht, dass die Beteiligung an den Hungerstreiks der RAF in den Gefängnissen groß war. Aber auch außerhalb der Gefängnisse erhielten die Gefangenen aus meist humanitären Beweggründen breit gefächerte Unterstützung, die sich bis in liberale und kirchliche Kreise hineinzog.

Auch innerhalb der Gefängnisse tat sich etwas unter den politischen Gefangenen unterschiedlicher Gruppierungen. So kam es zu Diskussionen mit anderen Gefangenen, wie mit denen der Bewegung 2. Juni: Ralf Reinders, Ronald Fritzsch und Fritz Teufel. Diese Bemühungen endeten nicht immer im Konsens, da es auch um die Deutungshoheit bewaffneter linksextremistischer Politik und konkrete Fragen der Vorherrschaft in Sachen bewaffneter Revolution ging. Manche Gefangene dieser Gruppen beteiligten sich an den weiteren Hungerstreiks der RAF dann nicht mehr. Zum Teil formulierten sie ihre eigenen, von der RAF unabhängigen Forderungen.

Dennoch hatte sich bereits seit Längerem eine Kooperation der RAF und der Bewegung 2. Juni angedeutet. Folglich löste sich 1980 ein Teil der Bewegung 2. Juni auf und schloss sich bedingungslos der RAF an.

Worauf das linke Lager so lange gewartet hatte, erfüllte sich erst am Ende, quasi im Abgesang der 2. RAF-Generation – erstmals nach zehn Jahren erschien im Mai 1982 eine neue programmatische Erklärung der RAF. Hierin findet sich ein theoretisch-militärischer Neuversuch, der auch massive Auswirkungen auf die Strategie und Taktik der RAF besaß. Die neue militärisch-strategische Ausrichtung hatte sich bereits im Vorfeld durch zwei Anschläge gegen Generäle der NATO und einen Bombenanschlag auf das europäische Hauptquartier der US-Air Force in Ramstein angekündigt – und wurde nun schwarz auf weiß bestätigt.

6.4 Ideologie, Strategie, Taktik und Attentate der 2. RAF-Generation

Nachdem die Kommandoebene der 1. RAF-Generation 1972 vollständig verhaftet worden war, herrschte bei der Bevölkerung und den Strafverfolgungsbehörden für kurze Zeit die Hoffnung auf ein baldiges Ende des bewaffneten revolutionären Kampfs in der BRD, was sich zumindest in Sachen Attentate eine Weile lang bestätigte. Doch es wurde bereits im vergangenen Kapitel aufgezeigt, dass und wie die gefangenen RAF-Kader im Gefängnis mit allen ihnen zur Verfügung stehenden Mitteln weiterkämpften und es sogar verstanden, insbesondere ihre Vertrauensanwälte zu ihren Kampfgenossen zu machen. So wurden die Mittel des Hungerstreiks, der virulenten internen Kommunikation und der verbalen Angriffe vor Gericht zu einem probaten Mittel des Kampfs.

Insbesondere Gudrun Ensslin wurde in der Gefangenschaft zur treibenden Kraft, welche die Reorganisation der RAF-Strukturen federführend in die Hand nahm, was in ihrem Fall vor allem die Rekrutierung neuer, in Freiheit befindlicher RAF-Kämpfer*innen meinte. Um die Attraktion der RAF für die zukünftigen RAF-Kämpfer*innen in Freiheit zu erhöhen, ließ sich die RAF ein perfides Mittel einfallen. Dadurch, dass die Gefangenen der RAF nämlich ihren Körper in Form des Hungerstreiks als Waffe einsetzten, vermochten sie es aus dem Gefängnis heraus, eine große Anziehungskraft auf die Genoss*innen in Freiheit auszuüben, was zu einer subsystemisch-gesellschaftlichen Teilmobilisierung gegen die Haftbedingungen führte und einer weiteren Generation von Linksterrorist*innen Tür und Tor öffnete.

Die neuen RAF-Kämpfer*innen speisten sich in erster Linie aus Rekrut*innen der Komitees gegen Isolations- und Folterhaft. Damit hatte sich der Hungerstreik der RAF-Gefangenen als beidseitig äußerst scharfes Schwert erwiesen. Einerseits gelang damit auch noch im Gefängnis der Angriff gegen das System und zugleich wurde der Grundstein dafür gelegt, dass eine 2. RAF-Generation im Entstehen begriffen war.

Zwischen der 1. und 2. RAF-Generation herrschte ein fundamentaler Unterschied. Während sich die 1. RAF-Generation zunächst durch die Gewalt des Wortes auszeichnete, kehrte sich dies bei der 2. RAF-Generation beinahe ins Gegenteil um. Hier stand zunächst die Tat und erst danach folgte die Wortproduktion in Form von Bekennerschreiben und so weiter. Das bedeutet in der Konsequenz, dass sich die Zeitspanne der 2. RAF-Generation durch einen beinahe als blind zu bezeichnenden Aktionismus auszeichnete, der idealerweise auf ein einziges Ziel fokussiert war, auch wenn in den Bekennerschreiben noch weitere Forderungen formuliert wurden, da die 2. RAF-Generation sich sonst dem Vorwurf ausgesetzt gesehen hätte, eine reine Gefangenenbefreiungsbewegung zu sein.

Es ist schon wahr, dass sich der Kampf der 2. RAF-Generation auf die Befreiung der RAF-Gefangenen fokussierte. Mit anderen Worten: Baader, Ensslin, Meinhof, Raspe und Meins sollten unter allen Umständen aus dem Gefängnis befreit werden, um danach erneut den bewaffneten Kampf aufnehmen und sogar mit gesteigerter Vehemenz fortführen zu können. Die ideologische und strategische Arbeit wurde in dieser Zeit vor allem von den inhaftierten Kadern in Form von Prozesserklärungen, strategischen Anweisungen, taktischen Vorgaben oder ähnlichem geleistet, sodass sich die in Freiheit befindliche Kommandoebene der 2. RAF-Generation beinahe ausschließlich auf die Wiederherstellung der Infrastruktur und auf das Vorbereiten einer neuen Angriffswelle konzentrieren konnte.

Für die 2. RAF-Generation kann also bereits hier summarisch festgehalten werden, dass sich ihre Theoriebildung auf kläglichem Niveau befand und dass es ein in der Tat nicht unbedeutendes Kennzeichen war, dass bei ihr die Aktionen und der bewaffnete Kampf im Vordergrund standen. Dieser Befund gilt bis kurz vor dem Ende der 2. RAF-Generation. Erst nachdem die Führungskader (wie Brigitte Mohnhaupt, Adelheid Schulz und Christian Klar) der 2. RAF-Generation verhaftet worden waren, gelang es den versprengten und sich neu formierenden Resten der 2. Generation mit dem Mai-Papier ideologische Basisarbeit zu leisten und diese auch in einem Strategiepapier zum Ausdruck zu bringen.

Bezeichnenderweise wurde dieses recht umfangreiche Strategiepapier vermutlich federführend von einer Person verfasst, die bereits Bezugspunkte zur 1. RAF-Generation besaß.

Helmut Pohl war ein Aktivist der ersten Stunde. Auf die Probleme und vor allem auf die aus allen Ecken zu hörende, massive Kritik am Mai-Papier wird später noch eingegangen. Trotz allem rettete das Mai-Papier die 2. RAF-Generation vor dem Vorwurf, sich ideologisch und strategisch-taktisch überhaupt nicht zu Wort gemeldet zu haben. Es oblag allerdings nicht mehr der 2. RAF-Generation, das Mai-Papier in die Tat umzusetzen. Vielmehr war es erst die 3. RAF-Generation, welche ihre Arbeit auf der Pohl'schen Erklärung aufzubauen versuchte.

Das Mai-Papier war natürlich beileibe nicht die einzige Wortmeldung der 2. RAF-Generation. Da diese Generation sehr aktionistisch und handlungsbasiert war, sah sie sich immer wieder gezwungen, Kommandoerklärungen zu verfassen. Diese Kommandoerklärungen von 1979 bis 1981 und das Mai-Papier von 1982 stehen folgerichtig im Zentrum der folgenden Betrachtungen. Bereits vor 1979 gab es Wortmeldungen der 2. RAF-Generation, allerdings nur wenig umfangreiche Kommando-Erklärungen, welche die Aktionen der RAF in den Jahren 1977 und danach begleiteten. Allerdings sind bei diesen wenigen Schriftstücken der ideologische Gehalt und der Theoretisierungsgrad so geringfügig, dass diese für eine gehaltvolle, tiefschürfende Analyse kaum Anhaltspunkte bieten.

Dennoch liegt gezwungenermaßen ein Schwerpunkt der Analyse auf dem Jahr 1977, dem Deutschen Herbst. Hier setzte die RAF im Sinne eines Vabanque-Spielers alles auf eine Karte und versuchte zum entscheidenden Schlag gegen das System BRD auszuholen. Die Folge war, dass Deutschland von einer bis dato nicht gekannten Terrorwelle heimgesucht wurde, welche sogar in der Lage war, die Mai-Offensive der 1. RAF-Generation in den Schatten zu stellen. Dabei hinkt ein Vergleich der beiden Angriffswellen, da sie auf unterschiedlichen Prämissen fußten.

Während die Mai-Offensive vor allem als kommunistisch-kollektiver Volkskampf gedacht war und mit Bomben agierte, wandte sich die 2. Generation mehr subjektivistischeren Vorstellungen zu und verwendete bei ihren Attentaten Schusswaffen. Griff die 1. Generation den Staat in voller Breite in Form von Exekutivorganen an, so waren die Ziele der 2. Generation insbesondere hochrangige Vertreter der Funktionselite der Bundesrepublik Deutschland.

Das Präludium des Deutschen Herbstes gab es allerdings bereits zwei Jahre zuvor. Aus verschiedenen Komitees gegen die Isolations- und Vernichtungsfolter sowie aus dem Sozialistischen Patientenkollektiv (SPK) des Heidelberger

Arztes Dr. Huber rekrutierte sich eine neue Gruppe, die unter dem Label RAF den bewaffneten Kampf aufzunehmen bereit war.

Es gab eine Blaupause einer anderen Terrororganisation, die diese Gruppe ihrer eigenen Aktion zugrunde legte. Im Februar 1975 hatte die Bewegung 2. Juni in Westberlin den Landesvorsitzenden Lorenz (CDU) entführt und gegen fünf Gefangene ausgetauscht, darunter auch die späteren RAF-Mitglieder Verena Becker und Rolf Heißler. Das Besondere an der Lorenz-Entführung war, dass sie weitgehend unblutig und vor allem ohne Tote über die Bühne ging. Die RAF-Gruppierung, die den Überfall auf die Deutsche Botschaft in Stockholm beging, berücksichtigte dieses Moment bei der Planung und Durchführung ihrer Aktion nicht gebührend. Geleitet und koordiniert wurde die Aktion neben den in Stuttgart-Stammheim einsitzenden RAF-Kadern durch den Rechtsanwalt Siegfried Haag und seinen Adlatus Roland Mayer. Beide fungierten zu dieser Zeit als Führungsebene der im Aufbau befindlichen 2. RAF-Generation. Allerdings wurden sie von den Sicherheitsbehörden verhaftet, bevor es zum Deutschen Herbst kam. Dabei war Haag bereits am 10. Mai 1975 von der Polizei gefangen genommen worden.[97] Kurz darauf wurde er aber wieder frei gelassen, woraufhin er erklärte, dass er sich in den Untergrund begeben werde, da er ein Leben in dem herrschenden System nicht mehr für vertretbar halte und den bewaffneten Kampf dagegen aufzunehmen gedenke, was er dann auch tat.

Ein ehemaliges Mitglied der 2. RAF-Generation ist bis heute der Meinung, dass die Gruppe, welche das Attentat auf die Stockholmer Botschaft durchführte bis heute nicht sicher ist, ob sie überhaupt essentieller Bestandteil der RAF war. An dieser Stelle wird schon davon ausgegangen, dass sie sich als Teil der RAF verstand, zumal die Aktion gegen die Deutsche Botschaft in enger Koordination mit den RAF-Gefangenen und deren in Freiheit agierenden Statthaltern Haag und Mayer vor sich ging.

Zudem zeigt eine persönliche Kontinuität auf, dass die Zugehörigkeit zur RAF wohl außer Frage gestanden haben dürfte. Stefan Wisniewski, der zu einem der Protagonisten des Deutschen Herbstes avancieren sollte, war an dem Attentat gegen die Deutsche Botschaft beteiligt. Im Gegensatz zu den anderen Gruppenmitgliedern, die entweder gefangen wurden oder verstarben, gelang ihm allerdings die Flucht. Seine Aufgabe hatte darin bestanden, die Botschaft von außen zu beobachten und das RAF-Kommando in der Botschaft über die Polizei-Präsenz und die Polizei-Taktik aufzuklären, was per Funk geschah.

Doch wie ging der Angriff des Kommandos „Holger Meins" im Einzelnen vor sich? Gegen Mittag des 24. April 1975, also kurz vor Beginn des Prozesses gegen Baader, Ensslin & Co in Stuttgart-Stammheim, stürmten sechs RAF-Mitglieder sukzessive in die Deutsche Botschaft in Stockholm. Das schwer bewaffnete und mit reichlich Sprengstoff versehene RAF-Kommando bestand aus Karl-Heinz Dellwo, Siegfried Hausner, Hanna Krabbe, Bernhard Rössner, Lutz Taufer und Ulrich Wessel.

Das Kommando nahm in der Botschaft zwölf Geiseln und verbarrikadierte sich im oberen Stockwerk des Gebäudes. Danach verlautbarten sie ihre Forderungen, unter anderem, dass 26 RAF-Gefangene, unter ihnen selbstverständlich die Gründer*innen der 1. Generation, also Andreas Baader, Gudrun Ensslin, Ulrike Meinhof und Jan-Carl Raspe, freigelassen werden müssten. Sollte die Bundesregierung ihren Forderungen nicht nachkommen, drohte das RAF-Kommando mit der Erschießung von Geiseln. Dasselbe galt, sollte sich die schwedische Polizei nicht aus den unteren Stockwerken der Botschaft vollständig zurückziehen.

Doch weder die Bundesregierung noch die schwedische Polizei waren gewillt, auf diese Forderungen einzugehen. Nach dem Verstreichen des Ultimatums machte das Kommando „Holger Meins" ernst. Zwei Kommandomitglieder schossen fünf Mal auf den Militärattaché Oberstleutnant Andreas von Mirbach und stießen ihn danach die Treppe des Botschaftsgebäudes herunter. Erst danach zog sich die schwedische Polizei in ein Nebengebäude der Botschaft zurück und ging zum Schein auf die Forderung der Besetzer*innen ein. Daraufhin gestatteten diese die Bergung von Mirbachs, der allerdings wenig später im Krankenhaus an den Folgen der Schussverletzungen starb. Damit war die wesentliche Prämisse der geglückten Lorenz-Entführung der Gruppe 2. Juni nicht mehr erfüllt, denn es hatte einen ersten Toten gegeben.

Der erste Tote bestärkte den eiligst einberufenen Krisenstab um Bundeskanzler Helmut Schmidt, nicht auf die Forderungen der Terrorist*innen einzugehen. In der Folge verteilte das RAF-Kommando im besetzten Stockwerk 15 Kilogramm hochexplosiven TNT-Sprengstoff und verband diesen mit Kabeln. Als ein neues Ultimatum der Besetzer ungehört verstrich, erschoss ein Kommando-Mitglied gegen 22.20 Uhr den Wirtschaftsattaché Heinz Hillegaart. Das Perfide an dieser Exekution war die öffentliche Durchführung, denn Hillegaart wurde gut sichtbar an einem der offenen Botschaftsfenster erschossen. Die Taktik der

Besetzer*innen scheint evident: Sie wollten kompromisslose Härte signalisieren und durch die brutale Ausführung ihrer Taten Furcht und Schrecken verbreiten, damit sie ihre Ziele realisieren konnten. Jegliche Vermittlungsversuche der schwedischen Regierung, die den Besetzer*innen sogar freien Abzug anbot, wurden zurückgewiesen, was die Entschlossenheit des Kommandos und den auf ihm lastenden Druck signalisierte.

Dann geschah etwas, das nicht im Drehbuch der Entführer*innen stand und womit auch die schwedischen Sicherheitskräfte nicht gerechnet hatten. Bis heute ist nicht vollständig geklärt, wie es dazu kam: Ob durch eine Unachtsamkeit der Geiseln, der Besetzer oder aber ob sogar einer der Besetzer absichtlich die Nerven verloren hatte. In jedem Fall detonierte gegen 23.46 Uhr der Sprengstoff und beschädigte das Botschaftsgebäude erheblich. Sowohl die Geiseln als auch die Mitglieder des RAF-Kommandos wurden durch die Explosion zum Teil massiv verletzt. In dem nun herrschenden Chaos gelang es dem Gros der Geiseln zu fliehen.

Zwei RAF-Mitglieder starben bei der Aktion. Wessel verschied kurz nach der Explosion in einem schwedischen Krankenhaus. Hausner wurde trotz massiver Bedenken der schwedischen Regierung auf besonderen Wunsch der Bundesregierung nach Deutschland überführt. Dort wurde er auf die Krankenstation der JVA Stuttgart-Stammheim verlegt, die allerdings nicht für gravierende Brandverletzungen ausgestattet war. Hausner überlebte noch zehn Tage und starb dann an den Folgen seiner Brandverletzungen.

Dieser Umstand war willkommene Munition für neue RAF-Propaganda. Nicht ganz zu Unrecht warfen sie der Bundesregierung vor, den Tod Hausners durch den frühen Zeitpunkt des Krankentransports und durch die Verlegung in ein nicht für diese Art von Verletzungen spezialisiertes Krankenhaus billigend in Kauf genommen zu haben. Fest steht, dass dieser Präzedenzfall ausländische Regierungen dazu bewog, im Ausland verhaftete RAF-Terrorist*innen nicht sofort an die Bundesregierung nach Deutschland auszuliefern, um keine weiteren Toten zu riskieren – so geschehen zum Beispiel nach der Verhaftung und Verletzung der RAF-Mitglieder Gerd Schneider und Christof Wackernagel im November 1977 in Amsterdam.

Den überlebenden Kommandomitgliedern Dellwo, Krabbe, Rössner und Taufer wurde zwei Jahre später vor dem Oberlandesgericht Düsseldorf der Prozess gemacht und sie wurden zu jeweils zweimal lebenslangen Freiheitsstrafen wegen gemeinschaftlichen Mordes in zwei Fällen und weiteren Straftatbeständen verurteilt.

Interessant ist, dass der Angriff auf die Deutsche Botschaft im strategisch-taktischen Bereich eine Schnittstelle zwischen 1. und 2. RAF-Generation darstellte. Einerseits hantierte die Gruppe noch wie die 1. RAF-Generation mit Sprengstoff und Bomben, andererseits trat bereits hier die subjektivistische Seite der 2. RAF-Generation zu Tage, da zwei hochrangige Botschaftsmitglieder durch individuellen Schusswaffengebrauch getötet wurden.

Das Bekennerschreiben des Kommandos „Holger Meins" trägt das Datum der Botschaftsbesetzung und war in erster Linie als Forderungskatalog an die Bundesregierung zu verstehen. Die Grundzüge des Schreibens waren vorgefertigt und vermutlich sogar mit den Stammheimer Gefangenen abgestimmt. Der performative Akt der Verlautbarung verlief allerdings synchron zur Botschaftsbesetzung, da das Kommando seine Forderungen der deutschen und schwedischen Regierung übermittelte. So sucht man in dieser Kommando-Erklärung vergeblich nach ideologischen, oder strategisch-taktischen Ausführungen. Vielmehr beinhaltet sie lediglich ein Skript, wie sich das Kommando die Botschaftsbesetzung vorgestellt hat und auf welche Forderungen die Bundesregierung wann, wie und in welcher Form einzugehen habe. Abweichungen von diesem Skript waren kaum möglich, da das Kommando nun hinter ihrem bereits schriftlich fixierten Wort stand. Alleiniges Ziel und alleiniger Inhalt des Schreibens war die Befreiung der inhaftierten Genoss*innen unter bestimmten Bedingungen. Die Theoriearmut und das weitgehende Fehlen von strategisch-taktischen Vorstellungen sollte symptomatisch für die 2. RAF-Generation sein, obwohl in späteren Bekennerschreiben die RAF ausführlicher die Wahl ihrer Anschlagsobjekte begründete.

Die 1977er RAF-Großoffensive gegen den deutschen Staat ist vor allem dann umstritten, wenn es um die Frage geht, wer den „Befehl" gab, den Generalbundesanwalt Siegfried Buback, also den höchsten Ankläger der Bundesrepublik Deutschland, zu eliminieren. Häufig wird in historisch-politischen Darstellungen über die RAF kolportiert, dass Baader dies mit den lapidar klingenden Worten: „Der General muss weg" angeordnet hatte. Eine solch einseitige und vereinfachende Darstellung passt natürlich gut ins Bild eines blutberauschten und von Rache besessenen ehemaligen „Chefs" der RAF. Ich muss gestehen, dass mich diese Version der Ereignisse bei der belletristischen Umsetzung des RAF-Themas besonders gereizt hat.[98]

Aber der Reiz einer solchen Gedankenfigur sollte nicht dazu führen, andere Denkweisen und Ergebnisse scheuklappenartig auszublenden. Insbesondere vor dem Hintergrund neuer wissenschaftlicher Erkenntnisse und der Einsicht, dass möglicherweise der Bundesverfassungsschutz seine Hände bei dem Attentat im Spiel hatte, darf diese Version der Geschichte vehement bezweifelt werden. Inzwischen gibt es sogar juristische Aufsätze[99] und Romane[100], welche davon ausgehen, dass die RAF (in personae der Stammheimer Gefangenen) Buback entführen wollte, damit die Gefangenen aus den deutschen Gefängnissen freigepresst werden konnten. Ob es nun einen durch den Bundesverfassungsschutz initiierten Kassiber-Tausch gegeben hat, der nicht die Gefangennahme, sondern die Exekution des Generalbundesstaatsanwalts Buback von der RAF-Kommandoebene forderte oder ob gar ein zweites Kommando des Bundesverfassungsschutzes unterwegs war, falls das RAF-Kommando sein Ziel nicht erreichen sollte, sei an dieser Stelle dahingestellt.

Plausibilität gewinnt diese Version der Ereignisse insbesondere dann, wenn man sich die Gewichtigkeit der Geiseln, die für den Austausch mit den Stammheimer Gefangenen vorgesehen waren, vor Augen hält. So weist Michael Buback, der Sohn des ermordeten Generalbundesanwalts, zu Recht darauf hin, dass sein Vater als oberster Ankläger der Bundesrepublik Deutschland ein viel gewichtigeres Pfand zum Geiseltausch als ein Bankmanager oder ein hoher Wirtschaftsfunktionär gewesen sei. Dieses Argument besticht durch eine eingängige Logik und lässt die neue (in Aufsätzen und Romanen dargestellte) Version der Ereignisse wahrscheinlich werden, zumal auch immer mehr Tatsachen über Verena Becker als Agentin des Bundesverfassungsschutzes seit 1975 bekannt werden.[101]

Damit ist es mehr als plausibel, dass der Bundesverfassungsschutz in der einen oder anderen Form über das bevorstehende Attentat gegen Buback Bescheid wusste und zumindest theoretisch Wege und Mittel besaß, eine geplante Entführung in ein tödlich verlaufendes Attentat umzumünzen. Bei dieser Lesart stellt sich noch die Frage cui bono bzw. welchen Vorteil der Verfassungsschutz durch den Tod des obersten Anklägers besessen hätte. Das Motiv liegt mutmaßlich darin, dass Buback die Hintergründe und Umstände um die Brandt-Guillaume-Affäre neu aufbereiten wollte, obwohl ihn ein Bundesminister anscheinend mit den Worten „Obacht, Herr Buback!" davor warnte, in dieser Sache weiter aktiv zu sein. Doch Aufgeben entsprach wohl nicht Bubacks Charakter und was seiner Meinung nach ans Tageslicht gehörte, war er gewillt unter allen Umständen auch zu Tage zu fördern. Seinen ersten Erkenntnissen zufolge war Brandts Versöhnungspolitik mit dem Osten und sein Wunsch, das Beste aus dem kapitalistischen und dem sozialistischen System miteinander zu vereinen, weit fortgeschritten.

Diese Politik hatte Brandt mächtige Feinde auf beiden Seiten der bipolaren Weltordnung beschert, sodass ein gewaltiges Komplott zu seiner „sanften" Beseitigung ausgeheckt und umgesetzt wurde. Da Buback die Umstände des Brandt-Sturzes herausfinden und der Öffentlichkeit zugänglich machen wollte, wurde er zum Risikofaktor erster Güte und musste unter allen Umständen zum Schweigen gebracht werden. Was bot sich dabei besser an, als im Stile einer Cointel-Pro-Operation dem Todfeind Bubacks, der Roten Armee Fraktion, die Schuld für den Tod in die Schuhe zu schieben oder diese dazu zu bringen den Generalbundesanwalt zu ermorden?

Kehren wir von diesen abschweifenden Spekulationen über die Ermordung von Siegfried Buback zu den Tatsachen zurück. Fest steht, dass Baader Buback tatsächlich hasste, da dieser der oberste Herr der Gerichtsverfahren gegen ihn und die anderen RAF-Kämpfer*innen war. Insofern machten ihn die gefangenen RAF-Kader auch für den Tot von RAF-Gefangenen verantwortlich; Holger Meins als erster toter Gefangener durch den Hungerstreik sei nur ein diesbezügliches Beispiel.

Die offizielle Lesart[102] der Ereignisse um die Ermordung von Buback nimmt sich so aus: Aus dem Gefängnis heraus (durch die sogenannte „Zellensteuerung") instruierte Baader Brigitte Mohnhaupt, die damalige Anführerin der 2. RAF-Generation, dass Buback einem mit einer Schusswaffe verübten Attentat zum Opfer fallen solle. Um das Gelingen des Attentats zu garantieren, sollte im Zweifel auch keine Rücksicht auf das Begleitpersonal (Chauffeur und Leibwächter) genommen werden.

Doch sehen wir uns das Attentat in seinen Einzelheiten und das dazugehörige RAF-Bekennerschreiben einmal genauer an. Mit dem Buback-Attentat manifestierte sich zum ersten Mal die subjektivistische Wende der RAF ganz konkret in der Strategie und in der Durchführung eines Anschlags. Siegfried Buback hatte am 7. April 1977 im Fond seines Dienstwagens, einem Mercedes-Benz, Platz genommen, um Aktenmaterial während der Fahrt zu seiner Dienststelle zu studieren. Begleitet wurde er von seinem Chauffeur Wolfgang Göbel und dem Personenschützer Georg Wurster.

Auf dem Weg zum Bundesgerichtshof musste der Wagen an der Kreuzung Linkenheimer Landstraße und Moltkestraße an einer roten Ampel warten. Plötzlich hielt neben der Limousine das damals schnellste Serienmotorrad der Welt, eine Suzuki GS 750. Sowohl der Fahrer als auch der Sozius trugen olivgrüne Helme. Es gilt als gesichert, dass das RAF-Kommando den obersten Ankläger der BRD an einer Tankstelle abgepasst und daraufhin die Verfolgung aufgenommen hatte. Ohne von der Sitzbank abzusteigen, feuerte der Sozius aus einem halbautomatischen Gewehr des Typs Heckler & Koch 43 fünfzehn Schüsse auf den Mercedes ab, wobei alle drei im PKW sitzenden Männer getroffen wurden.

Das Gewehr war am Lauf verkürzt worden, um auf kurze Distanz die Treffsicherheit zu erhöhen. Orientierungslos und schwer verletzt verließ der Fahrer Göbel das Fahrzeug, ehe er nach seiner Mutter rufend auf der Straße zusammenbrach. Da es sich bei dem Auto um ein mit einem Schaltgetriebe ausgestatteten Wagen handelte, rollte dieser noch ein paar Meter weiter, zumal der Weg nach der Kreuzung ein leichtes Gefälle aufwies, das es dem Auto sogar ermöglichte, den Bordstein am rechten Fahrbahnrand der Einmündung zu überwinden. Schließlich prallte die Luxus-Limousine gegen einen Begrenzungspfosten und blieb stehen.

Das auf dem Motorrad befindliche RAF-Kommando versicherte sich noch, ob das Ziel, Buback zu eliminieren, erreicht war und flüchtete dann schnell vom Tatort. Vermutlich stiegen die Täter*innen in geringer Entfernung vom Tatort in ein Fluchtfahrzeug um. Dies war notwendig, da die Polizei zunächst nicht nach einem Auto, sondern nach einem Motorrad fahnden würde. Buback und Göbel verstarben noch am Tatort und Wurster erlag wenig später seinen schweren Verletzungen. Zu der Tat bekannte sich ein RAF-Kommando „Ulrike Meinhof“. Anscheinend landete schnell nach der Tat ein Hubschrauber mit hochrangigen in Zivil gekleideten Staatsvertretern, die den Tatort in Augenschein nahmen. Zeugenaussagen zufolge wurde Hinweisen nicht nachgegangen, welche die offizielle Tatversion in Frage stellten.

Richtet man den Blick weg von dem Attentat auf die im Zusammenhang mit dieser Aktion verfasste RAF-Kommando-Erklärung, so bleibt festzuhalten, dass diese ideologisch wenig bis gar nicht unterfüttert ist und sich theoretisch auf einem erbärmlichen Niveau befindet. Herauszustellen ist, dass das Buback-Attentat während eines Hungerstreiks der politischen Gefangenen stattfand, der daraufhin beendet wurde. Insbesondere die Funktion des Anschlagsopfers wird in dem Bekennerschreiben eingehend thematisiert, was einen gewissen „Fortschritt“ gegenüber dem Stockholm-Attentat darstellt. In der RAF-Kommando-Erklärung heißt es über den Generalbundesanwalt Buback lapidar: „Für Akteure des Systems selbst wie Buback findet die Geschichte immer einen Weg ... Buback war direkt verantwortlich für die Ermordung von Holger Meins, Siegfried Hausner und Ulrike Meinhof. Er hat in seiner Funktion als Generalbundesanwalt – als zentrale Schalt- und Koordinationsstelle zwischen Justiz und den Westdeutschen Nachrichtendiensten in enger Kooperation mit der CIA und dem NATO-Security-Commitee – ihre Ermordung inszeniert und geleitet.“[103]

Die RAF-Erklärung unterstellte unmissverständlich, dass die bundesdeutschen Behörden nicht nur direkt verantwortlich für den Tod bestimmter, im Kampf gefallener RAF-Mitglieder seien, sondern darüber hinaus, dass die BRD in dieser Hinsicht von externen US-amerikanischen Instanzen geleitet würde. Damit sprechen die Autor*innen der BRD in aller Deutlichkeit ihre nationalstaatliche Souveränität ab und stellen sie als Marionetten-Regime der Vereinigten Staaten von Amerika dar – eine Sichtweise und Denkfigur, die sich heute (aber auch schon damals) mit den ideologischen Analysen rechter Randgruppen deckt.

Diese Sichtweise muss allerdings auch unter dem besonderen Status der BRD zur damaligen Zeit gesehen und diesbezüglich kontextualisiert werden. Amerikaner, Briten und Franzosen waren schließlich die Besatzungsmächte und unterhielten große militärische Stützpunkte in Deutschland, zu dieser Zeit waren diese drei Nationen Verbündete der BRD. Es ist unbestritten, dass die Bundesregierung weitgehend politisch unabhängig von den drei Besatzungsmächten agieren konnte, also ganz anders als in der RAF-Erklärung behauptet. Besondere Mühe gibt sich die RAF in diesem Bekennerschreiben, den mutmaßlichen Selbstmord von Ulrike Meinhof umzudeuten. Es stellt die Sachverhalte so dar, dass Meinhof den Exekutivorganen und der Justiz der BRD hätte gefährlich werden können, wenn sie (wie angeblich vorgesehen) tatsächlich Aussagen über ihre Haftbedingungen und die Anschläge der 1. RAF-Generation gemacht hätte. Wörtlich wird Buback unterstellt, dass er ihren Selbstmord inszeniert hätte und dass ihr Tod als Einsicht in das Scheitern des bewaffneten RAF-Kampfs dargestellt worden sei.

Hinsichtlich der Kollaboration zwischen Bundesanwaltschaft und US-Geheimdiensten wird das Bekennerschreiben noch deutlicher: „Die Konzeption der Bundesanwaltschaft, die seit 71 Fahndung und Verfahren gegen die RAF an sich gezogen hat, läuft nach der Linie der im Security Committee der NATO konzipierten Antisubversionsstrategie: Kriminalisierung revolutionären Widerstands – deren taktische Schritte Infiltration, Entsolidarisierung und Isolierung der Guerilla und Eliminierung ihrer Leader sind. Im Rahmen der Counterstrategie der imperialistischen BRD gegen die Guerilla ist die Justiz kriegsführendes Instrument – in der Verfolgung der aus der Illegalität operierenden Guerilla und in der Vollstreckung der Vernichtung der Kriegsgefangenen."[104]

So kurz das Bekennerschreiben auch ausfällt, umso wichtiger ist ein Blick auf die vorgebrachten Argumente. Dass die RAF mit der Infiltration ihrer Gruppe zu diesem Zeitpunkt bereits eine große Weitsicht besaß, ist offensichtlich, da es heute als so gut wie gesichert gilt, dass Verena Becker bereits seit 1975 in der RAF für den Bundesverfassungsschutz tätig war.

Auch die anderen beschriebenen Antisubversionsstrategien sind keine leeren Luftschlösser, sondern sie waren und sind das tagtägliche Brot der Geheimdienstarbeit. Lediglich die letzte Behauptung (ob die Justiz tatsächlich als kriegsführendes Element zu bewerten sei und ob sie tatsächlich die „Kriegsgefangenen" vernichten wolle) lässt sich bezweifeln. Aber das Beispiel Siegfried Hausners, dessen Leben durch eine andere medizinische Behandlung durch die deutschen Behörden hätte gerettet werden können, zeigt, dass auch diese Vorwürfe nicht jeglicher Substanz entbehrten. Insofern ist der oft gegen RAF-Bekennerschreiben zu hörende Vorwurf, dass sie jeglicher sozialer Realität entbehrten und lediglich die Rechtfertigung von Terrortaten dienten, in diesem Fall außer Kraft gesetzt.

Interessanter scheint die Verwicklung deutscher Geheimdienste in das Attentat und inwieweit die geheimdienstinfiltrierte RAF lediglich unbewusst zum ausführenden Arm zur Realisierung von Geheimdienstinteressen wurde. Doch die Beantwortung dieser Fragen muss noch verschoben werden, zumal zu hoffen bleibt, dass die Buback-Akten gegebenenfalls doch früher freigegeben werden als gedacht.

Die internationalistisch-antiimperialistische Ausrichtung der RAF kam in dem Bekennerschreiben deutlich zum Ausdruck, als die RAF proklamierte: „Den bewaffneten Widerstand und die antiimperialistische Front in West-Europa organisieren. Den Krieg in den Metropolen im Rahmen des internationalen Befreiungskampfs führen."[105]

Hinsichtlich der inhaltlich-thematischen Kohärenz von Kommando-Namen und Inhalt des Bekennerschreibens ist selten so ein hohes Maß an Übereinstimmung bei der RAF anzutreffen. Dies sollte hier bei aller Kritik an der Theorieferne der 2. RAF-Generation deutlich hervorgehoben werden.

Das Buback-Attentat schlug noch weitere Wellen, da ein Göttinger Student in seinem mit „Mescalero" unterzeichneten Nachruf auf Buback eine klammheimliche Freude nicht verhehlen konnte. Anhand dessen entstand in der aufgeladenen gesellschaftspolitischen Affäre ein Eklat, der beinahe weitreichendere Auswirkungen als das Attentat selbst besaß. Da dieser Seiteneffekt des Buback-Attentats aber nichts mit der Ideologie, Strategie, Taktik und den Attentaten der RAF zu tun hat, soll dieser Aspekt hier auch nicht weiter vertieft werden.

Der Umstieg von Bomben auf Schusswaffen setzte sich im Laufe des Jahres 1977 auch bei der nächsten RAF-Aktion fort. Eigentlich hatte Baader die Entführung des Banken-Spitzenmanagers Jürgen Ponto angeordnet. Ponto sollte gegen einige der einsitzenden RAF-Kader ausgetauscht werden. Die RAF bediente sich der Patentochter von Ponto, Susanne Albrecht, die schon länger im Dunstkreis der linksradikalen Szene eine neue Heimat suchte.

Albrecht verschaffte dem RAF-Kommando Zutritt zu dem Anwesen der Pontos. Doch die Entführung misslang, da sich der Bankier entschlossen wehrte – in der Folge wurde Ponto kaltblütig mit mehreren Schüssen aus Handfeuerwaffen exekutiert. Damit waren die Entführung und die geplante Freipressung der RAF-Kader nicht realisiert worden? Doch was war genau geschehen? Wieso war das RAF-Kommando an seiner Aufgabe gescheitert? Welche Faktoren hatte das Kommando nicht berücksichtigt und was war schiefgelaufen?

Immerhin scheint eins festzustehen: Der Mord an Jürgen Ponto ist eines der wenigen Attentate der RAF, bei denen die Täter*innen eindeutig festzustehen scheinen. Michael Buback geht sogar so weit zu behaupten, dass der Mord an Ponto das einzige RAF-Verbrechen sei, das die Justiz richtig aufgearbeitet und richtig abgeurteilt hätte. Das liegt vor allem daran, dass die Frau des Bankiers den Anschlag auf Leib und Leben ihres Mannes mit anschauen musste und eine gute Zeugin abgab.

Die Rote Armee Fraktion kam überhaupt erst auf die Idee, Jürgen Ponto als Anschlagsopfer auszuwählen, als eines ihrer neuen Mitglieder, Susanne Albrecht, über die Freundschaft ihrer eigenen Familie zu den Pontos berichtete. Geschickt schafften es Albrecht und die RAF in der Folge, sich nach und nach Zugang zur Familie Ponto zu verschaffen. Deshalb plante die RAF Ponto zu entführen und ihn gegen die einsitzenden RAF-Kader und Lösegeld auszutauschen. Anscheinend war Susanne Albrecht nur bereit bei dem Attentat mitzumachen, als ihr versichert wurde, dass dem Freund ihrer Familie nichts passieren würde.

Albrecht besuchte im Mai und Juni 1977 die Pontos mehrmals. Obwohl den Pontos bekannt war, dass Albrecht Kontakt in die linksradikale Szene hatte, schienen sie keinen Verdacht zu hegen, dass Albrecht in ein Komplott gegen sie verwickelt war. Auszuschließen ist, dass die Pontos bereits wussten, dass sich Albrecht der RAF angeschlossen hatte. Auch hier kann die Rolle des Staatsschutzes kritisch hinterfragt werden, denn es wäre diesem ein Leichtes gewesen, der Familie Ponto einen entsprechenden Hinweis zukommen zu lassen. Vielleicht befürchtete das Bundesamt für Verfassungsschutz, durch solch einen Hinweis ihre V-Frau Verena Becker in den Reihen der RAF zu enttarnen?

Am Tag des Attentats, dem 30. Juli 1977, klingelte das RAF-Kommando (ganz ordentlich gekleidet und manierlich aussehend) bei der schwerreichen Bankiersfamilie. An Susanne Albrechts Seite standen die damalige RAF-Chefin Brigitte Mohnhaupt und Christian Klar. Nachdem Ponto sich bei seinem Hausdiener vergewissert hatte, dass der Besuch anständig gekleidet war, wurden die drei Besucher*innen in das Anwesen gelassen.

Dann geschah alles ganz schnell. Ponto führte als Hausherr seine Gäste ins Esszimmer, als Klar eine Pistole zückte und ihm erklärte, dass er nun Gefangener der RAF sei. Doch mit resoluter Gegenwehr des Bankers hatte das RAF-Kommando nicht gerechnet, es kam zu einem heftigen, unübersichtlichen Handgemenge zwischen Klar und Ponto. Dabei sah es kurzzeitig so aus, als ob es Ponto gelingen würde, Klar zu überwältigen und ihm die Waffe zu entwenden. Brigitte Mohnhaupt eilte daraufhin ihrem Genossen zu Hilfe und feuerte mehrere Schüsse auf Ponto ab. Auch Klar schoss kurz darauf auf Ponto, der (von Schüssen in den Kopf und Körper getroffen) auf dem Boden zusammensackte. Da die Entführung misslungen war, entschloss sich das RAF-Kommando zur Flucht. Das Fluchtauto steuerte aller Wahrscheinlichkeit nach Peter-Jürgen Boock.

Zwei Stunden später starb Ponto infolge der tödlichen Schüsse in der Universitätsklinik in Frankfurt am Main. Symptomatisch für das schiefgelaufene Attentat ist auch die Genese des Bekennerschreibens. Dieses folgte nicht wie sonst in direkter zeitlicher Nähe zum Attentat. Vielmehr benötigte die RAF ganze zwei Wochen, um das Bekennerschreiben zu formulieren. Vielsagend ist, dass das RAF-Bekennerschreiben von Susanne Albrecht persönlich unterschrieben wurde. 1982 wurden die Tatbeteiligten und Sieglinde Hoffmann wegen des Mordes, Beihilfe zum Mord und versuchter Geiselnahme verurteilt, wobei sich das Urteil gegen Hoffmann bald als falsch herausstellte.

Das mit „Susanne Albrecht aus einem Kommando der RAF" unterzeichnete Bekennerschreiben ist nur wenige Zeilen lang. Bis heute ist umstritten, wieso Albrecht die Kommandoerklärung namentlich unterzeichnet hatte. Es ist zu vermuten, dass die RAF-Kommandoebene intern wie extern so von ihrem Versagen bei diesem Attentat ablenken wollte. Im Gegensatz zum Buback-Bekennerschreiben ist das Schreiben äußerst kurz und begründet nur rudimentär das Angriffsobjekt. Die Kürze wird damit begründet, dass Leben und Gesundheit von RAF-Gefangenen bedroht sei: „Wir haben in einer Situation, in der Bundesanwaltschaft und Staatsschutz zum Massaker an Gefangenen ausgeholt haben, nichts für lange Erklärungen übrig."[106]

Dass das Attentat schief gelaufen ist, wird auf eine seltsame Art mit der Auswahl des Attentatsopfers verknüpft: „Zu Ponto und den Schüssen, die ihn jetzt in Oberursel trafen, sagen wir, dass uns nicht klar genug war, dass diese Typen, die in der Dritten Welt Kriege auslösen und Völker ausrotten, vor der Gewalt, wenn sie ihnen im eigenen Haus gegenübertritt, fassungslos stehen."[107]

Damit wird auf die Rolle Pontos (als rücksichtsloser und rein an Profit orientiertem Bankmanager) hingewiesen. Damit einher geht der Vorwurf, dass dem kapitalistisch-imperialistischen System der Profit über alles geht und dass dafür sogar Kriege und Krisen in der Dritten Welt hervorgerufen werden, die Hunderttausende von Toten verursachen.

So richtig diese Analyse im Ansatz sein mag, so kryptisch, wenig elaboriert und unbegründet sind diese Ausführungen. Entgegen den führenden, analytisch klar denkenden Köpfen der 1. RAF-Generation scheint sich die 2. RAF-Generation auf einem theoretisch deutlich schwächeren Niveau zu befinden und teilweise mehr oder weniger hohle Phrasen zu dreschen. Gleichzeitig schreibt sich die RAF in dem Ponto-Bekennerschreiben als Organisation den Verdienst zu, die Gewalt wieder in die gesicherten Verhältnisse der dafür Verantwortlichen zurückgetragen und damit für ein klein wenig Gerechtigkeit gesorgt zu haben. Es fragt sich natürlich, woher die RAF-Kämpfer*innen die Gewissheit hatten, dass ein Banker dazu in der Lage ist, in der Dritten Welt Kriege auszulösen. Hier hätte es schon einer elaborierteren Begründung bedurft, um die Behauptung theoretisch und empirisch abzusichern.

Vielleicht war es auch die Unzufriedenheit der RAF-Kommandoebene, dass kein „gutes" oder „rundes" Bekennerschreiben bei Ponto glücken wollte, die sie dazu veranlasste, das Schreiben von Susanne Albrecht persönlich unterschreiben zu lassen. Das Schreiben schließt mit einem eher versteckten Aufruf zum weiteren Kampf gegen das internationale Finanzkapital: „Es geht natürlich immer zuerst darum, das Neue gegen das Alte zu stellen, und das heißt hier: Den Kampf, für den es keine Gefängnisse gibt, gegen das Universum der Kohle, in dem alles Gefängnis ist."[108]

Damit spricht die RAF weniger einen Klassen-Antagonismus von Großkapital und Arbeiterschaft an, sondern sie betont, dass dies ein Krieg der Jungen (RAF) gegen die Alten (das System der BRD) sei.

Kommandospezifisch schneidet sie das Ganze dann auf die Welt des Finanzkapitals als „Universum der Kohle" zu. Dabei unterstellt sie, dass innerhalb dieser alten Welt des Finanzkapitals keine Freiheit möglich sei und erst durch den bewaffneten Kampf die Welt der metaphorischen und tatsächlichen Gefängnisse befreit werden könnte. Dass Albrecht die Kommando-Erklärung persönlich unterzeichnet hat, kann als Höhepunkt der subjektivistischen Wende hin zur Subjekt-Theorie der Frankfurter Schule à la Adorno, Horkheimer und Marcuse gewertet werden.

Die missglückte Entführung sorgte innerhalb der RAF für hohe Wellen. Die Wut war sogar so groß, dass Baader eine Rückkehr zu Bomben und zum kollektiven Bestrafen befahl. Dies bedeutete eine kurze Abkehr von der individualistisch-subjektivistischen Wende der RAF, aber ausschließlich auf der Ebene der konkreten Anschlags- und Attentatsausführung. Die ideologische und strategische Gesamtneuausrichtung blieb davon unberührt.

Die Bundesanwaltschaft, so der neue Plan, sollte mit einer Stalin-Orgel beschossen werden, damit möglichst viele Bundesanwälte den Tod fanden. Dieses Attentat misslang und der Angriff auf die Bundesanwaltschaft in Karlsruhe fiel wegen technischer Probleme aus. Der Konstrukteur der Stalin-Orgel, Peter-Jürgen Boock, behauptete später, dass er das Attentat verhindert habe, indem er den als Zünder fungierenden Wecker nicht gestellt, das heißt aufgezogen, habe.

Boock war in der RAF bekannt dafür, ein taktisches Verhältnis zur Wahrheit zu haben. Boock war noch für weitere Debakel in der Geschichte der RAF verantwortlich. Seit geraumer Zeit hatte eine veritable Drogensucht Boock fest im Griff, und diese Sucht war dafür verantwortlich, dass einige der RAF-Mitglieder von der Polizei gefasst wurden, als sie versuchten, ihm den benötigten Stoff zu beschaffen. Boock entwickelte eine starke Abhängigkeit von Opiaten und gab gegenüber anderen RAF-Mitgliedern vor, diese aufgrund von Magengeschwüren oder sogar Darmkrebs zu benötigen.

Seine Geliebte Brigitte Mohnhaupt, die Anführerin der 2. RAF-Generation, hielt zunächst bedingungslos zu ihm – mit fatalen Konsequenzen, denn aufgrund verschiedener Beschaffungsaktionen im Drogenmilieu, aufgrund von Rezeptfälschungen und Überfällen gelang es der Polizei, mehrere RAF-Mitglieder oder RAF-Unterstützer*innen bei diesen Aktionen dingfest zu machen, was für die RAF eine substanzielle Schwächung ihrer Kampfkraft bedeutete. Selbst als ein Großteil der RAF im Nahen Osten residierte, wurden immer wieder neue Mitglieder mit der Drogenbeschaffung für Boock ins europäische Kernland geschickt. Dort stellten sie sich teilweise so dilettantisch an, dass es für die Staatsmacht ein Leichtes war, die Terrorist*innen zu verhaften.

Es ist eine Ironie der RAF-Geschichte, dass die Sucht eines wichtigen Kommandomitglieds einigen anderen Mitgliedern die Freiheit kostete. Denn so erwies sich die Drogensucht Boocks als größter Freund und Helfer der deutschen Polizei. Bei einer späteren klinischen Untersuchung Boocks stellte sich heraus, dass er nicht an Darmkrebs litt und er das Ganze nur zur Befriedigung und Rechtfertigung seiner Sucht erfunden hatte.

Doch zurück zur kollektiver ausgerichteten Attentats-Methode der Bomben. Die RAF plante also am 25. August 1977 einen Raketenwerfer-Angriff auf das Gebäude der Bundesanwaltschaft in Karlsruhe. Anscheinend ging es bei diesem Angriff um reine Rache, denn es sollte ein Massaker unter den Bundesanwälten, den schlimmsten Feinden der RAF aus dem Bereich der Justiz, verübt werden. Wozu eine Stalin-Orgel fähig ist, hat er seinen Kampfgenoss*innen schon einmal stolz demonstriert. In einer Kiesgrube bei Göttingen feuerte er aus einem verzinkten, 80 Zentimeter langen Stahlrohr ein Geschoss ab, wobei die Zerstörung so enorm war, dass die Gruppe regelrecht begeistert war.

Nach diesem bestandenen Test machte sich Boock ans Werk und erschuf viele solcher Rohre samt Munition, die er schließlich zu einer Stalin-Orgel zusammenfügte. Die RAF verstand es, die Wohnung eines Künstler-Ehepaars, die direkt gegenüber der Bundesanwaltschaft lag, in Beschlag zu nehmen, indem sie die Bewohner*innen fesselte und die Stalin-Orgel dort mühsam aufbaute, wobei das als Handwerkerauto getarnte Transportfahrzeug ironischerweise den Firmennamen A. Krieg trug. Boock wollte seine furchtbare Waffe mitten in einer deutschen Innenstadt einsetzen – und statt aus einem einzigen würde er diesmal aus 42 Rohren simultan schießen.

Der Angriff sollte tagsüber erfolgen, damit es möglichst viele Tote gab und die „Schergen des Schweinesystems" endlich die Stammheimer freilassen mussten.

Anscheinend bekam Boock bei den Aufbauarbeiten der Stalin-Orgel Gewissensbisse, da er neben Anwälten auch zahlreiche einfache Sekretärinnen und Besucher*innen ausmachte. Ein geglückter Angriff hätte das Gebäude teilweise in Schutt und Asche gelegt und zahlreiche Menschenleben gekostet. Nach wie vor behauptet Boock, dass er absichtlich den als Zündmechanismus fungierenden Wecker nicht aufgezogen habe, um ein Blutbad zu vermeiden.

Wahrscheinlicher ist die Version, dass Boock aufgrund der anstrengenden Arbeit, seiner Unfähigkeit mit starkem Druck umzugehen und aufgrund seiner Drogenabhängigkeit versehentlich vergaß, den Wecker zu stellen und so sein Werk zu vollenden. Wie dem auch sei, der versuchte Anschlag auf die BAW war eines der größten Fiaskos der RAF-Geschichte.

Die zeitliche Abfolge der nun veröffentlichen RAF-Erklärungen hinterlässt aus heutiger Sicht einige Fragezeichen. Denn zunächst veröffentlichte Jan-Carl Raspe im Namen der RAF-Hungerstreikenden eine Erklärung, warum der Hungerstreik abgebrochen werden sollte. Einen Tag später veröffentlichte die RAF ein Schreiben, in dem sie auf die Situation der politischen Gefangenen einging und in dem sie auch Stellung zum „gescheiterten" Attentat auf die BAW nahm.

Auch in diesem Fall ist die zeitliche Lücke von etwa zehn Tagen zwischen versuchtem Attentat und folgender Erklärung evident. Es hat den Anschein, als ob die RAF viel Zeit nach militärischen Fehlschlägen benötigte, um sich nach allen Seiten wasserdichte und ihre Außendarstellung nicht zu sehr beschädigenden Begründungen für das Scheitern ihrer Aktionen auszudenken.

Raspes Erklärung zum Abbruch des Hungerstreiks bemüht die Argumentationslinie, dass alle angestrebten Vermittlungsversuche zwischen Bundesregierung und RAF-Gefangenen von ersterer torpediert worden seien, um nach den Anschlägen gegen Ponto und die BAW an den Gefangenen ein Exempel zu statuieren. Danach wird er hinsichtlich seiner Begründung konkreter: „Die Gefangenen haben daraufhin – um das Mordkalkül nicht zu erleichtern – am 26. Tag ihren Streik unterbrochen. Sie haben sich dazu entschlossen, nachdem sie damit offen zu Geiseln des Staatsschutzes erklärt worden sind – in Erwägung der Anstrengungen, die die Bundesregierung unternommen hat, die Begründung der Klage gegen die Verletzung der Menschenrechte in der Bundesrepublik bei der Menschenrechtskommission in Straßburg durch Verhaftungen, Razzien und die Beschlagnahme an der Grenze zu verhindern."[109]

Offen bezichtigte Raspe also die Bundesregierung, an den politischen Gefangenen gezielt Morde geplant zu haben, die durch den Hungerstreik in ihrer Realisierung sogar erleichtert wurden. Zugleich wies er auf die mit dem Hungerstreik einhergehende staatliche Repressionswelle gegen jedwede Unterstützer*innen des RAF-Hungerstreiks hin, der durch den Abbruch die Grundlage entzogen werden solle.

Bezeichnenderweise findet sich das RAF-Bekenner- oder in diesem Fall eher Erklärungsschreiben bezüglich des Attentats gegen die Bundesanwaltschaft in Karlsruhe auch nicht in dem RAF-Texte-Kanon des ID-Verlags, der gemeinhin als offizielle „RAF-Bibel" gilt. Dennoch findet sich im Internet das RAF-BAW-Erklärungsschreiben in voller Länge. Es wird hier berücksichtigt, da an dieser Stelle keine RAF-„Erfolgsgeschichte" geschrieben wird, sondern das Verhalten der Widerstandsgruppe in allen Facetten (wie Ideologie, Strategie, Taktik und Attentate) beleuchtet wird.

Das BAW-Bekennerschreiben wurde wieder kollektiv mit RAF unterzeichnet und ist auf den 3. September 1977 datiert. Die RAF bediente sich hier einer Art Geschichtsumschreibung, indem sie Boocks Strategie, das missglückte Attentat als gewollt hinzustellen, in der Außenbegründung einfach übernahm. So stellte sie gleich zu Anfang heraus, dass es ihr nicht darum gegangen sei, möglichst viele Bundesanwälte zu töten, weil diese bereits daran wären, den nächsten Mord an politischen Gefangenen und weitere Repressionswellen gegen jedwede Form des bewaffneten politischen Widerstands zu planen.

Nachdem diese Funktionen der BAW aus RAF-Sicht hinreichend dargelegt wurden, kommt die RAF konkret auf das Attentat und seine Bedeutung bzw. intendierte Wirkungsweise zu sprechen: „es ging nicht um irgendein blutbad – in diesem nest der reaktionären gewalt ... es ging auch nicht um einen anschlag auf rebmann, obwohl es aussieht, als sei er noch skrupelloser, noch brutaler und ein noch infamerer demagoge als buback."[110]

Damit hat die RAF durch das Ausschlussverfahren klar gemacht, welche Ziele sie ausdrücklich nicht durch den scheinbaren Anschlag verfolgte, welche ihr aber durch offizielle Presseberichte unterstellt wurden. Danach kommt die in meinen Augen evidente Lüge, die es der RAF ermöglichte, ein technisch-individuelles Versagen zu einer moralisch-ethisch tadellosen Haltung umzumünzen: „es ging ganz einfach um eine warnung in der situation, in der über 40 politische gefangene im hungerstreik waren".[111]

Damit wird der Bezug zur Situation der RAF-Gefangenen hergestellt, die sich zu diesem Zeitpunkt im Hungerstreik befanden und der diesbezügliche „Schwarze Peter" wird selbstverständlich der Bundesanwaltschaft zugespielt, die sich anscheinend durch taktische Lügen aus dem für sie unangenehmen Zustand des Hungerstreiks herausmanövrieren wollte.

Folgerichtig legte die RAF in dem Schreiben den Finger tief und bewusst in die Wunde, wobei sie sich eine weitergehende Mobilisierung von neuen RAF-Mitgliedern versprechen konnte, indem sie auf die angebliche Isolations- und Vernichtungshaft gegen die politischen Gefangenen zu sprechen kam. Als Referenzen nutzte sie Ärzt*innen, Amnesty International, den Weltkirchenrat, die Liga für Menschenrechte und die Vereinigung demokratischer Juristen, die sich alle in der einen oder anderen Weise gegen diese Form der Inhaftierung politischer Gefangener gewendet hatten, da die Isolation krank mache und auf Dauer zum Tode führe. Abgesehen von dem Versuch durch diese Argumentationsfigur weitere RAF-Mitglieder zu rekrutieren, ist offensichtlich, dass die RAF darauf abzielte, im liberal eingestellten Bürgertum nach Sympathien zu fischen, da Anwält*innen, Lehrer*innen, Pfarrer*innen und so weiter nicht selten der in der Bundesrepublik verhängten Isolationshaft äußerst kritisch und ablehnend gegenüberstanden.

Dann übernimmt die RAF-Erklärung quasi die durch Raspes Erklärung vorgegebene Linie, was wegen des geringen zeitlichen Abstands von einem Tag darauf hindeutet, dass es zwischen RAF-Kommandoebene und RAF-Gefangenen einen ungestörten Kommunikationsfluss gab, der das Synchronisieren von Aktionen erleichterte: „die entscheidung der gefangenen, ihren hunger- und durststreik jetzt zu unterbrechen, halten wir für richtig und wir bitten sie, ihn solange nicht wiederaufzunehmen, bis wir wissen, ob das bigotte mörderkartell aus justizministern, richtern, staatsanwälten und bullen gegenüber den mitteln, die wir haben und einsetzen können, so arrogant bleiben kann wie gegenüber den waffen von gefangenen."[112]

Dadurch suggerieren RAF und politische Gefangene eine Scheinkommunikation, die durchaus als reine Propaganda-Farce für die Öffentlichkeit mit den bereits genannten Zielen der Rekrutierung neuer RAF-Kämpfer*innen und der gesellschaftlichen Mobilisierung zugunsten der RAF bezeichnet werden kann.

Neu ist die unverhohlene Drohung an das politische System, denn die Gefangenen werden gebeten, von weiteren Hungerstreiks abzusehen, bis die RAF ausgelotet habe, ob sie nicht mit strategisch-taktisch-militärischen Mitteln die Frage der politischen Gefangenen zu lösen in der Lage sei. Damit bietet sie unverhohlen (wenn auch nicht beim Namen genannt) einen Ausblick auf den Deutschen Herbst, der in der Schleyer-Entführung und in einer Flugzeug-Entführung mit zahlreichen deutschen Passagieren an Bord mündete. Ideologisch bot das Bekennerschreiben neue Nuancen, indem zum Beispiel dezidiert auf die Kontinuität des Nationalsozialismus in der BRD hingewiesen wird.

Demnach sah die RAF die BRD in einer Transformationsphase zu einem neuen Faschismus, der sich vom „nationalsozialismus nur dadurch unterscheidet, dass er amerikanische und deutsche monopole repräsentiert und damit aggressiver, mächtiger und subtiler auftreten kann als der kapitalismus in deutschland während seiner barbarischen nationalen geschichte."[113]

Damit stellte die RAF den angeblich in der BRD herrschenden Nationalsozialismus sogar über den während des Dritten Reichs erlebten, nur dass er dieses Mal im Verbund mit den Vereinigten Staaten von Amerika praktiziert werde und subtilere Mittel verwende. Somit hat die RAF eine moralische Totschlagkeule verwendet und diese absurderweise noch dahingehend gesteigert, dass sie die historische Singularität der menschenverachtenden Verbrechen der NS-Zeit relativiert und den herrschenden Status Quo als noch schlimmer beschreibt. Die Absurdität einer solchen Gedankenfigur kann nicht gerechtfertigt werden – außer, dass sich die RAF offensichtlich in einer verzweifelten Lage befand und ihr jedes rhetorische, propagandistische und historisch-politische Argument recht war, um auf die tatsächlich bedrohliche Lage der politischen Gefangenen hinzuweisen und das eigene Tun zu rechtfertigen. Dann kommt sie zu der Schlussfolgerung, welche die konzertierte Aktion gegen Schleyer und deutsche Urlauber*innen vorwegnimmt: „seine verfetteten eliten ... verstehen nur eine sprache – die gewalt. das elend und die demütigung in den staatsschutztrakten und die bestialität der zwangsernährung ist für sie nur ne unterschrift und ein dreckiger witz in der kantine."[114]

Die RAF verstand sich in diesem Szenario als Instanz, die für den Staat eine ernsthafte Bedrohung darstellt. Zu guter Letzt verband sie damit eine ganz deutliche und massive Drohung: „sollte einer der gefangenen ermordet werden ... werden wir sofort im in- und ausland antworten. Sollten andreas, gudrun und jan getötet werden, werden die apologeten der harten haltung spüren, dass das, was sie in ihren arsenalen haben, nicht nur ihnen nützt, dass wir viele sind und dass wir genug liebe – also hass und phantasie haben, um unsere und ihre waffen so gegen sie einzusetzen, dass ihr schmerz unserem entsprechen wird."[115]

Damit wurde das alttestamentarisch anmutende Szenario „Auge um Auge, Zahn um Zahn", das im Herbst 1977 Wirklichkeit werden sollte, bereits vorweggenommen.

Nach diesen martialischen Drohungen kam es im Herbst des Jahres 1977 tatsächlich zum bereits mehrfach von der RAF angekündigten „Höhepunkt der Offensive" gegen die BRD. Ungeachtet der bereits zu konstatierenden Erfolge, wie zum Beispiel die Wucht der militärischen Angriffe, die mediale Visibility sowie die Fähigkeit, Angst und Schrecken bei Herrschenden und Bevölkerung gleichermaßen zu evozieren, war die RAF ihrem Ziel, die gefangenen Kader aus den deutschen Gefängnissen zu befreien, damit diese den revolutionären Kampf wieder aufnehmen konnten, keinen Schritt näher gekommen. Im Gegenteil, die RAF-Gründungsgeneration um Baader, Ensslin und Raspe waren allesamt zu einer mehrfach lebenslänglichen Haftstrafe verurteilt worden und besaßen zum damaligen Zeitpunkt keinerlei reelle Aussicht auf Wiedererlangung ihrer Freiheit. Zwar war das Urteil im juristischen Sinne noch nicht rechtskräftig, da die RAF-Anwälte erwartungsgemäß Revision eingelegt hatten, aber dennoch war jedem politisch-juristisch rational denkenden Menschen klar, dass das Urteil in der nächsten Instanz bestätigt werden und es damit auf ein Wegsperren der Top-Staatsfeinde für unbestimmt lange Zeit hinauslaufen würde. Für die RAF-Kommandoebene wog das Urteil noch schwerer, da sie darin das Resultat eines politischen Schauprozesses sah, der in gar nichts anderem als einem lebenslänglichen Wegsperren der politischen Kämpfer*innen münden konnte.

Insofern nahm der Druck sowohl auf die gefangenen RAFler*innen als auch auf die in Freiheit agierende RAF-Kommandoebene von allen Seiten extrem zu und die Zeit schien dabei ein wichtiger Faktor zu sein, der sich sehr schnell zuungunsten der RAF entwickelte. Der RAF-Kommandoebene und den politischen Gefangenen schien klar zu sein, dass die Befreiung von Baader & Co in allerkürzester Zeit gelingen musste, sollte sich das angestrebte Unterfangen überhaupt noch in irgendeiner Form realisieren lassen. Aus dieser Art „Endzeit-Szenario" heraus lassen sich die im Deutschen Herbst überschlagenden Ereignisse erklären – das betrifft auch den für die RAF-Kommandoebene sonst eher ungewöhnlichen Aktionismus.

Aus all diesen Gründen war es nur eine geradezu logische Entwicklung, dass die RAF im Herbst 1977 beinahe sprichwörtlich alles in die Waagschale warf, um die gefangenen Kader um Andreas Baader freizupressen – koste es, was es wolle. Um dieses (in strategischer wie auch taktischer Hinsicht alles überragende) Ziel überhaupt erreichen zu können, wurde der Arbeitgeberpräsident Hanns Martin Schleyer in Köln entführt – ein äußerst brutales, mit hoher militärischer Präzision durchgeführtes Unterfangen.

Es ist meines Erachtens ziemlich bezeichnend und auch niederschmetternd für den intellektuell-theoretischen Anspruch der 2. RAF-Generation, dass sie sich nicht mit einer ideologisch-theoretischen und/oder taktisch-strategischen Neuausrichtung ihrer Organisation in der zweiten Phase beschäftigte, sondern dass sie alle zur Verfügung stehenden Kräfte unerbittlich dafür einsetzte, die alten Kader zu befreien, von denen sie sich sicherlich in allen genannten Aspekten (auch der Theoriebildung sowie der strategisch-taktischen Gesamtausrichtung) frischen Input versprach – aber eben nur, sobald diese dann auch tatsächlich aus dem Gefängnis befreit sein würden.

An dieser Stelle darf nicht vergessen werden, dass trotz aller Widrigkeiten viele Informationen von den politischen Gefangenen an die RAF-Kommandoebene gingen. Zwar soll hier nicht (wie sonst oft üblich) einer simplen Zellensteuerung das Wort geredet werden. Zellensteuerung bedeutet im Sinne mancher RAF-Exegeten in etwa, dass alle RAF-Kommandoaktionen aus dem Gefängnis heraus geplant und nach draußen befohlen worden wären. Im Gegensatz hierzu gehe ich von einer autonomen Entscheidungsfähigkeit der RAF-Kommandoebene aller drei Generationen aus. Aber dennoch ist in einem gewissen Umfang ein ständiger interaktiv-rekursiver Informationsfluss zwischen Gefangenen und der in Freiheit agierenden RAF anzunehmen. Dies legt wiederum die Vermutung nahe, dass es der 2. RAF-Generation in dieser Phase tatsächlich vor allem darum ging, das nackte Überleben „ihrer" Gefangenen zu retten und sie zu befreien, damit der revolutionäre Kampf mit mehr Verve, und mehr militärischem und politisch-ideologischem Know-How fortgeführt werden konnte.

Bevor die Angst um das Leben der RAF-Gefangenen von heutigen Leser*innen a priori als kompletter Unfug abgetan wird, sollte gebührend reflektiert werden, dass in der Tat bereits einige RAF-Gefangene in Haft unter mitunter mysteriösen Umständen zu Tode gekommen waren – ein Merkmal, das mit der Todesnacht von Stammheim[116] einen unheimlichen, aber äußerst grandiosen Schlusspunkt fand.

Als das markanteste Ereignis der gesamten RAF-Historie gilt bis heute (zumindest hinsichtlich des ikonografisch-kollektiven Gedächtnisses) die Schleyer-Entführung. Hanns Martin Schleyer verkörperte für die RAF wie kaum ein anderer die Kontinuität des Dritten Reiches in der (systemimmanent gesehen) demokratisch verfassten und sozialmarktwirtschaftlich aufgestellten Bundesrepublik Deutschland. Als ranghoher Offizier der SS avancierte Schleyer in der Nachkriegsbundesrepublik zu einem der wichtigsten Protagonisten des ökonomischen Systems überhaupt.

Ein bis zum heutigen Tag sehr bekanntes und populäres Nachrichtenmagazin, der Spiegel, hatte Schleyer hinsichtlich seiner Funktion als Arbeitgeberpräsident sogar bombastisch den „Boss der Bosse" genannt, was sicherlich auch eine geradezu magische Anziehungskraft auf die RAF ausübte. Insofern schien Schleyer als Anschlagsopfer der RAF prädestiniert, da die Arbeitgeber*innen (nach RAF-Logik) für die Unterdrückung und Ausbeutung der deutschen Arbeiterschaft verantwortlich waren. Damit repräsentierte Schleyer den bereits von Karl Marx konstatierten unüberbrückbaren Klassen-Antagonismus von Bourgeoisie und Proletariat und zudem repräsentierte er auch die Merkmale der kapitalistisch-imperialistischen Wirtschaftsambitionen der BRD wie kein Zweiter.

Was lag unter den beschriebenen Prämissen näher, als diesen Vorsitzenden der Arbeitgeberverbände zu entführen und ihn als Faustpfand für einen Gefangenenaustausch zu nehmen? Das Ziel der Schleyer-Entführung bestand ausschließlich in der Freipressung der in Stammheim inhaftierten Kader, allen voran Andreas Baader, Gudrun Ensslin und Jan-Carl Raspe. In der Logik der RAF-Kommandoebene gab es für die Bundesregierung keine andere Wahl, als auf einen Gefangenenaustausch für diesen metaphorisch „fetten" Wirtschaftsmagnaten einzugehen. Und falls die Bundesregierung Schleyer „fallen ließ", dann zeige das politisch-administrative System damit nur sehr deutlich, dass jede/r ersetzbar war und dass es sich hier lediglich um beliebig austauschbare

Funktionseliten handelte. Dabei versäumte die RAF allerdings eine zeitgemäße Analyse, die ergeben hätte, dass sich die BRD in dieser Übergangsphase auf dem besten Weg von einer durch starke Persönlichkeiten geführten Republik hin zu einer bürokratisch-technokratischen Plutokratie entwickelte. Diese fehlende Analysekraft sollte sich als einer der Kardinalfehler der Schleyer-Entführung entpuppen.

Doch damit nicht genug, denn es hatte sich ja bereits bei der blutigen Botschaftsbesetzung in Stockholm im Jahre 1975 gezeigt, dass der deutsche Staat bei Terroraktionen mit Toten generell nicht zu Verhandlungen bereit war. Insbesondere der ehemalige Wehrmachtsoffizier und damalige Bundeskanzler Helmut Schmidt war ein konsequenter Verfechter dieser harten Linie, und er setzte sich damit innerhalb seiner Krisenstäbe ein ums andere Mal durch. An der politischen Spitze der Bundesrepublik hatten sich seit der Botschaftsbesetzung 1975 beileibe nicht genügend personelle Veränderungen ergeben, als dass in diesem Punkt mit einer Diskursverschiebung und Positionsänderung hätte gerechnet werden können.

Diese Faktoren hatte die RAF in ihren Planungen nicht genügend berücksichtigt, was erneut zur Vermutung einer nicht sonderlich ausgeprägten, strategisch-taktischen Ausrichtung der 2. RAF-Generation führt. In anderen Worten: Das Reflexions- und Selbstreflexionsvermögen der 2. RAF-Generation befand sich im Gegensatz zur 1. RAF-Generation auf einem jämmerlichen Niveau. Dies zeugt von einem gravierenden intellektuell-geistigen Niedergang einer sich als Avantgarde und Speerspitze der westeuropäischen Revolution verstehenden Widerstandsbewegung.

Ein wesentlicher Grund für die Entführung Schleyers war auch seine exzellente Vernetzung mit den „Großen" der Politik, Wirtschaft und anderen wichtigen Gesellschaftsbereichen. So war Schleyer ein Freund des Oppositionsführers der CDU, Dr. Helmut Kohl, was (radikal zu Ende gedacht) nicht unbedingt dafür sprach, dass der Sozialdemokrat Schmidt alles unternehmen würde, um ihn aus der Gefangenschaft zu befreien.

Was die RAF auch nicht mit einkalkulierte, war, dass Schmidt sich nicht bedingungslos und unter allen Umständen für eine Freilassung Schleyers einsetzen konnte, ohne sich dem Vorwurf der Nazi-Kumpanei ausgesetzt zu sehen. Denn beide (Schmidt wie Schleyer) waren gemäß ihrem Alter recht hohe Funktionsträger bzw. Offiziere während der Zeit der nationalsozialistischen Herrschaft gewesen. Einen solchen Vorwurf, der auf eine Art ex post „Nazi-Verbrüderung" hinauslaufen würde, konnte sich der sozialdemokratische Kanzler auf keinen Fall leisten, da er ihm politisch massiv hätte schaden können und die Chancen seiner Wiederwahl stark gemindert hätte. Da der eigene Machterhalt die oberste Maxime der Politik ist, war eigentlich von vornherein klar, dass Schmidt gar nicht auf einen Gefangenenaustausch eingehen konnte, ohne einen Gesichts- und politischen Machtverlust befürchten zu müssen.

Bei der Entführung Schleyers zeigt sich weiterhin die stärker subjektivistisch ausgerichtete Ideologie und Strategie der 2. RAF-Generation. Anstatt mit Bomben Kollektive und institutionelle Symbolbauten und deren Funktionsträger anzugreifen, wurde mit Schusswaffengewalt ein einzelnes, dafür aber äußerst gewichtiges und hochrangiges Opfer ausgewählt. Dass bei der Kommandoaktion Schleyers Fahrer und ein Leibwächter starben, war in der Planung der RAF ein notwendiges Übel, um an das „individuelle Ziel" ihrer Aktion, Hanns Martin Schleyer, heranzukommen. Insofern korrelieren meines Erachtens auch im Deutschen Herbst noch die Ideologie (Subjekt-Theorie der Frankfurter Schule), die Strategie (Auswahl einzelner Opfer durch Schusswaffengebrauch) und die Attentatsdurchführung (Entführung eines Opfers).

Das Attentat gegen den Begleittross und Hanns Martin Schleyer, der ein hoher NS-Wirtschaftsfunktionär in der von Nazi-Deutschland als Protektorat bezeichneten Tschechei war, wurde konsequenterweise auf eine äußerst brutale, mörderische Art durchgeführt. Wieder einmal war es Peter-Jürgen Boock, der aufmerksamkeitsheischend gegen seine alten Genoss*innen denunziatorisch und zum Teil Falsches behauptend ein dokumentarisch-fiktionales Buch über die Schleyer-Entführung schrieb,[117] und damit den Drang des Publikums nach Voyeurismus an terroristischen Aktionen befriedigte.

Von Beginn an rechnete die RAF also mit Toten und nahm sie billigend in Kauf, damit die Entführung des Arbeitgeberverbandschefs gelingen konnte. Dies könnte ein Indiz auf die „Blinden Flecken" der damaligen RAF-Kommandoebene und gegebenenfalls auch der RAF-Gefangenen sein. Die Situation der Inhaftierung und das damit verbundene, immer über dem Haupt schwingende Damokles-Schwert des möglichen Todes führten zu panikartigen, in der Gesamtstrategie nicht durchdachten Aktionen. Dieser Befund ist umso erstaunlicher, als die einzelnen RAF-Kommandoaktionen teilweise auf der strategisch-taktischen und militärischen Ebene auf extrem hohem Niveau stattfanden. Hier scheint ein eklatanter Widerspruch zwischen mangelhafter Gesamtkonzeption und partieller militärischer Exzellenz der Kommandoaktionen vorzuliegen.

Was passierte am Tag der Schleyer-Entführung, dem 5. September 1977? Schleyer hielt sich an diesem Tag in Köln auf, wo er auch eine Dienstwohnung besaß. Der RAF war es gelungen, seine Arbeitsroutinen, Wege zur und von der Arbeit sowie den Umfang des Begleitschutzes auszuspähen. Schleyer hatte bereits einen harten und langen Arbeitstag bereits hinter sich, als er in seine Kölner Wohnung zurückkehren wollte, um sich für eine noch anstehende Abendveranstaltung auszuruhen und frisch zu machen. Die Sicherheitsvorkehrungen waren in seinem Fall (nach den ganzen RAF-Anschlägen des Jahres 1977) vergleichsweise hoch.

Im Gegensatz zu Generalbundesanwalt Buback[118] hatte Schleyer weitaus mehr zu bieten als einen Leibwächter und einen Chauffeur. Schleyer bewegte sich nur noch in einem Begleittross (von einigen Personenschützern flankiert) und fühlte sich einigermaßen sicher. Offensichtlich hatten Bundesregierung und ihre Exekutiv-Organe aus den Fehlern der Vergangenheit gelernt – und sie waren nicht gewillt, der RAF das Leben a priori leicht zu machen, indem sie sie geradezu zu Attentaten einluden.

Dennoch muss auch hier Kritik dahingehend geübt werden, dass die Sicherheitsvorkehrungen der Exekutivorgane nicht weit und extrem genug gedacht waren, um den militärischen Mitteln und dem unbedingten Willen der RAF zur Tat gerecht zu werden. Um dies zu exemplifizieren: Hätte Schleyer beispielsweise eine gepanzerte Limousine erhalten, was sowohl finanziell als auch organisatorisch möglich gewesen sein dürfte, dann hätte seine Entführung und das damit verbundene Massaker an seinem Chauffeur und seinen Leibwächtern in dieser Form nicht stattfinden können.

Aber offensichtlich traute die Bundesregierung der RAF nur ein begrenztes Gefahrenpotenzial zu, ohne dabei konsequent genug an Leib und Leben der Gefährdeten zu denken – zumal die Behörden bereits im Vorfeld mehrere zuverlässige Hinweise auf eine mögliche Entführung des Präsidenten der Bundesvereinigung der Deutschen Arbeitgeberverbände und des Bundesverbandes der Deutschen Industrie erhalten hatten, diese aber nicht ernst genug nahmen. Sollten die Annahmen zutreffen, so wäre von einer (aus welchen Gründen auch immer) fahrlässigen Gefährdung des Lebens aller Beteiligten auszugehen.

Die Besonderheit am Fall Schleyer liegt darin, dass sich die Entführung über viele Wochen hinzog, vom 5. September 1977 bis zum 18. Oktober 1977. Dabei ist vorwegzuschicken, dass viele RAF-Schreiben, die im Zusammenhang mit der Schleyer-Entführung verfasst wurden, lediglich rein praktischer Natur waren. Das bedeutet konkret, dass die RAF in diesen Schreiben lediglich mit der Bundesregierung über die Modalitäten und die Abläufe eines möglichen Geiselaustausches kommunizierte, ohne wesentliche politische Botschaften zu transportieren oder Erörterungen im strategisch-taktischen Bereich zu machen. Diese Schreiben sind für unser Forschungsinteresse ohne wesentlichen Gehalt und werden dementsprechend nicht oder nur am Rande berücksichtigt.

Zum Tatort-Szenario: Der Fahrzeugkonvoi Schleyers wurde von einem Kinderwagen und einem Fahrzeug an der Weiterfahrt gehindert. Die RAF hatte beide Objekte so geschickt platziert, dass die Autokolonne des „Bosses der Bosse" nicht ausweichen konnte und sprichwörtlich in der Falle saß. Der Kinderwagen war dabei ein geschickt ausgewähltes psychologisches Moment der Attentäter, das in der Tat Schleyers Begleitkonvoi und die Leibwächter stark irritierte, denn den Personenschützern war natürlich nicht daran gelegen, durch gefährliche Fahrmanöver Babys zu verletzen oder sogar zu töten.

Zusätzlich zu dem ungeplanten, recht überraschenden Halt lenkte der Kinderwagen die sonst versierten und gut geschulten Personenschützer davon ab, auf Hanns Martin Schleyer genügend Obacht zu geben. Im Kinderwagen hatte das RAF-Kommando zudem Waffen versteckt, so dass es diese zur großen Überraschung der Konvoi-Begleiter hervorziehen konnte.

Dieses Überraschungsmoment machte sich die RAF plangemäß blitzschnell zu Nutze, es war ihr größter Trumpf, der sich bei einem Vergleich der bewaffneten Kräfte erkennen lässt. Drei schwer bewaffneten und hervorragend ausgebildeten Personenschützern standen mindestens vier militärisch im Nahen Osten ausgebildete RAF-Terrorist*innen gegenüber, wobei auf der Schleyer-Seite auch noch ein unbewaffneter Fahrer zu verzeichnen war. Es gibt ernst zu nehmende Vermutungen, dass eventuell auch noch ein fünfter Terrorist direkt an der Aktion beteiligt war.

Das RAF-Kommando „Siegfried Hausner" eröffnete ohne Vorwarnung aus verschiedenen Richtungen das Feuer aus Sturmgewehren, Maschinenpistolen und Repetiergewehren. Dabei schalteten die Terrorist*innen bewusst zuerst Schleyers Fahrer und die Leibwächter aus. Die Taktik, den Fahrer eines Anschlagopfers zuerst unschädlich zu machen, hatte sich bereits beim Buback-Attentat bewährt. So wurde verhindert, dass das Opfer inklusive Fahrer unbehelligt die Flucht ergreifen konnten. Damit der Schleyer-Chauffeur ohne jeden Zweifel ausgeschaltet werden konnte, durchkreuzte das RAF-Mitglied Willy Peter Stoll spontan und gegen den ursprünglichen RAF-Plan die Feuerlinien, platzierte sich auf der Motorhaube der Daimler-Limousine und feuerte das gesamte restliche Magazin seiner polnischen Maschinenpistole ins Wageninnere. Schleyers Fahrer wurde von über 60 Kugeln getroffen und starb sofort.

Es versteht sich beinahe von selbst, dass das RAF-Kommando die größte Sorgfalt darauf verwendete, Schleyer bei dieser Aktion nicht zu treffen, nicht zu verletzen oder gar zu töten, da er ja als Faustpfand bzw. als Tauschobjekt für Baader, Ensslin, Raspe und weitere RAF-Gefangene betrachtet wurde. Wäre Schleyer bereits in dieser Phase der Operation schwer verletzt oder gar getötet worden, dann wären die weiteren Pläne der RAF obsolet gewesen.

Die Terrorist*innen achteten in der Planung der Aktion akribisch darauf, dass sich ihre Feuerlinien bei dem Beschuss des Schleyer-Konvois nicht kreuzten,[119] durch Stolls Alleingang war dieser Plan dahin. Aber der Überraschungscoup glückte den RAF-Kämpfer*innen dennoch im vollen Umfang. Zwar war es den Leibwächtern noch möglich die Situation zu erfassen, sich zu einer Reaktion zu entschließen und das Feuer zu erwidern, aber gegen das horrende Überraschungsmoment und die geballte Feuerpower der Terrorist*innen hatten sie letztlich keine Chance. Trotz aller Umsicht der Attentäter*innen in Sachen Planung und Durchführung kam es beinahe einem Wunder gleich, dass Hanns Martin Schleyer bei dieser Aktion unverletzt blieb und gefangen genommen werden konnte. Bis zu diesem Zeitpunkt schien das Kriegsglück der RAF zugeneigt und sich gegen die BRD verschworen zu haben.

Danach ging alles blitzschnell weiter, denn den RAF-Kämpfer*innen war klar, dass mit jeder verstrichenen Sekunde am Tatort ihre Aktion noch scheitern konnte. Das RAF-Kommando zerrte den vor Schrecken und Fassungslosigkeit ganz benommenen Schleyer in einen VW-Bus und injizierte ihm dort ein starkes Beruhigungsmittel, damit er nicht in Versuchung kam sich zu wehren oder gar Fluchtversuche zu unternehmen. Nur durch äußerst waghalsige Fahrmanöver des RAF-Fahrers (vermutlich war es wieder Peter-Jürgen Boock, der am Lenkrad des Fluchtautos saß) gelang dem RAF-Entführungskommando die Flucht in eine nahegelegene Tiefgarage.

Dort hatte die RAF in ihrer akribisch erfolgten Coup-Vorbereitung einen anderen Fluchtwagen abgestellt, da ihr klar war, dass der bei der Tatausführung verwendeten VW-Bus sofort zur Fahndung ausgeschrieben werden würde. Schleyer wurde mit vorgehaltener Waffe gezwungen, sich zusammen mit einer/m der Terrorist*innen (vermutlich Stefan Werner Wisniewski) in den Kofferraum eines Mercedes zu quetschen – immer eine Pistole an sein Genick gepresst. Angesichts dieses Horror-Szenarios war es vermutlich im Sinne der RAF, dass Schleyer durch ein Beruhigungsmittel ruhiggestellt worden war.

Das Martyrium und die Entführung Schleyers, die in seiner kaltblütigen Exekution durch einen Genickschuss mündete, dauerten über einen Monat. Doch die Bundesregierung unter der Federführung von Bundeskanzler Schmidt entschied sich trotz ausbleibender Fahndungserfolge, eine harte Linie zu fahren und den Forderungen der Terrorist*innen nicht auch nur ansatzweise nachzugeben.

Anstatt dessen setzte der Staat eine andere Strategie ein. Er führte Scheinverhandlungen, übte sich in Verzögerungstaktiken und ordnete Großfahndungen an. Obwohl mehrere RAF-Mitglieder der Polizei während der Schleyer-Aktion (vor allem in den benachbarten Niederlanden) ins Netz gingen, gelang es dem bundesdeutschen Staat nicht, Schleyer aus den Händen der Entführer*innen zu befreien. Im sogenannten kleinen Krisenstab der Bundesregierung wurden zum Teil auch exotische Lösungen diskutiert. So schlug ein Mitglied vor, das Standrecht wieder einzuführen und die bereits gefangenen RAF-Mitglieder unter bestimmten Umständen zu erschießen. Doch Schmidt wusste um die historische Brisanz und den politischen Schaden eines solchen Unterfangens und wollte davon nichts wissen.

Das RAF-Kommando „Siegfried Hausner“ forderte von der Bundesregierung im Austausch gegen Schleyer die Freilassung von elf politischen Gefangenen, den Flugtransport in ein Land ihrer Wahl sowie 100.000 DM pro Person. Am 7. September 1977, direkt nach der Entführung, verhängte die Bundesregierung eine vollständige Kontaktsperre über 72 RAF-Gefangene. Die gesetzlichen Grundlagen für diese Art der Kontaktsperre wurde erst einen Monat später durch ein Gesetz legalisiert, was eindrucksvoll beweist, dass der Staat in Zeiten höchster Not auch zu extralegalen Mitteln griff, um den Widerstandskämpfer*innen die Stirn zu bieten. Die Kontaktsperre hatte ihren Sinn darin, jegliche Koordination und Abstimmung zwischen dem sich in Freiheit befindenden RAF-Kommando und den RAF-Gefangenen zu vereiteln. Mit viel taktisch-logistischer Finesse gelang es der RAF, Schleyer aus Deutschland in die Niederlande und von dort in die belgische Hauptstadt Brüssel zu transportieren.

Die RAF-Gefangenen in Stuttgart-Stammheim und anderswo waren während dieser Zeit vollständig von anderen Gefangenen, ihren Anwälten und Besuchen jeglicher Art isoliert. Es steht aber zu vermuten, dass sich die RAF-Gefangenen in der JVA Stuttgart-Stammheim untereinander durch ein ausgetüfteltes Kommunikationssystem austauschen konnten. Lediglich Vertreter des Staats suchten (zum Teil auf ausdrücklichen Wunsch der Gefangenen) hin und wieder Baader und Ensslin auf, um mit ihnen Scheingespräche über Freilassungsmodalitäten zu führen, welche sowohl von den RAF-Gefangenen als auch von der RAF-Kommandoebene richtigerweise als Scheinangebote durchschaut wurden. Umso erstaunlicher ist es, dass Baader & Co diese Gesprächsangebote dennoch wahrnahmen.

Als die RAF erkannte, dass Schleyer als Faustpfand zur Gefangenen-Befreiung nicht ausreichte und die Bundesregierung sich nur dem Anschein nach behandlungsbereit gab, entschloss sie sich zu einem weiteren (auch nach RAF-Maßstäben) sehr radikal-brutalen Schritt. Brigitte Mohnhaupt und andere wichtige RAF-Mitglieder verhandelten (vermutlich in Bagdad/Irak) mit hochrangigen Vertretern der palästinensischen Terrororganisation PLFP über eine die RAF-Entführung unterstützende Begleitaktion. Die Palästinenser*innen stellten die Deutschen vor die Wahl, ob sie eine Deutsche Botschaft besetzen oder ein Flugzeug mit deutschen Urlauber*innen entführen sollten.

Da die RAF bereits negative Erfahrungen mit der gescheiterten Botschaftsbesetzung in Stockholm gemacht hatte, entschied sie sich (nach intensiven internen Diskussionen) für die Flugzeugentführung. Es darf allerdings davon ausgegangen werden, dass der RAF-Kommandoebene die Entscheidung nicht leicht fiel, zumal sie sich aufgrund der absoluten Kontaktsperre nicht mit den RAF-Gefangenen hinsichtlich der Aktion absprechen und deren diesbezüglichen „Segen“ einholen konnten. Denn eine Flugzeugentführung richtete sich im Verständnis von Baader und Ensslin gegen das einfache „Volk“, das sie nie mit ihren Aktionen angreifen wollten.

Im Gegenteil: Es war ja das erklärte Ziel der RAF das Volk aus der kapitalistisch-imperialistischen Versklavung zu befreien. Vermutlich hätten Baader und Konsorten die Zustimmung zu einer solchen Aktion (völlig unabhängig von ihrer eigenen verzweifelten, beinahe aussichtslosen Lage) verweigert. So war Brigitte Mohnhaupt mit ihrem engen Führungszirkel in dieser Entscheidung vollständig auf sich alleine gestellt. Da sie keinem ihrer Ziele näher gekommen war, muss ihre Verzweiflung über den nicht zustande kommenden Austausch Schleyers gegen die RAF-Gefangen so groß gewesen sein, dass sie schließlich der Flugzeug-Entführung schweren Herzens zustimmte.

Die Flugzugentführung sollte von einem speziell dafür trainierten palästinensischen Spezial-Kommando[120] ausgeführt werden. Unklar ist bis heute, ob und in welchem Umfang der RAF (bzw. anderen deutschen linksextremistischen Gruppen) nahestehende Deutsche die Waffen für das Entführungskommando nach Mallorca schmuggelten.[121]

Die Flugzeugentführung der „Landshut" passte also mitnichten in die sonst von der RAF vertretenen Ideologien, Strategien und Attentats-Performanz-Formen. Auch RAF-immanent und in der RAF-Unterstützer*innen-Szene stieß die Flugzeugentführung damals (und später noch stärker) auf harsche Kritik. Denn, so hieß es in diesen Kreisen, die Aktionen der RAF dürften sich niemals gegen das einfache Volk wenden und Flugbegleiter*innen und normale Urlauber*innen seien keine legitimen Anschlagziele. Insofern hatten die meisten RAF-Unterstützer*innen die Botschaften der 1. RAF-Generation über den bewaffneten Kampf gut verinnerlicht. Die 3. RAF-Generation sah kurz vor ihrem Ende in der Flugzeugentführung sogar den Kardinalfehler der RAF, der schließlich (wenngleich auch erst sehr viel später) zu ihrer Auflösung geführt hätte. Natürlich ist die Flugzeugentführung von 1977 ein willkommener Anlass von eigenen Fehlern und eigenem Versagen abzulenken. Zudem tritt hier so etwas wie ein Generationenstreit zwischen 2. und 3. RAF-Generation zu Tage.

Am 13. Oktober 1977 wurde die Boeing „Landshut" der Lufthansa mit 86 Passagieren von der palästinensischen Kommandoeinheit „Martyr Halimeh" im Rahmen der Operation „Kofre Kaddum" in Mallorca entführt. Die palästinensischen Entführer*innen forderten unter anderem die Freilassung der Gefangenen aus der RAF – unter ihnen selbstverständlich Andreas Baader, Gudrun Ensslin und Jan-Carl Raspe.

Die schrecklichen Szenen der Flugzeug-Entführung sind häufig sowohl filmisch als auch in Buchform beschrieben worden. Bei einer Zwischenlandung in Aden/Jemen wurde der Flugzeugkapitän Schumann erschossen, da die Entführer*innen vermuteten, dass er den dortigen sowie den deutschen Sicherheitsbehörden bei einem Flugzeugcheck, bei dem er für ungewöhnlich lange Zeit das Flugzeug verlassen hatte, wichtige Hinweise über die Entführer*innen gegeben hatte. Zwar war der Anführer der palästinensischen Entführer*innen ein impulsiv handelnder Instinktmensch, aber bei dieser Unterstellung scheint er recht gehabt zu haben. Von da an musste der Co-Pilot Jürgen Vietor im Cockpit das Kommando übernehmen – meistens streng bewacht vom Anführer des palästinensischen Kommandos.

Die Bundesregierung beugte sich auch nicht dem gestiegenen Druck durch die Flugzeugentführung und blieb weiterhin in jeglicher Hinsicht hart, obwohl die Flugzeugentführer*innen durch martialische Drohungen alles unternahmen, um die Bundesregierung zum Einlenken zu bewegen. Hinzu kam, dass die RAF zeitgleich Schleyer in Gefangenschaft hielt, was aber auch nicht die erwünschte Druckentfaltung auf die Regierung Schmidt auszuüben vermochte.

Am vierten Tag der Entführung, am 17. Oktober 1977, kam es schließlich zum blutigen Showdown im heißen Wüstensand. Ein Bundesgrenzschutz-Spezial-Kommando der GSG 9 stürmte in Mogadischu/Somalia die Maschine und befreite wie durch ein Wunder alle Geiseln unverletzt. Diese Aktion von Mogadischu zementierte den Status der GSG 9 für lange Zeit. Sie galt als beinahe unbesiegbare deutsche Spezialtruppe im Anti-Terrorkampf. Allerdings sollten ihr in späteren Jahren bei Anti-Terror-Einsätzen immer wieder grobe Fehler unterlaufen, sodass der 1977 aufgetragene Lack nach und nach an Glanz verlor und zum Teil sogar ganz abperlte, sodass das Label GSG 9 heute weit davon entfernt ist, mit hochprofessioneller Anti-Terrorbekämpfung assoziiert zu werden.

Drei Mitglieder des palästinensischen Entführungs-Kommandos wurden erschossen, nur die Palästinenserin Souhaila Andrawes überlebte schwer verletzt. Das Foto, wie sie von Sicherheits- und Rettungskräften zum Krankenwagen abtransportiert wurde und dabei trotz ihrer schwerwiegenden Verletzungen (Schüsse in Beine und Lunge) noch das Victory-Zeichen machte, ist um die Welt gegangen und galt fortan als eines von vielen Symbolen palästinensischen Widerstandsgeistes gegen die Unterdrückung durch den Imperialismus. Ebenso eindrücklich waren die Bilder der überglücklichen deutschen Urlauber*innen, die (äußerlich unversehrt) nach Deutschland zurückgeflogen wurden.

Doch nicht nur im afrikanischen Somalia überschlugen sich die Ereignisse, sondern auch in Deutschland. Am Morgen des 18. Oktober 1977 wurden Andreas Baader (erschossen) und Gudrun Ensslin (erhängt) tot, Jan-Carl Raspe (erschossen) sterbend und Irmgard Möller schwer verletzt (Stichwunden durch einen messerartigen Gegenstand) in ihren Zellen aufgefunden. Die mysteriösen Umstände des Todes dieser RAF-Anführer*innen der 1. Generation sorgen bis heute für eine erhitzte Debatte darüber, ob es Mord oder Selbstmord war.

Die einzige RAF-Überlebende des siebten Stocks im Hochsicherheitstrakt, Irmgard Möller, hüllt sich zu den Vorfällen weitgehend in Schweigen, bestreitet letztlich aber, dass es Selbstmord war. Andere ehemalige RAF-Mitglieder der 2. Generation sehen das anders. Sie waren nach eigenen Angaben daran beteiligt, durch ein geschicktes Täuschungsmanöver, nämlich innen ausgehöhlte Akten, Dinge in den damals modernsten und sichersten Hochsicherheitstrakt der Welt geschmuggelt zu haben. In den Akten hätten sich neben Haschisch, einer Kamera und Pistolen auch Sprengstoff befunden.

Diese Personen, die also verbürgen, dass und wie die Pistolen und der Sprengstoff in den 7. Stock der JVA Stammheim kamen, sind der festen Überzeugung, dass die Gründungsgeneration der RAF einsah, dass sie mit ihren Zielen nicht durchkam und deshalb die Konsequenz besessen habe, ihrem Leben ein Ende zu bereiten. Andere Ehemalige der RAF halten solche Behauptungen für Hochverrat. Für sie steht fest, dass Baader & Co in der Todesnacht von Stammheim von einem oder mehreren Killerkommandos des deutschen Staats exekutiert wurden.

Mitunter sind auch Zwischentöne wahrzunehmen. So ist es denkbar, dass der Staat um die Waffen im 7. Stock der JVA Stuttgart-Stammheim wusste. Dadurch gaben sie den Gefangenen gegebenenfalls freie Hand hinsichtlich der Frage, ob und wann sie ihrem Leben ein Ende setzen wollten. Die Frage, ob dabei auch Sicherheitsaspekte Dritter (wie Wärter*innen) gebührend berücksichtig wurden, sei dahingestellt. Solche Vermutungen erhalten Auftrieb, wenn man bedenkt, dass unter anderem auch die Gespräche zwischen den RAF-Gefangenen und ihren Verteidigern von Vertretern des Staatsschutzes abgehört wurden. Bezüglich der Selbstmorde von Baader, Ensslin und Raspe können also leider bis heute immer noch nicht die letzten Fragezeichen ausgeräumt werden.

Mehrere internationale medizinische Untersuchungskommissionen kamen zu keinem einstimmigen Ergebnis: sowohl Tod durch Fremdverschulden als auch Selbstmord waren nicht auszuschließen. Die Justiz- und Vollzugsbehörden müssen sich (dies wird aus den obigen Ausführungen evident) daher nach wie vor fragen lassen, wie diese Gegenstände zu den RAF-Gefangenen in den Hochsicherheitstrakt gelangen konnten und wieso sie trotz unzähliger Zellenverlegungen nie gefunden wurden. Manchmal wird immer noch die Vermutung laut, dass hier von staatlicher Seite bewusst beide Augen zugedrückt wurden, da dem System ein Selbstmord der RAF-Anführer*innen nicht ungelegen kam. Beweise oder eine empirische Absicherung dieser Behauptungen gibt es allerdings keine.

In dieser aufgeheizten Affäre und in den sich überschlagenden Ereignissen geriet die Gefangenschaft von Hanns Martin Schleyer beinahe in Vergessenheit. Einen Tag nach dem Selbstmord der Stammheimer Gefangenen fand man Schleyer tot im Kofferraum eines Personenkraftwagens der Marke Audi im französischen Mühlhausen. Vermutlich fuhr das RAF-Kommando mit Schleyer von Belgien kommend über die „grüne Grenze“ nach Frankreich. Es scheint aufgrund der forensischen Untersuchung wahrscheinlich, dass er auf einer Waldlichtung oder einer Wiese hingerichtet wurde.

Vermutlich haben die Entführer*innen Schleyer seine Freilassung in Aussicht gestellt, damit er ihren Anweisungen umstandslos Folge leistete. Dann wurde er mit einem Genickschuss exekutiert. In der damals herrschenden Situation konnte es den Schleyer-Entführer*innen nur logisch und konsequent erscheinen, wenn sie zu ihrem Wort standen und Schleyer letztendlich töteten. Interessant ist der Gedanke, was passiert wäre, wenn die RAF Schleyer freigelassen hätte. Wäre ihr dann gegebenenfalls gesellschaftsübergreifend eine Welle der Sympathie, Empathie und des Verständnisses entgegen geschwappt?

Bevor auf die RAF-Schreiben eingegangen wird, nur kurz einige Bemerkungen dazu, wie sehr diese gesellschaftspolitische Extremsituation die deutsche Demokratie an den Rand ihres Selbstverständnisses geführt hat. Während der Schleyer-Entführung war die bundesdeutsche Presse weitgehend gleichgeschaltet – ein Argument, das heute vor allem von der Neuen Rechten gegen die Mainstream-Presse und gegen die scheinbare Diktatur „Stasi 2.0“ ins Feld geführt wird. Damals waren kritische Stimmen zum polizeilichen Belagerungszustand, zur Nichteinhaltung der Menschenrechte bei den politischen Gefangenen völlig unerwünscht und wurden (manchmal subtiler, teilweise recht offen) unterdrückt.

Die RAF hatte sich schon von einer Bewegung mit revolutionärem Anspruch hin zu einer Bewegung entwickelt, die beinahe ausschließlich versuchte, „ihre“ Gefangenen zu befreien, um danach irgendwie weiterzusehen. Die RAF-immanente Rechtfertigung für diese politisch dürftige Strategie lautete, dass erst durch die Befreiung der RAF-Gründungsväter und -mütter die Revolution neuen Schwung (sicherlich auch in theoretisch-ideologisierender Hinsicht) gewinnen könne und somit größere Erfolgsaussichten besäße.

Insofern könnte RAF-immanent die Begründung aufgestellt werden, dass es erst der Befreiung der einsitzenden RAF-Kader bedurfte, um sich danach mit umso größerem Elan an das Werk einer thematisch-gesellschaftlich umfassenderen Revolution zu machen, die sich selbstverständlich nach wie vor als essentieller Bestandteil des weltweiten Befreiungskampfs gegen Imperialismus, Faschismus und Kapitalismus verstand, auch wenn der Fokus dieser Kampf-Phase beinahe ausschließlich auf das „innenpolitische Problem" der Gefangenenbefreiung gerichtet war. Die antiimperialistisch-internationalistische Ausrichtung kam während der Phase des Deutschen Herbstes lediglich in der praktischen Zusammenarbeit mit der palästinensischen Terrororganisation PLFP zum Tragen.

Im ersten RAF-Schreiben vom 5. September 1977 an die Bundesregierung, welches am Tag der Entführung in der Kölner Tiefgarage in dem VW-Bus gefunden wurde, der als erstes Fahrzeug bei der Schleyer-Entführung eingesetzt worden war, lautet die einzige Forderung, dass keinerlei Fahndungsmaßnahmen eingeleitet werden sollten, da die RAF Schleyer sonst sofort erschießen würde. Sowohl aus der heutigen wie aus der damaligen Sicht erscheint eine solche Forderung eher naiv und wenig reflektiert.

Dass die Polizei im Zusammenhang mit einer Schießerei mit mehreren Toten und einer höchst prominenten Geisel nicht einfach die Füße still halten konnte, sondern Fahndungsmaßnahmen einleiten musste, ergibt sich sowohl aus dem Aufgabenfeld der Polizei als auch aus rein logischer Reflexion über den Sachverhalt. Natürlich hat die RAF diese Forderung erhoben, um danach umso mehr Druck aufbauen zu können, sobald sie beweisen konnte, dass sich die Bundesregierung nicht an die Forderung hielt.

Bekanntlich ignorierte die Bundesregierung, wie nicht anders zu erwarten war, die Forderung (teils öffentlich gut sichtbar und teils verdeckt), ohne dass es zu der angedrohten Maßnahme von Seiten der RAF kam. Hätte die RAF mit ihrer Drohung ernst gemacht, wäre ihr sofort jegliche Verhandlungsmasse in Sachen Freilassung von Baader & Co abhanden gekommen, was bei einer logistisch, infrastrukturell und personell so aufwändigen Aktion kaum zu erwarten war.

Einen Tag später, am 6. September 1977, teilten die Entführer*innen schließlich ihre konkreten Forderungen und die Ablaufmodalitäten hinsichtlich der Freilassung von Schleyer mit. Die Bundesregierung nahm die zumindest zu Beginn der Entführungsaktion offensichtlich nicht immer reibungslose und vor allem zeitverzögerte Kommunikation zwischen RAF-Kommandoebene und RAF-Gefangenen zum Anlass, um durch den Punkt des Ausfliegens in ein Land ihrer Wahl, massiv Zeit zu „schinden". So führte sie zum Teil mit den Gefangenen in Stuttgart-Stammheim lange Gespräche, die zum Teil ganz bewusst darauf angelegt waren, Uneinigkeit zwischen den Gefangenen hervorzurufen, was dem Staat wiederum kostbare Zeit zur Fahndung nach Schleyer lieferte, die allerdings erfolglos blieb.

Tatsächlich unterschieden sich die Angaben, wohin die RAF-Gefangenen ausgeflogen werden wollten teilweise erheblich, was auch als Erfolg der totalen Isolation des Kontaktsperre-Gesetzes angesehen werden kann. Dennoch liegt auch hier der Teufel im Detail, da ja die Gefangenen angeblich in der Todesnacht von Stammheim die Möglichkeit besaßen, um sich zum Selbstmord zu verabreden. Deshalb sind verlässliche Aussagen in dieser Sache nur möglich, wenn deutlich wird, wann, wo und wie die RAF-Gefangenen in Stammheim über den angeblichen Kommunikationskanal verfügten.

Zwei Tage nach der Entführung, am 7. September 1977, beschwerte sich die RAF in einem weiteren Schreiben über die Verzögerungstaktik der Bundesregierung und schlussfolgerte, dass die Bundesregierung sich entschlossen habe, „die militärische Lösung durchzuziehen",[122] womit sie sicherlich den Nagel auf den Kopf getroffen hatte.

Dennoch lenkte die RAF einen Tag später wieder ein und hielt an den bereits gestellten Forderungen stur fest. Wieder einige Tage später, am 12. September 1977, nachdem die Bundesregierung zum Schein auf einige Aspekte der Entführer*innen eingegangen war, drohte die RAF am Ende ihrer neuen Äußerung: „Falls die Bundesregierung auch dieses Ultimatum schweigend übergehen will, hat sie die Konsequenzen zu tragen."[123]

Hierzu ist zu bemerken, dass die RAF bereits nach ihrem ersten Schreiben die Kredibilität hinsichtlich ihrer Drohungen verloren hatte, da sie Schleyer trotz laufender Fahndungsmaßnahmen nicht exekutierte und diese Art von Drohung somit leicht von vornherein als Scheinmanöver identifiziert werden konnte. Offensichtlich auch in diesem Punkt schien sich die RAF noch nicht ganz im Klaren darüber zu sein, wie wild entschlossen Bundeskanzler Schmidt (unabhängig von dem auf ihm lastenden Druck) sein würde, alle Forderungen des RAF-Kommandos abzulehnen.

Nur einen Tag später erfolgte ein neues RAF-Schreiben, in dem sie den seit längerem zwischen der Bundesregierung und der RAF eigeschalteten Vermittler, Rechtsanwalt Herrn Payot aus dem schweizerischen Genf, bittet, sich nicht mehr zum Bestandteil der Verzögerungstaktik der Bundesregierung zu machen. Erneut schloss die RAF mit einer unmissverständlichen Drohung: „Wir haben das infame Kalkül der Bundesregierung – in der Klemme, dass ein Eingehen auf die Forderungen im Widerspruch zu der von ihr inzwischen institutionalisierten Bürgerkriegshetze gegen die RAF und zu der amerikanischen Daumenschraube steht – seit 9 Tagen mit mehrmaliger Verlängerung unserer Ultimaten beantwortet ... Die Ankündigung des BKA, die Fahndung werde gestoppt, war ein Witz. In jeder Zeitung sind Fotos von Autobahnkontrollen und Meldungen über gestürmte Wohnungen."[124]

Wieder einmal versuchte die RAF in jeder Hinsicht der Bundesregierung unter Schmidt den „Schwarzen Peter" zuzuschieben, indem sie (zu Recht) behauptet, dass dieser und die ihm unterstellten Exekutivorgane auf keine ihrer Forderungen eingegangen seien. Dieses Schreiben ist im Zusammenhang mit der Schleyer-Entführung von besonderem Interesse, denn zum ersten Mal kommt auch so etwas (wenngleich nur marginal) wie eine politisch-theoretische Erörterung vor. Sie wirft der Bundesregierung eine regelrechte und vor allem bereits institutionalisierte Bürgerkriegshetze gegen die RAF vor und erklärt, dass die Bundesregierung in Weisungsabhängigkeit zu den Vereinigten Staaten von Amerika stünde. Dieser Vorwurf der RAF in Richtung deutsche Regierung ist nicht neu, aber er taucht an dieser Stelle zum ersten Mal im Zusammenhang mit der Schleyer-Entführung auf.

Damit unterstellt die RAF quasi, dass die Bundesregierung zum Teil von den USA und ihren Geheimdiensten gezwungen werde, deren Anweisungen in Form einer harten, kompromisslosen Linie gegen die RAF beizubehalten. Doch dieses Argument kann auch aus RAF-Sicht ambivalent beurteilt werden: zum einen zeigt sie zwar damit auf, dass die Bundesregierung nicht souverän agiert, zum anderen „entschuldigt" sie zugleich die Handlungen der Bundesregierung, da diese ja gar nicht anders agieren könne.

Danach herrschte (nach mehrfachen entsprechenden Ankündigungen von Seiten der RAF, die sie dann doch nicht einhielten) tatsächlich für beinahe 14 Tage so etwas wie Funkstille zwischen der RAF und der Bundesregierung.

Am 26. September 1977 wiederholte und bekräftigte die RAF in einem neuen Schreiben zahlreiche bereits gestellte Forderungen. Neu ist der Aspekt, dass sie das Scheinargument der Bundesregierung entkräftete, dass es nach ihrem Wissensstand ganz sicher Länder gäbe, die zur Aufnahme der elf politischen Gefangenen bereit wären – die Bundesregierung hatte zuvor erwartungsgemäß anderweitiges behauptet.

Dann erschütterte ein neuer Sachverhalt die ohnehin schon höchst explosive Lage wie ein Donnerschlag. Am 13. Oktober 1977 wendete sich die RAF (nachdem das mit ihr verbündete palästinensische Kommando der PLFP das Lufthansa-Flugzeug „Landshut" in seine Gewalt gebracht hatte) erneut an Bundeskanzler Schmidt und seine Gefolgschaft. Nachdem nun eine befreundete, ausländische Widerstandsbewegung miteinbezogen war, erfolgte von Seiten der RAF auch eine kurze politische Begründung: „Zwischen der amerikanischen Strategie der Vernichtung von Befreiungsbewegungen in Westeuropa/3. Welt und dem Interesse der Bundesregierung den zur Zeit für sie wichtigsten Wirtschaftsmagnaten – eben für diese imperialistische Strategie – nicht zu opfern."[125] Dadurch wiederholte die RAF den kurz zuvor getätigten Vorwurf einer Abhängigkeit der Bundesregierung von den USA und dass es eben das Vernichtungsinteresse der USA sei, sowohl die RAF als auch palästinensische Widerstandsbewegungen zu vernichten. Allerdings scheint die RAF nicht einsehen zu wollen, dass die Flugzeugentführung weder auf die USA noch auf die deutsche Regierung den nötigen Druck entfaltete, auf die Forderungen der Entführer*innen einzugehen. Insofern unterlag die RAF hier einem offensichtlichen, glatten Fehlschluss, wenn sie annahm, dass die Bundesregierung nicht bereit sei, Schleyer für die beschriebene imperialistische Strategie zu opfern. Im Klartext bedeutet das, dass die RAF immer noch davon ausging, ihre Ziele realisieren zu können.

Den traurigen Schlusspunkt des Schleyer-Dramas setzte die RAF-Erklärung vom 19. Oktober 1977. Erst jetzt formulierte die RAF ganz klar, dass Bundeskanzler Schmidt wohl von Anfang an Schleyers Tod mit einkalkuliert hatte und niemals auch nur daran dachte, auf die Forderungen der RAF einzugehen. Danach schlachtete sie propagandistisch folgerichtig den Tod der RAF-Gefangenen in Stuttgart-Stammheim aus: „Für unseren Schmerz und unsere Wut über die Massaker von Mogadischu und Stammheim ist sein Tod bedeutungslos. Andreas, Gudrun, Jan, Irmgard und uns überrascht die faschistische

Dramaturgie der Imperialisten zur Vernichtung der Befreiungsbewegungen nicht ... Der Kampf hat erst begonnen! Freiheit durch bewaffneten antiimperialistischen Kampf!"[126]

In diesen Zeilen steckt der implizite Vorwurf, dass die Bundesregierung die politischen Gefangenen ebenso exekutiert hat wie die palästinensischen Freiheitskämpfer*innen, welche die „Landshut" entführt hatten.

Die argumentative Doppelkeule des Imperialismus und Faschismus ist aus der bisherigen Argumentationslogik nur folgerichtig, denn der Faschismus bezieht sich in erster Linie auf die Bundesregierung als Nachfolgestaat des Dritten Reichs und der Imperialismus auf die USA, da in dem Schreiben auch die Rede von der Allianz BRD/USA ist, die an den Blutbädern beteiligt war.

Als Nachwehen des Deutschen Herbstes hatte die ohnehin geschwächte und demoralisierte 2. RAF-Generation weitere Rückschläge zu verzeichnen. So wurden beispielsweise zwei neue Mitglieder verhaftet. Gert Schneider und Christof Wackernagel sollten im November 1977, also kurz nach dem Ende des Deutschen Herbstes, in Amsterdam Haschisch für die RAF einkaufen. Natürlich verfügte die RAF in der niederländischen Metropole über diverse Residenzen. Was den RAF-Novizen aber nicht auffiel, war, dass die holländische Polizei bereits dank deutscher Zielfahnder vom Bundeskriminalamt (BKA) eine dieser Wohnungen ausfindig gemacht hatte.

Und so kam eins zum anderen. Der Dope-Dealer verspätete sich. Zwar erwies sich der „Nachschub" für die RAF auf den ersten Blick als klasse „Shit", das Problem war aber, dass der letzte Zug, den die RAF-Mitglieder aus Amsterdam hätten nehmen sollen, bereits weg war. Schneider und Wackernagel wollten daraufhin die Chefin Mohnhaupt anrufen und um Rat fragen. Dabei wurden sie von den niederländischen Polizisten gestellt.

Es kam zu einem Feuergefecht, in dessen Verlauf Schneider eine Handgranate warf. Beide RAF-Mitglieder wurden schwer verletzt. Trotz massiven Drängens von deutscher Seite weigerte sich die niederländische Regierung, die beiden an Deutschland auszuliefern. Zu groß war die Sorge um das Wohlergehen der RAF-Mitglieder auf deutschem Boden. Um Klartext zu sprechen: Nach den dubiosen Selbstmorden von Stammheim, anderen mysteriösen Todesfällen von RAF-Gefangenen und dem ohnehin äußerst aufgeheizten politischen Klima in Deutschland wollten die Niederländer es zunächst nicht riskieren, dass den beiden RAF-Novizen auch etwas passieren könnte.

Erst mit einiger zeitlicher Verzögerung überstellten die Niederländer beide dann doch nach Deutschland, wo ihnen 1980 der Prozess gemacht wurde, der mit Haftstrafen im hohen zweistelligen Bereich endete. Christof Wackernagel ist nach eigenem Bekunden bis heute davon überzeugt, dass er den Niederländern sein Leben verdanke. Zwar seien die Haftbedingungen in Holland extrem hart gewesen, da alle 15 Minuten „Lebendkontrollen" durchgeführt wurden, aber letztlich hätte die Verzögerung der Auslieferung dazu beigetragen, dass er und sein Freund an Leib und Leben unversehrt blieben.[127]

Wie dem auch sei, die niederländische Regierung hat in diesem Fall sicherlich mit Umsicht und Vorsicht gehandelt – ob jetzt das Leben von Schneider und Wackernagel gefährdet gewesen wäre, kann aus heutiger Perspektive nicht mehr mit Sicherheit bewiesen werden. Der geschilderte Sachverhalt zeigt aber auf, wie angespannt und explosiv die internationale Gesamt-Gemengelage um die RAF im Jahre 1977 und danach war. Der Deutsche Herbst hatte in der deutschen Geschichte und in der politischen Debatte tiefe Spuren hinterlassen, auch wenn die RAF grandios gescheitert war.

Aber alle Hoffnungen der Sicherheitsbehörden, dass sie damit den Fall RAF zu den Akten legen konnten, erwiesen sich als unbegründet. Trotz der schmerzhaften, allumfassenden und nachhaltigen Niederlage gegen den deutschen Staat gelang es der RAF, wieder auf die Beine zu kommen. Allerdings benötigte dieser Schritt viel Zeit – zumindest gemessen an RAF-Maßstäben. Im Prinzip musste sie nicht bei null beginnen, da zahlreiche wichtige Parameter erhalten blieben. Die RAF verfügte nach wie vor über ein umfangreiches Waffen-Arsenal, sie verfügte über eine im Schrumpfen begriffene Kriegskasse und auch über einen zwar deutlich dezimierten, aber immer noch funktionsfähigen Personalkader.

Die RAF-Probleme jener Zeit waren eher „psychologischer" Natur. Man hatte das allen anderen Aspekten übergeordnete Ziel der Gefangenenbefreiung nicht realisieren können. Darüber hinaus waren die Gründungsväter und Gründungsmütter der 1. RAF-Generation (mit wenigen Ausnahmen, die aber nicht in der Rangordnung auf einer Stufe mit Baader & Co standen) allesamt tot.

Nun war auch in aller Deutlichkeit klar, dass die RAF eigenständig und aus sich heraus einen neuen theoretisch-ideologischen Input liefern musste, um ein aktuelles, zeitgemäßes Fortbestehen der RAF als Organisation rechtfertigen zu können. Selbst die glühendsten und treuesten Unterstützer*innen der RAF befanden sich zu jener Zeit in einem tiefen Loch, gespickt mit Zweifeln an der

Fortführung des bewaffneten Kampfs. Letztlich war es nun die Aufgabe des „oberen Managements", also des inneren Zirkels der RAF-Kommandoebene, diese Leere mit neuen Inhalten und später neuen Aktionen zu füllen. Brigitte Mohnhaupt,[128] trotz aller Niederlagen und Rückschläge weiterhin die unangefochtene Anführerin der 2. RAF-Generation, gab sich alle Mühe, diese Desiderate zu liefern.

Trotz aller Anstrengungen dauerte es dennoch zwei Jahre nach der desaströsen RAF-Niederlage von 1977, bis die RAF zu neuen Aktionen ausholte. Die Strategie und Taktik der 2. RAF-Generation hatte sich (bis zur verheerenden Niederlage 1977) in erster Linie gegen wichtige Repräsentanten des deutschen Staats aus den Bereichen Wirtschaft, Justiz und Politik gewendet. Nun aber fand ein grundlegender ideologischer und strategischer Wechsel statt, ohne dass dadurch das Diktum der subjektivistischen Wende aufgegeben worden wäre. Im Bereich militärischer Strategie und Taktik bedeutete das weiterhin, dass die RAF auf (subjektivistisch ausgerichtete) Einzelattentate fokussiert war.

Immer noch galt dabei die Devise so hoch wie möglich anzusetzen – das heißt, dass das Attentatsziel ein möglichst hoher Funktionsträger der von ihm repräsentierten institutionellen Schiene sein sollte. Dabei setzte die RAF im Einzelnen wieder Schusswaffen, aber auch Panzerfäuste und Bomben ein. Die zunächst als Paradigmenwechsel erscheinende erneute Hinwendung zu Bomben (analog der 1. RAF-Generation) ist nur eine scheinbare, denn die Bombenanschläge der 2. RAF-Generation richteten sich zu jener Zeit nicht gegen kollektive Entitäten (wie Polizeidirektionen oder Landesbesoldungsstellen), sondern gegen einzelne, hochrangige Ziele.

In den Nachwehen des Deutschen Herbstes erkor die RAF in ihrer ideologisch-strategischen Neuausrichtung einen neuen Hauptfeind, den sie vor allem in den Vereinigten Staaten von Amerika sah. Damit waren Angriffe gegen das „Innere" der Bundesrepublik, wie sie im Deutschen Herbst massiv zelebriert wurden, erst einmal vom Tisch. Diese ideologische Umorientierung mag ihren Grund auch in der Rechtfertigung der RAF gegenüber ihren Unterstützer*innen haben. So ist es leicht vorstellbar, dass es nach den herben Niederlagen des Jahres 1977 für die RAF-Unterstützer-Szene schwer vermittelbar gewesen wäre, weiter die gleiche Schiene zu fahren. Zudem gab es den Fokus der politischen Gefangenen in dieser Schärfe nicht mehr. Natürlich gab es in bundesdeutschen Gefängnissen auch nach dem Deutschen Herbst noch immer politische Gefangene, die von der RAF befreit werden wollten. Aber diese Gefangenen besaßen nicht die Prominenz und Präsenz eines Andreas Baader oder einer Gudrun Ensslin. Die Angriffe der RAF sollten sich folgerichtig in der Zukunft insbesondere gegen die US-Nato-Strategie wenden.

Nach 1977 war der RAF-Kommandokern stark dezimiert, was umfassende Offensiv-Bemühungen von vornherein ausschloss. Verhaftungen, Tote und ausgebrannte Aussteiger*innen hinterließen eine Art Rest-Rumpf-Kommandoebene, die sich aufgrund ihrer geschrumpften Personalstärke nun auch neuen Attentatsformen (in notgezwungen reduzierter Form) zuwenden musste. Folgerichtig kamen Entführungen wie die von Schleyer oder die geplante von Ponto nicht mehr in Frage, da diese zu personalintensiv waren und die RAF über diese Form von Manpower einfach nicht mehr verfügte. Dieser Befund könnte sogar zu der Behauptung führen, dass die 2. RAF-Generation auch noch nach dem Herbst 1977 am Ziel der Gefangenen-Freipressung festhielt. Die Kommandoebene entwarf Planspiele, wie dies trotz aller Dezimierungen möglich sein könnte. In ersten Überlegungen wurden deswegen Hans-Dietrich Genscher als wichtiger bundesdeutscher Politiker zum einen und Alexander Haig als wichtiger US-Nato-General zum anderen als potenzielle Geiseln auserkoren. Ersterer wäre eine beinahe Eins-zu-Eins-Fortschreibung der bisherigen Strategie gewesen, denn bei Genscher handelte es sich um einen signifikanten Politiker, der die Möglichkeit eines Gefangenenaustausches (im Vergleich zu Schleyer) sicherlich nicht geschmälert hätte. Bei genauerer Überlegung kam die RAF jedoch zu dem Ergebnis, dass die Entführung logistisch-infrastrukturell und personalressourcenbedingt nicht zu bewältigen war.

Interessant bleibt dennoch der Gedanke, einen hochrangigen US-Militärrepräsentanten wie Haig zu entführen. Nach RAF-Logik wäre dabei die nicht souveräne, von den USA abhängige Bundesregierung in ihrem Entscheidungsspielraum massiv eingeengt gewesen. Die Entscheidung, ob sie General Haig gegen politische Gefangene austauschen würde, lag nicht allein in der Hand der Bundesregierung, sondern wäre von den Amerikanern mitbestimmt worden. Inwieweit sich die Amerikaner verhandlungsbereit gezeigt hätten, muss im Bereich der Vermutungen bleiben. Aber es ist durchaus vorstellbar (da sie in anderen Fällen ähnliche Entscheidungen getroffen haben), dass die USA ihren General aus der Gefangenschaft der linksextremistischen RAF befreit hätten. Und das auf Kosten der Bundesrepublik, welche die RAF-Gefangenen hätte laufen lassen müssen.

Die beschriebenen Restriktionen führten die RAF (nach verworfenen Gedankenexperimenten und Planspielen) zurück zu schlichten Tötungsabsichten, die leichter zu bewerkstelligen schienen, als aufwendige Entführungen. Letztendlich fiel die Auswahl auf US-General Haig – vermutlich auch deshalb, weil die RAF hoffte, so beim antiimperialistischen Lager in Deutschland und Westeuropa Unterstützung zu finden und aus diesem Pool neue RAF-Mitglieder rekrutieren zu können.

Bevor das Attentat auf US-General Haig geschildert wird, noch eine kurze Übersicht, was sich 1978 zuvor in Sachen RAF tat. Im Januar wurde das RAF-Mitglied Christine Kuby in Hamburg in eine Schießerei mit der Polizei verwickelt, bei der sie und ein Polizeibeamter verletzt wurden. Am 10. März 1978 begannen die RAF-Gefangenen ihren sechsten Hungerstreik, um gegen die Einzel- und Kleingruppenisolation zu protestierten. Nach etwa sechs Wochen wurde er beendet.

Im Mai musste die RAF weitere herbe Verluste hinnehmen. Im damaligen Jugoslawien wurden Sieglinde Hofmann, Rolf-Clemens Wagner, Brigitte Mohnhaupt und Peter-Jürgen Boock verhaftet. Die jugoslawische Regierung war aber nur zur Auslieferung bereit, falls die Bundesregierung im Gegenzug acht Exil-Kroaten auslieferte. Dieses Ansinnen lehnte die Bundesregierung ab – vermutlich da ihr an einer Destabilisierung des System-Gegners mehr gelegen war, als an den RAF-Mitgliedern. Es könnte auch gut sein, dass die Bundesregierung in diesem Fall von den USA zu dieser Verhaltensweise gedrängt wurde. Im November 1978 durften die RAF-Mitglieder schließlich in ein Land ihrer Wahl ausfliegen. In Paris wurde Stefan Wisniewski am 12. Mai am Flughafen Paris-Orly verhaftet.

Die Staatsseite wurde von ihrer Seite aus auch proaktiv. Der niedersächsische Ministerpräsident Albrecht (CDU) ließ mit Unterstützung und dem „Segen" der sozialliberalen Bundesregierung von einem Kommando des niedersächsischen Landesamts für Verfassungsschutz und der GSG 9 einen Sprengstoffanschlag auf die Außenmauer der JVA Celle ausführen. Sinn und Zweck des Ganzen: Die Operation sollte wie ein terroristischer Versuch aussehen, den dort inhaftierten (und der RAF nahestehenden) Linksradikalen Siegfried Debus zu befreien. Vorgesehen war zudem, dabei auch zwei „authentische" Mitbefreier (die zugleich als V-Leute agierten) zur Infiltration der RAF einzusetzen. Diese False-Flag-Aktion flog erst 1986 auf. und keiner der daran Beteiligten hatte

Konsequenzen irgendeiner Art zu befürchten. Allerdings gelang es auch nicht, die RAF durch diese Aktion hereinzulegen.

Im Herbst 1978 ging die Dezimierung der Personalstärke der RAF weiter. Trotz der ungemein angespannten Fahndungslage fiel dem RAF-Kommandoebene-Mitglied Willy Peter Stoll in einer der konspirativen Wohnungen sprichwörtlich die Decke auf den Kopf. Er begab sich in ein China-Restaurant in Düsseldorf. Dort wurde er unter fragwürdigen[129] Umständen von zwei Polizisten erschossen.

Astrid Proll, die seinerzeit mit Baader und Ensslin bereits vor Gründung der RAF in den Untergrund ging und die 1974 geflüchtet war, wurde in einer Autowerkstatt in London verhaftet und 1979 an die BRD ausgeliefert, wo sie 1980 zu fünfeinhalb Jahren Haft verurteilt wurde.

Den letzten Höhepunkt des Jahres 1978 gab es Ende September. In einem Waldstück nahe Dortmund hatten sich RAF-Mitglieder zu einem Übungsschießen getroffen. Als überraschenderweise die Polizei hinzukam, artete das Ganze in eine wilde Schießerei aus, bei der ein Polizist erschossen wurde und RAF-Mitglied Michael Knoll so schwer verletzt wurde, dass er zwei Wochen später starb. Angelika Speitel wurde von der Polizei noch am Tatort verhaftet.

Das erste wichtige RAF-Ereignis 1979 bestand im siebten kollektiven Hungerstreik. Am 20. April[130] gingen über 70 politische Gefangene für folgende Punkte in den Hungerstreik: Abschaffung der Isolationshaft, Einhaltung der Mindestgarantien der Genfer Konvention, Zusammenlegung der Gefangenen in interaktionsfähige Gruppen sowie die Freilassung des als haftunfähig eingeschätzten Günter Sonnenberg. Die diesbezügliche Hungerstreik-Erklärung der RAF-Gefangenen in Berlin enthält zum ersten Mal seit der Schleyer-Entführung wieder eine theoretisch-soziopolitische Analyse und verdient deshalb eine eingehende Betrachtung.[131]

Die Gefangenenfrage wird in der Hungerstreik-Erklärung eng mit wichtigen innen- und europapolitischen Aspekten verknüpft: „Die Einrichtung dieser Vernichtungsmaschinerien ist die Konsequenz des Staats aus der Erkenntnis, dass die Gefangenen mit den bisherigen Isolationsmethoden nicht zu brechen waren und dass die als Selbstmorde getarnten Morde an Ulrike, Andreas, Gudrun, Jan, Ingrid und der Mordversuch an Irmgard für die politischen Ziele der Bundesregierung – die Durchsetzung des >>Modell Deutschland<< der Sozialdemokratie in ganz Westeuropa und darüber hinaus zur Sicherung des >>inneren Friedens<< eine Politik, die durch die Direktwahlen zum europäischen Parlament von der westeuropäischen Bevölkerung jetzt legitimiert werden soll – counterproduktiv waren/sind, wie sich z.B. vor kurzem wieder an Kohls TV-Auftritt in den Niederlanden gezeigt hat."[132]

Die RAF-Gefangenen sahen sich und die RAF also nicht nur als das kleine Rädchen, welches das große Rädchen in Gang setzt, sondern bewerteten den Umgang des politischen Systems mit den RAF-Gefangenen sozusagen als Modell-Versuch, wie sie die innenpolitischen Verhältnisse möglichst optimal gestalten können.

Dabei sprechen sie der Bundesrepublik Deutschland wohl auch richtigerweise eine hegemoniale Vormachtstellung in Europa zu, denn anscheinend dient die BRD als Vorlage für weitere europäische Staaten – was in Deutschland durchgesetzt werden kann, das wird in den anderen Staaten der Europäischen Union auch mehr oder weniger reibungslos funktionieren. Danach geht die Erklärung noch einmal dezidiert auf die Lage der politischen Gefangenen und die damit verbundenen „Erpressungsversuche" des Staats ein: „Die Gefangenen, die sich weigern, den Kampf zu beenden und die auf den Deal: >>Resozialisierung<<, wenn sie abschwören oder kollaborieren, nicht eingehen, sollen in den neuen Isolationsbunkern physisch und psychisch derart fertiggemacht werden, dass sie, wenn sie da mal rauskommen, zu keinem Widerstand mehr fähig sind – dass >>ihr Zustand es als nahezu ausgeschlossen erscheinen<< lässt, dass sie im antiimperialistischen Kampf >>in naher Zukunft eine aktive Rollen (sic!) spielen<< können, wie der Hamburger Justizsenator Dahrendorf das Ziel der Counterstrategie zynisch formuliert hat."[133]

Trotz des verschobenen Fokus der RAF-Kommandoebene bleibt das Thema der politischen Gefangenen nach wie vor ein heißes Eisen. Dennoch waren die politischen Gefangenen für einige Zeit völlig auf sich alleine gestellt, da die RAF aus den Fehlern des Deutschen Herbstes ihre Konsequenzen gezogen und sich neu aufgestellt hatte.

Die Dezimierung des RAF-Kaders ging weiter. Am 4. Mai wurde Elisabeth von Dyck beim Betreten einer konspirativen Wohnung in Nürnberg von der Polizei erschossen. In dieser Sache ist sicherlich der Vorwurf des präventiven Todesschusses nicht völlig unangebracht, da drei in der Wohnung wartende Polizisten der auf sich gestellten von Dyck auflauerten. Am 9. Juni widerfuhr Rolf Heißler ein ähnliches Schicksal – allerdings kam dieser mit dem Leben davon. Auch auf Heißler wurde von Seiten der Polizei sofort das Feuer eröffnet, als dieser die konspirative Wohnung betrat. Geistesgegenwärtig riss Heißler die Sonntagsausgabe einer überregionalen Tageszeitung vor sein Gesicht, was die Wucht des Kopftreffers abmilderte und ihm vermutlich das Leben rettete.

Nach zahlreichen derartigen Problemen und herben Rückschlägen ist es beinahe schon erstaunlich, dass die RAF überhaupt wieder in die Offensive gehen und militärisch aktiv werden konnte.

Wie erinnerlich war die Stoßrichtung der Kommandoebene dieses Mal der US-Imperialismus und das NATO-Bündnis. Ende Juni 1979 führte das RAF-Kommando „Andreas Baader" einen Sprengstoffanschlag auf Haig aus, als sich dieser in seiner Dienstlimousine auf dem Weg zum NATO-Hauptquartier in Belgien befand. Das RAF-Kommando hatte unter der Straßendecke einer Brücke auf dem Weg von Haigs Wohnsitz zum NATO-Hauptquartier einen ca. 1,80 Meter langen Tunnel gegraben und die Ladung von etwa 20 Kilogramm Plastiksprengstoff ungefähr 40 Zentimeter tief unter der Erde angebracht. Die Zündung sollte über ein 200 Meter langes Elektrokabel in dem Moment ausgelöst werden, wenn sich Haigs Mercedes mit der Vordertür auf Höhe der Ladung befand. Die Terrorist*innen hatten zwar zuvor in akribischer Feinarbeit ausgerechnet, dass sich sein Wagen zwei Meter in der Zehntelsekunde bewege, begingen dabei aber den Fehler, dass sie dachten, die Explosion auch bei einer solch hohen Geschwindigkeit noch exakt genug mit der Hand auslösen zu können. Diese Selbstanalyse bildete den Auftakt des Bekennerschreibens – gespickt mit praktischen und zahlreichen anderen Details, vermutlich, um den Fahndungsbehörden gleich die Authentizität des Bekennerschreibens zu beweisen. Beim Sprengstoffanschlag auf den Oberbefehlshaber der NATO, General Alexander Haig, findet sich zudem im Bekennerschreiben eine strategische Analyse des globalen Kräfteverhältnisses unter besonderer Berücksichtigung des imperialistischen Kapitalismus statt. Die sozialdemokratische Regierung Deutschlands wird dabei der verdeckten Kriegsführung bezichtigt.

Die RAF-Analyse der militärisch-ökonomischen Weltpolitik nimmt sich im Bekennerschreiben dann so aus: „Was sich verändert hat seit der politischen und militärischen Niederlage der Vereinigten Staaten in Vietnam, ist, dass ihre Aggressivität zugenommen hat statt abgenommen, ist, dass die Völker der Welt mit einer neuen amerikanischen Offensive konfrontiert sind, die gleichzeitig einen qualitativen Sprung markiert in der Entwicklung des Kräfteverhältnisses zwischen Revolution und Konterrevolution – oder, wie wir gesagt haben: im weltrevolutionären Prozess der Einkreisung der Städte durch die Dörfer. Durch die Befreiungskriege in Südostasien und Afrika hat sich die Front näher an das Zentrum, an die Metropolen selbst herangeschoben und den Rückzug des US-Imperialismus – die sogenannte Verlagerung des strategischen Schwerpunkts nach Westeuropa – taktisch und strategisch unmöglich gemacht."[134]

Die Gegenbewegung der imperialistischen Staatenbünde hat sich (so die RAF in dem Text weiter) in ihrer Qualität verschärft, da die Niederlage des Imperialismus nach Vietnam deutlich spürbar ist. Nunmehr, so postulieren die Analyst*innen der RAF vollmundig, sei die Front nahe an Europa herangerückt. Dies ist ein Gedanke, der später für die 3. RAF-Generation von entscheidender Bedeutung sein wird.

Das RAF-Bekennerschreiben geht dezidiert auf die Rolle des US-Generals und seine Verflechtungen mit der Bundesrepublik Deutschland ein: „Die konkreten Schritte der Politik des reinforcement, die Haig in seiner Funktion als NATO-Chef mit Hilfe der BRD durchgesetzt hat, um für diesen >>halben Krieg<< gerüstet zu sein (was heißt, die europäischen Staaten gleichzeitig und anders als 1973 fest im Griff zu haben), bauen die BRD als aggressive US-Base auf – atomwaffenstarrend, mit einer >>nach oben gleitenden, eskalierenden Präsenz amerikanischer Truppen<< ausgestattet, das ganze Land eine einzige Kaserne – funktional für >>ambivalente, verschwommene Situationen an den Flanken oder in Randgebieten der NATO wie z.B. im Nahen Osten und in Afrika<<, und als eiserner Kragen für die angrenzenden Länder."[135]

Von dieser analytisch recht klaren Funktionsanalyse der US-Militärstrategie und der Einbindung des westdeutschen Staats darin, schlagen die Verfasser*innen des Bekennerschreibens den Bogen zur sozialliberalen Regierung unter ihrem Intimfeind Helmut Schmidt. Dabei besaß die RAF nach den Ereignissen von 1977 das nicht selbstverständliche Selbstbewusstsein, dass die verdeckte Kriegsführung der Bundesregierung zunächst gegen die RAF erprobt worden wäre, um sie dann im internationalen Kontext anzuwenden. Beide verdeckt arbeitende Mechanismen würden nicht funktionieren, so die RAF-Autor*innen weiter, da die BRD durch das Versagen der verdeckten Kriegsführung inzwischen weltweit als offen agierende Kriegspartei gesehen werde. Die Notwendigkeit hierzu besteht laut RAF aus einer Weisungsabhängigkeit Deutschlands gegenüber Washington und aus dem Versuch, die politische Macht zu erhalten: „Die Klemme, in die er durch die Pentagon-Veröffentlichung 77 geraten ist, in der offen angesprochen wurde, was die Strategie der flexible response für die BRD bedeutet – 5 Millionen Tote bei uns, damit das amerikanische Kernland geschützt wird – der Preis den die SPD zahlt, um an der Macht zu bleiben, ist nur ein Symptom der totalen Abhängigkeit der BRD, gegen die wir kämpfen."[136]

Damit unterscheidet sich das Ergebnis der Analyse der RAF nicht allzu sehr von denen rechtsradikaler Gruppen, die der BRD auch eine fehlende Souveränität gegenüber den USA vorwerfen. Die RAF hingegen verknüpfte diese analytischen Gegebenheiten mit dem laut ihrem Bekunden äußerst repressiven Vorgehen des Staats gegen die RAF. Demnach würde die Aufstandsbekämpfung in Deutschland maßgeblich aus den USA dirigiert. Die toten politischen Gefangenen und die durch den präventiven Todesschuss hingerichteten RAF-Kommandoebene-Mitglieder seien quasi auf direkten Befehl der USA vernichtet worden, um im imperialistischen Zentrum von vornherein jeglichen militärischen Widerstand auszumerzen.

Die Schlussfolgerungen der RAF hingegen scheinen ein klein wenig euphemistisch und selbstüberschätzend. Zunächst folgt die in damaligen linken Kreisen selbstevidente Aussage, dass der US-Imperialismus der Todfeind aller Menschen sei und dass eine wesentliche Frage sei, wie die RAF und alle anderen antiimperialistisch-internationalistischen Kräfte dieser Tatsache am wirkungsvollsten begegnen können. Die diesbezüglichen Forderungen am Ende des Schreibens strotzen nur so vor Selbstbewusstsein, auch wenn sie in imperativischer Form gehalten sind: „Zerschlagt den US-Imperialismus und seine Basen auf der ganzen Welt! Organisiert den Widerstand in Westeuropa! Baut die Antiimperialistische Front in den Metropolen auf!"[137]

Die RAF sieht sich als einen kleinen Teil im weltrevolutionären Prozess, wobei sie (ihrer eigenen Einschätzung nach) an der entscheidenden Schnittstelle Westeuropa in den Kampf eingreift. Gelingt in Westeuropa die Revolution, so die Vermutung, dann steigen die Chancen einer weltweiten Revolution deutlich. Oder anders (militärisch-strategisch) formuliert: Gelingt es der RAF in den Zentren/imperialistischen Metropolen starke Kräfte des Feindes zu bündeln, so können die antiimperialistischen Widerstände in der Peripherie, also in den Dörfern, sich umso eher aus der tödlichen Umklammerung des US-Imperialismus befreien.

Der Angriff auf US-General Haig wurde vom Abbruch des siebten kollektiven Hungerstreiks flankiert. Die Bedingung lautete auch in diesem Fall, dass die

Hungerstreikenden nicht das Kalkül der Bundesregierung unterstützen wollten, dass es weitere RAF-Tote zu verzeichnen gäbe. Begründet wurde diese drastische Aussage damit, dass der Staat in letzter Zeit viele RAF-Kämpfer*innen liquidiert habe: „Dem entspricht, dass – wie in letzter Zeit an Willy Peter Stoll, Elisabeth von Dyck und Rolf Heißler klar geworden ist – Gefangene nicht mehr gemacht werden."[138]

Den eigens induzierten Hunger- und Durststreik interpretierten die politischen Gefangenen dann überraschenderweise als erneuten Versuch des Staats, weitere Gefangene zu töten.

Dem RAF-Lebenszeichen von 1979 folgten weitere herbe Rückschläge, die 1979 begannen und sich 1980 fortsetzten. Gegen Ende des Jahres 1979 wurde in Zürich ein RAF-Banküberfall begangen. Die Wahl war auf die Schweiz gefallen, da hier noch nicht so intensiv nach RAF-Mitgliedern gefahndet wurde und die RAF dringend Geld benötigte, um zu weiteren Aktionen in der Lage zu sein. Doch der Banküberfall lief komplett aus dem Ruder: Eine unbeteiligte Frau kam dabei (aller Wahrscheinlichkeit nach durch die Schuld des RAF-Kommandos) ums Leben – weitere Personen wurden leicht verletzt. Die RAF hatte auch einen hohen Preis zu zahlen: Rolf-Clemens Wagner wurde mit etwa der Hälfte der Gesamtbeute von den eidgenössischen Behörden festgenommen. Mit ihm war ein weiterer wichtiger Aktivposten der Kommandoebene ausgefallen.

1980 bot keinen Anlass für die RAF, auf eine Verbesserung ihrer Lage zu hoffen. Im Januar des Jahres wurde Peter-Jürgen Boock in Hamburg festgenommen. Boock war einerseits einer der Aktivposten der 2. RAF-Generation, durch sein tatkräftiges Mitwirken und seine handwerkliche Geschicklichkeit war er es gewesen, der einige der Aktionen erst ermöglich hatte. Gleichzeitig war er es aber auch, der (durch eine gespielte Krebserkrankung und seine tatsächliche Morphiumsucht) für den Ausfall und die Verhaftung zahlreicher RAF-Mitglieder verantwortlich war, als diese versuchten, ihm die gewünschten Drogen zu beschaffen.

Am 5. Mai wurde Sieglinde Hoffmann, eine der Protagonistinnen des Schleyer-Dramas mit vier anderen Frauen aus der Widerstandsbewegung 2. Juni in Paris festgenommen. Bereits hier zeichnete sich ab, was später wahr werden sollte: die RAF und die Bewegung 2. Juni strebten eine Kooperation an, die sich dann auch tatsächlich vollzog, wobei der Vollständigkeit halber hinzugefügt werden muss, dass die RAF die Bewegung 2. Juni mehr oder weniger unter ihrem eigenen Label inkorporierte. Für die RAF war neben den neuen Mitgliedern durch die Bewegung 2. Juni auch deren finanzielle Liquidität von besonders hohem Interesse.

Auch die nächste schlechte Nachricht für die RAF stand im Zusammenhang mit der anstehenden Kooperation von Bewegung 2. Juni und RAF. In der Nähe von Bietigheim-Bissingen kamen bei einem Verkehrsunfall Juliane Plambeck von der Bewegung 2. Juni und Wolfgang Beer von der RAF ums Leben. Dieses Ereignis markierte offensichtlich solch ein zentrales Ereignis in der RAF-Geschichte, dass die RAF sich veranlasst sah, dazu Stellung zu nehmen. Darin leugnete die RAF einige in der Presse kolportierte Anschlagziele, die in der Nähe des Unfallorts lagen.

Schließlich kommt die RAF mit aller Vorsicht auf die bevorstehende Fusion der beiden Widerstandsgruppen zu sprechen, wenn sie sich mit den beiden toten Personen beschäftigt: „Für ihn war das Wichtigste, in und durch den Angriff zu lernen – in der Illegalität, in der Legalität, im Knast – und das hat er auch vermittelt. Seine Klarheit in dem, wie er war, seine Initiative, seine Militanz und sein politisches Denken waren acht Jahre für uns – RAF – wichtig. Juliane wollte, dass die Guerilla in der BRD zusammenkommt, darüber sind wir mit ihr zusammengekommen. Sie war diejenige, durch deren Offenheit und politische Radikalität der Mist, der im Weg lag, beiseite geräumt werden konnte. Die Entschiedenheit und ihre Lust, den neuen Abschnitt anzupacken, waren stark für uns."[139]

Nach dieser Rückbesinnung auf die Kämpfer*innen, den Ausblick auf zukünftige Widerstandsorganisationen und die Verleugnung, was mögliche RAF-Ziele gewesen sein könnten, kommt die RAF tatsächlich noch auf ihre neue strategisch-taktische Grundausrichtung zu sprechen: „Die Offensive 77 hat die Perspektive für einen neuen Abschnitt eröffnet. Konkret die Notwendigkeit einer Umstrukturierung für uns und die nächsten Schritte zu entwickeln, die die bewaffnete und illegale und die legale Struktur zur politisch-militärischen Einheit des antiimperialistischen Widerstands werden lässt. Daran bestimmen wir unsere Aktion."[140]

Hier kommt meines Erachtens bereits der Grundgedanke des später erschienenen umfassenden Strategiepapiers namens Mai-Papier zum Ausdruck. Die RAF wollte durch ihre in dieser Zeit antiimperialistisch ausgerichtete Kriegsstrategie neue legal verwurzelte Verbündete in Deutschland finden. Das Ziel war es, mit diesen legalen Gruppen gemeinsam anzugreifen und somit einen größeren Druck aufzubauen. Im Mai-Papier hieß dieses Konzept lapidar: RAF + Widerstand, wobei die RAF die Speerspitze der antiimperialistischen Aktion blieb und der Widerstand lediglich Anschläge gegen Dinge mit hohem Symbolwert beging. Zugleich bot der (legale) Widerstand ein hervorragendes Rekrutierungsbecken für neue Kämpfer*innen, denn wer den Mut hatte Sprengstoffattentate gegen Dinge zu verüben, der würde sich auch den Anforderungen der RAF-Kommandoebene gewachsen zeigen. Aber zu diesem Zeitpunkt war die RAF davon noch weit entfernt.

Das Jahr 1981 startete mit einem Hungerstreik, der vom 6. Februar bis zum 16. April 1981 dauerte. Das Besondere an dem Hungerstreik war, dass sich erstmals Gefangene aus dem antiimperialistischen Lager anschlossen und es so zu der imposanten Gesamtzahl von über 100 Hungerstreikenden kam.

Dazu gab es eine umfangreiche Hungerstreik-Erklärung, die gleich zu Beginn des Hungerstreiks erschien. Naturgemäß drehte sich ein wesentlicher Teil dieser Erklärung erneut um die als unmenschlich gewerteten Haftbedingungen, denen die politischen Gefangenen unterworfen waren. Darin wurde sogar so weit gegangen, dass die Kontinuität in Mitteln und Zielen zur Vernichtung der politischen Widerstand leistenden Gefangenen zwischen dem Dritten Reich und der BRD herausgestellt wurde.

Die politische Analyse der BRD im Verhältnis zur USA wird ähnlich wie in den RAF-Kommandoerklärungen gesehen: „Für den dritten Anlauf, den der deutsche Imperialismus jetzt nicht gegen, sondern mit dem amerikanischen Kapital, nicht selbstständig, sondern als Funktion der amerikanischen Außenpolitik als Weltinnenpolitik unternimmt, ist die Vernichtung der politischen Gefangenen und der gesamten Widerstandsbewegung, die hier im Kernland des US-Staaten-Systems, der zentralen militärischen, ökonomischen und politischen Ausgangsbasis der aggressiven US-Politik seit 1945 angreift und die Machtfrage stellt, zwingend."[141]

Zentral ist die Aussage, dass Deutschland im Wilhelminischen Deutschland und im Dritten Reich gegen das US-Finanzkapital versuchte die Welthegemonie zu erreichen oder aber zumindest seine imperialistischen Ziele durchzusetzen. Nun aber (nach 1945) würde Deutschland diese Ziele gemeinsam mit dem US-Geld anstreben, auch unter der Bedingung, dass die BRD lediglich ein funktionales Teilsystem innerhalb der US-Maschinerie darstelle.

Umso wichtiger ist dann die Feststellung, dass sowohl die BRD als auch die USA das höchste Interesse daran hätten, jede Form des Widerstands (auch den der politischen Gefangenen) auszumerzen. Die Hungerstreik-Erklärung nimmt auch im weiteren Fortgang erstaunlich oft Bezug auf von der Gefangenenfrage losgekoppelte gesellschaftspolitische Aspekte wie die Totalität der Gewalt des Eigentums, Trinkwasservergiftung, atomare Verseuchung und so weiter. Damit griffen die politischen Gefangenen ein weites Spektrum an Themen auf – wohl in der Hoffnung, so möglichst breiten Anschluss an viele gesellschaftliche Teilbereichsbewegungen zu finden.

Zugleich postulierten sie, dass die Illegalität der RAF als befreites Gebiet des Widerstands Handlungsfähigkeit in der BRD herstelle. Insgesamt behauptete die Erklärung, dass der Staat BRD durch seine harten Reaktionen gegenüber jeglichem Widerstand zeige, dass er kurz vor dem Zusammenbruch stünde – eine Idee, die sich nicht nur zu diesem Zeitpunkt als irreführend erwies.

Zum ersten Mal zeigte sich in der Erklärung eine spätestens für die 3. RAF-Generation zentrale Gedankenfigur, nämlich, dass die Strategie der RAF vor allem gegen die Strategie des politischen Gegners gerichtet ist: „Wenn das Kapital jetzt die Voraussetzungen zu seiner weltweit aggressiven Rekonstruktion schafft, müssen wir – alle, die Befreiung und Verantwortlichkeit, menschliches Handeln wollen – in den Ländern, von denen seine wütende Expansion ausgeht, weit genug sein, um zu verhindern, dass sich das Projekt realisiert, müssen wir in dieser Phase die politisch-militärische Gegenmacht und so die >>politische Grenze<< entwickelt haben, die den militärischen Einsatz des Overkill-Potenzials des US-Imperialismus verhindert, um ihn schließlich zu zerschlagen."[142]

Damit benennen die politischen Gefangenen zwar glasklar Angriffsziel und Angriffszweck, was aber nach erfolgtem Gelingen der Aktionen erfolgen sollte, also das positiv auszufüllende Gegenstück von dem, was war – davon ist keine Rede mehr.

Die Erklärung schließt mit dem Aufruf zur internationalen Solidarität gegen den US-Imperialismus und zum Zusammenhalt zahlreicher politischer Gefangener aus ganz Europa. Bereits hier zeigt sich im Kern die strategisch-taktische Marschrichtung, die vor allem für den Beginn der 3. RAF-Generation wegweisend werden sollte. Es ging der RAF darum, ihren Kampf auf eine gemeinsame, solidarische Basis vor allem westeuropäischer Befreiungsorganisationen zu stellen. Ausdrückliche Solidaritätsgrüße gingen so zum Beispiel an die IRA, mit der die RAF zumindest Wissenstransfers betrieb und an die Brigate Rosse, mit der sie wohl umfassender und auch längerfristiger kooperierte.

Der Hungerstreik erschuf auch einen neuen RAF-Märtyrer. Der politische Gefangene Sigurd Debus starb am 16. April an den Folgen des Hungerstreiks. Seit dem 19. März wurde er gegen seinen ausdrücklichen Willen im Zentralkrankenhaus der Untersuchungshaftanstalt Hamburg zwangsernährt. Der Anwalt von Debus machte daraufhin die Maßnahmen zur Zwangsernährung für den Tod seines Mandanten verantwortlich.

Insofern scheint es beinahe folgerichtig, dass der Name der nächsten RAF-Kommandoaktion den Namen des neuen Märtyrers trug. Eine militärisch-taktische Neuorientierung bzw. Back-to-the-Roots-Besinnung fand 1981 insofern statt, da sich hier eine Abwendung von individualistisch-subjektiven Attentaten hin zu einem Attentat mit einer Bombe (die möglichst viele Soldatenopfer fordern sollte) vollzog. So verübte die RAF einen Bombenanschlag auf das Hauptquartier der US Air Force in Ramstein. Hatte die 1. RAF-Generation Bomben noch als Mittel ihrer Wahl betrachtet, da dies dem maoistisch-kommunistischen Kollektivgedanken am ehesten entsprach, entfernte sich die 2. RAF-Generation von dieser Attentatsart aufgrund einer ideologisch-theoretischen Neuorientierung an der Subjekt-Theorie der Frankfurter Schule.

Der Bombenanschlag auf die Ramsteiner Air Base bedeutete zwar in gewisser Weise ein erneutes Umdenken, aber dieses ist nach wie vor auch den pragmatischen Zwängen strategisch-militärischer Art geschuldet. So ähnelte die Bombenart denjenigen, die Andreas Baader bei seinen Angriffen auf das US-Militär und die deutsche Polizei verwendet hatte. Diese Reminiszenz dürfte im Kalkül des Kommandos gelegen haben. Vermutlich gelang es der RAF auf den strategisch entscheidenden US-Luftwaffenstützpunkt mit einem PKW und einem Motorrad zu gelangen. In dem Auto war eine wuchtige Autobombe versteckt. Nachdem die tödliche Fracht geparkt worden war, machte sich das RAF-Kommando vermutlich eiligst mit dem Motorrad aus dem Staub und verließ ungehindert den Tatort.

Bei dem Anschlag wurden 20 Personen verletzt und es entstand ein nicht unerheblicher Sachschaden. Dem Vernehmen nach waren maßgeblich zwei RAF-Kommandomitglieder an dem Anschlag beteiligt.[143]

Den Anschlag begleitete eine Attentatserklärung, welche die eben genannten Entwicklungen des Haig-Papiers teilweise wieder aufgreift, zuspitzt und sogar noch radikalisiert. Ausdrücklich ruft die RAF alle mit ihr potenziell Verbündeten zum Angriff auf die US-Basen und imperialistischen Militär-Strategen (als individuelle Personenopfer) auf.

Die diesbezügliche Argumentation der RAF lautet in etwa wie folgt: Der durch das US-Militär vorangetriebene Imperialismus bedeutet für Millionen von Menschen den erbarmungslosen Tod und die konsequente Vernichtung. Historisches Ziel des Imperialismus sei es, die Geschichte zurückzudrehen und die politische und die militärische Macht der weltweiten Befreiungsbewegungen (damit sind vor allem kommunistische und sozialistische revolutionäre Bewegungen in der Dritten Welt gemeint) zu zerstören. Natürlich versuche der Imperialismus außerdem, das militärische Gleichgewicht zwischen sozialistischen und imperialistischen Staaten zu seinen Gunsten zu verschieben. Über das US-Hauptquartier Ramstein, so die Erklärung über das konkrete Anschlagziel, würden die imperialistischen Roll-Back-Unternehmungen koordiniert und gesteuert. Zudem werde die gesellschaftliche Realität in den NATO-Staaten durch US-militärische Politikdoktrin bestimmt.

Aber die RAF bleibt in diesem Bekennerschreiben nicht nur bei einer abstrakten geopolitischen Kräfteanalyse stehen, sondern sie wendet sich auch wieder den bundesdeutschen Verhältnissen zu, was als sanftes Abweichen von einer strikt antiimperialistisch-internationalistischen Theorie- und Strategielinie interpretiert werden kann. Insofern unternimmt die RAF auch in diesem Papier eine Art der innenpolitischen Analyse, die sie aber wiederum interaktiv-rekursiv auf die von den USA aufgezwungenen Rahmenbedingungen bezieht – insofern bleibt zu dieser Zeit der 2. RAF-Generation der US-Imperialismus der hauptsächliche Referenzpunkt.

Die US-Militärstrategie bestimme demnach „die gesellschaftliche Entwicklung in den NATO-Ländern, und in ihr kommt dieses System – imperialistische Politik insgesamt – wie in einem Brennpunkt auf seinen Begriff. Der schleichende Tod im 24-Stunden-Tag der Metropole, die Zerstörung im Existenzkampf, Perspektivlosigkeit, Entfremdung, die Entmenschlichung der Arbeit, die Tendenzen zur Eliminierung der Menschen durch die Maschine aus der Produktion überhaupt, die Vernichtung der Lebensbedingungen durch Atomindustrie, Chemie, Beton, die Gefängnisse, die Kontrolle und Kanalisierung aller Lebensäußerungen und ihre Repression, wenn sie nicht für das System umgedreht werden können."[144]

Die US-Militärstrategie stand laut RAF also in einem direkten Kausalnexus zu den beschriebenen Lebensbedingungen in der bundesrepublikanischen Metropole, da sie für die unmenschlichen und zerstörerischen Tendenzen in der Gesellschaft verantwortlich sei. Die im obigen Zitat genannten Aspekte tauchen ausnahmslos auch in den Texten, Strategiepapieren und Bekennerschreiben der 3. RAF-Generation wieder auf, wobei der Text-Impetus wie von Sozialarbeiter*innen verfasst klingt. Bei der Lektüre der Texte der 3. RAF-Generation (die deutlich an Lesefreundlichkeit gegenüber den beiden vorigen Generationen gewannen) beschleicht die Leser*innen manchmal der Eindruck, der Sonntagspredigt eines besonders engagierten, sozial und gesellschaftskritischen protestantischen Pfarrers zu lauschen, der sich vorher mit einem linksorientierten Sozialarbeiter abgesprochen hat. Nicht völlig ohne Grund wird die RAF manchmal als eine Bewegung mit protestantischer (geistesgeschichtlicher) Verwurzelung gesehen, obwohl sich diese Behauptung auf alle drei RAF-Generationen bezieht.

Konkret begründete die RAF das Attentat mit der folgenden strategisch-taktischen Notwendigkeit: „Hier sitzt der Stab für die nukleare Kriegsführung, von hier sollen cruise missiles gestartet und der Abschuss der Pershing II ausgelöst werden. Von hier starten die Atomjäger und die AWACS-Kommandostände, hier ist das Relais für die strategischen Bomber aus den USA. Für den Krieg in der Dritten Welt ist Ramstein Startbasis ... Die US-Militärstrategie ist das äußerste Mittel der Politik der imperialistischen Staatenkette. Alle politischen, ökonomischen und sozialen Mittel sind auf sie abgestimmt. Sie bestimmt die gesellschaftliche Entwicklung in den NATO-Ländern, und in ihr kommt dieses System ... wie in einem Brennpunkt auf den Begriff."[145]

Die RAF hatte damit in ihrem Selbstverständnis einen entscheidenden Angriff auf eine für die Führung und Durchsetzung des US-Imperialismus zentrale Militärstätte unternommen. Auch hier zeigte sie erneut in aller Deutlichkeit den Kausalnexus von US-Imperialismus, NATO und den Lebensbedingungen in den von den USA unterworfenen Völkern (Verbündete der USA) und den von den USA niedergeworfenen Ländern (alle Länder, die sich in irgendeiner Form dem US-Imperialismus widersetzen) auf.

Nach Ramstein wandte sich die RAF wieder Attentatstypen zu, die einzelne Personen ins Visier nahmen. Geheimdienstquellen zufolge erhielt der RAF-Top-Terrorist Christian Klar bei der Stasi vorbereitend ein Einzeltraining im

Panzerfaust-Schießen,[146] wobei an dieser Stelle ausdrücklich darauf hingewiesen sei, dass Erich Mielke (als Minister für Staatssicherheit) und weitere hochrangige Mitglieder seines Ministeriums deswegen nach der Wiedervereinigung von einem bundesdeutschen Gericht wegen des Straftatbestands des Verdachts der Beihilfe zum versuchten Mord angeklagt wurden.

Kroesen, der Oberkommandierende der US-Streitkräfte in Europa, wurde folglich in Heidelberg von dem RAF-Kommando „Gudrun Ensslin" mit einer Panzerfaust und einem Sturmgewehr angegriffen, als seine Wagenkolonne an einer roten Ampel anhalten musste. Beide Granaten trafen zwar das Auto, konnten Kroesen aber nicht töten und auch die nachgesetzten Schüsse richteten keinen nennenswerten Schaden an. Die deutschen Ermittler staunten nicht schlecht, als sie auf der Anhöhe, von der die Panzerfaust abgeschossen wurde, ein Zelt, Verpflegung und angeblich auch etliche Joint-Stummel fanden. Es scheint, als ob die 2. RAF-Generation die „Selbstverwirklichung" so wichtig nahm, dass sie auch direkt vor einem Attentat auf bewusstseinserweiternde Drogen nicht verzichten wollte – dieser Aspekt war aber auch schon bei Baader und Konsorten festzustellen.

Nach dem misslungenen Attentat flüchteten die Terrorist*innen auf Motorrädern. Nach dem Angriff auf Kroesen, den Oberkommandierenden der US-Armee, baute die RAF in ihrem Bekennerschreiben die bereits in vorigen Schreiben festgeklopfte argumentative Linie aus, dass im westeuropäischen Kernland eine neue Front gegen den Imperialismus aufgemacht werden müsse. Diese Gedankenfigur stellte ein zentrales Element der späten 2. RAF-Generation dar, das auch von der 3. RAF-Generation übernommen wurde. Kroesen sei gleichzeitig für die Kriegsführung gegen die revolutionären Befreiungsbewegungen in der Dritten Welt und für die Bekämpfung der Guerilla in Westdeutschland zuständig. Das Schreiben argumentierte weiter: „Er ist einer der US-Generäle, die die imperialistische Politik in Westeuropa bis zum Golf real in der Hand haben, weil er über den Einsatz und die Mittel in der Konfrontation entscheidet. Er bestimmt über die konventionelle Verwüstung und legt fest, wann und wo Neutronensprengköpfe abgefeuert werden. Er befiehlt den US-Interventionstruppen".[147]

Damit bildete Kroesen natürlich ein perfektes ideologisches Anschlagziel für die RAF-Kommandoebene, da wieder der Kausalnexus von US-Militär und Widerstandsbekämpfung in Deutschland in aller Deutlichkeit zum Ausdruck gebracht wurde. Ausdrücklich erhob die RAF in dem Bekennerschreiben die BRD in einen Kolonialstatus, was für sie bedeutete, dass die gesamte bundesrepublikanische Wirklichkeit von den USA bestimmt werde: „Er wird einer der amerikanischen Militärs sein, die statt Schmidt, Genscher, Strauss, Kohl oder wer es dann auch ist, die BRD offen kommandieren wollen, wenn der Widerstand den Kolonialstatus dieses Landes ernsthaft erschüttert."[148]

Zudem hätte die US-Armee in ihrem Heidelberger Hauptquartier bereits eine Computer-Liste mit potenziell aufständischen Linken angefertigt.

Damit bewegte sich die RAF zu jener Zeit – dies muss an dieser Stelle wegen der Signifikanz des Gedankens herausgestellt werden – geistig nicht allzu weit entfernt von der Argumentation deutscher Rechtsradikaler und Rechtsterroristen, die diesen Sachverhalt genau so sahen und die ebenso die US-Streitkräfte in Deutschland mit militärischen Mitteln bekämpften.

Als ideologische Neuerung kann der zum Schluss der Erklärung auftauchende Gedanke gewertet werden, wie der Widerstand in der BRD konkret auszusehen habe und wer genau die Akteure sein sollten: „Widerstand heißt Angriff gegen den konterrevolutionären Angriff. Widerstand heißt, die eigene Praxis in den Zusammenhang der Guerilla stellen. Guerilla, der Kampf der Gefangenen aus der Guerilla, der Kampf der antiimperialistischen Militanten sind die Linien, die als eine Einheit die revolutionäre Front in Westeuropa bilden ... Alle Kämpfe für Lebensbedingungen in allen Bereichen als antiimperialistischen Kampf führen, also zur Front bringen ... Die westeuropäische Guerilla erschüttert dieses Zentrum".[149]

Hier zeichnet sich erneut bereits in nuce ab, was in dem vergleichsweise umfangreichen Strategiepapier „Guerilla, Widerstand und antiimperialistische Front" noch detaillierter beschrieben werden wird. Es ist der Kerngedanke vorhanden, dass die Kommandoebene der RAF mit den Gefangenen der RAF und anderen Ebenen des Widerstands, vorzugsweise den militanten Antiimperialist*innen und gewaltbereiten Autonomen zusammen eine Einheitsfront in Westeuropa bilden sollte.

Die in Freiheit agierende Kommandoebene der RAF sah sich in diesem militärischen, strategisch-taktischen Konstrukt sozusagen als Speerspitze im revolutionären Kampf, der von den Gefangenen aber auch den gewaltbereiten Linksradikalen (die insbesondere Gewalt gegen Sachen befürworten) flankiert werden sollte.

Ebenso zeichnete sich hier bereits der strategische Grundgedanke ab, der später von der 3. Generation (wenn auch erst in ihrer Auflösungserklärung) als Kardinalfehler bezeichnet wird. Die Strategie der RAF war demnach ausschließlich eine Strategie gegen die Strategie der Imperialisten. Aus einer solchen Negationsstrategie kann sich nichts Positives entwickeln, was für Teile der Bevölkerung attraktiv wäre – was wiederum für eine flächendeckende Revolution konstitutiv ist. Fatalerweise wird von der RAF kein eigenes, positiv besetztes Szenario entworfen, was aber zur Mobilisierung der Massen notwendig gewesen wäre, um einen gesamtgesellschaftlich relevanten revolutionären Prozess in Gang zu setzen.

Die Qualität der Politik und der Angriffe der RAF besteht während der späten 2. und der 3. Generation in erster Line darin, dass eine Strategie zur Negierung und Bekämpfung der imperialistischen Bewegung gefunden werden soll. Dies kann in nichts Eigenständigem und Positivem münden.

Es ist meines Erachtens grundsymptomatisch für die Verfassung der RAF nach der Verhaftung der 1. Generation, dass bis zur Vorlage eines neuen umfangreichen Strategiepapiers „Guerilla, Widerstand und antiimperialistische Front" sage und schreibe zehn Jahre vergingen. Während Meinhof federführend für mehrere umfangreiche RAF-Strategiepapiere verantwortlich war und diese auch recht rasch publizierte, zeichnete sich die 2. Generation durch reichliche Praxisorientierung und tendenzielle Theoriefeindlichkeit aus.

Generell erfuhr das Mai-Papier, nachdem es im Mai 1982 publiziert wurde, viel Kritik und dies auch von einer unerwarteten Seite – dem linksradikalen Lager. Ein wesentlicher Grund dafür ist, dass „Guerilla, Widerstand und antiimperialistische Front" beinahe durchgehend durch ein extrem hohes Maß an sprachlicher Verquastheit und eine damit verbundene, wenig gehaltvolle Theoretisierungsebene missfällt.

Beides zusammengenommen ergibt folglich einen wenig aussagekräftigen oder aber nur sehr schwer nachzuvollziehenden und zu verstehenden Inhalt. So zirkulierte im linksradikalen Lager nach dem Erscheinen des Strategiepapiers angeblich ein Witz: Wer dieses Papier verstanden habe, der gehöre wirklich in den Untergrund. Eine derart negative Rezeption im „eigenen Lager" bildete natürlich keine ideale Ausgangsbasis für das erwünschte Lostreten einer neuen revolutionären Bewegung. Die Kommandoerklärungen der 3. RAF-Generation hingegen zeichneten sich wiederum durch einen leichteren Stil und eine größere Lesefreundlichkeit aus.

Die RAF versuchte nun (gemäß den Vorgaben des Mai-Papiers) durch konzertierte Angriffe eine neue Qualität ihres Kampfs zu erreichen, der letztlich in der Lage sein sollte, die US-amerikanisch-deutsche Roll-Back-Walze aus Repression, Zerstörung und Krieg zurückzudrängen. Es ist schon eine besondere Ironie der RAF-Geschichte, dass die Verfasser*innen von „Guerilla, Widerstand und antiimperialistische Front“ verhaftet wurden, bevor sie eine Realisierung der in ihrem Papier genannten Strategien angehen konnten. Der mutmaßliche Hauptverfasser des Strategiepapiers, Helmut Pohl wurde Anfang Juli 1984 in Frankfurt mit anderen RAF-Mitgliedern verhaftet, womit auch die Nachwehen der 2. RAF-Generation überstanden und der Weg für eine neue RAF-Generation frei war.

Die Kommandoebene der 3. Generation (in etwas ab 1984 in der Illegalität befindlich) versuchte sich dann nach eigenem Bekunden an der Umsetzung des Mai-Papiers, ohne an dessen Abfassung beteiligt gewesen zu sein. Dass eine solche Konstellation, zumal bei einer beinahe durchweg negativen Rezeption des Mai-Papiers, unter einem ungünstigen Stern stand, braucht nicht betont zu werden. Insofern taten die Mitglieder der Kommandoebene der 3. Generation gut daran, ihre weitere Arbeit bald auf eigene theoretische und strategisch-taktische Füße zu stellen.

Im Mai-Papier finden sich aber auch einige neue konzeptionelle Entwürfe, welche die RAF der Zukunft maßgeblich prägen sollten. Die in diesem Strategiepapier zum Ausdruck gebrachte Neuorientierung der RAF bezog sich vor allem auf die im Folgenden dargestellten zwei verschiedenen Ebenen, welche eine eingehendere Betrachtung verdienen.

Zunächst wurde der Versuch unternommen, den bewaffneten RAF-Kampf auf eine breitere, das heißt personalintensivere Basis als am Ende der 2. RAF-Generation zu stellen, indem die RAF beabsichtigte, ein sogenanntes zweigliedriges Frontkonzept aufzubauen. Dieses zweigliedrige Frontkonzept sollte aus der Kommandoebene der RAF, den militanten Antiimperialist*innen und den gewaltbereiten Autonomen als sogenannten kämpfenden Einheiten bestehen. Damit gab die RAF-Kommandoebene zwar ein Stückchen ihrer militärisch-strategischen Exklusivität ab, aber sie versprach sich dadurch wohl eine entscheidende Erhöhung der militärischen Schlagkraft.

Dabei herrschte in diesem Gefüge laut Mai-Papier eine klare Aufgabenteilung vor: Die RAF-Kommandoebene war wie bisher auch für Anschläge gegen

Personen sowie „größere Attentate" verantwortlich, während die kämpfenden Einheiten für Anschläge gegen Sachobjekte (wie Strommasten, Forschungszentren und Gebäude) zuständig waren.

Das Mai-Papier sollte eine Art Aktionsleitfaden für jede/n sein, die/der den Kampf gegen das kapitalistische System aufnehmen wollte. Solche verallgemeinernd-pauschalisierenden Aussagen stellen den verzweifelten Versuch der RAF zu diesem Zeitpunkt dar, in möglichst vielen gesellschaftlichen Spektren nach potenziellen Unterstützer*innen und späteren Mitgliedern zu suchen. Laut Mai-Papier müsse als erster Schritt ein radikaler Bruch mit dem Staat (dem herrschenden System) vollzogen werden, woraus dann Revolten und militante Kämpfe entstehen könnten. So würde es gelingen, zu einer Strategie des Angriffs auf das imperialistische Zentrum mit anderen gesellschaftlichen Kräften zusammenzukommen, was in der Praxis zwingend nötig sei, um genügend Durchschlagskraft entfalten zu können. Dieser Grundgedanke findet sich in ähnlicher Form auch in den letzten Strategiepapieren der 3. RAF-Generation, nur dass hier eine noch weitere Offenheit bezüglich der potenziellen Verbündeten herrscht. Denn dort ist die Sprache davon, eine möglichst breite, differenzierte „Gegenmacht von unten" aufzubauen, wohingegen das Mai-Papier zwar eine Verbreiterung der revolutionären Basis anstrebte, dabei aber vor allem bei den damals „üblichen Verdächtigen" (wie Antiimperialist*innen, Autonome und Antifaschist*innen) blieb.

Erneut ist in aller Deutlichkeit der Gedanke der RAF zu erkennen, dass sich all diejenigen, die den Bruch mit dem System in irgendeiner Form vollzogen haben, zum gemeinsamen Angriff mit der Guerilla gegen den Staat vereinen sollten. Die RAF verstand diesen offenen Krieg und diese hohe Qualität des Konfrontationsniveaus dennoch als besonderen Ausdruck ihrer konkreten Politik. Für sie war der bewaffnete Widerstand nach wie vor die höchste Form der Politikausübung und das Mittel der Wahl, um das System zu stürzen.

Der Angriff der RAF und des als Widerstand subsumierten Rests der revolutionären Bewegung sollte sich einerseits auf der Kommandoebene gegen hochrangige Personen und Einrichtungen aus den Bereichen Politik, Wirtschaft, Finanz, Justiz, Militär und militärisch-industrieller Komplex (MIK), andererseits auf der Widerstandsebene alleine gegen sachliche Dinge und Objekte wie Forschungseinrichtungen großer Global-Player oder infrastrukturell-staatliche Einrichtungen richten.

Der im Mai-Papier häufig verwendete Begriff „Front" meint dabei im semantischen Selbstverständnis der RAF weitaus „mehr als Actions, Front, also Kämpfe, die in ihren gemeinsamen Zielen zu einem Kampf werden und von daher sich politisch und praktisch verbinden können … Die antiimperialistische Front in der BRD jetzt – das sind militärische Angriffe, einheitliche koordinierte militante Projekte, die darauf aus sind, die imperialistische Strategie zu durchkreuzen …, sie ist struktureller und organisatorischer Kampf um die Handlungsfähigkeit".[150]

Bereits an diesem kleinen Textauszug zeigt sich die sprachliche Schwierigkeit und die Komplexität des Mai-Papiers.[151] Die Angriffe der Kommandoebene und des militanten Widerstands sollten sich gemäß den Autor*innen aufeinander beziehen, um eine maximale Wirkung zu entfalten und eine Strategie gegen die Strategie der global agierenden Imperialisten sein.

Die zweite inhaltliche Neuorientierung des Mai-Papiers bestand darin, dass nun nicht mehr alleine gegen politische und militärische, sondern auch gegen administrative Funktionsträger aus Wirtschaft und Verwaltung vorgegangen werden sollte. Damit geriet beinahe zwangsläufig der militärisch-industrielle Komplex ins Visier der RAF. Der MIK zeichnete sich in der Ideologie der RAF dadurch aus, dass er die technologische und materielle Basis für die Counter-Kriegsführung des Imperialismus bereitstellte. Und dieses Vorgehen basierte natürlich systemgemäß auf dem obersten kapitalistischen Grundsatz: der Maximierung des Gewinns.

Natürlich lag es gemäß der RAF-Logik im Interesse des MIKs Kriege und Aufstände auf der ganzen Welt zu initiieren, um möglichst gewinnbringend Waffen, Technologien und Infrastrukturen veräußern zu können. Die Verfasser*innen des Mai-Papiers forderten zudem, dass die politischen, strukturellen und praktischen Elemente bzw. Bewegungen des Angriffs auf den Kern der imperialistischen Macht zielen sollten. Der Kern der imperialistischen Macht bedeutete für sie vor Ort: der Staat BRD und die NATO. Beide sollten in den Angriffsbemühungen fokussiert und offensiv mit einer möglichst optimierten Wucht attackiert werden.

Die Analyse der globalen und gesellschaftlichen Realität (die es gemäß RAF rechtfertigte, die Angriffe auf den MIK auszuweiten) nimmt sich dann im konkreten Wortlaut wie folgt aus: „Ein imperialistischer Apparat, militärpolitisch aggressiv, technologisch und produktions- und organisationstechnologisch hochgepusht, der sein Ziel, wieder einzige Weltmacht zu werden, militärisch gegen den Willen der Sowjetunion und der sozialistischen Staaten gleichwertige Macht zu bleiben und politisch gegen das Selbstbewusstsein der Völker in Afrika, Lateinamerika, Asien nicht mehr erreichen wird, der mit seinen umfassenden politisch-ökonomisch—militärischen Kriegsmitteln aber stark genug ist, den national befreiten Ländern die Bedingungen ihrer Entwicklung zu diktieren ... und vielleicht stark genug, die sozialistischen Staaten durch Rüstungszwang und über den Weltmarkt ökonomisch zu zerrütten – und der in der Metropole, in der der Staat nicht aufhören wird zu versuchen, die imperialistische Macht doch noch zur Übermacht aufzurichten, unter Auspowerung, Polizeistaat und Krisenmanagement eine faulende Gesellschaft festpresst."[152]

Den RAF-Analyst*innen muss an dieser Stelle zu Gute gehalten werden, dass sie in beinahe als weise zu bezeichnender Voraussicht in ihrer Analyse erkannten, dass es im Kalkül des Westblocks lag, über das atomare und konventionelle Wettrüsten (hier sei vor allem der strategisch geniale Bluff Ronald Reagans namens SDI genannt, was einen Weltraum-Abwehrschirm gegen Atomraketen meinte), den Ostblock ökonomisch und eben nicht militärisch in die Knie zu zwingen. Die ökonomische Zerrüttung der Sowjetstaaten sei, so die RAF-Verfasser*innen äußerst zutreffend, nur über die Drohung einer sich immer weiter hochdrehenden militärischen Rüstungsspirale zu erreichen gewesen.

En passant versuche der kapitalistische Staatenblock (so die RAF weiter) die Länder in der Dritten Welt gewaltsam oder ökonomisch auf die Linie des Kapitalismus zu bringen, um einerseits Verbündete im Feind gegen den Kommunismus zu gewinnen und um andererseits neue Absatzmärkte zu schaffen. Innergesellschaftlich vermitteln im Mai-Papier genannte Stichworte wie „Polizeistaat" und „Krisenmanagement", dass die bundesdeutschen Verhältnisse als „antagonistisch" (d. h. durch nichts positiv aufzulösen) anzusehen sind und nur durch ein hohes Maß an staatlicher Repression aufrechterhalten werden können.

Dem Mai-Papier folgte der personelle Zusammenbruch der 2. RAF-Generation, der dann in den Wiederaufbau und die Restrukturierung der Organisation durch die 3. Generation mündete. So wurden bei einem Erd-Depot in der Nähe von Frankfurt am Main Brigitte Mohnhaupt und ihre Adjutantin Adelheid Schulz verhaftet. Lediglich fünf Tage später wurde in einem Waldstück bei Hamburg mit Christian Klar der letzte Führungskopf der 2. RAF-Generation in Haft genommen. Im Zuge dieser Verhaftungswelle gelang es den Sicherheitsbehörden, acht Depots mit Waffen, Papieren aller Art und Geld zu entdecken. Das bedeutete für den Aufbau der 3. RAF-Generation eine schwere Bürde, da diese infrastrukturell-logistisch beinahe wieder bei null anfangen musste.

Zusammengefasst kann gesagt werden, dass die RAF 1982 von der anfänglich selbstreklamierten marxistisch-leninistisch orientierten Guerilla-Bewegung der ersten Stunde weiter denn je entfernt war. Denn wo vom Selbstbewusstsein der Völker die Rede ist, da ist der Sprung zum blanken Subjektivismus, zu Selbsterfahrungen und Selbstverwirklichungen nicht weit.

Am Schluss von „Guerilla, Widerstand und antiimperialistische Front" konzentrierte sich die RAF beinahe ausschließlich auf gesellschaftlich-politische Teilausschnitte, wie zum Beispiel rüstungswirtschaftliche Komplexe und militärische Objekte. Der Blick auf das gesellschaftliche Ganze, auf die Gesellschaft in ihrer Vielfalt, ging den RAF-Analyst*innen offensichtlich zu dieser Zeit verloren. Dieses Defizit stellte die 3. Generation später selbst (kurz vor ihrer Auflösung) fest.

Von einer die gesamtgesellschaftlichen Bedingungen erfassenden Umwälzung oder Revolution war von Seiten der RAF keine Rede mehr. Vielmehr schienen sich die Verfasser*innen darüber recht realistisch im Klaren zu sein, dass es sich bei der RAF und den mit ihr assoziierten Widerstandsgruppen um marginale gesellschaftliche Teilausschnitte handelte, die aber nichtsdestotrotz die Weltrevolution vorantreiben wollten. Zudem benötigte die RAF unbedingt massive Unterstützung aus der linksradikalen Szene, da sie sich wohl auch in diesen teilgesellschaftlichen Randgebieten zusehends isoliert fühlte. Außerdem wollte sie wohl auf das Personal und die Ressourcen der Autonomen und gewaltbereiten Antiimperialist*innen zurückgreifen.

6.5 Soziopolitische und soziohistorische Analyse der 3. RAF-Generation

Welche relevanten soziopolitischen und soziohistorischen Faktoren, welche die RAF betrafen, ereigneten sich im Jahr 1982 und danach? Das Jahr 1982 kann durchaus in der Funktion einer Heuristik der RAF-Generationenabgrenzung als Schnittstelle zwischen 2. und 3. RAF-Generation betrachtet werden.

Die RAF stellte ihre bewaffnete Politik nun auf neue Füße und bezog in ihre Angriffe gegen den Staat auch gewaltbereite linksextremistische Akteur*innen mit ein. Folglich kam es in den Jahren 1982 bis 1986, vor allem während des

Hungerstreiks 1984/85, zu einer Vielzahl von Anschlägen. Diese Anschläge wurden von den sogenannten Kämpfenden Einheiten verübt. Kämpfende Einheiten waren Gruppen, die im Gegensatz zur RAF-Kommandoebene aus der Legalität heraus Anschläge verübten und die sich zudem der antiimperialistischen, internationalistischen und antifaschistischen Front zurechneten. Die besagten Anschläge richteten sich in erster Linie gegen US- und NATO-Einrichtungen, Rüstungsfirmen, die Polizei und Bundeswehreinrichtungen.

Der dergestalt erweiterte Angriffsmodus der RAF blieb naturgemäß nicht ohne staatliche Reaktionen, denn aus dem Kreis der potenziell gewaltbereiten Linksextremist*innen wurden zwischen 1984 bis 1986 zahlreiche Aktivist*innen verhaftet. Viel gravierender als diese Verhaftungen war dann allerdings der Umgang des Rechtsstaats mit diesen Personen, da sie teilweise (obwohl in den meisten Fällen keine konkreten Beweise vorlagen) zu hohen Haftstrafen verurteilt wurden – sicherlich um Präventiv- und Abschreckungswirkungen zu entfalten.

1982 wurden mit Christian Klar und Brigitte Mohnhaupt die letzten Führungspersonen der alten RAF-Schnittstelle zur 1. Generation verhaftet. Spätestens nach den Verhaftungen der neuen RAF-Gruppe im Sommer 1984 (der unter anderem Ingrid Jakobsmeier, Christa Eckes, Helmut Pohl und Manuela Happe angehörten) versuchte die RAF ihrer Arbeit ein neues Fundament zu geben. Sie stellte ab nun den Aufbau einer westeuropäischen Guerilla in den militärisch-strategischen Vordergrund. Ein solches Vorhaben benötigte natürlich europäische Verbündete, wobei solche zunächst in Frankreich gefunden werden konnten, was sogar zu konzertierten Aktionen führte.

In einer gemeinsamen Erklärung der RAF und der französischen Guerillagruppe Action Directe vom Januar 1985 sah die RAF einen ersten Schritt zur Verwirklichung dieses Projekts. Zum Hauptangriffsziel wurden nun Personen aus dem militärisch-industriellen Komplex erkoren, der für die gnadenlose Verursachung und Ausnutzung von Kriegen in der Dritten Welt verantwortlich gemacht wurde. Insofern verstanden sich die RAF-Attentate in dieser heiklen Übergangsphase auch als Racheaktionen, die das aus Profitgier verursachte Leid von der Peripherie in die westeuropäischen Zentren der Verursacher zurückleiten sollten.

Mit dem Mai-Papier von 1982 hatte die RAF erstmals nach zehn Jahren wieder ein Strategiepapier veröffentlicht. Der hauptsächliche Adressat dieses Papiers war die bisher gewaltbereite antiimperialistische Szene und die neue militante Bewegung, die Anfang der 80er Jahre beim Protest gegen die NATO-Aufrüstung, in den Häuserkämpfen, der Anti-AKW-Bewegung und beim Widerstand gegen die Startbahn-West entstanden war. Die RAF-Kommandoebene schien in diesen Bewegungen viel ungenutztes, aber nutzbar zu machendes militärisch-strategisches Potenzial zu wittern, welches ihrer Revolution zu neuem und unverbrauchtem Schwung verhelfen könnte.

Mit dem Strategiepapier wurde so ein langes Schweigen gebrochen, denn erstmals nach vielen Jahren wendeten sich die RAF und die mit ihr kooperierenden antiimperialistischen Gruppen wieder direkt an linke Bewegungen und forderten eine direkte Inklusion in das gemeinsame Projekt einer Revolution – natürlich unter der Federführung der RAF, welche die unangefochtene Speerspitze dieser Revolution bleiben wollte.

Die Resonanz auf das Mai-Papier ist aus heutiger Sicht mindestens ambivalent bzw. eher negativ zu beurteilen. Es wurde zwar in den einschlägigen linksradikalen Medien diskutiert und an den Unterstützungsdemonstrationen zu den Hungerstreiks nahmen Tausende Autonome und andere Linksradikale teil, aber das entscheidende Moment war, dass eine weitergehende Zusammenarbeit aufgrund des unterschiedlichen Politikverständnisses nicht stattfand. Damit stellte sich der von der RAF erhoffte Synergieeffekt (der eine größere Angriffswucht entfalten sollte) vorerst nicht ein und das Papier konnte sein Ziel nicht erreichen.

Für die nicht optimal zur Entfaltung gekommene Zusammenarbeit war eine RAF-Kommandoaktion entscheidend. Die kaltblütige Hinrichtung des US-Soldaten Edward Pimental, der im Zuge eines Anschlags gegen eine US-Air-Base exekutiert wurde, traf auf harsche Kritik. Mindestens ebenso negativ wie die Erschießung selbst wurde auch die anschließende Rechtfertigung von Seiten der RAF aufgenommen, die nur noch größeren Unmut hervorrief, da sich die RAF nicht in der Lage sah, eigene Fehler einzugestehen.

Dieser Mord sorgte auch über die antiimperialistische Szene hinaus für hohe Wellen. Dies äußerte sich zum Beispiel auf dem „Kongress über antikapitalistischen und antiimperialistischen Widerstand in Westeuropa", der beinahe eine Woche lang (vom 31.1. – 4.2.1986 in Frankfurt am Main) stattfand. Das Event stand unter keinem gute Stern, denn es wurde von einem massiven polizeilichen Belagerungszustand begleitet. Mehrere hundert Teilnehmer*innen und viele Delegationen aus fast allen westeuropäischen Ländern nahmen dennoch (weitgehend unerschrocken) teil. Doch auch der Kongress konnte den Riss nicht mehr kitten – die Distanz zum Rest der Linksradikalen wurde nicht zuletzt auch aufgrund des Ausschlusses der autonomen Gruppen aus dem Startbahn-Widerstand[153] (die sich einfach nicht den Kongress-Sicherheitskontrollen unterwerfen wollten) größer. Zudem vermisste der der RAF eigentlich wohlgesonnene Teil der militanten Linksextremist*innen eine kritisch-selbstreflektierte Diskussion über den Mord an Pimental, was die Kluft zwischen der RAF und dem linksmilitanten Gefolge nur noch vergrößerte.

Auch weltpolitisch hatten sich entscheidende Parameter für die Fortführung der Revolution verändert, worauf aber die RAF teilweise erst viel zu spät angemessen (falls überhaupt) reagierte. Denn die bipolare Weltordnung des Kalten Krieges kollabierte und der Zusammenbruch der politischen Verhältnisse im real existierenden Ostblock im Jahr 1989 brachte sprichwörtlich die Verhältnisse zum Tanzen. Noch gravierender war sicherlich der daraufhin folgende Anschluss der DDR an die BRD, was in den Augen der RAF eine simple Annexion der DDR darstellte.

Auch international gab es Auswirkungen – die fortschrittlichen Befreiungsbewegungen waren bis dahin häufig Bündnispartner der Sowjetunion und der Staaten des Warschauer Paktes gewesen, wodurch sie im „internationalen Klassenkampf" auch potenzielle Unterstützer*innen bzw. Verbündete der RAF waren. Nach dem Zusammenbruch des Ostblocks wurde aber nicht selten die wirtschaftliche und militärische Unterstützung sofort eingestellt, da es erstens an Geld fehlte und sich zweitens die Staaten des ehemaligen Ostblocks nunmehr auf den Kapitalismus als zukünftiges Gesellschaftsmodell stürzten, in dem kommunistisch inspirierte Befreiungsbewegungen keinen Platz mehr fanden.

Weltweit war vieles aufgrund der Systemwechsel und Systemtransformationen in einen massiven Umbruch geraten. So kam es in verschiedenen Regionen zu nationalistischen bzw. ethnisch-religiösen Kämpfen, die nicht selten in lang andauernde Bürgerkriege umschlugen. Insbesondere das aus deutscher Sicht geostrategisch wichtige Gebiet des Balkans[154] erfuhr eine nachhaltige Umstrukturierung, die sogar so sehr im Fokus der deutschen Politik stand, dass sich Deutschland nach dem Zweiten Weltkrieg (unter einer rot-grünen Regierung !) zum ersten Mal wieder außerhalb Deutschlands an Kampfeinsätzen beteiligte und somit einen nicht unmaßgeblichen Anteil an der Unterwerfung und Bezwingung Serbiens hatte.

Die post-bipolare Weltordnung nahm auch weiterhin für Wirtschaft und Militär essentielle Ressourcen in Beschlag. Im Golfkrieg 1991 stellte sich die gerade neu formierte Weltstaatengemeinschaft unter Führung der USA gemeinsam gegen den Irak und zwang diesen relativ rasch militärisch in die Knie.

Auch das wiedervereinigte Deutschland musste sich neuen strukturellen Herausforderungen stellen und war mit schwierigen gesellschaftspolitischen Konstellationen konfrontiert. Von den Medien und der Politik gleichermaßen wurde die von der friedlichen DDR-Revolution ausgegangene „Wir sind ein Volk“-Stimmung in Deutschland noch weiter forciert. Dies sah die politische Rechte als Einladung, was sich wiederum in der Folgezeit in rassistischen Angriffen gegen Ausländer*innen und Flüchtlinge äußerte. Aber nicht nur das – rechtsextremistische und terroristische Organisationen erstarkten, und der rechtsorientierte Mob durfte sich von der Polizei weitgehend ungehindert in Rostock-Lichtenhagen, Mannheim-Schönau und andernorts an friedlichen Asylant*innen (zum Teil ehemalige Gastarbeiter*innen aus der DDR) austoben.

Um der fremdenfeindlichen Stimmung in der Bevölkerung entgegenzuwirken, reagierte die deutsche Politik prompt: Es fand eine faktische Abschaffung des Asylrechts statt. Damit kamen Bundesregierung und SPD den unzufriedenen Bevölkerungsteilen weit entgegen.

Die von Bundeskanzler Kohl in Aussicht gestellten „blühenden Landschaften“, die in Ostdeutschland entstehen sollten, blieben weitgehend ein Wunschtraum. Der vielzitierte „Aufschwung-Ost“ blieb eine rhetorische Wunschfigur in Politiker*innen-Reden und die Arbeitslosigkeit erreichte Mitte der 90er Jahre Rekordhöhen – zumeist auf Kosten der Bewohner*innen der ehemaligen DDR. Gesellschaftlich frappierend daran war, dass eine Opposition gegen diese Entwicklungen zu jener Zeit kaum auszumachen war – es gab kein relevantes gesellschaftspolitisches Gegengewicht zu diesen soziopolitischen Entwicklungen.

Dies ist nicht verwunderlich, denn die deutsche Linke befand sich nach der deutschen Wiedervereinigung in einem Vakuum bzw. in einem paralysierten Zustand, der sie nicht zu einem wichtigen gesellschaftspolitischen Faktor werden ließ. Dieser Zustand ging sogar so weit, dass sich nicht wenige Linke (ansatzweise oder explizit) dem rechten Lager anschlossen.

Um diese Befunde zu veranschaulichen: Linke Intellektuelle hetzten zum Beispiel während des Zweiten Golfkriegs gegen die antimilitaristische Bewegung.[155]

Zum Vergleich: Gegen die Abschaffung des Asylrechts demonstrierten in der damaligen Bundeshauptstadt Bonn lediglich ein paar tausend Menschen aus linksradikalen und kirchlichen Zusammenhängen für mehr Menschlichkeit und die uneingeschränkte Aufnahme von Flüchtlingen.

Die Verhinderung (und Vergeltung) rechtsradikaler Angriffe auf Flüchtlingsheime bildete einen wesentlichen Punkt der antifaschistischen und linksradikalen Basisarbeit der Nachwende-Jahre. Insofern gab es von der radikalen Linken zwischen den Jahren 1991 bis 1993 zwar eine Zunahme der antifaschistischen Selbstorganisierung, eine weitergehende politische Kraft entstand daraus jedoch nicht. Oder wie es die RAF in mehreren Strategiepapieren monierte: Es gab zu dieser Zeit zu viele links orientierte Teilbereichsbewegungen, die aber nicht zu einer für die Herrschenden gefährlichen Gegenmacht von unten formiert werden konnten.

Die allgemein düstere Lage in linksextremen Kreisen hatte auch Auswirkungen auf die militant und bewaffnet kämpfenden Gruppen, denn auch sie wurden von diesen Entwicklungen stark tangiert und stellten ihre militanten Aktivitäten zum Teil weitgehend ein. So reflektierten im Dezember 1991 und im Januar 1992 zwei Gruppen der Revolutionären Zellen ihre bisherigen internationalistischen und antiimperialistischen Positionen sehr kritisch in längeren Erklärungen.

Auch die in den 80er Jahren entstandene und zunächst recht breit verankerte „autonome Bewegung“ war Mitte der 90er Jahre de facto nicht länger existent. Die RAF ihrerseits gab sich allerdings nicht so schnell geschlagen und setzte zunächst ihren bewaffneten Kampf unbeirrt fort. Zum Beispiel wurde am 30. November 1989 der Vorstandssprecher der Deutschen Bank, Dr. Alfred Herrhausen, Ziel eines tödlich verlaufenden Bombenattentats, um das sich im Nachgang noch zahlreiche Legenden ranken sollten – so zum Beispiel war von einer Beteiligung ehemaliger Ostblock-Geheimdienste (vor allem der Stasi) die Rede oder gar eine Orchestrierung durch die CIA/USA, da Herrhausens Finanzpolitik derjenigen der Wall Street diametral entgegenstand. Es folgten später noch weitere RAF-Attentate gegen hochrangige Personen.

1992 zog die RAF ihrerseits die Konsequenzen aus der geänderten geopolitisch-globalen Lage. Mit ihrer bekannten Erklärung vom April 1992 vollzog die RAF einen radikalen Bruch in der bisherigen Auseinandersetzung mit dem Staat. In dem Papier kündigte die RAF eine neue Kampfphase an – und sie wollte das Papier als grundsätzliche Neuorientierung und Reflexion der eigenen Politik seit 1982 verstanden wissen. Kurz danach erfolgte im August 1992 eine lange Erklärung, in der sich die RAF kritisch und beinahe ohne Rücksicht auf Verluste mit ihrer Geschichte auseinandersetzte.

Diese kritische Auseinandersetzung nährte bei den deutschen Sicherheitsbehörden große Hoffnungen, dass sich die RAF in einem Zerfallsprozess befand und dass sie zu keinen umfassenden strategisch-militärischen Aktionen mehr in der Lage war. Dass die RAF entgegen diesen Unkenrufen aus diversen Sicherheitskreisen noch immer aktionsfähig war, bewies das RAF-Kommando „Katharina Hammerschmidt" am 30. März 1993 mit der Sprengung des kurz vor der Einweihung stehenden Gefängnisses Weiterstadt eindrucksvoll. Der Anschlag verursachte einen Schaden von rund 100 Millionen DM, und der Neuaufbau der JVA dauerte vier Jahre.

Dann allerdings gab es einen krassen Bruch im personellen Bestand der RAF-Kommandoebene, der mindestens so umfassende Auswirkungen nach sich zog, wie die veränderte globale Lage. Am 27. Juni 1993 starb im ostdeutschen Bad Kleinen das RAF-Mitglied Wolfgang Grams bei der versuchten Festnahme[156] und Birgit Hogefeld wurde festgenommen. Hinter diesem existenziellen Bruch stand ein mehr als perfider Hochverrat, denn auf die Spur der beiden RAF-Kommandomitglieder waren die Staatsorgane durch den Informanten Klaus Steinmetz gebracht worden, der zur linksradikalen Szene im Rhein-Main-Gebiet gehörte und im Gegenzug für Strafverminderung anbot, die Behörden an die RAF-Kommandoebene heranzuführen. In der Geschichte der RAF war dieses Ereignis bei weitem nicht der einzige Verrat gewesen, es handelte sich aber wohl um den letztendlich folgenreichsten.

Die RAF musste sich zu dieser ohnehin schon schweren Zeit mit besonderen Altlasten (vor allem der 2. RAF-Generation) auseinandersetzen. Bereits seit Anfang der 80er Jahre hielten sich in der DDR mit Einwilligung und Duldung der dortigen Behörden ehemalige Mitglieder der RAF auf – wobei die RAF-Kommandoebene der 2. Generation den Deal mit der Staatssicherheit der DDR im Interesse der Sicherheit der RAF sowie der ausgebrannten und nicht mehr kampfwilligen bzw. kampffähigen ehemaligen RAF-Mitglieder gemacht hatte. Die Währung, in der die aufgenommenen Ex-RAF-Mitglieder die Stasi bezahlen mussten, waren Informationen, welche den DDR-Behörden sicherlich einige interessante Aufschlüsse über den innenpolitischen Zustand der BRD und den ehemaligen Status Quo der Roten Armee Fraktion bescherten.

Dieses dunkle RAF-Kapitel wurde 1990 auch durch die BRD-Medien und die Bundesanwaltschaft geschickt in Szene gesetzt, indem die Festnahmen von Susanne Albrecht, Inge Viett, Werner Lotze, Ekkehard Seckendorff-Gudent, Christine Dümlein, Monika Helbing, Silke Maier-Witt, Henning Beer, Sigrid Sternebeck und Ralf-Baptist Friedrich öffentlich gemacht und quasi als Anti-RAF-Propaganda ausgeschlachtet wurden.

Was war passiert? In den letzten Tagen der DDR wurden die Aufenthaltsorte der Ex-RAF-Kombattant*innen bekannt. Als Zeichen des „guten Willens" der letzten DDR-(Übergangs-) Regierung wurden sie kurz darauf bedingungslos an die BRD ausgeliefert. Was folgte, war eine große Welle des Verrats, welche die ohnehin angespannte Situation auf der RAF-Kommandoebene und im RAF-Umfeld weiter anheizte und alle verunsicherte.

Susanne Albrecht, Werner Lotze und andere ehemalige eingebürgerte DDR-Bürger*innen stellten sich in der Folgezeit für neu aufgerollte Prozesse gegen politische Gefangene aus der RAF zur Verfügung, wobei Inge Viett eine (aus RAF-Sicht) rühmliche Ausnahme darstellte. Die von der BAW „umgedrehten" Kronzeug*innen erhielten für ihre „Verräter-Dienste" (angesichts der Strafvorwürfe[157] im Vergleich zu der üblichen Verurteilungspraxis) relativ geringe Strafen und selbst nach den milden Verurteilungen obendrauf auch noch extrem hohe Hafterlasse.

Zu einem letzten gemeinsam-kollektiven Aufbäumen der politischen Gefangenen kam es angesichts des letzten Hungerstreiks vom 1. Februar bis 14. Mai 1989. Erneut wurde vehement die Forderung nach Zusammenlegung erhoben sowie nach einer freien Kommunikation mit Gruppen und Einzelpersonen außerhalb der Gefängnisse. Davon versprachen sich die Gefangenen einen teilbereichsüberschreitenden Dialog in Gang zu setzen. Dieses Ereignis sollte der letzte unbefristete RAF-Hungerstreik sein – und im Gegensatz zu den bisherigen kam es diesmal zu keinen begleiteten Anschlägen seitens der RAF-Kommandoebene.

Da die Gefangenen, neben einer Forderung nach materiellen Verbesserungen, explizit den Dialog mit allen gesellschaftlichen Gruppen, aber insbesondere solchen wünschten, die durch ihren starken gesellschaftlichen Einfluss und eine Überschneidung partikularer Interessen mit denjenigen des bewaffneten Widerstands massiv für die Sache der RAF hätten werben können, wurde der Hungerstreik von einem breiten gesellschaftlichen Spektrum zur Kenntnis genommen.

Es ist nicht verwunderlich, dass in allen größeren Städten groß angelegte

Informationsveranstaltungen über den Hungerstreik stattfanden. Insbesondere die Partei der „Grünen" (deren Räumlichkeiten häufig als Büros für die Öffentlichkeitsarbeit umfunktioniert wurden) und kirchliche Gruppen engagierten sich für die Ziele der Hungerstreikenden.

Neben den „Grünen" war es vor allem die SED-Nachfolgepartei PDS, welche teilweise offen und teilweise verdeckt, die Ziele der RAF unterstützte.[158]

Die seit 1973 wohl breiteste Mobilisierung im Zusammenhang mit einem RAF-Hungerstreik hatte ausschließlich humanitären Charakter. Eine Diskussion über die bisherige RAF-Politik war vor allem seitens der antiimperialistischen Gruppen nicht erwünscht und wurde als Zeichen der Schwäche und des Verrats an den eigenen Zielen und der eigenen Kampfgeschichte angesehen.

6.6 Ideologie, Strategie, Taktik und Attentate der 3. RAF-Generation

Einmal mehr erschien es 1984 so, als ob es dem Staat endgültig gelungen wäre, die RAF vernichtend (und dieses Mal endgültig) zu zerschlagen. Um die 3. Generation der RAF ranken sich viele Mythen, was nicht zuletzt damit zusammenhängt, dass bis zum Vorfall in Bad Kleinen 1993 (beinahe zehn Jahre nachdem die 3. Generation sich formiert hatte) kaum Kenntnisse über die Kommandoebene, die assoziierten Mitglieder und die Strukturen der RAF vorhanden waren.

Dieses Faktorenkonglomerat führte zu einer recht abstrusen Gemengelage. Um ein anschauliches Beispiel zu geben: Die Behörden schrieben Personen auf Fahndungsplakaten aus, die seit Jahren in Palästina untergetaucht waren und nachweislich nichts mit RAF-Attentaten oder anderweitigen RAF-Aktivitäten zu tun hatten. Andere mutmaßliche Terrorist*innen, nach denen immer noch intensiv gefahndet wurde, waren schon zu einem viel früheren Zeitpunkt zu Tode gekommen.

Kurzum, über die zur Fahndung ausgeschriebenen RAF-Mitglieder hatten die Geheim- und Polizeidienste so gut wie kein Wissen. Es war ein herausragendes Merkmal der 3. RAF-Generation, dass sie so gut wie keine Spuren hinterließ und die Staatsmacht fast völlig im Dunkeln tappte.

Zur Veranschaulichung und Exemplifizierung dieses Sachverhalts: Bei einem RAF-Überfall auf ein großes Waffengeschäft im Rhein-Main-Gebiet „flankte" eine/r der Täter*innen über den Tresen, ohne dabei Fingerabdrücke zu hinterlassen. Das führte zu der Vermutung, dass hier Flüssigspray verwendet wurde, welches Fingerabdrücke verhinderte, was damals als recht innovative Technik zur Spurenvermeidung galt.

Diese „Spurenlosigkeit" führte schließlich dazu, dass die 3. RAF-Generation einem Phantom glich und so auch von der Bevölkerung und den Behörden wahrgenommen und in den Medien kolportiert wurde. Die absurden diesbezüglichen Spekulationen gingen sogar so weit, dass von (in diesem Punkt nicht sonderlich seriösen) Publizisten vermutet wurde, dass es sich bei der 3. Generation der RAF und ihren Anschlägen um Geheimdienstleute und Geheimdienstaktionen handele, die sich unbequemer Wirtschaftseliten entledigten und eine antilinke Stimmung in der Bevölkerung generieren wollten.

Dabei handelt es sich um eine Glaubensfrage. Wer einer demokratischen Gesellschaft wie der unseren solche Absurditäten zutraut, bei dem kann es mit einem realistischen Blick für demokratische Gegebenheiten und die demokratische Verfassung unserer Gesellschaft nicht weit her sein. In solch einem Fall ist die Verwendung des Adjektivs „verschwörungstheoretisch" durchaus angebracht. Andererseits scheinen solche Vermutungen durch die Aufdeckungen der NATO-GLADIO-Strukturen wieder Aufwind zu erhalten. Black Ops und von Geheimdienstleuten geführte Terrororganisationen sollten schon häufig Gesellschaften destabilisieren, ein antikommunistisches Gesellschaftsklima schaffen und als (warum auch immer) gefährlich eingeschätzte Personen eliminieren helfen.

Allerdings darf es als nachgewiesen gelten, dass die RAF zu keinem Zeitpunkt Bestandteil einer solchen Geheimdienst-Operation war, auch wenn dies immer wieder über Medien und durch Publizisten behauptet wird. Dadurch versuchen diese Kreise der RAF jeglichen politischen Gehalt und jede Eigenständigkeit von vornherein abzusprechen. Eine andere unbeantwortete Frage ist, ob bzw. wann die RAF geheimdienstinfiltriert und dadurch von außen und innen gesteuert gewesen sein könnte.

Im Falle der RAF verhielt es sich eher genau umgekehrt, was bedeutet, dass die RAF als autark-autonome Organisation existierte und so gut agierte, dass sie der Staatsmacht kaum auswertbare Indizien und Spuren hinterließ. Bis zu dem Vorfall in Bad Kleinen, der im Tod[159] von Wolfgang Grams und in der Verhaftung von Birgit Hogefeld und des Informanten Klaus Steinmetz mündete, gab es lediglich geringe Fahndungserfolge der Polizei, so zum Beispiel durch die Verhaftungen von Eva Haule, Gabriele Hanka oder von Personen des Widerstands, der für Attentate gegen Dinge und Gebäude zuständig war.

Bis zum heutigen Tag ist allerdings wenig über die Mitglieder der Kommandoebenen der 3. Generation bekannt. Lediglich die verhaftete Birgit Hogefeld hat ihre Mitgliedschaft in der RAF-Kommandoebene der 3. Generation zugegeben.[160] Ebenso gilt als belegt, dass der in Bad Kleinen ums Leben gekommene Wolfgang Grams Führungsmitglied dieser Kommandoebene war.

Zudem gilt als mehr oder weniger belegt, dass die immer noch flüchtigen Ernst-Volker Staub, Daniela Klette und Burkhard Garweg zur Kommandoebene der 3. RAF-Generation gehörten. Dieses Trio macht bis heute von sich reden, obwohl sich 1998 die RAF bekanntlich selbst auflöste. Den „RAF-Rentnern" werden schwer bewaffnete Überfälle auf Geldtransporter vorgeworfen, wobei es mehr als verwunderlich ist, dass sie den Sicherheitsbehörden bisher nicht ins Netz gegangen sind.

Im Nachhinein stellte sich zur großen Blamage der Geheimdienste und der Polizei heraus, dass viele Personen, die zur Fahndung als Mitglieder der 3. RAF-Generation ausgeschrieben waren, sich entweder im Exil in der DDR oder bei Kampfgefährt*innen im Nahen Osten befanden. Insofern bleibt bis heute weitgehend im Dunkeln, wer wann und wie genau zur Kommandoebene der RAF in der 3. Generation gehört hat. Vor dem Hintergrund einer nicht nur technologisch hochgerüsteten Staatsmacht, von ressourcenstarken Geheimdiensten und von einem mächtigen Polizeiapparat überrascht diese Tatsache umso mehr.

Ein nicht unwesentlicher Faktor ist, dass die 3. Generation der RAF wohl aus den Fehlern ihrer Vorgänger*innen lernte und so gut wie keinerlei verwertbare Spuren hinterließ. In der 1. Generation verursachte Andreas Baader gerne persönliche Spuren, um sofort seine Täterschaft zu bezeugen und in der 2. Generation „signierte" Christian Klar seine Attentate mitunter mit einem Fingerabdruck an einem Fluchtfahrzeug oder an einem ähnlichen Gegenstand, um der RAF-Täterschaft sofortige Authentizität zu verleihen. In diesem Zusammenhang kann man unter Umständen von einer hochgradigen Professionalisierung der Terrorist*innen sprechen.

Aus dem Mai-Papier und den wenigen aussagekräftigen Hinweisen, welche von den Sicherheitsbehörden ans Tageslicht gezerrt wurden (sowie „Eigenaussagen" der RAF in Strategiepapieren und weiteren schriftlichen Dokumenten) lassen sich dennoch einige aufschlussreiche Schlussfolgerungen über die Verfassung der 3. RAF-Generation treffen.

Die Organisationsebenen und die Organisationsstrukturen der RAF in der 3. Generation nahmen sich (in aller Kürze skizziert) aller Wahrscheinlichkeit nach wie folgt aus:

1. Die Kommandoebene mit einer vermuteten Mitgliederzahl zwischen mindestens fünf und allerhöchstens 30 Personen war insbesondere für Attentate gegen hochrangige Personen des öffentlichen Lebens verantwortlich. Hinzu kam bei der Kommandoebene das Primat der ideologisch-theoretischen Deutungshoheit, denn sie entwarf die ideologisch-theoretische, strategische, taktische und militärische Marschrichtung der RAF und der ihr untergeordneten Gruppen.
2. Die teilweise aus der Legalität heraus agierenden, aber zum Teil auch illegalen Militanten wie gewaltbereite Autonome und Antiimperialist*innen[161] unterstützen und verstärkten die Attentate der Kommandoebene mit Anschlägen auf (materielle) Objekte mit einem identischen oder ähnlichem Thema wie die „großen" Anschläge. Damit sollte die Angriffswucht katalysiert und potenziert werden, da die Anschläge in der Regel mit einer kurzen Zeitverzögerung synchron orchestriert wurden. Die Stärke der legalen und illegalen Militanten dürfte zwischen 20 und 50 Personen betragen haben.[162] Von weiterer Bedeutung ist die Permeabilität der Organisationsstruktur von ausgesuchten Militanten zur RAF, wenn ein Anschlag dies erforderlich machte. Bei aufwändigen militärischen Operationen (wie zum Beispiel beim Anschlag gegen die JVA Weiterstadt) kooperierte die RAF-Kommandoebene auch mit externen Personen des Widerstands bei der logistisch-infrastrukturellen Unterstützung oder um Observationen im Vorfeld zu übernehmen.[163]
3. Das sogenannte legale militante RAF-Umfeld[164] führte „kleinere" Anschläge auf Objekte durch, wobei diese mit den beiden oberen Ebenen abgestimmt waren. Zudem half es bei Tatvorbereitungen, zum Beispiel indem Objekte ausgespäht und Personen observiert wurden. Zudem umfasste die Hilfestellung auch das Bereitstellen von amtlichen Dokumenten und das Beschaffen falscher Identitäten. Diese Ebene des legalen militanten RAF-Umfelds umfasste ca. 200 Personen. Um die Differenz zwischen Ebene zwei und drei zu verdeutlichen: Während die Ebene zwei bei ihren Attacken zum

Beispiel auch Sprengstoffe einsetzte, reichten die Aktionen der dritten Ebene eher von Farbbeutel-Attacken gegen Gebäude bis hin zur (teilweise allerdings massiven) Beschädigung von Fahrzeugen von als feindlich eingeschätzten Personen. Ebenso zeichnete sich diese Ebene durch das Schreiben von Parolen wie „Freiheit für die politischen Gefangenen" oder „Es lebe die RAF!" aus. Zudem fungierte sie als Schnittstelle der RAF-Propaganda. Die legalen Militanten machten häufig mündliche Propaganda – ob am Tresen, bei Zusammentreffen in linken Zusammenhängen oder auch in Form publizistischer Tätigkeiten für sogenannte linksextremistische Postillen.[165]

4. Das sogenannte (völlig) legale Umfeld der RAF umfasste laut Erkenntnissen der Sicherheitsbehörden zwischen 2000 und 5000 Personen. Die Unsicherheiten der Staatsmacht bei der jeweiligen Bezifferung der Mitgliederstärke der verschiedenen Ebenen der von der RAF geführten Widerstandsgruppen ist ein deutlicher Hinweis darauf, wie wenig die Behörden konkrete Einblicke in Organisation, Struktur und Manpower besaßen. Diese Ebene betreute in erster Linie die in den Gefängnissen einsitzenden RAF-Kader und war gleichzeitig für Agitation und Propaganda verantwortlich – wodurch sich auch wieder ein Schnittmengenbereich mit der Ebene drei ergab. Zu den diesbezüglichen Publikationsorganen gehörte zum Beispiel das von Sicherheitskreisen abfällig als RAF-Postille bezeichnete „Angehörigen-Info", in denen sich häufig auch die RAF-Gefangenen zu Wort meldeten, indem sie über die Haftbedingungen schrieben oder politisch zur aktuellen Situation argumentierten. Zugleich diente das „Angehörigen-Info" der Prozessbeobachtung, um Missstände publik zu machen und die Gefangenen-Angehörigen aber auch die Öffentlichkeit darauf hinzuweisen. Last but not least gaben dort auch Unterstützungsarbeit leistende Rechtsanwält*innen gezielte juristische Tipps für Leute des RAF-Umfelds, um im Umgang mit den Strafverfolgungsbehörden möglichst keine Fehler zu begehen – um so Strafanzeigen und Gerichtsverfahren zu vermeiden.

In den theoretisch-ideologischen Erklärungen der 3. RAF-Generation wurde zunächst das Frontkonzept des Mai-Papiers aufgegriffen, wobei dieses um den innovativen Gedanken einer internationalen (aber genuin westeuropäischen) Front angereichert wurde. Dies war meines Erachtens eine entscheidende strategisch-taktische Neuerung im militärischen Bereich, denn bisher hatten die beiden vorigen RAF-Generationen lediglich mit Terrororganisationen aus dem Nahen Osten kooperiert – sieht man von der Fusion mit der Bewegung 2. Juni einmal ab.

Zunächst begann am 4. Dezember 1984 der nunmehr neunte Hungerstreik von 40 politischen Gefangenen. Die Forderungen lauteten: Aufhebung der Einzel- und Kleingruppenisolation, Zusammenlegung aller kämpfenden Genoss*innen, Besuchs- und Briefverkehr und Aufhebung der Zensur politischer Kommunikation.

Am Tag, an dem der Hungerstreik begann, gaben auch zwei Protagonist*innen der 2. RAF-Generation, Brigitte Mohnhaupt und Christian Klar lange Erklärungen zum Jahr 1977 ab, in denen der Versuch unternommen wurde, selbstreflexiv und ein klein wenig selbstkritisch mit der damaligen Niederlage umzugehen. Klar wagte dennoch einen hoffnungsfrohen Ausblick, wenn er sicherlich auch im Hinblick auf die sich bereits im Untergrund formierende 3. RAF-Generation sagte, dass der Bruch in den Metropolen unumkehrbar bleibe. Zudem sei der Imperialismus mit seinem globalen Projekt zur Zementierung des Kapitalsystems nicht mehr nur an die Grenze der Befreiungskämpfe im Süden gestoßen, sondern er sei auch an die Front in seinem Inneren durch die Metropolenguerilla gefesselt. Damit stand der Auftrag für seine Epigon*innen fest.

Mohnhaupt wurde strategisch-taktisch in ihrer Erklärung vom selben Tag noch präziser, als sie schrieb: „Die Guerillagruppen in Westeuropa haben ihren Kampf unter verschiedenen Bedingungen angefangen und mit unterschiedlichen Vorstellungen. In den 15 Jahren hat er sich aufeinander zu bewegt. Als praktischer Lernprozess aus der Entwicklung und voneinander. >>Die Identität in der Differenz<< hat Jan das mal genannt, und das ist jetzt, wenn wir diese Phase als die zweite für die Metropolenguerilla bezeichnen wollen, die Metropolenstrategie als westeuropäische Strategie zu fassen und in jedem Schritt darauf zuzugehen."[166]

Damit hatte die Chefin der 2. RAF-Generation ihren Nachfolger*innen das Programm der Bildung einer westeuropäischen Widerstandsfront fest ins Programm geschrieben. Insofern stimmt in diesem Fall die interaktiv-rekursiv verlaufende Beziehung von politischen Gefangenen und der in Freiheit agierenden RAF-Kommandoebene.

Ein erstes Lebenszeichen setzte die 3. RAF-Generation bereits im Dezember 1984. Das RAF-Kommando „Jan-Carl Raspe" fuhr mit einem mit Bomben beladenen Transporter auf das Gelände der NATO-Schule in Oberammergau. Damit setzte die neue RAF-Generation zunächst die strategisch-taktische Marschrichtung ihrer Vorgängergeneration fort, die auch nach dem Deutschen Herbst die NATO und den US-Imperialismus als Hauptangriffsziele auserkoren hatten. Interessant ist, dass eine Bombe (mit dem Ziel möglichst viele Menschen zu töten) verwendet wurde, was eine Rückbesinnung auf die Strategie und Taktik der 1. RAF-Generation und auf eine wieder stärkere Hinwendung zum Marxismus und Kollektivismus bedeuten könnte. Allerdings blieb die 3. Generation nur theoretisch der Linie treu, denn Bomben (mit dem Ziel ein Maximum an Menschen zu verletzen) blieben eine Ausnahme, das Festhalten am internationalen Marxismus stellte aber zunächst eine Konstante dar.

Die Begründung für das Anschlagziel lautete: „Dort werden die Kader für die integrierten Stäbe der NATO ausgebildet. Ziel der Aktion war, die Militärs dort auszuschalten. Einheit in der Offensive gegen die NATO, das multinationale Kapital".[167]

Die Bombe explodierte aber nicht, was die RAF in ihrem Bekennerschreiben auch begründete. Denn bereits bei der Einfahrt des mit Sprengstoff beladenen Lasters hatte ein Bundeswehroffizier Verdacht geschöpft. Der Zeitzünder der Bombe war aber auf 90 Minuten eingestellt, da dann die meisten Offiziersanwärter auf dem Gelände vermutet wurden.

Aufgrund des Verdachts konnte das verdächtige Fahrzeug zeitnah identifiziert und die Bombe entschärft werden. Weiter begründete das Schreiben den Anschlag mit dem Versuch der Bundesanwaltschaft gegen den erwähnten Hungerstreik der politischen Gefangenen vorzugehen, denn: „Es zerbricht am kollektiven Kampf der Gefangenen und an der Offensive der westeuropäischen Guerilla, der Perspektive der revolutionären Front in Westeuropa, die jetzt real wird. Daran bestimmen wir unseren Angriff."[168]

Auch hier gibt die RAF bereits einen perspektivischen Ausblick, der grundsymptomatisch für ihre strategisch-taktisch-militärische Ausrichtung bleiben sollte. Denn sie wollte (wie von Klar und Mohnhaupt in deren Erklärungen angegeben) eine gemeinsame westeuropäische Widerstandsfront aufbauen.

Nun sollte aber nach den Vorstellungen der „frischgebackenen" 3. Generation in Europa nach dem gescheiterten Anschlag in Oberammergau eine wirklich im besten Sinne konzertierte westeuropäische, antikapitalistische und antiimperialistische Widerstandsfront aufgebaut werden, was sich auch in einer konkreten Zusammenarbeit manifestieren sollte. Den ersten Ansatz dazu gab es mit einem französischen Ableger der RAF, der Action Directe. Die AD wurde nach dem Vorbild der deutschen RAF gegründet, aufgebaut und strukturiert. Nicht ganz geklärt ist bis heute, ob und inwiefern deutsche RAF-Mitglieder den Aufbau der AD direkt beeinflusst haben, was bedeuten soll, dass nicht klar ist, ob die AD in ihrer Entstehungsphase militärische RAF-Berater an ihrer Seite hatte.

Bereits in einem frühen Stadium der 3. RAF-Generation wurde die Kooperationsachse von RAF und AD evident. 1985 kam es folgerichtig zu einer ersten gemeinsamen Erklärung von RAF und Action Directe. Der Kerngedanke dieser bilingualen, politischen Erklärung lautete, dass der westeuropäischen „Gegenrevolution" des Staats (zum Beispiel in Form von Wirtschafts- und Sicherheitsbehörden-Kooperationen der EU-Länder) eine starke gemeinsame Front von revolutionären Befreiungsbewegungen in Form der RAF, AD und möglicherweise weiteren Organisationen entgegengesetzt werden sollte: „Wir sagen, es ist notwendig und möglich, eine neue Phase für die Entwicklung revolutionärer Strategie in den imperialistischen Zentren zu eröffnen und als eine Bedingung für diesen qualitativen Sprung die internationale Organisation des proletarischen Kampfes in den Metropolen, ihren politisch-militärischen Kern: westeuropäische Guerilla schaffen."[169]

Es scheint auf den ersten Blick offensichtlich zu sein, dass die RAF zumindest semantisch in diesem Fall wieder etwas mehr (als während der 2. RAF-Generation üblich) in Richtung Marxismus tendierte, denn nun ist vom proletarischen Internationalismus, proletarischem Bewusstsein und internationalem Klassenkrieg die Rede. Diesen terminologischen Wandel muss man wohl auch als ein Zugeständnis an jene europäische Widerstandsorganisationen sehen, mit denen die RAF in Zukunft zusammenarbeiten wollte – da die meisten von ihnen einem relativ konservativen Marxismus-Leninismus anhingen.

Meines Erachtens basierte dieser terminologische Wandel weg von der Subjekt-Theorie der Frankfurter Schule hin zum erneuten Marxismus weniger auf einem inneren Wandel der RAF-Kommandoebene, sondern vielmehr auf pragmatischen Überlegungen, wie man möglichst viele Bündnisgenoss*innen für den Aufbau der westeuropäischen Widerstandsfront gewinnen kann. So waren Kooperationen mit einem Teil der italienischen Brigate Rosse, der spanischen GRAPO oder der belgischen CCC angedacht. Dabei handelte es sich durchweg um Widerstandsorganisationen, die strikt marxistischem Gedankengut nahestanden und eine solche Gesinnung auch von ihren (potenziellen) Bündnispartner*innen einforderten.

In der gemeinsamen Erklärung mit der AD bringen beide Widerstandsgruppen ihre Anliegen auf den Punkt, wenn sie sagen: „Die Strategie der westeuropäischen Guerilla ist – aus ihrer Bestimmung: Abschnitt und Funktion des internationalen Klassenkriegs, und aus ihrer Praxis: politische Einheit der Kommunisten in Westeuropa, Organisierung des Angriffs gegen die Totalität des imperialistischen Systems – die materielle Umsetzung des proletarischen Internationalismus".[170]

Damit bestätigte die 3. RAF-Generation die in ihrem ersten Bekennerschreiben festgelegte Marschroute und sie machte sich auch bald ans Werk, die internationale Kooperation in die Tat umzusetzen, wobei die AD in Vorleistung trat.

Am 25. Januar 1985 erschoss das „Kommando Elisabeth von Dyck" der Action Directe den Chef für Waffenexporte im französischen Außenministerium. Der Name des Kommandos der französischen Widerstandsbewegung wurde aus zwei Gründen gewählt: Zum einen hatte die AD noch keine eigenen Märtyrer*innen und zum anderen sollte dies ein Ausblick auf die sich anbahnende Kooperation von AD und RAF bieten. Auch die Wahl des Attentatsopfers war symptomatisch für den Beginn der 3. RAF-Generation. General René Audran symbolisierte beinahe perfekt die Schnittstelle zwischen Militär, Politik und Industrie bzw. Kapital in Form des Militärisch-Industriellen Komplexes. Dieses Faktorenbündel symbolisierte die Hauptangriffsrichtung der 3. RAF-Generation – in ihrem Gefolge: AD und weitere europäische Widerstandsgruppen.

1985 erfolgte das erste gelungene Attentat der 3. RAF-Generation – am 1. Februar 1985 gab eine als Briefbotin getarnte Terroristin vor, dass der Vorstandsvorsitzende der Motoren- und Turbinen Union (MTU), Ernst Zimmermann, den Erhalt eines Briefes durch seine Unterschrift bestätigen müsse. Als die vermeintliche Briefbotin ins Wohnzimmer gebeten wurde, kam ein Mann mit einer Maschinenpistole hinzu. Das Kommando-Duo fesselte das Ehepaar Zimmermann und ermordete Zimmermann mit mehreren Schüssen aus kurzer Distanz in den Hinterkopf.

Dieses Attentat stellte in zweierlei Hinsicht ein Novum dar. Der Name der Kommandoaktion war nach einem irischen Terroristen, Patsy O'Hara, benannt. Dadurch unterstrich die RAF den Versuch der Internationalisierung ihres Terrorkampfs. Und mit dem Vorstandsvorsitzenden der Motoren- und Turbinen-

Union hatte die RAF auch die angekündigte neue Front gegen den Militärisch-Industriellen Komplex eröffnet.

Im Zuge der Erschießung Ernst Zimmermanns fügte die RAF zum ersten Mal in ihrer Terror-Performanz den neuen Bereich „Militärisch-Industrieller Komplex" in das ideologisch-strategische Gesamtkonzept ein und verband dies mit einer militärischen Aktion. Das Attentat gegen Zimmermann sollte quasi das Pendant zur französischen Angriffsaktion gegen General Audran darstellen. Strategisch-taktisch ist festzuhalten, dass hier eine Rückkehr zu Schusswaffen und Einzelattentaten gegen hochrangige Personen des öffentlichen Lebens stattgefunden hatte.

Diese Neuausrichtung des strategisch-taktischen Militärbereichs findet auch im Bekennerschreiben seinen Niederschlag. Dem Militärisch-Industriellen-Komplex „kommt in den für die kapitalistische Rekonstruktion zentralen Betrieben: Erforschung und Produktion neuer Technologien Elektronik, Waffen, Kriegsökonomie – entscheidende Bedeutung zu ... Hauptstoßrichtung jetzt ist klar die europäische Formierung. Bedingung dafür: die Abschaffung der für die BRD festgelegten Rüstungsbeschränkungen innerhalb der WEU, die Rüstungskooperation mit anderen europäischen NATO-Staaten, vor allem mit Frankreich, die Bereitstellung von 29% mehr Geld für die Forschung im Verteidigungshaushalt. Im Angriff gegen die Säulen der imperialistischen Macht in der BRD/Westeuropa greifen wir in die sich verschärfende Krise ein und bestimmen ihren Verlauf und ihre Lösung für die Offensive des Befreiungskriegs."[171]

Der MIK nimmt nun ganz offensichtlich und prominent im ideologischen Konzept der RAF eine Schlüsselstellung ein, da er die technologischen und materiellen Grundlagen für den imperialistischen Krieg und die Counter-Insurgency-Bewegung schafft. Deutlich wird im Bekennerschreiben, dass die RAF der BRD und Westeuropa (insbesondere Frankreich) den Versuch einer massiven Aufrüstung unterstellte, um sich gegen die kommunistischen Staaten durchsetzen zu können. Offensichtlich ist an dieser Stelle erneut das Diktum, dass sich die Strategie der RAF gegen die Strategie ihrer erklärten Feinde richtete, denn die RAF suchte analog der bekämpften und verhassten Staaten den Schulterschluss mit der französischen Guerilla (Action Directe) und wollte so den MIK in beiden Ländern gleichzeitig aufs Schärfste attackieren.

Zugleich zeigte die RAF die zentrale Position des Militärproduktionssektors im kapitalistischen Gefüge klar auf, wenn sie behauptete: „Das multinationale

Kapital kann eine neue Spirale im Zyklus aus Krise-Rekonstruktion-Krise nur erreichen, seine Verwertungsbedingungen international sichern, wenn es in einem die militärische Aggression an allen Fronten plant und vorbereitet/durchführt und den trilateralen Block – USA, Westeuropa, Japan, in einer gemeinsamen Strategie zur Lösung der ökonomischen Krise zusammenballt."[172]

Somit konstituierte die RAF den Zusammenhang zwischen MIK, Kapitalverwertung und der Produktion von Krisenherden auf Seiten des sogenannten Westblocks und kündigte zugleich an, in diesen Zyklus massiv zu intervenieren.

Nicht zum ersten Mal, aber dennoch in solch einem frühen Stadium der 3. RAF-Generation überraschend, griff die Kommandoebene in einen Hungerstreik ein.[173] In einem Brief der RAF an die Hungerstreikenden forderte sie diese ausdrücklich auf, den Hungerstreik zu beenden. Auch in diesem Fall wurde die Notwendigkeit zur Beendung des Hungerstreiks durch die von den Herrschenden einkalkulierte und provozierte Gefahr an Leib der Hungerstreikenden begründet. Es wurde zudem klar, dass sich die Kommandoebene bald mit Vehemenz in den Kampf um die Freiheit der Streikenden einmischen würde: „Der Sprung zur Einheit der westeuropäischen Guerilla und die Realisierung einer neuen Qualität von Angriffsstrukturen der Front in der BRD ist jetzt möglich. Auf dieses politische und praktische Ziel muss die ganze Anstrengung jetzt gerichtet werden – seine Materialisierung wird die reale Veränderung des Kräfteverhältnisses sein, das heißt auch für euch neue und so bessere Bedingungen."[174]

Offensichtlich hatte sich die neue RAF auch in diesem Fall sehr hohe Ziele gesteckt. Sie wollte nicht nur (analog dem europäischen Vereinigungsprozess der Nationen) eine westeuropäische Einheitsfront bilden, sondern diese sollte solch eine Angriffswucht entfalten, dass der deutsche Staat gezwungen wird, in der Frage der politischen Gefangenen eine neue Haltung einzunehmen.

Das Schreiben zeigte anscheinend Wirkung, denn drei Tage später beendeten die politischen Gefangenen den Hungerstreik. Mitte Februar 1985 begründeten sie den Abbruch ihres Streiks, indem sie der RAF-Kommandoebene eine Steilvorlage lieferten, sie zugleich aber auch handlungstechnisch stark unter Druck setzten: „Wir haben unseren Hungerstreik am 1.2. abgebrochen ... Die Politik der Metropolenguerilla hat jetzt einen Durchbruch erreicht, um den der Kampf die letzten fünf Jahre ging."[175]

Die konzertierten Aktionen von RAF und AD hätten die politischen Gefangenen zudem massiv der tödlichen Reaktion des deutschen Staats ausgesetzt und dennoch nichts direkt an den Haftbedingungen geändert. Da die Leben mehrerer Hungerstreikender auf der Kippe standen, wollten die Gefangenen dem Staat das Heft des Handelns (im Sinne von einkalkulierten Hungerstreik-Toten) aus der Hand nehmen, auch um das Ziel der Kommandoaktionen nicht zu konterkarieren: „Wir sagen: jetzt aufzuhören, hat den politischen Sieg festgehalten, ein Sieg in der Einheit der Guerilla, Widerstand, Gefangene."[176]

Darin liegt das Eingeständnis, dass die Gefangenen der Kommandoebene ausschließliche Handlungshoheit zugestehen wollten. Insofern hatte sich die 3. RAF-Generation in der Trias Kommandoebene, Gefangene und Widerstand nachhaltig durchgesetzt. Dieser Akt ist umso bemerkenswerter, als die 3. Generation nicht (wie Brigitte Mohnhaupt) von den Gründer*innen der RAF in „Amt und Würden" gesetzt wurde.

1985 gab es ein Novum in der RAF-Geschichte. Ein linkes Untergrundblatt interviewte Teile der RAF-Kommandoebene (angeblich sogar persönlich) an einem geheimen Ort. In diesem Interview brachte die RAF eine klare Einschätzung des globalen Kräfteverhältnisses zum Ausdruck: „Es gibt für die imperialistischen Staaten in ihrer substantiellen Krise – der Tatsache, dass sie keine Strategie mehr haben und nur noch ein Ziel verfolgen können: den weltweiten revolutionären Prozess aufzuhalten – strategische militärische Projekte nach innen und außen, die sie durchsetzen müssen, auch zum Preis der Zuspitzung der Widersprüche zwischen Staat und Gesellschaft und einem weiteren Schritt in der Transformation in den faschistischen Staat."[177]

Nach all dem bis dato Geschehenen mutete der RAF-Befund, dass der Staat bzw. die imperialistischen Staaten nur eine Strategie gegen die Strategie der kommunistischen Befreiungsbewegungen besitzen, absurd an.

Damit scheint beinahe die perfekte Tautologie vollzogen, denn dieselben strategischen Motive, welche die RAF für sich notgedrungen reklamiert, unterstellt sie nun auch ihrerseits dem Staat. Eigentlich war es die RAF, die immer ihre Strategie gegen die Strategie der anderen stellte – in dem Interview wurde dieser Befund vermutlich aus Gründen einer positiveren Außendarstellung einfach umgedreht. Das imperialistische Staatensystem sah die RAF sogar so stark in der Krise, dass es nur noch auf externe Impulse, also auf die Angriffe der Guerilla, zu reagieren in der Lage sei – wobei ein souveräner Staat sich vor allem durch souveränes Agieren auszeichnen sollte. Offensichtlich überschätzte die RAF ihre Wertigkeit und den Einfluss ihrer Kommandoaktionen auf den deutschen Staat gewaltig.

Ebenso wurde in dem Interview das Verhältnis zu den anderen revolutionären Bewegungen klargestellt. Die RAF bestritt, dass sie die Action Directe und andere Organisationen in irgendeiner Form steuern würde. Diese Aussage traf wohl zum größten Teil auch zu, da die Action Directe eine autonome Organisation war. Dennoch herrschte in der Beziehung RAF-Action Directe eine deutliche Asymmetrie zugunsten der Deutschen.

Zudem eruierte die RAF nochmals die strategisch-taktische Bedeutsamkeit des neuen Bündnisses: „Für die Action Directe (AD) und uns ging es darum, mit diesen Aktionen den Motor des imperialistischen Europaprojekts anzugreifen: die Achse Paris-Bonn."[178]

Dieses ohnehin schon gigantische Angriffsziel ist nach Einschätzung der RAF aber nur ein kleiner Baustein zum Kampf gegen das imperialistische, westeuropäische Gesamtstaatengefüge. Hieran lässt sich ein gewandelter Anspruch ermessen, denn der 2. RAF-Generation ging es zunächst um das strategisch-taktische Nahziel der Gefangenenbefreiung und später um Angriffe gegen die NATO/US-Kriegsmaschinerie. Dagegen nahm sich das Programm der 3. RAF-Kommandoebene unglaublich ambitioniert und beinahe schon utopisch aus – vor allem wenn man bedenkt, wie gnadenlos die 2. RAF-Generation an ihrem selbst gesetzten Anspruch gescheitert war und die Angriffe auf US/NATO-Ziele mehr wie Verzweiflungsakte am Ende eines griechischen Dramas wirkten.

Das nächste RAF-Attentat im August 1985 war wieder ein Bombenattentat und es widersprach somit eigentlich der subjektiven Wende. Es dürfte ersichtlich sein, dass sich die 3. RAF-Generation in ihrem frühen Stadium weder an die eher kommunistisch-kollektivistische Ideologie der 1. Generation noch an die von der 2. Generation vollzogene subjektivistische Wende hielt, obwohl das marxistische Vokabular in den Erklärungen deutlich gestiegen war. Insgesamt ist auch bezüglich des strategisch-taktischen Bereichs und der Attentate von einem inkrementell-synkretistischen Zugang auszugehen, der beide vorige Generationen umfasste. Dafür steht dieser Anschlag par Excellence, denn um das Bombenattentat begehen zu können, war vorher die Erschießung eines „normalen" GIs notwendig, um mit dessen Identifikationskarte auf das Gelände der Air-Base gelangen und dort die Bombe platzieren zu können.

Der Anschlag richtete sich gegen eine US-NATO-Militärbasis. Zur Vorbereitung des Anschlags hatte vermutlich ein weibliches RAF-Kommandomitglied den US-Soldaten Edward Pimental am Abend aus einer Wiesbadener Diskothek in ein abgelegenes Waldstück gelockt.[179] Im Wald wurde er dann kaltblütig mit mehreren beinahe aufgesetzten Schüssen regelrecht hingerichtet. Das RAF-Kommando benötigte dringend den Truppenausweis Pimentals, um überhaupt auf das gut gesicherte und hermetisch abgeriegelte Militärgelände zu gelangen.

Am nächsten Morgen fand das eigentliche Sprengstoffattentat statt, an dem wahrscheinlich auch Mitglieder der Action Directe mitwirkten. Das RAF-Kommando stellte ein Auto mit einer Sprengladung auf der Air Base ab und zündete sie schließlich. Durch die verheerende Explosion wurden zwei Menschen getötet und 23 zum Teil schwer verletzt. Der durch die Bombe verursachte Sachschaden betrug in etwa eine Million Deutsche Mark.

Die Hinrichtung des erst 20-jährigen US-Soldaten Pimental sorgte nicht nur in der Öffentlichkeit für ein hohes Maß an Empörung, sondern kostete die RAF auch in der linken Szene und in ihrem Unterstützer-Umfeld viele Sympathien.[180] In diesem Zusammenhang entstand ein lang anhaltender Diskurs, ob solch eine kaltblütige Hinrichtung nicht in faschistischer Tradition zu sehen sei[181] und dass es der RAF als revolutionärer Speerspitze doch im Vorfeld hätte gelingen müssen, andere Wege zu finden, um sich Zugang zur US-Militärbasis zu verschaffen.

Beim Anschlag auf die Rhein-Main-Air-Base stellte die RAF in ihrem Bekennerschreiben ihr sie leitendes Kalkül heraus, dass es den Imperialisten unmöglich sein sollte, von Westdeutschland aus einen Krieg gegen die kommunistischen Bewegungen in aller Welt führen zu können. Ziel der westeuropäischen Guerilla müsse es demnach (laut RAF) sein, den Kampf auf eine neue qualitative Stufe zu heben, damit die Offensive gegen den imperialistischen Apparat gelingen könne. Die Angriffe gegen das System sollten sich dabei auf politische, militärische und ökonomische Bereiche konzentrieren.

Die RAF-Angriffslinie wurde aus den in Westeuropa herrschenden Bedingungen entwickelt, spannte aber zugleich den Bogen global-politisch, indem auf die geopolitische Gesamtsituation verwiesen wurde: „Proletarischer Internationalismus ist das fundamentale Bewusstsein für den revolutionären Kampf in den Metropolen: er ist die Identität der Ausgebeuteten und Unterdrückten im weltweiten Kampf gegen die Herrschaft des Kapitals und das Wissen, dass das Ziel der völligen Zerschlagung des imperialistischen Systems erst dann real wird, wenn diese Perspektive auch in den Zentren seiner Macht eröffnet ist. Das heißt: wenn wir die imperialistische Bourgeoisie hier mit den Zielen der Revolution konfrontieren, die politisch-militärischen Angriffe gegen ihre Machtstrukturen verschärfen und ihr so die Basis zerstören, auf der sie sich durch Kriege, kapitalistische Umstrukturierung und Repression – als Mittel zur Lösung ihrer umfassenden Krise – zum alles beherrschenden Gesamtsystem aufrichten will."[182]

Doch damit nicht genug. Die Angriffe im westeuropäischen Kernland gegen den Imperialismus sollten (so die RAF weiter) folgerichtig verschärft werden, damit die materielle Basis des internationalen Kapitals wegbricht, auf welcher die Imperialisten Kriege, Unterdrückung und die systemischen Umstrukturierungsmaßnahmen vollzögen. Der leitende taktische Gedanke liegt bei diesen Ausführungen ganz offensichtlich auf der Hand. Wenn es der RAF gelänge, die Gewaltspirale so hoch zu drehen, dass die (materiellen) Verluste des Imperialismus zu hoch ausfielen, dann bräche das System wie ein Kartenhaus in sich zusammen – ein extrem hoher Anspruch, an dem sich die RAF in Zukunft messen lassen musste.

Der von der RAF dargelegte Sachverhalt lässt sich mit Helmut Pohl sinngemäß so formulieren: Die Kosten und Verluste des Systems und seiner Akteur*innen müssen höher ausfallen, als der Profit, den sie sich versprechen.[183] In diesem Zusammenhang wird die Hybris der RAF einmal mehr deutlich. Es scheint, dass die RAF allen Ernstes annahm, durch Anschläge ihrer Kommandoebene und des sie unterstützenden Widerstands die Kosten des Systems so hoch zu treiben, dass das kapitalistisch-imperialistische System daraufhin zusammenbrechen würde. Mehr Selbstüberschätzung ist von einer kleinen Terrorgruppe, die nur wenige Kommandomitglieder umfasst, kaum denkbar. Oder anders formuliert: die Trauben hingen so hoch, dass sie nicht zu erreichen waren.

Die Funktion des Anschlags und die Auswahl des Anschlagziels werden im Bekennerschreiben erklärt: „Die Rhein-Air-Base – größter Militärflughafen der US-Streitkräfte außerhalb der USA – ist eine Drehscheibe für die Kriege in der 3. Welt von Westeuropa aus; konkret läuft der Transport von US-Interventionstruppen und ihrem militärischen Gerät in den Mittleren/Nahen Osten nach Afrika darüber."[184]

Auch in diesem Punkt setzte die RAF ausdrücklich an der Tradition der 1. RAF-Generation an, die durch ihre Anschläge auf die US-Basen den Krieg der vietnamesischen Kommunist*innen (Vietcong) gegen die US-Imperialist*innen unterstützen und beeinflussen wollten. Das hier verwendete Argumentationsmuster ist dem sehr ähnlich.

Die bundesdeutsche Öffentlichkeit und die Medien reagierten im Zusammenhang mit dem Anschlag auf die US-Air-Base in Frankfurt und der Erschießung Pimentals natürlich empört, aber wie schon angedeutet, geriet die RAF auch innerhalb radikaler linker Diskussionszusammenhänge in einen starken Erklärungsnotstand. Auch alt gediente, gefangene RAF-Genoss*innen wie Irmgard Möller gingen zunächst davon aus, dass es sich bei der Liquidierung des einfachen Soldaten Pimental um eine Counter-Action handelte – das heißt, sie vermutete, dass die westlichen Geheimdienste die Tat begangen hatten, um die RAF ideologisch, moralisch und ethisch nachhaltig zu desavouieren. Eine solche Kritik (vor allem aus den eigenen Reihen) konnte die RAF nicht ignorieren – sie musste darauf reagieren, was sie dann auch tat.

Am 25. August (über zwei Wochen nach dem Attentat) meldete sich die RAF auf die Kritik hin zu Wort. Dezidiert wies die RAF in ihrer Erklärung darauf hin, dass es sich bei dem Attentat um keinen plumpen Anti-Amerikanismus handelte: „Natürlich geht es nicht um einen durchgeknallten Anti-Amerikanismus, wie die Counter-Propaganda das streut. Worum es geht, ist der praktische Begriff des internationalen Klassenkriegs für die Entwicklung des revolutionären Prozesses in der westeuropäischen Metropole. Die militärischen Basen, Einrichtungen, Kommandostellen der US-Streitkräfte, der NATO sind Kriegsgebiet."[185]

Damit knüpfte die RAF meines Erachtens weitestgehend (und das kann gar nicht genug betont werden) an die ersten vietnambezogenen Erklärungen der 1. Generation an und von einem aufkeimenden Subjektivismus (wie er für die 2. und die späte 3. RAF-Generation kennzeichnend war) ist zu diesem Zeitpunkt noch nichts ersichtlich.

Zu Beginn der Erklärung wurde die RAF noch konkreter: „Die Bestimmung der Aktion war, eine Schaltstelle der US-Militärmaschine Zentrum der imperialistischen Kriegsführung – aus der Funktion zu bringen. Das heißt: materiell gegen ihre Kommandozentrale oder ihr militärisches Gerät ... und die, die diese Maschinerie zum Funktionieren bringen – also gegen die Air-Base und alle Soldaten, die im HQ oder sonst irgendwo ihren >>Job machen<<."[186]

Damit schlug die RAF bereits im Vorspann ihrer Erklärung die argumentative Brücke vom Gesamtangriff (US-Air-Base) zum individuellen Angriff gegen die getöteten und verletzten Soldaten, welche die Air-Base am Laufen hielten. Das Schreiben bezog sich weiter auf die von der US-Air-Base geführten Vernichtungsangriffe gegen die Guerilla und Widerständige im Nahen Osten.

Nach der Begründung der Funktion im Großen kommt es konkret zur Begründung der Notwendigkeit der Ermordung Pimentals: „Wir haben Edward

Pimental erschossen, den Spezialisten für Flugabwehr, Freiwilliger bei der US-Army und seit drei Monaten in der BRD, der seinen früheren Job an den Nagel gehängt hat, weil er schneller und lockerer Kohle machen wollte, weil wir seine ID-Karte gebraucht haben, um auf die Air-Base zu fahren. Für uns sind die US-Soldaten in der BRD nicht Täter und Opfer zugleich, wir haben nicht diesen verklärten, sozialarbeiterischen Blick auf ihn."[187]

Damit glaubte die RAF der an ihr geäußerten Kritik den Wind aus den Segeln zu nehmen, welche die US-Soldaten als Opfer der US-amerikanischen, ökonomischen Verhältnisse sahen. Demgegenüber machte sie unmissverständlich klar, dass jeder US-Soldat für sie ein Feind im Kriegszustand sei und somit der Mord auch legitimiert sei. Dann setzte sie noch eins drauf, indem sie sagte, dass jeder G.I. begreifen müsse, „dass er dafür bezahlt wird, Krieg zu führen, d.h. alle müssen begreifen das Krieg ist – und sich entscheiden."[188]

Damit machte die RAF mitnichten einen Kotau vor der Kritik aus dem eigenen Lager, sondern rechtfertigte sogar a priori weitere solche Aktionen gegen US-Soldaten. Aber wenn die RAF geglaubt hatte, sich mit diesem Rundumschlag von aller Kritik zu befreien, so sah sie sich getäuscht. Dieses Schreiben sorgte beinahe für noch mehr Kritik im der RAF nach der Ermordung Pimentals kritisch gesonnenen Lager, da die RAF diesem einen sozialarbeiterischen Impetus und damit Schwäche im Kriegszustand vorgeworfen hatte. Es folgten wiederum zahlreiche kritische Entgegnungen – auch unterhalb der Gürtellinie.

Doch damit war die Akte Pimental immer noch nicht geschlossen. Im September 1985 gab es ein neues Interview mit der RAF, das als Flugschrift >>zusammen kämpfen<< erschien. In diesem Interview stellte die RAF ihren Anschlag in die Tradition der Attentate der 2. RAF-Generation gegen die NATO und US-Truppen. Seitdem wäre es den USA sogar gelungen, Deutschland zu einer noch perfekteren Militärvernichtungsbasis aufzubauen, was eine noch rigidere Intervention von Seiten der Guerilla erforderlich mache – inklusive möglicher Hinrichtungen einzelner Soldaten. Noch einmal lotete sie auch die individuelle Schuld und Verantwortung der US-Soldaten aus, die ihrer Meinung nach die Angriffe der Guerilla rechtfertigten: „Das ist Söldnermentalität von Killern ... Die Soldaten des Feindes begreifen durch die Aktion der revolutionären Guerilla. Anders nicht."[189]

Dadurch erhob sich die RAF in den Status, dass sie den einzelnen imperialistischen Soldaten klarmachte, welche schreckliche Tätigkeit sie eigentlich ausüben würden. Eine solche moralische Überhöhung einer Hinrichtung dürfte sofort ins Auge springen. Danach relativierte die RAF ihre Aussage sofort wieder und brachte den Mord nur mit der Durchführbarkeit des aus ihrer Sicht unabdingbaren Angriffs in Zusammenhang. Am Ende des Interviews stellte die RAF noch klar, dass die Action Directe in keinem Weisungs- oder Abhängigkeitsverhältnis zur RAF stünde und dass jede eigene Freiheitsbewegung ihre eigene Berechtigung besitze und die RAF sich darin auch nicht einmischen wolle.

Als Folge der schweren Vorwürfe aus dem eigenen Umfeld äußerte sich die RAF 1986 mit zwei längeren Erklärungen, die aber nicht in direktem Zusammenhang mit einem Anschlag standen. In gewisser Weise handelte es sich bei den 1986 erschienenen Strategiepapieren „An die, die mit uns kämpfen" und „Die revolutionäre Front aufbauen" um die ersten längeren Erklärungen der RAF, in der sich grundsätzliche und längere Erörterungen im theoretisch-ideologischen Bereich finden. Zudem positionierte sie sich darin auch strategisch-taktisch im militärischen Bereich.

Die Titel sind durchaus programmatisch zu verstehen. Während sich die RAF im ersten Strategiepapier an diejenigen wandte, die sie als potenzielle Verbündete wähnte, versuchte sie ihnen im zweiten Strategiepapier direkte Anweisungen zu geben, wie eine gemeinsame revolutionäre Front zum Sturz des Systems aufzubauen sei. Im Kern fand in diesen beiden Schreiben eine summierende Darstellung der in den vorigen Erklärungen dargestellten Ausführungen statt, sodass sie keine wirklichen Neuerungen enthielten.

Eine Stelle ist aber von besonderem Interesse, denn hier wurde die Abwendung vom Marxismus-Leninismus und die Hinwendung zur Subjekt-Theorie der Frankfurter Schule besonders deutlich, wodurch sich die RAF dann doch wieder eher in der Nachfolge der 2. als der 1. Generation sah: „Dass der Prozess der Front nicht bruchlos und hier jetzt nicht massenhaft läuft – ist klar. Er hat aber jetzt schon durch seine praktischen Initiativen, in denen es für jeden sichtbar um den Bruch mit dem Herrschaftssystem, Kampf um Befreiung geht, mobilisierende Wirkung und Anziehungskraft, und erreicht politische Wirkung in der konkreten Konfrontation gegen den Staat, das sich formierende Gesamtsystem ... Selbstbestimmung, Kollektivität gibt es nicht außerhalb vom Kampf, sondern nur, indem sie der Macht abgerungen und die Mauern zwischen den Menschen eingerissen werden – als Prozess des Aufbaus proletarischer Gegenmacht, die gegenüber der gesellschaftlich organisierten Macht und Repression des Kapitals unabhängig ist ... Dieser Prozess ist nur möglich und lebt durch die Entscheidung und Anstrengung jedes einzelnen, der sich über das gemeinsame Ziel: die Zerschlagung des Systems und die revolutionäre Umwälzung – in den Zusammenhang der Front stellt, in der ganzen Konsequenz, als ganzer Mensch. Dieser subjektive Sprung ist das Entscheidende, von dem abhängt, wie weit die Front hier kommt."[190]

Die RAF war (entgegen manchen semantischen Tendenzen in anderen Bekennerschreiben dieser Zeit) offensichtlich weit von einer marxistisch-leninistischen Gesellschaftsanalyse entfernt, nach welcher es die objektiven (makro-) gesellschaftlichen Bedingungen sind, welche die Revolution vorantreiben. Bei der RAF ist es in diesem Schreiben hingegen ausschließlich das Subjekt, das sich in seinem Individuationsprozess bewusst für die Revolution entscheiden muss und dadurch erst diese in Gang setzt.

Nur durch die Aggregation dieser Entscheidungen, die zu einem subjektiven Bruch mit dem System führen, könnte laut RAF eine schlagkräftige revolutionäre Front in Westeuropa aufgebaut werden. Zum ersten Mal tauchten in diesem Text wesentliche Begrifflichkeiten auf, welche die RAF-Erklärungen in den Jahren 1990 und danach entscheidend prägten: Selbstbestimmung bzw. später dann Selbstorganisierung.

Die revolutionäre Linke reklamierte für sich den Tatbestand der Selbstorganisierung. Die führenden Soziologen und Politologen des Selbstorganisationsdiskurses (wie zum Beispiel der berühmte Soziologe Niklas Luhmann) wären wohl schockiert gewesen, wenn sie nachvollzogen hätten, in welch revolutionären Zusammenhängen ihre Theorien en voque waren.

Stärker als in den kurz gehaltenen Bekennerschreiben wird hier auch Stellung zum bundesdeutschen System genommen: „Widerstand – wie wir ihn bestimmen, zielt und orientiert auf die Zerschlagung des Systems. Er zielt auf den praktischen Umsturz der realen gesellschaftlichen Verhältnisse, die radikale Umwälzung der Lage in der Metropole."[191]

Damit wurde die Beseitigung des Herrschaftssystems und der freiheitlich-demokratischen Grundordnung zum alles dominierenden Ziel erklärt. Nach dieser Stelle folgte interessanterweise erneut die Begründung, warum dies so zu laufen habe, denn nur so sei es für das Individuum möglich, im Kampf- und Interaktionszusammenhang mit anderen freien Subjekten zur individuellen

Freiheit zu kommen. Damit präsentierte die RAF in diesem Strategiepapier eine Fortschreibung und sogar noch Radikalisierung der subjektivistischen Wende der 2. Generation.

Dennoch blieb im Kern der proletarische Internationalismus und die Kollektiv-Komponente erhalten, was der Argumentation auch heute noch einen seltsamen Hybrid-Charakter verleiht. Zudem formulierte die RAF noch einmal ganz präzise, wieso der revolutionäre Angriff nötig sei – wobei sich auch hier die beiden Ebenen vermischen: Die „Lebensbedingungen hier – Metropolenrealität – ist bestimmt von den vereinheitlichten Kapitalbewegungen der internationalen Monopole, der vereinheitlichenden Strategie der internationalistischen Bourgeoisie zur Lösung der globalen politischen, ökonomischen, sozialen Krise des Systems; ein System, das weltweit Dimensionen von Vernichtung, Ausbeutung, Verelendung – Herrschaft – Krieg produziert, die jedem Widerstand, Kampf für menschliche Lebens- und Arbeitsbedingungen, für Selbstbestimmung und gegen imperialistischen Krieg nur die Wahl lassen, zum Begriff des Imperialismus als einheitlichen System und dagegen zum Bruch, zur Einheit im revolutionären Kampf zu kommen oder sich aufzugeben."[192]

Semantisch-stilistisch lässt sich zu diesem Zeitpunkt der RAF-Erklärungen anfügen, dass sie sich weitgehend auf der abstrakt-komplexen Ebene des Mai-Papiers bewegen. Erst gegen Ende der 3. RAF-Generation gewannen die Strategiepapiere und weitere schriftliche Äußerungen deutlich an Lesefreundlichkeit.

Die zweite RAF-Erklärung von 1986 ist inhaltlich beinahe identisch mit der ersten und enthält zahlreiche Redundanzen.

Allerdings wird in „Die revolutionäre Front aufbauen" noch einmal eine Art der innenpolitisch-globalen Analyse vorgenommen: „Der imperialistische Krieg in der Metropole ist längst unsere Wirklichkeit. Die ganze Politik des internationalen Kapitals, des imperialistischen Staats und seiner Apparate hat heute hier allein den Zweck, national und international Widerstand zu vernichten und alle Bereiche durch den Staatsschutz zu besetzen ... Verwertbar machen für das Kapital, für den Markt, das heißt zu liquidieren, was nicht mehr für den kapitalistischen Zweck funktioniert ... (in der Vernichtung von Millionen von Menschen in der >>3. Welt<<, für die das Kapitalsystem keinen Platz mehr hat, ist das auf den Punkt gebracht), das läuft im Fitmachen der BRD und des westeuropäischen Staatenblocks für die militärische Aggression. Das ist die faschistische Vision einer von High-Tech durchstrukturierten, kontrollierten und versklavten

Gesellschaft ... Von der Forschung bis zur Produktion ist alles an der Entwicklung von Kriegsmitteln orientiert."[193]

Damit stellte die RAF unumstößlich klar, dass die gesellschaftliche Realität der BRD durch die staatliche Kontrolle und starke Formen der Unterdrückung durchzogen war. Zudem war es das Anliegen des Staats, alle gesellschaftlichen Teilbereiche so stark zu kontrollieren, dass diese für die kapitalistischen Verwertungszusammenhänge reibungslos funktionierten. Zudem benannte die RAF erneut das von ihr gewählte Angriffsziel in Form des Militärisch-Industriellen-Komplexes, denn dieser umfasst bekanntlich (von der Forschung bis zur Produktion) die Entwicklung von Kriegsmitteln. Es scheint, als gebe die RAF hiermit bereits einen recht offenherzigen Ausblick auf ihre 1986er Offensive.

Was sich dem kapitalistischen Verwertungszusammenhang nicht unterordnen konnte, wurde gemäß RAF auf die eine oder andere Art liquidiert oder anderweitig aus dem kapitalistisch-imperialistischen Verwertungszusammenhang entfernt. Eine besondere Stellung bei der gesellschaftlichen Organisierung des Kapitalsystems nahm dabei die Technologisierung aller Lebensbereiche ein – ein Befund, der meines Erachtens heute noch mehr Stichhaltigkeit besäße als damals.

Offensichtlich versuchte die RAF durch diese Argumentation im Lager der Feinde des technologischen Fortschritts nach Anhänger*innen zu fischen. Die Verhältnisse im Inneren kehrten sich (so die RAF-Analyse weiter) aber auch nach außen. Denn die BRD im Gefolge Westeuropas orientierte sich immer mehr an der ökonomisch-militärischen Kontrolle von exterritorialen Gebieten, um sie der kapitalistischen Verwertungslogik unterzuordnen. Diese dialektische Bewegung schien der RAF nur folgerichtig, denn nur, wenn die Befriedung im Inneren funktioniert, konnte das Aggressionspotenzial auch nach außen gerichtet werden. Die RAF sah hier ihren Ansatzpunkt: als Guerilla zu intervenieren und den so skizzierten innen- und außenpolitischen Projekten der BRD und Westeuropas eine politische und militärische Grenze zu setzen.

Der innenpolitische Akzent der Erklärung, in der natürlich auch der Bogen zur Inklusion der BRD in die imperialistisch-kapitalistische Kriegsmaschinerie der NATO geschlagen wird, sieht die soziopolitischen Realitäten in Deutschland beinahe schlimmer als in dem düsteren Szenario von George Orwell: „Da ist nichts mehr, nur noch Scheiße, nur noch Zerstörung, Elend, Entmenschlichung und Sinnentleerung: Millionen Drogensüchtige, eine viertel Million

Selbstmordversuche jährlich. Jetzt schon 10.000 Süchtige, deren Lebensinhalt (!) der Spiel- und Geldautomat ist. Millionen, die wie die Ratten in Laborkäfig isoliert im Wohnknast vor der >>totalen Glotze<< von innen her verfaulen. Sensorische Deprivation und Gehirnwäsche als gesellschaftliche Realität – die Schweine sagen: >>Kommunikationsgesellschaft<<. Das ist ja auch der Punkt: sie wollen uns alles nehmen, woran wir unsere Lage, unser Elend ticken könnten: Sprache, Geschichte, Kultur, selbst die nackten Tatsachen um uns herum. Die Fähigkeit, die Realität zu kapieren, den Stoff, aus dem die Reflexion über die Möglichkeit Realität wird. Orwells Weitblick ist da längst hinter den technischen Möglichkeiten der stattfindenden Politik des Imperialismus zurückgeblieben."[194]

Damit erweiterte die RAF zum ersten Mal ihre politische Ausrichtung im Gegensatz zur beinahe ausschließlich antiimperialistisch-internationalistisch agierenden 2. RAF-Generation. Die im Richtungsstreit zwischen Meinhof und Mahler verloren gegangene sozialrevolutionäre deutsche Komponente wurde hiermit von der 3. RAF-Generation wieder in das strategisch-taktische Gesamtkalkül integriert. Zwar reichte dieser Schritt noch nicht an das beinahe die Theoriearchitektur der späten 3. Generation bestimmenden Ideologiekonstrukts heran, aber der erste diesbezügliche Baustein war damit gelegt.

Das Ende des Strategiepapiers zeigt, dass die Causa Pimental für die RAF noch immer nicht ausgestanden war. Im Gegenteil: Sie schien die RAF in einem Ausmaß zu beschäftigen, dass sie sogar Eingang in ein Strategiepapier gefunden hatte. Erneut verteidigte sie die Liquidierung des einfachen Soldaten mit der Funktion der gesamtstrategischen Bestimmung des Angriffs – eine simple Reproduktion bereits geleisteter Erklärungsansätze.

Nach dieser relativ umfangreichen Textproduktion ohne direkten Bezugspunkt in Form eines materiellen Angriffs, schritt die RAF Mitte des Jahres 1986 wieder zur Tat. Bei der Offensive 1986 lernte die RAF aus ihren vorangegangenen Fehlern, denn der quantitative Umfang der Bekennerschreiben veränderte sich signifikant. Es scheint der Kommandoebene evident gewesen zu sein, dass Attentate den potenziellen Mitrevolutionär*innen in aller Klarheit, Offenheit und Deutlichkeit vermittelt werden müssen. Damit wurde ein signifikanter Zusammenhang von erklärendem Text und der zu erklärenden Tat hergestellt. Offensichtlich wollte die RAF noch immer wohlgesonnene Verbündete nicht ein weiteres Mal durch zu kurze oder defizitäre Bekennerschreiben vergraulen.

Insofern kann das Jahr 1986 als der erste Meilenstein der Theoriebildung (der ausführlichen strategisch-taktischen Bestimmung und daraus abgeleiteter Attentatsformen) verstanden werden. Im Gegensatz zu den beiden vorigen Generationen konnte die 3. RAF-Generation dabei nicht stehenbleiben. Vielmehr sah sie sich später (aufgrund der sich massiv ändernden geopolitischen Verhältnisse) zu mehreren Positionswechseln gezwungen, bis sie schließlich die Notwendigkeit ihrer Selbstauflösung einsah.

Am 9. Juli 1986 sprengte das RAF-Kommando „Mara Cagol" durch eine ferngesteuerte Autobombe das Siemens-Vorstandsmitglied Karl-Heinz Beckurts in die Luft. Sowohl Beckurts als auch sein Chauffeur bezahlten den Anschlag mit ihrem Leben.

Mit der Namenswahl des Kommandos wollte die RAF ihre Ambitionen (eine westeuropäische Widerstandsfront aufzubauen) unterstreichen. Cagol war ein führendes Mitglied der italienischen Brigate Rosse, das 1975 bei einer militärischen Auseinandersetzung mit der Polizei zu Tode kam. Die Brigate Rosse waren für die RAF neben der AD ein absoluter Wunschpartner beim Aufbau einer westeuropäischen Terrorfront.

Die technische Raffinesse der RAF-Bombenanschläge hatte klar erkennbar zugenommen, ohne jedoch bereits die nur wenige Jahre später erreichte Perfektion erlangt zu haben. Am Resultat des gelungenen Anschlags änderte das freilich nichts. Die Bombe war den offiziellen Berichten zufolge auf einem Fahrradgepäckträger montiert, wobei das Fahrrad an einen Baum angelehnt war.

Durch den Anschlag realisierte die RAF auch ihre Ankündigung, den Militärisch-Industriellen-Komplex ins Visier ihrer Angriffsbemühungen zu nehmen. Der Siemens-Konzern und seine Tochter-Unternehmen waren massiv in die Erforschung und Produktion von militärischen Rüstungsgütern involviert.

In ihrem Bekennerschreiben vom 9. Juli 1986 wies die RAF erneut auf die Notwendigkeit des Aufbaus einer bedeutenden revolutionären Front in Europa hin, damit sich der Kapitalismus nicht mit seinen Projekten durchsetze. Dass „es entscheidend vom revolutionären Kampf in Westeuropa abhängt, ob ihre politische Macht und materielle Basis in den Metropolen schneller zusammenbricht, als sie ihren strategischen Plan realisieren können ... Die revolutionäre Bewegung in Westeuropa muss heute ihre vielfältigen Kämpfe in einen bewussten und gezielten Angriff gegen die imperialistische Macht transformieren, das heißt: die aktuellen strategischen Projekte der politischen, ökonomischen und militärischen Formierung des imperialistischen Systems in Westeuropa angreifen und die Politik und Praxis in einer umfassenden revolutionären Strategie zur Zerrüttung des Systems im Zentrum und für die Einheit des Metropolenproletariats, die revolutionäre Front in Westeuropa verbinden."[195]

Es ist offensichtlich (das hat das Führungsmitglied der 3. RAF-Generation, Birgit Hogefeld, später mehrfach in ihren Ausführungen über die RAF-Vergangenheit betont), dass die RAF den Kampf mit dem Imperialismus als einen Wettlauf mit der Zeit begriffen hatte, der nur durch extrem schnelles Handeln gewonnen werden konnte.

Konkret bedeutet das, dass die RAF bemerkte, dass sich die bipolare Weltordnung aufzulösen begann – zugunsten des imperialistisch-kapitalistischen Staatenblocks. Die Warschauer-Pakt-Staaten des real existierenden Sozialismus befanden sich bereits Mitte der 80er Jahre in einem strategischen Rückzug und somit auf der „Verliererstraße". Wieder einmal zeigte sich an diesem Punkt die fundamentale Selbstüberschätzung der RAF, denn die durch die Bemühungen der RAF vereinte revolutionäre Front Westeuropas sollte dem Versuch des Kapitalismus, den endgültigen Sieg über den Kommunismus zu erringen, militärische und politische Grenzen durch ihre bewaffnete Politik und verheerende Attentate setzen. Immerhin schien die RAF so viel Realismus besessen zu haben, dass ihr klar war, dass ihre Bemühungen in dieser Sache nicht ausreichten, denn beinahe pathetisch rief die RAF ihre potenziellen Verbündeten dazu auf, die verschiedenen Teilbereichskämpfe (wie die Anti-Kernkraft-Bewegung, die Hausbesetzer-Szene, Anarchist*innen, Antiimperialist*innen etc.) zu einer einheitlichen Front zu verschmelzen, um die erforderliche Stärke einer revolutionären Gegenmacht zu entwickeln. Damit rekurrierte sie ganz offensichtlich wieder konsequent auf das Frontkonzept des Mai-Papiers, das die verschiedenen Ebenen des Widerstands suggeriert hatte.

Da der Anschlag ein deutsches (respektive westeuropäisches) Ziel hatte, konzentrierte sich das Bekennerschreiben erneut auf die deutschen sozialpolitischen Realitäten – natürlich aus RAF-Sicht (allerdings nicht ohne diese international zu kontextualisieren). Ausführlich beschäftigte sich das Bekennerschreiben mit Siemens Rolle innerhalb des MIKs und Beckurts Rolle im Konzern.

Nach einer umfassenden Analyse, wieso der MIK im damaligen Gefüge eine Schlüsselrolle für den militärischen Imperialismus und den profitmaximierenden Kapitalismus einnahm, brachte die RAF dies für ihre Anhängerschaft leicht verständlich auf den Punkt: „Heute gehört Siemens weltweit zu den größten transnationalen Konzernen, ist verantwortlich für die Ausbeutung, Vernichtung und Verelendung von Millionen von Menschen in der 3. Welt und den Metropolen."[196]

Zugleich kontextualisierte sie die Geschichte von Siemens und stellte auch Bezüge zur Nazi-Vergangenheit dar. Schließlich wandte sich die RAF nach einer scharfzüngigen Analyse der sich weltweit verschärfenden Klassengegensätze auch wieder der konkreten Situation der Menschen in Westeuropa bzw. Deutschland zu: „Für die Menschen in Westeuropa bedeutet der Kurs des internationalen Kapitals die einheitliche Verschärfung der Ausbeutung, Verelendung und Unterdrückung: die kontrollierte Ausgrenzung von Millionen Menschen aus der Produktion und der Gesellschaft überhaupt, Kriegspolitik und Vernichtung der Lebensgrundlagen, die repressiven Befriedungsstrategien und die faschistische Unterdrückung des Widerstands, der sich gegen ihre Pläne stellt – ist die tägliche Realität in der westeuropäischen Metropole, für deren Umwälzung es nur eine Strategie geben kann: die des revolutionären bewaffneten Kampfs und des Aufbaus der politisch-militärischen Front in Westeuropa."[197]

Damit waren für die RAF Elend und Tod in der Dritten Welt und die sozial-menschliche Ausgrenzung großer Bevölkerungsteile in Westeuropa nur zwei Seiten derselben Medaille. Geradezu gebetsmühlenartig bläute sie den Unterstützer*innen ein, dass diesem zerstörerischen Gesamtprozess nur durch eine einheitliche westeuropäische Widerstandsfront entgegengewirkt werden kann.

Knapp einen Monat später kam es zu einem Ereignis, das belegt, dass die Zusammenarbeit zwischen RAF und dem Widerstand ganz konkrete Formen in der strategisch-taktischen Gesamtkonzeption angenommen hatte. In Rüsselsheim wurden in einer Eisdiele Eva Haule (RAF) und Mitglieder des antiimperialistischen Widerstands (Christian Kluth und Luitgard Hornstein) verhaftet. Damit hatten die Behörden (neben den die RAF-Attentate begleitenden Aktionen des Widerstands) nun auch formal den Beweis, dass versucht wurde, das Frontkonzept in die Tat umzusetzen.

1986 erfolgte bei dem zweiten in diesem Jahr verübten RAF-Attentat eine noch klarere Rückwendung zur Subjekt-Theorie in Verbindung mit der taktisch-strategischen Umsetzung eines RAF-Attentats als im Falls Beckurts. Hinzu kam, dass nun das Opfer kein hochrangiger Politiker, Militär, Finanz-, Wirtschafts-

oder Justizvertreter war. Gerold von Braunmühl war „lediglich" Ministerialdirektor im Auswärtigen Amt und galt als enger Vertrauter von Außenminister Hans-Dietrich Genscher (FDP).

Damit griff die RAF zum ersten Mal ein Opfer aus der „dritten Reihe" an. Diese Tatsache erschreckte die Ermittlungs- und Fahndungsbehörden, da die RAF somit unzählige Systemangestellte ins Visier nehmen konnte, die unmöglich allesamt unter adäquaten Polizeischutz genommen werden konnten.

Am 10. Oktober 1986 kam von Braunmühl mit einem Taxi kurz nach 21 Uhr von der Arbeit im Ministerium nach Hause. Er stieg aus dem Taxi, bezahlte und ließ sich vom Taxifahrer seine Aktentasche reichen. Plötzlich stürmte eine mit einer Wollmütze vermummte Person auf ihn zu und schoss ihm aus kurzer Distanz zwei Kugeln in den Oberkörper. Der verletzte von Braunmühl versuchte noch, hinter einen parkenden PKW zu flüchten. Doch schon tauchte eine zweite vermummte Person auf, die ihm aus nächster Nähe in den Kopf schoss.

Die beiden RAF-Attentäter entwendeten die Aktentasche ihres Opfers und flohen vom Tatort. Vier Tage später wurde in Bonn der Fluchtwagen gefunden. Ganz in der Nähe des Tatorts deponierte das RAF-Kommando bei der Tschechoslowakischen Botschaft ein Bekennerschreiben, das erneut ausführlich und umfangreich auf das Anschlagziel und die gesamtstrategische Lage einging. In diesem Bekennerschreiben des RAF-Kommandos „Ingrid Schubert" festigte die RAF ihre bereits argumentativ eingeschlagene Linie und Strategie der vorherigen Bekennerschreiben, was ein bereits bekanntes Muster war: „Die revolutionäre Bewegung in Westeuropa muss den strategischen Plan der imperialistischen Bourgeoisie, mit dem sie die Weltherrschaft erreichen will und dessen politische und materielle Basis die Metropolen sind, in seinen konkreten aktuellen Projekten angreifen, das heißt, ihn hier zum Angriff auf die zentralen Achsen und treibenden Kräfte der imperialistischen Macht politisch brechen und blockieren, bevor sie ihn realisieren kann. Die revolutionäre Front in Westeuropa organisieren heißt, den Kampf in der Metropole auf dem politisch-militärischen Niveau und in der strategischen Orientierung zu führen, die das imperialistische System insgesamt in Frage stellt und den Prozess der Rekonstruktion der Klasse in Westeuropa als internationalistischen initiiert. Heute müssen wir die Einheit der kommunistischen Guerilla und der revolutionären Bewegung durch diese Offensive aufbauen – kollektiv bestimmt und organisiert mit dem Ziel, die imperialistische Strategie hier zu durchkreuzen, die politischen Linien und

Elemente revolutionärer Strategie zu bestimmen und praktisch zu entwickeln. Organisierung der revolutionären Front heißt Organisierung des Angriffs."[198]

Anders als in der vorangegangenen (eher von subjektivistischer Terminologie geprägten) Erklärung schien sich die RAF hier wieder bei eher kommunistisch orientierten europäischen Bewegungen (wie der spanischen GRAPO, der belgischen CCC und der italienischen BR) anbiedern zu wollen, indem sie mehr Vokabular marxistischer Herkunft benutzte.

Allerdings machte sie auch klar, dass sie mit ihrem abstrakt-theoretischen Vokabular dennoch konkrete Revolutionsarbeit anbahnen wollte: „Das ist keine ideologische Kategorie und kein >>Revolutionsmodell<<. Es geht um die materielle Evidenz revolutionärer Politik – das heißt, ihrer Wirkung gegen die imperialistische Macht, und ihre politisch-praktische Kraft, die sie für die Vertiefung des Bruchs in der Metropole und den qualitativen Sprung des proletarischen Kampfes hier erreicht."[199]

Damit erteilte die RAF starrem Parteikader- oder strengem Marxismus-Leninismus-Denken eine Abfuhr, indem sie darauf hinwies, dass nur die konkret-materiellen Auswirkungen der Attentate die Ziele der Kapitalist*innen und Imperialist*innen verhindern helfen und Verbalradikalismus oder der theoretische Streit um strategische Positionen innerhalb des Widerstands keinen Schritt weiterführen.

Der semantische Subjektivismus der Frankfurter Schule ist in diesem Fall wohl weitgehend über Bord geworfen worden, und es ist von kommunistischer Guerilla und kollektiver Orientierung die Rede. Für die RAF galt stets (egal ob nun die Subjekt-Theorie der Frankfurter Schule oder der Marxismus betont werden), dass in jedem Fall die imperialistischen Pläne verhindert werden müssen.

Die RAF lebte (dies wird beinahe in jedem Schreiben wie ein Mantra wiederholt) in dem Bewusstsein, dass sie ihre gesamte revolutionäre Kraft gegen diese Entwicklung in die Waagschale zu werfen hatte, um den Sieg des kapitalistischen Systems zu verhindern und der kommunistischen Weltrevolution doch noch zum Sieg zu verhelfen. Allerdings war allen RAF-Mitgliedern klar, dass der Wettlauf gegen die Zeit begonnen hatte und das imperialistisch-kapitalistische System kurz davor stand einen umfassenden Sieg zu erringen – während der kommunistische Staatenblock immer mehr zu zerfallen drohte.

Mit von Braunmühl hatte die RAF ein Opfer ausgesucht, das außenpolitische Relevanz besaß. Sie sah in ihm eine der zentralen Figuren, welche die Formierung westeuropäischer Politik unter der imperialistischen Führung der USA vorantrieb. Als Repräsentant der BRD vertrat Braunmühl nach Auffassung der RAF die aggressive Außenpolitik der BRD, welche die politische Formierung und Einheit Westeuropas zur imperialistischen Kriegsstrategie ausweiten sollte. Global sah die RAF dieses Projekt zum Scheitern verurteilt, da sie überall auf der Welt Widerstand gegen diese Politik zu erkennen glaubte.

Deutschlands Funktion in dieser Gesamtkonstellation wurde wie folgt beschrieben: „Es ist die Anhebung und Einbindung der politisch-militärischen Macht Westeuropas in der gesamtimperialistischen Herrschaftsstruktur in der Krise des Systems und der Zusammenballung seiner Macht zur Aggression. Das ist der politische Kern der Gewalt, mit der der Staat hier die politischen, ökonomischen und militärischen Bedingungen durchsetzt, die die Bourgeoisie braucht, um international den Angriff führen zu können."[200]

Als einzig funktionierende Strategie würden die westeuropäischen Staaten die politische Einkreisung und Vernichtung der Revolutionär*innen auf allen Kontinenten und die Einbindung der sozialdemokratischen, bürgerlich-reaktionären Kräfte in ihr faschistisches Gesamtkonzept sehen. Damit bezichtigte die RAF Westeuropa (in der Nachfolge des Dritten Reichs) eine faschistische Strategie zur Unterwerfung der Völker zu betreiben.

Um das Funktionieren des Frontkonzepts zu demonstrieren, musste noch auf die „Kämpfenden Einheiten" des Widerstands und ihre massiv konzentrierten Anschläge im Jahr 1986 hingewiesen werden. Begleitet wurden die RAF-Aktionen im Jahr 1986 von sage und schreibe 17 Anschlägen dieser „Kämpfenden Einheiten". Die Anschläge gegen Gebäude und Gegenstände betrafen dabei unter anderem auch das Frauenhofer Institut und die Firma Dornier. Dabei wurden Sprengsätze gezündet, die zum Teil nicht unerhebliche Sachschäden verursachten. Andere Anschläge wurden weniger militärisch und mit bescheideneren Mitteln durchgeführt.

Der letzte (vor der Zeit der globalen und RAF-Transformation berücksichtigte) Anschlag zielte am 20. September 1988 auf Staatssekretär Tietmeyer – gut ein Jahr nach dem tödlichen Attentat auf von Braunmühl, der auch wieder der subjektivistisch-ideologischen, strategisch-taktischen und militärischen Neuausrichtung der RAF entsprach. Tietmeyer war als höchster politischer Beamter im Finanzministerium tätig und ebenso wie der Diplomat von Braunmühl eher ein Anschlagziel aus der dritten oder hier bestenfalls zweiten Reihe.[201]

Das Datum des Anschlags war symbolisch gut gewählt, denn im Frühherbst 1988 machte sich ein breiter, von diversen gesellschaftlichen Gruppen getragener Protest gegen die Tagung des Internationalen Währungsfonds und der Weltbanktagung in Berlin breit. Damit suchte die RAF offensichtlich ideologisch-praktischen Anschluss an diese Gruppierungen, von denen sie sich wohl (als Gegenleistung) Unterstützungsformen unterschiedlicher Art versprach.

Der Kommandoname „Khaled Aker" deutete vermutlich eine Art Paradigmenwechsel in der geostrategischen Bündnisausrichtung der RAF an. So scheint es, dass die Bildung der westeuropäischen Einheitsfront nun nicht mehr das primäre Ziel war. Khaled Aker lautete der Kriegsname eines palästinensischen Märtyrers, der im Jahr zuvor bei einer Art Kamikaze-Aktion arabischer Drachenflieger gegen die Israelis verblutet war.

Wollte die RAF damit signalisieren, dass sie zurück zu ihren Wurzeln wollte? Tatsächlich ist die RAF-Genese sehr eng mit dem palästinensischen Widerstand verwoben. Allerdings hatte sich nach dem politisch-militärischen Desaster von 1977 eine Art Distanzierung der RAF von den Palästinenser*innen oder zumindest eine Fokussierung auf die westeuropäische Widerstandsfront abgezeichnet. Nun schien die RAF wieder eine Annäherung an Widerstandsgruppen im Nahen Osten zu suchen – anders lässt sich die Wahl des Kommandonamens kaum erklären.

Dies zeigten auch die imperativischen Aufforderungen, die wie immer am Ende der Bekennerschreiben in Kursivschrift standen: „Der Kampf im imperialistischen Zentrum in strategischer Einheit mit den Kämpfen in den 3 Kontinenten im Süden führen! Solidarität mit dem Aufstand des palästinensischen Volks!"[202]

Damit wollte die RAF den Bezug ihres Befreiungskampfs zu den Befreiungskämpfen in der Dritten Welt wieder stärken.

Zudem rückte der RAF-immanente Strategiefokus weg von der westeuropäischen Front hin zur geopolitischen Gesamtlage mit Akzentuierung der südlichen Befreiungskämpfe. Zudem rekurrierte die RAF ganz konkret auf die in diesem Jahr neu ausgebrochene Intifada der Palästinenser*innen gegen Israel.

Ende September 1988 schossen nun also zwei Mitglieder des RAF-Kommandos mindestens drei Mal auf das Fahrzeug des Staatssekretärs, als dieser nur noch wenige Meter von seiner Wohnung entfernt war. Tietmeyer (ein enger Vertrauter des Finanzministers Stoltenberg) und sein Fahrer blieben unverletzt, denn die beim Attentat verwendete Schrotmunition konnte den ungepanzerten (!) Dienstwagen nicht durchschlagen. Dabei versuchten die Angreifer alles, um das Fahrzeug zum Halten zu zwingen, indem sie (nachdem das tödliche Ausschalten des Chauffeurs nicht funktionierte) auf die Reifen zielten. Tietmeyers Fahrer gelang trotz durchschossener Reifen die Flucht, indem er einfach Gas gab und weiterfuhr. Im Augenblick des Attentats war dem Staatssekretär vermutlich nicht bewusst, wie viel Glück er hatte. Denn was sich zunächst wie ein (nach RAF-Maßstäben) dilettantisches Attentat ausnahm, war in Wirklichkeit eine technische Panne.

Einen Tag nach dem Attentat und nachdem das erste Bekennerschreiben bereits bei diversen Presseagenturen eingegangen war, erklärte die RAF in einem weiteren Bekennerbrief, warum sie das Ziel ihres Attentats, (Tietmeyer zu erschießen) verfehlt hatte – die Maschinenpistole hatte eine Ladehemmung. Die Begründung, warum die RAF versuchte das Attentat trotz der defekten Maschinenpistole durchzuführen, liest sich ein wenig merkwürdig: „In diesem Moment waren zwei vom Kommando schon aus ihrer Deckung raus und mussten deshalb versuchen, den Wagen doch noch mit nur einer >>pump<< zu stoppen, was aber gescheitert ist."[203]

Diese Begründung macht aus militärisch-taktischer Warte keinen Sinn, da es dem Kommando auch möglich gewesen wäre (mit oder ohne Deckung) das Attentat zu unterlassen.

Am Tatort ließen die Terrorist*innen zahlreiche Spuren zurück, unter anderem eine Vorderschaft-Repetierflinte Ithica Modell 37 und ein gefülltes Stangenmagazin für eine belgische Vigneron-Maschinenpistole. Wieso das RAF-Kommando derart überhastet den Tatort verließ und den Ermittlern dabei wichtiges Spurenmaterial hinterließ (das allerdings keinerlei Konsequenzen in Form greifbarer Ermittlungsergebnisse zeigte) bleibt weiterhin im Dunkeln.

Am Tag des Anschlags ging bei diversen Presseagenturen ein Bekennerschreiben der RAF ein. Der Umfang dieses Bekennerschreibens ist im Vergleich zu den beiden vorigen wieder etwas geringer, ohne deswegen die kryptischen Ausmaße der ersten Bekennerschreiben der 3. RAF-Generation aufzuweisen.

Die RAF konstatierte in ihrem Bekennerschreiben (als sich bereits das Ende der Ostblock-Staaten mehr oder weniger deutlich abzeichnete) überraschenderweise wiederum eine sich zementierende und zuspitzende Krise des kapitalistischen Systems: „Imperialistisches Krisenmanagement bedeutet die Verlängerung und Verschärfung des Elends und der Vernichtung der Menschen in der

Metropole und der Dritten Welt. Es ist der Versuch, das bestehende zugespitzte und katastrophale Gleichgewicht im Kräfteverhältnis zwischen Imperialismus und Befreiung, gegen den zunehmenden Druck der Befreiungskämpfe und die inneren Erosionen des Systems, mit allen Mitteln zu stabilisieren und weitere Einbrüche zu vermeiden."[204]

Diese Einschätzung der RAF geht zumindest aus der ex-post-Perspektive betrachtet vollkommen an der Wirklichkeit vorbei. Darin implizit ist nach wie vor die Utopie, dass ein Kräftegleichgewicht zwischen Imperialismus und Kommunismus bestand – was zu diesem Zeitpunkt aber keineswegs mehr der Fall war.

Ebenso ging die RAF von einer inneren Erosion des kapitalistischen Systems und der BRD aus, was ein dauerhaftes Krisenmanagement im Sinne einer immer wieder korrigierend eingreifenden Systemstabilisierung erforderlich machte.

Dass die objektive Lage (auch aus Sicht der RAF) so rosig nicht gewesen sein kann, zeigen einige Ausführungen am Ende der Erklärung, die sich wiederum subjektivistisch und gemäß der Frankfurter Schule mit der Identität des einzelnen Revolutionärs befassen: „Die Identität im Ziel kann und muss als gemeinsames subjektives Moment für die Einheit der Revolutionäre und für die bewusste Vereinheitlichung der revolutionären Kämpfe im westeuropäischen Zentrum bestimmt werden. Revolutionärer Kampf braucht die Vertiefung der subjektiven und politischen Bewusstseinsprozesse – d.h. die existentiellen Erfahrungen im System zum politischen Begriff der Situation zu bringen, eigene Vorstellungen und Ziele zu bestimmen und sich klar zu werden über die objektiven Bedingungen, also die Macht des Imperialismus, die dagegen steht und gegen die Umwälzung durchgesetzt werden muss. Revolutionäre Identität, die bewusste und unumkehrbare Entscheidung dafür, den Kampf für die grundsätzliche Umwälzung der Verhältnisse zum Sinn und Inhalt des eigenen Lebens zu bestimmen, ist Voraussetzung und Basis für selbstbestimmte, offensive und kontinuierliche Praxis und gegen Kapitulation und Verrat."[205]

Zu dieser subjektivistischen Verdeutlichung der strategisch-taktischen Ausrichtung des einzelnen Revolutionärs kam noch die Wiederbetonung des Aufbaus und der Verstärkung einer westeuropäischen Widerstandsfront hinzu. Im Unterschied zu den vorigen Erklärungen ging es hierbei allerdings weniger um die Materialisierung bzw. Konkretisierung dieser Front als vielmehr darum, wie und aus welchen Gründen sich der Revolutionär als Individuum bereit machen sollte, am Kampf an der Widerstandsfront teilzunehmen. Der Fokus lag eindeutig auf dem

Subjekt bzw. dem revolutionären Individuum. Diese theoretisch-ideologische Volte sollte sich am Ende der 3. RAF-Generation noch verstärken und radikalisieren.

Was die RAF an dieser Stelle der Erklärung unternahm, erinnert an ein verzweifeltes Bemühen, ihre Bundesgenoss*innen oder zumindest ihre potentiellen Unterstützer*innen ideologisch und praktisch zu disziplinieren und an den revolutionär-moralischen Imperativ des Individuums zu appellieren. Auffällig ist zudem die holistische Immunisierung und die absolute Totalität der Behauptungen, denn (so die RAF) wer nicht aktiv am revolutionären Kampf teilnimmt, der habe auch keine Aussicht auf ein selbstbestimmtes Leben und begehe darüber hinaus noch einen allgemeinen Verrat und kapituliere vor den bestehenden (von Imperialismus und Kapitalismus geprägten) Verhältnissen. Revolutionäre Zuversicht (die tatsächlich an die eigenen Kräfte der Revolution, die Verbündeten und die eigenen Analysen, welche die Revolution und den Imperialismus betreffen, glaubt) sieht eigentlich anders aus. Es beschleicht die Leser*innen dieser Zeilen vielmehr der Eindruck, dass der RAF bereits zur Zeit des Attentats auf Tietmeyer bewusst war, dass sich das Kräfteverhältnis im Kalten Krieg eindeutig zugunsten des Kapitalismus verschoben und dass der Ostblock samt Zentralverwaltungswirtschaft den Kalten Krieg verloren hatte.

Es war in der Tat so, wie die RAF dies in einem ihrer vorigen Schreiben vorhergesagt hatte. Es war dem imperialistischen Staatenbund, vor allem den Vereinigten Staaten von Amerika und deren engsten NATO-Verbündeten wie Großbritannien, Frankreich und der Bundesrepublik Deutschland gelungen, die Staaten des Warschauer Pakts durch ein Wettrüsten wirtschaftlich und gesellschaftlich zu zerrütten und somit unwiderruflich in die Knie zu zwingen. Was zuvor undenkbar war, zeigte sich nun in der Realität: Staaten mussten wirtschaftlichen Bankrott anmelden und waren gezwungen, die alte Staatsform aufzugeben und sich quasi neu zu erfinden.

Natürlich waren noch weitere Gründe für das Scheitern der sogenannten realsozialistischen Staaten (als die durch das Wettrüsten verursachte wirtschaftliche Komponente) verantwortlich, aber diese wirtschaftliche Komponente war sicherlich eine der wichtigsten für den Zusammenbruch des (beinahe) gesamten Ostblocks. In den folgenden Jahren zeigten sich auch bezüglich der RAF-Entwicklung die Auswirkungen der Niederlage des Kommunismus – wenn auch nicht sofort.

Die RAF selbst betrachtete später den Zusammenbruch des Ostblocks als den maßgeblichen Grund, der zum Auflösungsprozess der RAF geführt hatte

– wobei betont werden muss, dass das nicht an einer materiellen, logistisch-infrastrukturellen Abhängigkeit der RAF von Ostblockstaaten lag. Vielmehr war es so, dass das kapitalistisch-imperialistische System nunmehr als alternativlos erschien. Bis zur Einsicht der RAF in die Sinnlosigkeit ihrer Aktionen und dem Eingeständnis ihrer Niederlage sowie der Proklamation ihrer Selbstauflösung sollte es aber noch ein langer Prozess sein. Und auch diese letzte Wegstrecke war mit Attentaten, weiteren Toten und zahlreichen Erklärungen versehen.

6.7 Soziopolitische und soziohistorische Analyse in den Jahren der Transformation, des Zerfalls und des Untergangs der Roten Armee Fraktion

Mit der geopolitisch-globalen Wende, der Transformation der real-sozialistischen Staaten in Staatengebilde mit kapitalistischer Ausprägung, gingen der Zerfall, die Auflösung und zu guter Letzt auch der Untergang bzw. die Selbstauflösung der RAF einher. Festzuhalten bleibt der in seiner Wichtigkeit kaum zu überschätzende Befund, dass die RAF erst recht spät und mit einiger Verzögerung auf die globalen Wirtschaftsordnungs- und Gesellschaftsordnu ngsumwälzungen reagierte. Diese zeitliche Phase von 1989 bis ungefähr 1992 bildet sozusagen die historische Hintergrundkolorierung dieses Teilkapitels.

Dabei sind folgende Fragen von besonderem Interesse:

- Wie verhielt sich die RAF in dieser Umbruchphase?
- Welche Kurskorrekturen ihrer bewaffneten Widerstandspolitik unternahm sie?
- Welche theoretisch-ideologischen Auswirkungen besaß dies?
- Und schlug sich das Ganze auch im strategisch-taktisch-militärischen Bereich nieder?

Am Anfang bzw. mit der global-politischen Transformation einhergehend stand die sogenannte Kinkel-Initiative. Der ehemalige Geheimdienstmann und damalige Bundesinnenminister Klaus Kinkel ging auf die politischen Gefangenen mit der Aussicht auf baldige Entlassung zu, unter der Bedingung, dass sie der bewaffneten Politik abschwören – und das mehr oder weniger unabhängig von der Höhe des Strafmaßes.

Kinkel und den deutschen Geheimdiensten war es offensichtlich nicht verborgen geblieben, dass sich der einstmals monolithische Block aus politischen Gefangenen und RAF-Kommandoebene in mehrere Lager fragmentiert hatte. Die Hoffnung des Staats bestand nun wohl darin, diesen Riss zu nutzen und dadurch den Untergang der RAF zu beschleunigen – ganz ähnlich dem bereits seit langem in Sicherheitskreisen verbreiteten Bonmot: Wenn die Frage der politischen Gefangenen gelöst ist, wird sich die Frage der RAF von selbst in Luft auflösen. Im Klartext bedeutet dies, dass die Sicherheitsbehörden davon ausgingen, dass die RAF-Kommandoebenen nur noch existierten, weil es die politischen Gefangenen gab. Dieses Angebot sorgte tatsächlich für heftige Zerwürfnisse unter den politischen Gefangenen und zwischen den Gefangenen und der RAF.

Die Kommandoebene der 3. RAF-Generation antwortete auf Kinkels Angebot mit einer Art Gegenangebot, um den politischen Gefangenen nicht die Aussicht auf eine baldige Entlassung zu zerstören.[206] Die RAF verfasste daraufhin die sogenannte April-Erklärung, die dann unter anderem in der Szene-Zeitschrift „konkret" im April 1992 abgedruckt wurde. Schnell wurde das RAF-Papier als „Deeskalationserklärung" bezeichnet und klassifiziert, weil die RAF darin ankündigte, in absehbarer Zukunft auf tödliche Attentate zu verzichten, ohne dabei direkte und konkrete Gegenleistungen zu fordern. Einzig das Damoklesschwert der Gefangenenfrage ließen die Autor*innen des April-Papiers noch über der scheinbar entschärften Lage schweben.

Dieser ausdrückliche und freiwillige Verzicht auf das strategisch-taktische Mittel tödlicher Attentate wurde von wenigen Gefangenen und Unterstützer*innen aus dem RAF-Umfeld als ein Zeichen der Schwäche kritisiert, aber von vielen anderen als gelungenes Zeichen zur Einleitung einer neuen Ära der Widerstandspolitik begriffen. Die Autor*innen der April-Erklärung äußerten dabei explizit den Wunsch nach einer umfassenden diskursiven Auseinandersetzung über die Perspektiven revolutionärer Politik, die über das klassische linksradikale Spektrum hinausgehen sollten. Nur so wähnten sie sich in der Lage, nachhaltigen und weite Spektren der Gesellschaft erfassenden Widerstand aufbauen zu können.

Die erhoffte große (gesellschaftlich breit gefächerte) Resonanz auf das neue RAF-Strategiepapier blieb allerdings aus. Es gab nur einige Beiträge aus dem linksradikalen Spektrum, die in der Summe (hinsichtlich der Bewertung und der Begründung) recht divers ausfielen. Die von der RAF erwartete offene Diskussion über eine neue revolutionäre Strategie in der gesellschaftlichen Breite fand jedoch nicht statt, sodass sich die RAF in dieser Frage erneut auf sich alleine gestellt sah.

Hinzu kam, dass verschiedentlich gegenüber der RAF von Linksradikalen sogar der Vorwurf der militärischen Aufgabe und des sich einschleichenden Reformismus geäußert wurde. Diese Vorwürfe waren in ihrer Substanz und Form äußerst massiv und verliefen zum großen Teil unterhalb der Gürtellinie, was sicherlich bei der RAF-Kommandoebene für Verbitterung und Enttäuschung sorgte. Anstatt in einen gesellschaftspolitischen Diskurs einsteigen zu können, musste sich die Kommandoebene mit existenziell-vehementer Kritik auseinandersetzen.

So falsch sich die RAF von diesen Reaktionen verstanden fühlte, so sehr trafen sicherlich auch anderslautende Antworten nicht ins Schwarze oder gingen am Kern der Sache vorbei. Viele sogenannte Linksliberale und große Teile der radikaleren Linken werteten die einseitig und ohne Gegenbedingungen verfasste „Deeskalationserklärung“ als eine Einsicht der Kommandoebene, die längst überfällig war, wobei die Einschätzung des Zeitpunkts (vom Deutschen Herbst bis zu den global-politischen Änderungen) variierte. Zudem wurde die „Deeskalationserklärung“ als eine Art Kapitulationsangebot an den Staat aufgefasst, was von der Kommandoebene in diesem Sinne so sicherlich nie beabsichtigt war.

Eine große Resonanz entfachte die April-Erklärung allerdings unter den politischen Gefangenen. Dass dies zu einem destruktiven Bumerang erster Güte werden würde, konnte zu Beginn vermutlich niemand ahnen. Die Meinungen der politischen Gefangenen über die April-Erklärung waren ebenso unterschiedlich wie diejenigen aus dem gesellschaftlichen Spektrum. Eine intensivere und vor allem noch kontroversere Diskussion über die Erklärung aus dem April und eine Nachfolgeerklärung vom August 1992 führten bei den RAF-Gefangenen zu heftigen Diskussionen und Zerwürfnissen. Die Gefangenen der RAF waren dabei in mindestens zwei unversöhnliche Lager gespalten. In einer von Irmgard Möller für die RAF-Gefangenen und den antiimperialistischen Widerstand veröffentlichen Erklärung wurde die Selbstzäsur der RAF zunächst ausdrücklich befürwortet und begrüßt. Dabei ging die Erklärung noch darüber hinaus, denn angesichts der tiefgreifenden globalen und innergesellschaftlichen Umbrüche forderten sie ebenfalls eine grundsätzliche Aufarbeitung der Theorie und Praxis des bewaffneten Kampfs der letzten zwei Jahrzehnte, was damals beinahe der gesamten Existenzdauer der RAF entsprach.

Obwohl sich die Konfliktlinien bereits deutlich früher abgezeichnet hatten, kam es im Oktober 1993 zu einem Bruch innerhalb des Gefangenenkollektivs. Die sich daraus entwickelnde Schlammschlacht wird noch Gegenstand eingehender Betrachtungen sein, soll hier aber schon einmal ob ihrer überragenden Bedeutung für die RAF-Historie grob skizziert werden.

Die Mehrheit der RAF-Gefangenen warf den Celler Gefangenen Knut Folkerts, Karl-Heinz Dellwo und Lutz Taufer vor, gemeinsam mit den Illegalen (der RAF-Kommandoebene) „Geheimverhandlungen" mit der Bundesregierung und den Geheimdiensten zu führen. Danach war der Verhandlungsgegenstand dieser Geheimverhandlungen ein Deal über die Aufgabe des bewaffneten Kampfs für die Freilassung der politischen Gefangenen. Diese Vorwürfe wurden sowohl von der Kommandoebene der 3. RAF-Generation als auch von den Celler Gefangenen schroff zurückgewiesen. Was sich dann entwickelte war eine verbale Schlammschlacht unter ehemaligen Genoss*innen. Somit hatte sich das Kalkül der sogenannten Kinkel-Initiative, die als Versöhnungsangebot deklariert war, vollauf erfüllt.

Dass der Staat nie auf Versöhnung, sondern auf einer militärischen Vernichtung der RAF bestand, wurde spätestens durch die Ereignisse in Bad Kleinen deutlich, als es dem Staatsschutz dank der Mithilfe des V-Manns Klaus Steinmetz gelang, einen Teil der RAF-Kommandoebene auszuschalten. Zudem beharrte der Staat vor der Aussicht auf Entlassung weiterhin auf dem Abschwörungsritual. Das bedeutete in der Praxis, dass jeder politische Gefangene, der vorzeitig entlassen werden wollte, vorher einen Kotau begehen und erklären musste, dass er dem bewaffneten Kampf in Zukunft entsagen und sich der freiheitlich-demokratischen Grundordnung unterwerfen werde. Durch dieses Abschwörungsritual wurde der Sieg der staatlichen Seite zementiert.

6.8 Ideologie, Strategie, Taktik und Attentate in den Jahren der Transformation

Nicht nur die obersten Terroristenjäger der Bundesrepublik hegten im Herbst 1989 die Hoffnung, dass sich mit dem Kollaps des Ostblocks und der sich nun anschließenden Transformationsphase die Geschichte des deutschen Linksterrorismus erübrigt habe und die RAF ihren bewaffneten Kampf aufgeben würde.

Diese Hoffnungen zerplatzten jäh am 2. Dezember 1989 mit einem Angriffsziel oberster Provenienz, was nach den Attentaten auf Neusel und von Braunmühl nicht unbedingt zu erwarten war. Die RAF sprengte den Vorstandsvorsitzenden der Deutschen Bank, Alfred Herrhausen, mit einer neuartigen, technisch voll ausgereiften Bombe (die durch eine Lichtschranke ausgelöst wurde) in die Luft.

Herrhausen verließ am Morgen des 30. November 1989 sein Haus in Bad Homburg gut gelaunt. Sein Mercedes-Dienstwagen fuhr nur eine kurze Strecke, bevor die Bombe gegen 8.30 Uhr detonierte. Die tödliche Sprengfalle war zwischen der Taunustherme und dem Seedammbad auf einem präparierten Fahrrad am Straßenrand deponiert – dieses Strukturmuster hatte sich bereits beim Anschlag gegen Beckurts abgezeichnet.

Herrhausen, der rechts hinten in der Limousine saß, starb sofort, während sein Fahrer nur leicht verletzt wurde. Dem Vernehmen nach hatte sich die RAF bei diesem Attentat den Rat der irischen Untergrundgruppe IRA eingeholt, die ihr Tipps bezüglich der Sprengstoffmenge und der Platzierung der Bombe gegeben haben soll. Die tödliche Fracht (so groß wie eine Schultasche) befand sich auf dem Gepäckträger eines Fahrrads und bestand aus einer schweren Kupferplatte, die mit etwa sieben Kilogramm TNT-Sprengstoff beschichtet worden war.

Diese Konstruktion, die bewusst auf panzerbrechende Eigenschaften hin entwickelt worden war, setzte die Explosionsenergie und Druckwelle zielgerichtet auf die hintere Seitentür frei. Perfide war, dass Herrhausens Mercedes mit dem Durchqueren einer Lichtschranke quasi die Bombe selbst auslöste, was eine technische Innovation im RAF-Anschlagsarsenal darstellte und manche Zeitgenoss*innen zu Spekulationen veranlasste, dass Geheimdienste bei diesem Anschlag ihre Finger im Spiel gehabt hätten.[207]

Durch die enorme Wucht der Druckwelle wurde der Wagen in die Luft gehoben, dort gedreht und blieb nach dem Aufprall quer zur Fahrtrichtung liegen. Ein von der inneren Türverkleidung abgesprengtes, scharfkantiges Teil verletzte Herrhausens Oberschenkelschlagader, sodass dieser innerhalb von wenigen Minuten ohne jegliche Chance auf Rettung verblutete.

Herrhausen gab (allen Verschwörungstheorien zum Trotz) für die RAF ein Feindbild par Excellence ab. Er personifizierte damals wie kein Zweiter die Deutsche Bank und war zudem ein enger Vertrauensmann des christdemokratischen Bundeskanzlers Helmut Kohl. Damit stand Herrhausen repräsentativ für eine undurchschaubare Gemengelage der Ökonomie und Politik, die ihn zu einem bevorzugten Ziel der 3. RAF-Generation werden lies. Zudem machte die RAF (teilweise sicherlich zu Recht) die Deutsche Bank und ihre Vorgängerinstitute für eine Blutspur durch beide Weltkriege verantwortlich.

Herrhausen war aufgrund dieser Gefährdungslage folgerichtig eine der am besten bewachten Personen in Deutschland, was die RAF aber nicht von dem Attentat abhalten konnte. Insofern war die gelungene Durchführung dieses Attentats ein großer Erfolg für die RAF.

Die Botschaft der RAF an die eigene Gefolgschaft, aber auch an die Sicherheits- und Strafverfolgungsbehörden schien kaum deutlicher sein zu können und kann wohl am prägnantesten wie folgt beschrieben werden: Wir sind handlungsfähig und in der Lage, jedes beliebige Ziel (und sei es noch so gut bewacht) erfolgreich anzugreifen.

Im Gegensatz zu den Beckurts- und von Braunmühl-Attentaten fiel die RAF-Kommandoerklärung bei Herrhausen vergleichsweise kurz aus – ein Trend, der sich bei der Tietmeyer-Erklärung bereits angedeutet hatte. Die Herrhausen-Erklärung ist aber in unserem Zusammenhang von zentraler interpretatorischer Bedeutung, da sie den Beginn eines neuen Abschnitts darstellt, nämlich den Übergang der real-sozialistischen Staaten zum Kapitalismus und die Entwicklung der bipolaren Weltordnung (mit den diametral-antagonistischen Eckpfeilern USA und Sowjetunion) hin zur sogenannten „One World" der freien Märkte und des freien Unternehmertums.

Phasen des Umbruchs und der Transformation sind zudem in jeder Phase der Geschichte immer von ganz besonders hoher Erklärungskraft. Einleitend nennt die RAF wieder zunächst technische und praktische Details des Attentats, vermutlich um die Sicherheitsbehörden von der Authentizität des Schreibens zu überzeugen, aber auch um ihre technische Entwicklung bzw. Perfektion unter Beweis zu stellen. So wies sie (nicht ganz frei von Stolz) in ihrem Bekennerschreiben darauf hin, dass die beim Attentat verwendete Hohl-Mine selbst hergestellt war.

Nach diesen praktisch-technischen Schilderungen wandte sich die RAF ihrem Anschlagziel zu und begründete, warum Herrhausen getötet wurde. So machte man die Deutsche Bank dafür verantwortlich, dass sie sich während des Ersten und Zweiten Weltkriegs am weltweiten Blutvergießen unglaublich bereichert und Menschen millionenfach ausgebeutet hatte. Laut RAF regierte Herrhausen in dieser Kontinuität die Deutsche Bank, die zugleich das Machtzentrum der deutschen Wirtschaft bildete und somit ein Herzstück des kapitalistisch-imperialistischen Systems war, das auch die bundesdeutsche Politik in hohem Maße beeinflusste.

Diese Begründungs- und Argumentationsformen sollten in nächster Zeit auch bei den Gefangenen an Bedeutung gewinnen und somit eine Art Renaissance erleben. So wiesen die in einer Kleingruppe in der JVA Celle zusammenlebenden Gefangenen Lutz Taufer, Karl-Heinz Dellwo und Knut Folkerts in Interviews (zum Beispiel mit der linken Szenezeitschrift „konkret“) mehrfach darauf hin, dass die RAF eine Art verspätete Résistance darstelle, das heißt, dass die RAF den im Dritten Reich kaum vorhandenen Widerstand nun in der BRD als faktischem (Rechtsnach-) Folgestaat des Dritten Reichs mit einem hohen Maß an persönlicher Kontinuität (zum Beispiel durch Angriffe auf führende Nationalsozialisten in hohen öffentlichen Ämtern und in Schlüsselpositionen der Wirtschaft) nachhole.[208]

Es trifft zwar zu, dass bereits 1977 bei der Schleyer-Entführung ein ähnlicher Gedankengang Pate stand, denn Schleyer stand aus Sicht der RAF wie kein zweiter für die Kontinuität des NS-Staats in der Bundesrepublik. Schleyer hatte bereits vor 1945 hohe Ämter im nationalsozialistischen Wirtschaftssystem inne und war zu der Zeit nicht nur Mitglied der NSDAP, sondern auch Untersturmführer der Waffen-SS.

Nach 1989 wurde diese Argumentationslinie von der RAF (und anderen Linken wie beispielsweise den selbsternannten Gralshütern linker Theorie vom Monatsmagazin „konkret“) um die Behauptung angereichert, dass Deutschland nach dem Zusammenbruch des Ostblocks auf ein Viertes (Deutsches) Reich zusteuere. Damit sei nicht nur eine personelle, sondern auch eine ideologische Kontinuität des Nationalsozialismus gegeben. Dieses theoretisch-ideologische Gedankenkonstrukt beherrschte zur Zeit der Wende und Wiedervereinigung nicht nur die RAF-Kommandoebene, sondern auch weite Teile der gesamtdeutschen linken Bewegung.

Im RAF-Denken ergab sich aufgrund der massiven global-politischen Veränderungen eine Fokussierung auf die theoretisch-ideologischen und in dessen Gefolge strategisch-taktischen Bestimmungen. Besonders ab 1992 veränderte sich die Blickrichtung der RAF weg vom Antiimperialismus und ausländischen Feindbildern hin in Richtung Antifaschismus und Antirassismus und gegen die angeblichen deutschen Großmachtpläne des Vierten Deutschen Reichs. Insofern lässt sich auch das Herrhausen-Attentat durch das Kommando „Wolfgang Beer“ in diesen ideologisch fundierten Strategiewechsel einbetten und plausibilisieren, was den Meinungen über ein durch Geheimdienste fremdgesteuertes Attentat zunächst zu widersprechen scheint.

Die Attentatsform war wiederum eine Art Hybrid. Sie entsprach immer noch einer individuellen, subjektivistischen Ausrichtung, die bereits für den Großteil der 2. RAF-Generation bestimmend war, da nur ein hochrangiges Attentatsopfer ins Visier genommen wurde. Im Unterschied zum Deutschen Herbst (als dieser Subjektivismus seine absolute Radikalisierung erfahren hatte, wenn man von der „Landshut“-Entführung absieht) wurde hierbei allerdings die von der 1. RAF-Generation favorisierte Methode des Bombenattentats verwendet, was eher einer genuin marxistisch-kollektiven Kampfform entsprach.

Dies resultierte vermutlich aus den strategisch-taktischen Notwendigkeiten im militärischen Bereich, da es schwer bis unmöglich war, eine gepanzerte Limousine von der Klasse, die Herrhausen fuhr, allein mit Schusswaffen anzugreifen. Das wäre ein militärisch sinnloses Unterfangen gewesen, da es das Ziel der Aktion verfehlt und die Kommandomitglieder unnötig gefährdet hätte.

Die von der Deutschen Bank betriebene Wirtschaftspolitik mit den Merkmalen der Macht und Herrschaft konfligiere gemäß RAF „überall frontal mit den Interessen der Menschen nach einem Leben in Würde und Selbstbestimmung“.[209] Eine derartige Begründung hatte es zu Zeiten der 1. und 2. RAF-Generation nicht in dieser analytischen Klarheit gegeben.

Der Vollständigkeit halber muss darauf hingewiesen werden, dass Herrhausen nicht nur Vorstandsvorsitzender der Deutschen Bank, sondern auch Aufsichtsratsvorsitzender von Daimler Benz, Continental und Texaco war. Insofern erfüllte er als Angriffsziel multiple Kriterien, auch wenn das Bekennerschreiben auf die zuletzt genannten Funktionen Herrhausens kaum einging und sich auf seine Rolle innerhalb der Deutschen Bank konzentrierte. Aber seine Posten bei Daimler und so weiter machten ihn für die RAF sicherlich auch zu einem Vertreter des Militärisch-Industriellen-Komplexes.

Es wird beinahe der Eindruck erweckt, als ob die RAF jeglichen ideologischen Ballast über Bord geworfen habe, um sozialpädagogisch und sozialarbeiterisch[210] anmutenden Verklausulierungen Platz zu machen. Ein Leben in Würde und Selbstbestimmung ist in dieser Form analytisch völlig offen und inhaltsleer, nicht zuletzt, da die Füllung der Begriffe (was als Würde und Selbstbestimmung erachtet wird) immer vom jeweiligen Subjekt und der sozialkulturellen Prägung abhängt. Die RAF aber benutzte die oben genannten Begriffe streng residualkategorisch, um zu verdeutlichen, dass das kapitalistische System die Würde und Selbstbestimmung der Menschen immer und per se zu Nichte mache und dies zu verurteilen sei.

In der RAF-Kommando-Erklärung fand sich außerdem eine kurze Beschreibung von Alfred Herrhausen und der Deutschen Bank. Die Deutsche Bank sei europaweit die größte Bank und dominiere zumindest im europäischen Kulturraum die wirtschaftliche und politische Entwicklung. Zudem stehe sie „an der Spitze der faschistischen Kapitalstruktur, gegen die sich jeder Widerstand durchsetzen muss."[211]

Implizit unterstellte die RAF also den wirtschaftspolitischen Strukturen in Deutschland, dass diese einen faschistischen und imperialistischen Charakter besäßen. Zugleich wies sie auf die Angriffsrichtung der revolutionären Linken hin, denn es galt, sich gegen diese zu verurteilende wirtschaftspolitische Richtung durchzusetzen und alternative Lebensformen zu kreieren.

Damit ist offensichtlich, dass die RAF große Teile der Ideologie und Strategie aus der Zeit vor 1989 in die neue Epoche der sogenannten „One World" mitgenommen hatte. Widerstand verwies in der Terminologie der RAF nach wie vor auf den Zusammenschluss von RAF und Militanten, ganz so wie dies bereits im Mai-Papier und danach festgeschrieben wurde. Gerade in dieser geschichtlichen Umbruchphase fehlte es der RAF an positiven Visionen, denn ihre Strategie war weiterhin gegen die Strategie des Kapitalismus und Imperialismus gerichtet – ein von vornherein zum Scheitern verurteiltes Unterfangen.

Zwangsläufig bezog die RAF die veränderten geopolitischen Rahmenbedingungen in ihrer Analyse mit ein, denn das Ziel der Deutschen Bank bestehe in einer Eroberung Osteuropas, „jetzt steht sie und andere lauernd in den Startlöchern, um auch die Menschen dort wieder dem Diktat und der Logik kapitalistischer Herrschaft zu unterwerfen."[212]

Damit erwies sich die Voraussicht der RAF (wieder einmal) als gar nicht so unpräzise. Denn natürlich versuchte die Deutsche Bank in der Folge des Zusammenbruchs der real-sozialistischen Staaten die neuen Absatzmärkte im Osten unter ihre wirtschaftliche Vorherrschaft zu bringen. Das führte schließlich so weit, dass ein Teil des völkerrechtswidrigen Kriegs gegen Serbien unter dem

Primat der Kapitalakkumulierung und Gewinnmaximierung stand – beides Prämissen des Kapitalismus.

Für weitgehende gesellschaftliche Empörung (auch unter großen Teilen der Linken, die ansonsten der RAF wohlwollend gegenüberstanden) sorgte der Teil der RAF-Kommandoerklärung, in dem Herrhausen von der RAF vorgeworfen wurde, durch seinen Vorschlag, der Dritten Welt zu einem großen Teil die Schulden zu erlassen,[213] die bestehenden Herrschaftsverhältnisse langfristig sichern zu wollen: „Herrhausens Pläne gegen die Länder im Trikont, die selbst in >>linksintellektuellen<< Kreisen als humanitäre Fortschrittskonzepte gepriesen werden, sind nichts anderes als der Versuch, die bestehenden Herrschafts- und Ausplünderungsverhältnisse langfristig zu sichern; sie verlängern und verschärfen noch weiter die Leiden der Völker."[214]

Damit entkräftete die RAF a priori potenzielle Kritik, denn auch radikale Linksintellektuelle begrüßten den Vorschlag Herrhausens, den am stärksten verschuldeten Ländern der Welt ihre Schulden zu erlassen.

Durch ihre streitbare Begründung verfiel die RAF in eine argumentative Immunisierungsstrategie, die jegliche inhaltliche Auseinandersetzung hinfällig machte und die zugleich über keinen theoretisch-ideologischen Überbau verfügte. Denn eigentlich hätte es auch die RAF begrüßen müssen, dass einer der mächtigsten Banker der Welt den ärmsten Ländern die Schulden bedingungslos erlassen will. Vielmehr drängte sich beim Herrhausen-Attentat der Eindruck auf, dass die RAF trotz der weltweiten Transformation partout an altbewährten Feindbildern festhalten wollte.

Dem Imperialismus unterstellte die RAF in ihrem Bekennerschreiben, dass er des Profits und der Macht zuliebe für Völkermord, Hunger, Erniedrigung und umfassende Zerstörungen verantwortlich sei. Abgerundet wird dieses Szenario der RAF-Analyse durch die erneut vage und beliebig erscheinende Begründung, dass die Menschen im kapitalistischen System nirgendwo nach ihren eigenen Vorstellungen und Werten leben könnten. Dabei präzisierte die RAF aber nicht, wer diese Menschen sind und was für Werte sie haben. Zudem kann die Behauptung in ihrer globalen Totalität nicht richtig sein, denn die RAF unterstellte damit auch den Kapitalist*innen selbst, ihre Projekte nicht in der von ihnen gewünschten Form realisieren zu können. Dabei müsste gerade dieser recht eng gefasste Personenkreis so etwas wie Selbsterfüllung und Selbstentfaltung im Kapitalismus erfahren haben – ein nicht aufzulösender argumentativer Widerspruch. Auch aus RAF-Sicht ist es schließlich selbstverständlich, dass es im Kapitalismus immer Menschen gibt und geben wird, die ein starkes Interesse daran haben, die bestehenden Macht- und Herrschaftsverhältnisse aufrecht zu halten.

Den langen Schlussteil der RAF-Erklärung zum Herrhausen-Attentat bildete der Blick auf die strategische Neuausrichtung der RAF. Das belegt, dass die RAF bereits zu diesem frühen Zeitpunkt die Zeichen der Zeit erkannt hatte und darauf reagieren wollte, auch wenn sie noch keine ausgefeilten neuen Wege, Ideologien, Denkmuster, Strategien und Taktiken vorweisen konnte.

Die ideologisch-strategische Neuausrichtung wird durch die Behauptung und Drohung eingeläutet, dass die Akteur*innen des Systems wissen müssen, „dass ihre Verbrechen ihnen erbitterte Feinde geschaffen haben, dass es für sie keinen Platz geben wird in der Welt, an dem sie vor den Angriffen revolutionärer Guerillaeinheiten sicher sein können."[215]

Die strategische Neuausrichtung der RAF begann also mit der total und global gefassten Drohung, dass die Eliten des kapitalistischen Systems nirgendwo auf der Welt sicher sein können vor den Angriffen der revolutionären Guerilla – eine sehr martialische Drohkulisse. Damit wird das vor dem Zusammenbruch des Ostblocks existente Bedrohungsszenario einfach weiter aufrechterhalten. Zutreffend ist sicherlich, dass die RAF sich selbst als verbitterten Feind der Eliten des kapitalistischen Systems bezeichnete. Bezeichnend ist meines Erachtens zudem, dass die militärisch-holistische Drohung alle weiteren strategischen Ausführungen überschattete und somit die ideologische und praktische Stoßrichtung vorgab. Die RAF gestand unumwunden ein, dass die veränderte internationale Situation neue Entwicklungen in Deutschland und eine Neubestimmung des revolutionären Prozesses erforderlich mache.

Um dies sicherzustellen suche die RAF die Diskussion mit denjenigen, „die Schluss machen wollen mit der imperialistischen Zerstörung und die für eine grundsätzlich andere, an den Menschen orientierte gesellschaftliche Realität kämpfen, und die die Auseinandersetzung mit uns wollen ... Wir stellen uns das vor als einen Prozess von gemeinsamer Diskussion und Praxis, in dem offen über die verschiedenen Erfahrungen, Vorstellungen und Kritiken geredet wird, um die gesamte Entwicklung zusammen zu begreifen und um zu politischen Bestimmungen und konkreten greifbaren Vorstellungen für den Umwälzungsprozess zu kommen."[216]

Bewusst hielt die RAF die Bestimmung derjenigen, mit denen sie in die freie Diskussion eintreten wollte, völlig offen. Es scheint ihr also bewusst gewesen zu sein, dass die Front-Vorstellung von Kommandoebene und Widerstand der 2. Generation und des Mai-Papiers viel zu schmal gefasst und der neuen Situation nicht angemessen war, um genügend revolutionäres Potenzial zu entfalten.

Das formulierte Ziel der RAF war einmal mehr eine Negativbestimmung dessen, was in der gesellschaftspolitischen Realität im System BRD anzutreffen war. Die gesellschaftliche Realität sollte nicht an der imperialistischen Zerstörung orientiert sein. Die einzige positive Spezifizierung lag somit darin, dass die Gesellschaft auf den Menschen fokussiert sein solle. Dies ist allerdings wieder eine analytisch völlig offene und inhaltsleere Formulierung, die wenig empirische Substanz besitzt.

Der Prozess, der die Basis für die Neuausrichtung der revolutionären Politik in Theorie und Praxis bilden sollte, bestand in Diskussionen mit allen, die solch einen Schritt mittragen wollten. Damit offenbarte sich die RAF (böse formuliert) als eine Art angehender Debattier- und Diskussions-Club, der den richtigen Weg zur revolutionären Umwälzung im Diskurs mit möglichst vielen Anderen erarbeiten wollte.

Ausdrücklich wies die RAF in der Herrhausen-Erklärung darauf hin, dass die RAF-Gefangenen ein Teil dieses Diskussionsprozesses sein sollen, was sich eigentlich von selbst verstand, da dies schon immer so gehandhabt wurde. Diese Feststellung verknüpfte die Kommandoebene der RAF mit der bedingungslosen Forderung nach sofortiger Zusammenlegung und baldiger Freilassung aller RAF-Gefangenen.

Am Ende der Herrhausen-Erklärung steht der Aufruf, die unterschiedliche revolutionäre Praxis gegen das imperialistische System zu verbinden, um gemeinsam eine erhöhte Schlagkraft zu entfalten: „Der revolutionäre Prozess braucht neue Dynamik und produktive Wechselbeziehungen, nur zusammen können die Kämpfe die nötige Kraft entwickeln, um destruktive Entwicklungen des Imperialismus zu stoppen und überhaupt seine ganze zerstörerische Entwicklungsrichtung umzudrehen – nur zusammen, also als eine Front gegen den Imperialismus können wir hier in Westeuropa gemeinsam mit den Befreiungskämpfen weltweit einen einheitlichen, internationalen und lang andauernden Umwälzungsprozess durchsetzen."[217]

Die RAF erkannte damit an, dass ein revolutionärer Prozess nur mit weiteren, neuen revolutionären Kräften durchgesetzt werden konnte – eine Grundeinsicht, die den politisch roten Faden der damaligen Zeit darstellte. Diese Aussage bezog sich zum einen auf den geopolitischen Bereich Westeuropa, der zu Beginn der 3. RAF-Generation im Fokus stand. Zum anderen reihte sich dieser spezifische revolutionäre Teilausschnitt in den weltweiten Befreiungskampf linker revolutionärer Kräfte ein, was eine Erweiterung des bisherigen Front- und Kampfbegriffes bedeutete.

Beinahe lakonisch klang das Eingeständnis der RAF, dass der Befreiungskampf nun sehr lange Zeit dauern würde, was nach dem Wegfall der systemischen Alternative in Form des Ostblocks eigentlich nicht wirklich verwunderte. Der RAF war sehr wohl bewusst, dass ein Sieg über den Kapitalismus kaum mehr zu antizipieren war – und dass ein schneller Sieg über den Kapitalismus nun schlichtweg ein Ding der Unmöglichkeit darstellte. Der Kapitalismus hatte aus RAF-Sicht eine entscheidende Schlacht gewonnen, aber die RAF weigerte sich, das als Zeichen eines verloren gegangenen Krieges zu interpretieren – vielmehr sah sie darin lediglich eine verlorene Schlacht.

Knapp drei Monate nach dem Anschlag auf Herrhausen überschlugen sich die Ereignisse – dieses Mal allerdings nicht durch ein Attentat, sondern durch die Behauptung, dass die RAF ein solches geplant, aber dann doch nicht durchgeführt habe. Äußerst undurchsichtig ist daher bis heute das vermeintlich geplante RAF-Attentat auf den Landwirtschaftsminister Ignaz Kiechle. Die RAF beschuldigte hier den bundesdeutschen Verfassungsschutz eine False-Flag-Operation inszeniert zu haben, mit der sie, die RAF, nicht das Geringste zu tun habe.

Am 2. März 1990 brach ein RAF-Kommando angeblich einen geplanten Anschlag auf Landwirtschaftsminister Ignaz Kiechle kurzfristig ab, um Unbeteiligte nicht zu gefährden. Anscheinend soll die RAF vor dem Attentat bereits am selben Tag ein Bekennerschreiben verschickt haben, in dem sie die Verantwortung für das Attentat übernahm.

Kiechle hielt sich am besagten Tag im bayrischen Wiggensbach auf, um standesgemäß seinen 60. Geburtstag zu feiern. In dem angeblichen Bekennerschreiben schrieb die „RAF" (über ein Attentat, das gar nicht stattgefunden hatte), dass sie die Aktion abgebrochen habe, da es durch ein unkalkulierbares Ereignis zu einer Gefährdung Unbeteiligter hätte kommen können und man Kollateralschäden ausschließen wollte.

Die RAF bezeichnete daraufhin in einer als authentisch eingestuften Erklärung ihrerseits das vermeintliche Kienzle-Bekennerschreiben als eine schlechte Fälschung des Bundesamts für Verfassungsschutz und erklärte, dass sie sich eigentlich erst zu einem späteren Zeitpunkt dazu äußern wollte. Da aber Desorientierung und inhaltliche Auseinandersetzung mit dem vermeintlichen RAF-Bekennerschreiben in der linken Szene und anderswo bereits stattgefunden habe (so die RAF weiter), sei sie zu einer schnelleren Reaktion gezwungen gewesen, die nun durch ihr Statement erfolgt sei.

Als Ziel der Geheimdienst-Aktion nannte die RAF die Provokation von Verunsicherung, Spaltung und Desorientierung innerhalb der radikalen Linken. Dies geschähe laut RAF in einer sehr sensiblen Phase, in der viele Menschen auf neue strategische und taktische Ausrichtungen der Gedanken und Vorstellungen der Guerilla warteten. Beinahe dünnhäutig nimmt sich das Eingeständnis aus, dass Fehler der RAF nachhaltiger wirkten als gute Aktionen. Dies ist ein Merkmal, das die RAF auch in ihrer Auflösungserklärung unterstrich, nämlich, dass sie die ständige Kritik an ihren Aktionen (insbesondere auch aus dem linksradikalen Spektrum) genervt und letztlich zur Aufgabe geführt hätte – eine Kritik, die verständlich (aber zugleich auch vorgeschoben) zu sein scheint.

Sicherlich rekurrierte die RAF im Kiechle-Schreiben auf die nachhaltige Wirkung entfaltenden Fehler der RAF, also zum Beispiel den Mord an dem „einfachen" US-Soldaten Pimental.

Um aber auch wirklich alle Zweifel auszulöschen, zieht die RAF letztlich auch das vermeintliche Anschlagziel, also den deutschen Agrarminister, ins Lächerliche: „Aber gerade in der jetzigen Situation, in der es einerseits eine immer größere Nähe zwischen denen, die kämpfen gibt und gleichzeitig jede Menge Fragen, versuchen sie mit einem völlig nicht nachvollziehbaren Angriffsziel wie diesem Agrar-Wurm und entpolitisierten Parolen von >>forciertem Aktionismus<< die Nähe, die über den Angriff auf Herrhausen zwischen vielen Teilen der revolutionären Linken und uns neu entstanden ist, zu treffen."[218]

Immerhin (so könnte man dieser Einlassung berechtigt entgegnen) bekleidete Ignaz Kiechle den Rang eines Bundesministers und wäre somit durchaus als potentielles Opfer der RAF denkbar gewesen – es gab schon bedeutend geringere individuelle Anschlagziele in der RAF-Geschichte. Zwar liegt eine Terminologie wie „forcierter Aktionismus" tatsächlich nicht unbedingt im Bereich des Üblichen Wortschatzes von RAF-Erklärungen, da etwas Forciertes und Aktionismus Unüberlegtes implizieren und somit nicht dem hehren revolutionären Selbstverständnis der radikalen Linken entsprachen. Allerdings wurde in linksradikalen Kreisen immer wieder mal von „Aktionen" bzw. „Actions" gesprochen, wenn auf politische Anschläge oder ähnliches verwiesen wurde. Dennoch überwogen die semantischen Zweifel an der Erklärung, was ihre Authentizität mehr als in Frage stellte.

Im Juni 1990 musste sich die 3. RAF-Generation (zumindest indirekt) mit den Altlasten der 2. RAF-Generation herumschlagen. Damals wurden nämlich in der zerfallenen DDR viele ehemalige RAF-Mitglieder verhaftet, die ihr Refugium im Arbeiter- und Bauernstaat gesucht hatten. Dadurch kam es zu einer neuen Prozesslawine und viele der verhafteten ehemaligen RAFler*innen machten ausgiebig von der Kronzeugenregelung Gebrauch.

Dies wirkte sich allerdings ausschließlich negativ auf die bereits einsitzenden politischen Gefangenen aus, die nun mit neuen Prozessen überzogen wurden. Diese Ereignisse hatten insofern keinen direkten Einfluss auf die Kommandoebene der RAF, aber sie verschärften das Gefangenendilemma immens. Denn anstatt in interaktionsfähige Kleingruppen zusammengelegt zu werden und Aussicht auf baldige Entlassung zu haben, sahen sich viele politische Gefangene neuen Urteilen gegenüber, die nicht selten langjährige Haftstrafen im zweistelligen Bereich zur Folge hatten. Insofern wirkten diese Ereignisse sicherlich in noch stärkerem Maße spaltend auf die verschiedenen Fraktionen der Gefangenen und trennend zwischen Teilen der Gefangenen und der RAF-Kommandoebene.

Mit dem Anschlag auf Hans Neusel, den Staatssekretär des Innenministeriums, versuchte die RAF erneut ihre internationale Anschlussfähigkeit herzustellen. Durch den Kommandonamen „José Manuel Sevillano" nahm die RAF direkten Bezug auf den zu dieser Zeit laufenden Hungerstreik spanischer politischer Gefangener.[219] Im Verlauf des Hungerstreiks war Sevillano gestorben.

Zwar handelte es sich bei Neusel im Gegensatz zu Herrhausen erneut um ein Zielobjekt aus der zweiten Reihe (analog den Anschlägen auf von Braunmühl und Tietmeyer), aber Neusel hatte quasi einen direkten Bezug zur RAF und den politischen Gefangenen, da er als Staatssekretär im Innenministerium unter anderem für alle Angelegenheiten zuständig war, die mit dem linksextremistischen Terrorismus zu tun hatten.

Das Attentat auf Neusel lief (in aller Kürze dargestellt) wie folgt ab: An der Autobahnausfahrt Bonn-Auerberg, nur wenige hundert Meter vom Innenministerium entfernt, explodierte eine vom RAF-Kommando an der rechten Leitplanke deponierte Bombe. Neusel überlebte diesen Anschlag am 27. Juli 1990 nur, weil sein Fahrer Urlaub hatte, und er den ungepanzerten 7er-BMW selbst steuerte und somit auf der linken und nicht auf der rechten Fahrzeugseite saß.

Der 25-Kilogramm-Sprengsatz war ähnlich wie bei Herrhausen insbesondere darauf ausgerichtet, auf den rechten hinteren Sitz seine tödliche Wirkung und die Wucht der Explosion zu entfalten. Die Bombe wurde erneut (wie bei dem Herrhausen-Attentat) durch eine Lichtschranke gezündet. Der Staatssekretär hatte also großes Glück im Unglück, da er durch die Detonation nur leicht verletzt wurde. Bezüglich des Umfangs der Neusel-Erklärung ist zu sagen, dass dieser wieder deutlich zugenommen hatte.

Zwar hatte das in der Theoriearchitektur vereinte antikapitalistische und antiimperialistische Frontkonzept Westeuropa in den 80er Jahren nicht in der Praxis funktioniert. Dennoch schien die RAF weiterhin auf den Versuch Wert zu legen, neue Bundesgenoss*innen zu gewinnen – nach den global-politischen Veränderungen dringender denn je. Der Anschlag der RAF unterstützte nämlich ausdrücklich den Hungerstreik der GRAPO und PCER.

Die harte Haltung der spanischen Regierung bezüglich dieses Hungerstreiks lieferte der RAF die argumentative Brücke zum Anschlag auf den Innenstaatsekretär Neusel, der wohl nicht völlig zu Unrecht zum Widerstandsbekämpfungs-Experten hochstilisiert wird: „Wir wollten Neusel für seine Verbrechen zur Verantwortung ziehen. Er organisiert und führt Krieg gegen alle, die für Befreiung, Selbstbestimmung und ein menschenwürdiges Leben und gegen die Zerstörung, die von diesem System ausgeht, kämpfen."[220]

Erneut tauchten in der RAF-Erklärung analytisch offene und inhaltsleere Begriffe wie „Befreiung", „Selbstbestimmung" und „menschenwürdiges Leben" auf, ohne dass diese auch nur ansatzweise konkretisiert wurden. Aufgrund der mangelnden Spezifizierung konnte sich beinahe jede/r ein eigenes Bild davon machen, was sie/er unter diesen Begriffen verstehen wollen. Das kann einerseits viele Leute ansprechen, aber andererseits für viele Menschen unattraktiv wirken, da die RAF so den Eindruck erweckte, ohne ideologischen Überbau und ohne strategisch-taktisches Gesamtkonzept im Trüben zu fischen.

Neusel habe (so präzisierte das RAF-Schreiben die Funktion Neusels) die westeuropäische Aufstandsbekämpfung vorangetrieben und im Hungerstreik 1989 die harte Linie gegen die RAF-Gefangenen festgelegt. Zudem verkörpere

Neusel (so die RAF-Erklärung weiter) die faschistische, personelle Kontinuität Deutschlands vom Dritten Reich über die BRD bis hin zum wiedervereinigten Großdeutschland, das nun auf das Vierte Reich zusteuere – eine damals sehr gängige Gedankenfigur im links-intellektuellen Milieu.

Ansatzweise zeichnete sich in diesem Bekennerschreiben auch das neue Feindbild der RAF ab, das im faschistisch orientierten und agierenden, vereinigten Großdeutschland bestand. Präzisiert wurden diese Befürchtungen durch die Behauptung, dass die GSG 9 türkische Spezialtruppen ausbildete, die am Völkermord gegen das kurdische Volk und den Vernichtungskrieg gegen die PKK involviert seien. Damit war ein in der Zukunft an Gewicht gewinnender Bündnispartner der RAF benannt: die kurdischen Befreiungsbewegungen, insbesondere die kommunistische PKK. Allerdings zeichneten sich hier nie der Öffentlichkeit bekannt gewordene Synergien oder Wissenstransfers ab – vielmehr schien die Waffenbrüderschaft mit der PKK eher auf dem Papier zu bestehen.

Nach einigen Erläuterungen zur Wichtigkeit der Gefangenenkämpfe und Gefangenenfrage reflektierte die RAF die neuen geopolitischen Ausgangsbedingungen, welche die Parameter für die Bestimmung ihrer revolutionären Strategie bestimmten. Am Anfang stand das unumwundene Eingeständnis, dass der Kapitalismus den Kalten Krieg gewonnen hatte – eine Einsicht, die bei der RAF längst überfällig gewesen war.

Daraus leitete die RAF die zukünftige Strategie des Imperialismus ab: „Aus dieser Machtposition heraus versuchen sie heute, an jedem Punkt Terrain gegen alle revolutionären Kämpfe um Lebensbedingungen zurück zu gewinnen und da, wo von unten schon Ziele durchgesetzt wurden, die Entwicklung wieder zurück zu drehen.“[221]

Die RAF unterstellte also implizit dem kapitalistischen System, dass es jetzt, da keine systemische Alternative mehr vorhanden war, jegliche Form des innergesellschaftlichen Widerstandes ausmerzen wolle. Diese generalisierende Behauptung verband die RAF mit dem Begriff der Selbstorganisation des Alltags der Menschen, was durch die imperialistischen Staaten unmöglich gemacht werden solle.

Selbstorganisation ist eine ursprünglich vom chilenischen Neurobiologen Maturana in das wissenschaftliche Diskurs-System induzierte Terminologie,[222] deren semantischer Gehalt von einem breiten politisch-weltanschaulichen Spektrum[223] adaptiert worden ist.[224]

Es spricht für die zu diesem Zeitpunkt vorherrschende Theoriefeindlichkeit der RAF, dass sie, obwohl sie den Begriff der Selbstorganisation immer häufiger gebrauchte, an keiner Stelle ausführte, wie und in welchem Sinne dieser Begriff denn nun genau gefüllt werden sollte. Eine diesbezügliche Konkretisierung hätte die RAF natürlich wieder in Gefahr gebracht, dass sie durch die Festlegung potenzielle Anhänger*innen vergraulte. Insofern scheint es zur argumentativ-ideologischen Strategie der damaligen RAF gehört zu haben, viele Begrifflichkeiten möglichst abstrakt und analytisch offen zu lassen, damit diese auf eine größtmögliche Gruppe als potenzielle Anziehungspunkte wirken konnten.

Bei den gesellschaftspolitischen Alltagsbeispielen wurde die RAF in ihren Bekennerschreiben dann immerhin etwas konkreter. Sogenannte selbstbestimmte Lebensräume sah die RAF in West-Europa zum Beispiel in der Hausbesetzer-Szene, die sie gleichzeitig als Quelle der Herausbildung einer neuen revolutionären Bewegung betrachtete. Wohl nicht zuletzt deshalb hatte sie einige Jahre zuvor Beziehungen von ihr zu den besetzten Häusern der Hafenstraße vehement zurückgewiesen, damit die Polizei hier keinen noch größeren Fahndungs- und Repressionsdruck als ohnehin schon aufbauen konnte. Nicht nur an dieser mehr als euphemistischen Einschätzung bzw. Überschätzung des Potenzials von besetzten Häusern wurde die große Verzweiflung der RAF-Kommandoebene deutlich.

Einen Ansatz gegen die Resignation und Verzweiflung der Menschen sah die RAF zudem in ihrer subjektiven Entscheidung, mit diesem System zu brechen, wodurch erneut deutlich auf die Subjekt-Theorie der Frankfurter Schule rekurriert wird, wobei die Terminologie der Selbstorganisation inzwischen eine theoretische Spezifizierung derselben bildet: „Die Erfahrung der Zerstörung durch das System kann zur bewussten und endgültigen Entscheidung für die Umwälzung der herrschenden Realität und für ein selbstbestimmtes und -organisiertes Leben gebracht werden."[225]

Erneut wurden in der Erklärung die Begriffe Selbstorganisierung und Selbstbestimmung verwendet, ohne dass die RAF genauer erklärte, was sie denn damit meinte. Zudem war der Gedanke bereits mehrfach aufgetaucht, dass nur in dem knallharten Bruch der Menschen mit dem System eine eigene Subjektwerdung möglich sei.

Es scheint die Hoffnung der RAF gewesen zu sein, dass die Erfahrung der Zerstörung durch das System die Menschen dazu bringt, mit dem System konsequent und unwiderruflich zu brechen und den bewaffneten revolutionären Kampf aufzunehmen. Zentrale Begriffe wie System und Zerstörung blieben holistisch unterspezifiziert und besaßen somit keinerlei spezifische Aussagekraft oder empirische Untermauerung. Diese Tendenz zur sprachlichen Immunisierung und holistischen Weltanschauung der RAF wurde bereits mehrfach festgestellt, nur dass sie in der Transformationsphase besonders stark ausgeprägt war. Darin zeigte sich wohl das verzweifelte Bemühen der Beteiligten, neue ideologische Ansätze und eine daraus abgeleitete stringente Strategie und Taktik zu finden. Allerdings blieben diese Versuche bereits bei dem Ansatz der Theorie- und Ideologiebildung stehen und boten somit auch keine Grundlage, weitere sinnvolle Gedanken daraus abzuleiten.

Am Ende der Erklärung nahm die RAF noch eine weitere Analyse des Systems vor: „Die BRD und die neuen Machteliten der DDR verfolgen mit dem Schritt zum Großdeutschland dieselben Ziele und imperialen Pläne wie der Nazi-Faschismus. Der dritte Überfall, den das deutsche Kapital in diesem Jahrhundert auf die Völker Europas führt, wird nicht mit militärischen Mitteln, sondern mit den Mitteln der Wirtschaft und Politik geführt. Die Unterwerfung von Millionen von Menschen unter die Prinzipien von Markt, Profit und Warenstruktur bringt neues Leid und Elend für die Völker. Es werden diesmal nicht Millionen Tote und ausgelöschte Menschen sein, sondern Millionen entwürdigte und unterdrückte Menschen, die an der Zerstörung ihrer Lebensstrukturen und menschlichen Beziehungen verzweifeln und innerlich – in ihrer Seele – zugrunde gehen sollen. Und auf der Basis der neuen Macht, die das BRD-Kapital an der Spitze Westeuropas aus dieser Entwicklung zieht, wollen sie zu einer neuen Runde in der Unterwerfung und Ausplünderung der Völker im Trikont ausholen."[226]

Damit bekräftigte die RAF einmal mehr ihre Unterstellung einer persönlichen wie theoretischen Kontinuität vom Dritten Reich zum wiedervereinten Deutschland, wobei sich lediglich die Wahl der Mittel unterscheide, da das wiedervereinte Deutschland auf ökonomische und politische statt militärische Mittel setze.

Die Einführung der freien Marktwirtschaft in den ehemaligen Ostblockstaaten brachte laut RAF Leid und Elend in diese Gegenden, sodass Millionen Menschen unterdrückt und entwürdigt wurden – eine Feststellung, die auch heute immer mal wieder zu hören ist. Es ist aber offensichtlich, dass die Schärfe der Argumentation hinkt, denn ein Vergleich zwischen den materiell geführten Angriffskriegen der Nazis und der Einführung der Marktwirtschaft in den ehemaligen Ostblockländern wird den Opfern des Dritten Reichs nicht einmal ansatzweise gerecht. Eine solch zynische Analogie setzte die Millionen von Toten, die das Dritte Reich hervorgebracht hatte, in ihrer adäquaten Würdigung unnötig herab.

Die Hervorbringung von seelischem Elend wurde durch die RAF zum modernen Ersatz von Militärpolitik hochstilisiert. Nach der Unterwerfung Osteuropas unterstellte die RAF, dass die ehemaligen Kolonialländer im Trikont erneut ausgebeutet werden sollten. Trotz aller logischen und semantischen Schwächen sollte dies ein Kerngedanke der späten 3. RAF-Generation werden, nämlich dass Deutschland im Verbund mit den kapitalistisch-imperialistischen Verbündeten erneut nach der Weltherrschaft greife und dabei sprichwörtlich und tatsächlich über Leichen gehe. Als Strategie dagegen stellte die RAF eher lapidar den internationalen Klassenkampf in Aussicht. Damit verband sich in diesem Bekennerschreiben erneut die Theorie der Frankfurter Schule mit einer Form der Marx-Rezeption, die zum internationalen Klassenkampf aufruft.

Die Erklärung zu Neusel verfestigte den Eindruck, dass die Kommandoebene der RAF nach dem Zusammenbruch des Ostblocks weitgehend konzeptlos war und sich ohne jegliche Orientierung und Kompass auf hoher See befand. Von ausgereiften theoretischen Ansätzen und logisch-stringenten Argumentationsmustern oder ideologischen und ideengeschichtlichen Fundamenten ist beim damaligen schriftlichen Output wenig bis gar nichts zu entdecken. Als neues Moment zu den theoretischen Merkmalen der Frankfurter Schule und des Marxismus kam der theoretisch unterspezifizierte Gedanke der Selbstorganisation hinzu. Die RAF hatte sich weit von genuin marxistischem Denken entfernt und entbehrte nun mehr oder weniger jeglicher ideologischen Grundlage. Die wenigen Theorie-Elemente waren sehr eklektisch zusammengesetzt und basierten weder auf einer fundierten Theorie noch auf einem unterschiedliche Theorien zusammenführenden Gesamtkonzept.

Ähnlich wie bei Kiechle sah sich die RAF im September 1990 gezwungen, auf mehrere Artikel in großen deutschen Nachrichtenmagazinen (wie zum Beispiel dem „Spiegel") zu reagieren und auf Vorwürfe, Verdächtigungen und Unterstellungen zu antworten, wonach die besetzten Häuser der Hamburger Hafenstraße von der RAF als eine Art Kommandozentrale benutzt wurden – und die „normalen" Bewohner*innen der Hafenstraße (die Hausbesetzer-Szene) der RAF dabei tatkräftig logistische Unterstützung angedeihen ließen – ein Vorwurf, der sich lange Zeit in den Medien und in Staatsschutz-Kreisen hielt und zyklisch wiederholt wurde.

Nachdem in der Mainstream-Presse vermehrt Meldungen über eine Kooperation der besetzten Häuser in der Hamburger Hafenstraße mit der RAF verbreitet wurden, meldete sich die RAF hierzu zu Wort. Die genannten Berichte wies sie in der Erklärung zur Hafenstraße vom 24. September 1990 empört als ein Staatsschutz-Lügenkonstrukt zurück, obwohl sich gewisse Verbindungen zwischen dem mutmaßlichen Mitglied der RAF-Kommandoebene, Burkhard Garweg und der Hamburger Hafenstraße nicht ganz von der Hand weisen lassen. Allerdings ist wohl der RAF zuzustimmen, wenn sie gleich zu Beginn der Erklärung behauptete, dass die Staatsschutz-Unterstellung (die Hafenstraße sei ihre Kommandozentrale) völliger Unsinn sei. Die RAF stellte gleichwohl in ihren schriftlichen Ausführungen ihren bewaffneten Kampf auf eine Ebene mit der Existenz selbstbestimmter Lebensräume, wie der Hamburger Hafenstraße, da beides nicht in die großdeutschen Weltmacht-Pläne passe.

Die RAF spricht in ihrer Erklärung davon, dass sich die Notwendigkeit des Widerstandes aus der gesellschaftlichen Realität ergebe, und „dass es immer wieder und immer mehr Menschen gibt, die mit diesem System, in dem Geld und Macht alles, dagegen die Menschen, ihre Würde und Moral ein Dreck sind, ein für allemal Schluss machen wollen. Deswegen soll der Hafen weg."[227]

Erneut konstatierte die RAF, dass das System außerhalb der Systemlogik liegende Lösungen und Lebensentwürfe systematisch nicht zulasse. Am Beispiel der Hafenstraße glaubte die RAF ablesen zu können, dass es immer mehr Menschen in Deutschland gibt, die sich offen gegen das System wenden und die für die Herstellung selbstbestimmter und selbstorganisierter Lebensräume kämpfen.

Ganz offensichtlich verfiel die RAF hier einem (induktiven) Fehlschluss, da sie vom Beispiel der Hafenstraße auf die gesellschaftliche Gesamtheit schloss. Welche weiteren Annahmen die RAF für ihre Gesellschaftsanalysen hatte, legte sie nicht offen. Und anders als in den Schriften der 1. RAF-Generation führte sie auch keine Referenzen oder Belege an, sodass die Leser*innen hierdurch ideologische Orientierungspunkte gefunden hätten.

Die RAF unterstellte weiterhin den Staatsschutz-Behörden, dass sie durch Konstrukte wie die Hamburger Hafenstraße versuchten, Menschen des linksradikalen, aber noch legalen Spektrums wegen Mitgliedschaft in einer terroristischen Vereinigung oder ähnlichen strafrechtlichen Vorwürfen zu langjährigen Gefängnisstrafen zu verurteilen, worin sicherlich auch ein Quäntchen Wahrheit impliziert war. Insofern ist es folgerichtig, dass die RAF in der Hafenstraße-Erklärung teilweise ihre Strukturen offenlegte, auch wenn nicht klar ist, inwieweit die Ausführungen durch ein bestimmtes taktisches Kalkül bestimmt waren, wie zum Beispiel, den Staatsschutz-Behörden eine falsche Wissensgrundlage zu vermitteln oder ihre realen Organisationsstrukturen zu verschleiern.

Die RAF, so ihr Selbstbekenntnis, sei eine aus der Illegalität operierende, bewaffnet kämpfende Gruppe. Damit widersprach die RAF den Theorien der Fahnder, wonach Terrorist*innen zumindest zum Teil in der Legalität lebten und für Attentate lediglich kurze Zeit untertauchten – eine Praxis, wie sie zum Beispiel von den Roten Zellen tatsächlich ausgeübt wurde. Die RAF wies zudem auf den hohen Fahndungsdruck der Staatsschutz-Behörden hin, der sie zu Lügenkonstrukten und sogenannten „Verfassungsschutz-Kisten" (also in die Irre führende Behauptungen und Inszenierungen) zwänge. Seit 1986, der Verhaftung Eva Haules und zweier Protagonist*innen aus dem Widerstand, sei niemand mehr aus der RAF verhaftet worden.

Danach kam die RAF auf den Themenkomplex der Attentatsplanungen zu sprechen. Die RAF stellte diesbezüglich klar, dass sie alle Attentate alleine planen und selbstständig durchführen würde. Auch eine Unterstützung durch Sympathisant*innen bei Observierungen gäbe es nicht, wobei die 1. und die 2. RAF-Generation dies aber nachgewiesenermaßen getan haben. Die Stichhaltigkeit der RAF-Behauptung darf an dieser Stelle getrost bezweifelt werden, da die Kommandoebene der 3. RAF-Generation sicherlich nicht über genügend Manpower verfügte, um die teilweise logistisch-infrastrukturell sehr anspruchsvollen Attentatsplanungen durchzuführen und umzusetzen. Insofern handelte es sich um Schutzbehauptungen, um ihr Unterstützer-Umfeld vor polizeilichen Repressionsmaßnahmen oder gar Verurteilungen zu schützen. Im Sinne einer modernen Corporate Identity verwies die RAF auf eine unmissverständliche Handschrift ihrer Aktionen, die für die Fahnder keinen Zweifel aufkommen ließe, dass die RAF-Kommandoebene die Taten auch tatsächlich begangen habe.

Das Ziel der falschen Staatsschutz-Behauptungen sei es, so die RAF weiter, potenziell militant Linke aufgrund von falschen Behauptungen und nicht zutreffenden Fahndungskriterien hinter Gitter zu bringen. Dies konnte in einer im Zweifels- und Bedarfsfall induzierten Sachlage zu einer vollkommenen Zerschlagung legaler RAF-Unterstützer*innen-Strukturen führen.

Letztlich gestand die RAF dann aber doch ein, dass sie Kontakte zu vielen linksradikalen Zusammenhängen besaß, was exakt dem in der Herrhausen-Erklärung propagierten Aufbau einer Gegenmacht von unten entspricht: „Natürlich haben wir Kontakte zu Leuten aus den unterschiedlichsten Zusammenhängen, weil wir die Diskussion mit vielen wollen und auch brauchen, denn alle, die den revolutionären Prozess hier weiterbringen wollen, müssten die Situation und die Prozesse in der Linken und im Widerstand genau verstehen. Und außerdem geht es für uns darum, mit Genossinnen und Genossen, die in anderen Kämpfen drin stecken und deren Zielvorstellungen sich mit unseren decken, darüber zu diskutieren, wie wir zusammen zu größerer Kraft und gemeinsamer Stärke kommen können."[228]

Die RAF gab dadurch offen zu, dass sie in Kontakt mit Gruppierungen oder einzelnen Personen stand, die dem linksradikalen Spektrum zugeordnet werden konnten. Nichts wesentlich anderes behaupteten auch die Staatsschützer. Für die RAF waren diese Kontakte laut Eigenaussage notwendig, um die avisierten Diskussionsprozesse zu führen, um eine neue Orientierung zu gewinnen und um ideologische Überzeugungsarbeit zu leisten.

Offensichtlich fehlte es der RAF nach der Wende an klar strukturierten ideologischen Konzepten, die ihre potentielle Anhängerschaft überzeugen und begeistern konnten. Dies war eine ziemlich schwierige Situation, wenn man bedenkt, dass in diesen (für Revolutionäre problematischen) Zeiten die Vermittlung der eigenen Ideologie des revolutionären Kampfs und der Vorstellung einer post-revolutionären gesellschaftlichen Organisierung zwingender notwendig war denn je.

Das Eingeständnis, dass das Bestreben der RAF in der Verbindung mit anderen linksradikalen Gruppen darin lag, zu größerer Kraft und gemeinsamer Stärke zu kommen, widersprach offensichtlich den gesellschaftsanalytischen Konstrukten der RAF, wonach große Bevölkerungsteile bereits den Bruch mit dem System vollzogen hätten. Davon war die empirische gesellschaftspolitische Realität aber immer Lichtjahre entfernt gewesen, auch wenn die RAF beinahe gebetsmühlenartig das Gegenteil behauptete.

Das nächste Attentat der RAF besaß mehr symbolischen Charakter, als dass durch den Angriff irreparabler materieller Schaden intendiert war. Zum ersten

Mal seit dem Attentat auf die Rhein-Main-Airbase griff die RAF erneut ein US-amerikanisches Ziel an. Der US-Imperialismus war für alle drei RAF-Generationen ein beliebtes Angriffsziel gewesen. Der konkrete Anlass für den Botschaftsbeschuss war der Krieg der USA gegen den Irak im Jahr 1990, wogegen sich in Deutschland weit verzweigter gesellschaftlicher Protest breit gemacht hatte.

In einer kalten Februarnacht 1991 wurden Dutzende von Schüssen auf die US-Botschaft in Bonn (Bad Godesberg) abgefeuert. Die Staatsschutz-Fahnder kamen zu dem Schluss, dass sie vermutlich vom gegenüberliegenden Rheinufer aus abgegeben wurden. Es war außerdem von Sandsäcken und einem VW Golf als Tatfahrzeug die Rede. Die Täter*innen feuerten unter anderem mit militärischen Sturmgewehren auf das Botschaftsgebäude.

Später vermerkten die Medien kritisch, dass die RAF die in der Nähe der Botschaft befindlichen friedlichen Demonstrant*innen gegen den Irak-Krieg gefährdet hätte, was die RAF aber postwendend empört zurückwies, da sie behauptete, Leuchtspurgeschosse in die Munition gemischt zu haben, damit die Demonstrant*innen wussten, woher der Beschuss kam und nicht irrtümlich in die falsche Richtung flüchteten.

Auf jeden Fall stellte dieses Attentat eine neue Stufe der bewaffneten RAF-Strategie dar. Denn hier griff sie zum ersten Mal ein Gebäude an, ohne dabei konkreten Personenschaden zu intendieren – diese Attentatsform war bisher bekanntlich eher der Ebene des Widerstands vorbehalten. Somit vollzog die RAF auf der Ebene der Attentatsbegehungen hier eindeutig einen Paradigmenwechsel, der mit der eindrucksvollen Knast-Sprengung der JVA Weiterstadt ihren Höhepunkt finden sollte.

Ein Ziel der Botschafts-Aktion lag für die RAF ganz klar in der Gewinnung neuer Bündnisgenoss*innen: „Mit unserer Aktion stellen wir uns in eine Reihe mit all denen, die rund um den Globus gegen diesen US-NATO-Völkermord aufgestanden sind."[229]

Offensichtlich wollte die RAF bei der damals engagiert und vielfältig in Aktion getretenen Friedensbewegung und bei liberalen sowie gewerkschaftsnahen Gesellschaftsteilen Sympathiepunkte sammeln, da sich diese offen und vehement gegen den Irak-Krieg wandten. Die RAF versuchte ihren Plan (in einen Diskurs mit möglichst vielen diversen gesellschaftlichen Akteur*innen zu treten) in die Tat umzusetzen, indem sie dafür verschiedene Anknüpfungspunkte schaffen wollte.

Gemäß der RAF stellte der Krieg gegen den Irak den ersten Schritt zur Durchsetzung der neuen Weltordnung für die Zeit nach dem Kalten Krieg dar. Dabei verwies die RAF auf die ambivalente Funktion von ehemaligen Verbündeten, denn der Irak habe jahrelang die Interessen des Kapitalismus vertreten, was sich an den Kriegen gegen den Iran und gegen das kurdische Volk gezeigt habe. Nunmehr lägen die Interessen des Iraks und der USA sowie deren Verbündeter nicht mehr auf derselben Linie. Im Gegenteil, denn Saddam Hussein wandte sich ausdrücklich gegen die US-amerikanischen Hegemonial-Interessen und versuchte diese sogar zu unterlaufen.

Außerdem wies die RAF in ihrer Analyse auf die Instabilität der Region des Nahen Ostens hin, bei ihrer gleichzeitigen geostrategischen und geopolitischen Relevanz durch ihre Ölvorkommen: „Deshalb soll sich in dieser Region, von deren Öl die westlichen Öl-Konzerne und die westeuropäischen Industriestaaten abhängig sind, keine Macht entstehen, die nicht unter absoluter Kontrolle des imperialistischen Blocks steht. Das sind die Gründe, warum die imperialistischen Staaten heute diesen Krieg gegen den ehemaligen Verbündeten führen."[230]

Die Motivation für den Krieg lag also laut RAF darin, dass die USA und die anderen imperialistischen Mächte sich den Einfluss und die Macht auf der ganzen Welt in aller Konsequenz sichern wollen. Damit deckte sich die Analyse der RAF sicherlich mit denjenigen von kritisch eingestellten, intellektuellen Bevölkerungsteilen. Zudem unterstellte die RAF dem Kapitalismus, dass er jedes noch so korrupte und totalitäre Regime unterstütze, wenn es nur den eigenen Profitinteressen nütze. Diese Gedankenfigur stand bereits 1967 bei den Protesten gegen den iranischen Schah Pate, in dessen Verlauf Benno Ohnesorg von der Polizei erschossen wurde.

Saddam Hussein hingegen hegte gemäß der RAF eigene territoriale Großmacht-Interessen, die sich diametral zu denjenigen der USA befanden. Zugleich benutze die USA den Krieg (so die RAF weiter), um die Frage nach der Führungsrolle innerhalb des kapitalistischen Staaten-Systems verstärkt an militärische Aspekte zu knüpfen, bei denen die USA eine unumstrittene Führungsrolle in der neuen Welt innehatten.

Außerdem sei die innenpolitisch relevante Sanierung der US-Wirtschaft ein Anliegen der Imperialisten: „Am Golf spielt sich derzeit also auch der Konkurrenzkampf der imperialistischen Kernstaaten und bzw. Zentren untereinander um die künftige Macht und Einfluss in der Nah-Ost-Region und um die Vormachtstellung innerhalb des imperialistischen Lagers ab."[231]

Der Krieg gegen den Irak besaß also auch noch die zusätzliche Komponente, dass die gegen den Irak Krieg führenden Staaten miteinander um die Vorherrschaft und Hegemonie innerhalb des kapitalistischen Staaten-Systems konkurrierten.

Folgerichtig fragte die RAF nach der Stellung Deutschlands in diesem geopolitischen Gesamtgefüge und konstatierte, dass sich Deutschland bewusst sei, dass die ökonomische Potenz der BRD alleine nicht ausreiche, um sich dauerhaft als Großmacht zu etablieren: „Das Vierte Reich braucht dafür die losgelassene Militärmaschine genauso dringend, wie schon die Nazis sie gebraucht haben. Die Interessen des deutschen Kapitals sollen nach 45 Jahren endlich wieder mit der ganzen Brutalität der Kriegsmaschinerie durchgesetzt werden. Dafür laufen zur Zeit alle Vorbereitungen. Der Bundeswehreinsatz in der Türkei und ihre logistische Einbindung in diesen Krieg sind erste praktische Schritte. Über das Vehikel des UNO-Einsatzes der Bundeswehr – nachdem die UNO neben NATO, IWF und Weltbank zum Instrument imperialistischer Kriegsführung gegen die unterdrückten Völker gemacht wurde – will sich Großdeutschland endlich wieder freie Hand für die militärische Unterwerfung und Ausplünderung der Völker schaffen."[232]

Die RAF schien sich damit erneut auf die Argumentationslinie festlegen zu wollen, dass das wiedervereinigte Deutschland als Nachfolgestaat des nationalsozialistischen Dritten Reiches zu betrachten sei. Dabei unterstellte sie im Gegensatz zu früheren Bekennerschreiben (bei denen sie insbesondere die ökonomische Vorherrschaft Deutschlands betonte) dass die militärische Aufrüstung und die Vorbereitung des Militäreinsatzes in Deutschland auf Hochtouren liefen, um in Zukunft auch militärische Interventionen Deutschlands zu ermöglichen.

Die immunisierende Argumentationsstrategie der RAF wurde durch die Behauptung komplettiert, dass UNO, NATO, IWF und Weltbank allesamt Instrumente der imperialistischen Kriegsführung seien. Die indirekten Folgen des Irak-Kriegs waren gemäß RAF beispielsweise der Kampf der Türkei gegen die kurdische PKK, wobei die Türkei konkret von der Bundeswehr und der NATO unterstützt wurde. Israel nutzte zudem die strategisch günstige Gelegenheit und bombardierte Palästinenser*innen-Lager.

Israel war bereits seit der 1. Generation einer der schlimmsten Feinde der RAF, der allerdings immer lediglich mit verbalen Mitteln bekämpft wurde.

Insbesondere Ulrike Meinhof beschwor immer wieder ein äußerst diabolisches Bild des israelischen Staats herauf. Das Feindbild Türkei hingegen war neu und hing mit der (theoretischen und praktischen) Solidarisierung der RAF mit den Kurd*innen (der kommunistisch ausgerichteten kurdischen Arbeiterpartei PKK, aber auch anderen linksorientierten Vereinigungen) zusammen.

Der RAF war inzwischen wohl bewusst geworden, wie heikel es ist, allzu aggressiv gegen Israel zu argumentieren. In diesem Sinne sind ihre Ausführungen zu verstehen, dass es unlauter ist, wenn der deutsche Staat Teile der Linken im Zuge des Irak-Kriegs als antisemitisch bezeichnete, da die Interessen der Völker im Nahen Osten und der Menschen in den westlichen Metropole identisch sind. Eine gesunde, realistisch-politische Analyse sieht anders aus. Dadurch immunisierte sich die RAF erneut selber, denn alle diejenigen, die gegen den Irak-Krieg protestierten, wurden ihrer Logik zufolge vom deutschen Staat der Judenfeindlichkeit bezichtigt.

Es fällt auf, dass die holistische und universelle Argumentationsstrategie in den Bekennerschreiben der RAF während der Transformationsphase der Jahre 1989 bis 1992 stark zunahm. Vermutlich korrelierte diese Art der Argumentation mit der politischen Aussichtslosigkeit und Isoliertheit der RAF-Kommandoebene. Die RAF begann expressis verbis das Konzept der Gegenmacht von unten zu thematisieren und in diesem Zusammenhang ist auch der populistische Anbiederungsversuch an die Anti-Kriegs-Koalition zu sehen, den der Botschafts-Beschuss darstellte. Gemäß den theoretischen Vorstellungen der RAF galt es also eine starke Gegenmacht von unten aufzubauen und die imperialistische Macht weltweit zurückzudrängen.

Ihren potenziellen Verbündeten schrieb die RAF ins Stammbuch: „Ihr müsst euch damit auseinandersetzen, dass imperialistischer Krieg in der Logik des imperialistischen Systems liegt. Dieses System produziert in den >>reichen<< Ländern für die Menschen Vereinzelung und Konkurrenzdruck, jeder gegen jeden; jeder menschliche Lebenssinn soll zerstört werden, statt dessen sollen viele ihre Identität darin suchen, Objekt im Konsumterror zu sein."[233]

An dieser Stelle wird wieder der sozialpädagogische Tonfall eines engagierten protestantischen Pfarrers spürbar, der kennzeichnend für die RAF-Schriften Ende der 80er und zu Beginn der 90er Jahre war. Vereinzelung und Konkurrenzdruck sind eigentlich genuine Themen karitativer oder sozialpsychologischer Einrichtungen. Inwiefern das Objekt-Sein im Konsumterror Angriffe auf menschliches

Leben oder das System an sich rechtfertigt, wird an keiner Stelle erwähnt oder auch nur irgendwie in Erwägung gezogen. Wie und wieso das kapitalistische System als systemimmanente Anforderung den Lebenssinn der Menschen zerstören sollte, bedurfte offensichtlich auch keiner weiteren Erläuterung und verweist einmal mehr auf das armselige Niveau der Erklärung, wobei erwähnt werden sollte, dass der RAF nahestehende Kreise durchaus den Sinn dieser Ausführungen (auch ohne weitere Erklärungen) verstanden haben dürften.

Nach den innersystemischen Konsequenzen des imperialistischen Systems verwies die RAF auf die zu erwartenden Folgen, wenn die imperialistische Macht intern oder extern gefährdet wäre: „Der Imperialismus wird immer dann Kriege führen, wenn irgendwo auf der Welt seine Macht in Gefahr ist; er wird nicht aufhören, seine Bestimmung über die Lebensinteressen der Völker zu stülpen – mit Gewalt, mit Geld, mit Lügen, eben mit der ganzen Palette seiner Herrschaftsmittel. Ein selbstbestimmtes Leben für alle in Würde, ohne Ausbeutung und Unterdrückung, wird es erst dann geben, wenn wir die Macht des imperialistischen Systems gebrochen haben."[234]

Die RAF vermochte es nicht, irgendeine ideologische Linie im Sinne einer Positivbestimmung aufzuzeigen. Sie konnte immer nur eine Strategie gegen die Strategie der Imperialisten angeben, ein Konzept, das bereits aus der Front-Zeit der 80er Jahre bestens bekannt war und damals schon versagt hatte. Erschreckend schwach und platt im Sinne eines theoretisch-ideologischen Überbaus (der für eine Widerstandsbewegung aber unabdingbar ist) nahm sich die beliebig erscheinende, abstrakte Aneinanderreihung der Formulierungen bzw. Begriffe „selbstbestimmtes Leben", „Würde" und „ohne Ausbeutung und Unterdrückung" aus. An keiner Stelle wurden diese Begrifflichkeiten in irgendeiner Art theoretisch unterfüttert oder auch nur irgendwie näher erklärt. Das theoretisch-ideologische Niveau der 3. Generation der RAF in der Transformationsphase von 1989 bis 1992 war folglich äußerst schwach ausgeprägt bis nicht existent, was zum einen mit der inneren Verfassung der Kommandoebene und zum anderen mit der komplexen global-politischen Gesamtlage zusammenhing.

Das letzte Attentat, das in diesem Buch im Zusammenhang mit den Jahren der Transformation gesehen wird, ist das auf den Chef der Treuhandanstalt: Detlev Karsten Rohwedder. Die Treuhandgesellschaft wickelte die ehemaligen volkseigenen Betriebe der DDR ab, indem sie versuchte, diese für die Marktwirtschaft fit zu machen oder sie, falls dies nicht möglich war, gewinnbringend zu

„verramschen". Insofern war Rohwedder ein perfektes Feindbild für die RAF, da er die Wirtschaft des ehemaligen real-sozialistischen deutschen Staats abwickelte.

Das Düsseldorfer Wohnhaus von Rohwedder war nur im Erdgeschoss mit Fenstern aus Panzerglas ausgestattet, obwohl er bereits vor dem RAF-Attentat zahlreiche Morddrohungen erhalten hatte – vermutlich von frustrierten Bewohner*innen der ehemaligen DDR und aus linksradikalen Zusammenhängen. Als sich Rohwedders Frau an die Polizei mit der Bitte um verstärkten Schutz wandte, wurde dieser Bitte anscheinend nicht sofort nachgekommen. Insofern könnte auch hier wieder zumindest ein schwerwiegendes Versäumnis der Behörden im Zusammenhang mit Rohwedders Ermordung moniert werden. Darüber hinaus ranken sich um Rohwedders Tod verschiedene Verschwörungstheorien, die davon ausgehen, dass er viele Betriebe nicht im Sinne mächtiger in- und ausländischer Kapitalist*innen und Interessengruppen abwickelte.

Am Ostermontag, dem 1. April 1991, wurde Rohwedder gegen 23.30 Uhr durch das Fenster im ersten Stock kaltblütig erschossen. Drei Schüsse streckten ihn nieder, wobei der zweite abgegebene Schuss auch seine Frau verletzte, die sich ebenfalls in dem Zimmer aufhielt. Die Polizei rekonstruierte, dass die Schüsse aus knapp 65 Metern Entfernung abgegeben worden waren. Die Tatwaffe war ein Sturmgewehr vom Typ FN FAL mit dem NATO-Standardkaliber. Es handelte sich dabei um eine Waffe, welche die RAF bereits bei ihrem Anschlag auf die US-Botschaft eingesetzt hatte. Von den Medien wurde im Nachklang des Attentats berichtet, dass kurz vor der Durchführung des Attentats bei RAF-Häftlingen Strategiepapiere gefunden worden waren, die neue Aktivitäten der Kommandoebene ankündigten.

Am Tatort hinterließen die Täter*innen drei Patronenhülsen, einen Plastikstuhl und ein Handtuch. Auf dem Handtuch wurden später Haare gefunden, die scheinbar einwandfrei durch einen genetischen Fingerabdruck dem mutmaßlichen RAF-Terroristen Wolfgang Grams zugeordnet werden konnten. Die RAF skizzierte in der Retrospektive, dass sie in der Zeit des Rohwedder-Attentats versuchte, Menschen in der ehemaligen DDR für ihre Bemühungen zu mobilisieren, ohne dafür allerdings eine adäquate Situationsanalyse durchgeführt zu haben.

Das Attentat auf Rohwedder stellte den Kulminationspunkt des verzweifelten Versuchs der Roten Armee Fraktion dar, Bündnispartner*innen in der ehemaligen DDR zu finden. Aber auch dieser Versuch blieb erfolglos. Es gelang der RAF in der Transformationsphase offensichtlich nicht (abgesehen von der

PKK) Bündnispartner*innen in irgendeiner Form in Deutschland, Europa oder der gesamten Welt zu mobilisieren, sieht man einmal von wenigen Lippenbekenntnissen in politischen Prozessen und Publikationen aus linksradikalen Zirkeln ab, die der RAF weiterhin die Treue hielten.

Die RAF begann die Rohwedder-Erklärung mit der Begründung, warum sie den Manager als Anschlagziel ausgesucht hatte. So habe Rohwedder bereits in den 70er Jahren als Staatssekretär die Rahmenbedingungen durchgesetzt, die das BRD-Kapital benötigte, um maximale Profite in der Weltwirtschaft einzufahren. Außerdem war er verantwortlich für einen Deal zwischen der BRD und dem rassistischen südafrikanischen Apartheid-Staat gewesen: Atom-Knowhow (BRD) wurde hier gegen Uran-Lieferungen (Südafrika) getauscht. Rohwedder sei als Aufsichtsrat staatlicher Energiekonzerne verantwortlich für die Durchsetzung von etlichen Atom-Programmen gewesen. Außerdem war Rohwedder (so die RAF) für verdeckte Waffenexporte in Länder der Dritten Welt verantwortlich, was den grausamen Tod für Tausende von Menschen bedeutete, um fette Profite für das kapitalistische System sichern und so die kapitalistische Systemlogik zu erfüllen.

In der Öffentlichkeit heftig umstritten war der von der RAF angeführte Punkt, dass Rohwedder als Chef des Hoesch-Konzerns in wenigen Jahren zwei Drittel aller Arbeitskräfte entlassen habe, um dem Konzern zu höheren Profitraten zu verhelfen und ihm das Überleben zu sichern. Im Gegensatz dazu war häufig in der Mainstream-Presse zu lesen gewesen, dass Rohwedder bei Hoesch über 10.000 Arbeitsplätze gerettet hätte.

Als Krönung der Karriere Rohwedders bezeichnete die RAF seine Funktion bei der Treuhand: „Rohwedder war ... einer dieser Schreibtischtäter, die tagtäglich über Leichen gehen und die im Interesse von Macht und Profit Elend und Not von Millionen von Menschen planen.“[235]

Auch hier wurden wieder abstrakt-leere Worthülsen ohne eine angemessene empirische Evidenz als Vorwurf verwendet. Die gesamte Rohwedder-Erklärung war insofern von dem Versuch geleitet, die Menschen in der ehemaligen DDR vor der destruktiven Kraft des sie jetzt bedrohenden Kapitalismus zu warnen.

Dabei stellte die RAF fest: „Seit ihrer Annexion ist die Ex-DDR faktisch die Kolonie der Bundesrepublik: Die politischen, wirtschaftlichen und militärischen Entscheidungszentren liegen in Bonn bzw. bei den bundesdeutschen Konzernen.“[236]

Damit sprach die RAF sicherlich vielen Bürger*innen der ehemaligen DDR aus der Seele, welche die Vorgänge der Wiedervereinigung in diesem Sinne wahrgenommen hatten. In der Folge illustrierte die RAF in ihrem Bekennerschreiben, wie die Annexion der Ex-DDR in den Bereichen Gesundheit und Ökonomie konkret vor sich gehen würde. Die multinationalen Konzerne besäßen nämlich gar kein Interesse daran, die Ex-DDR wirtschaftlich wieder aufzubauen. Lediglich Betriebe mit Monopolstellungen seien für eine optimale Kapitalverwertung von Interesse und blieben deshalb zunächst einmal bestehen. Rohwedders Funktion als Treuhand-Chef sei es, alles niederzumachen, um dann zu restrukturieren, was am Weltmarkt Profit abwirft. Die RAF hob die Bedeutung dieses Vorgangs für die Menschen in der ehemaligen DDR hervor: „Die Arbeit der Treuhand bedeutet für die Menschen mehr als den Verlust des Arbeitsplatzes, die Schließung der Betriebe und die Ausrichtung am Profit von allem, was an Neuem hochgezogen werden soll. In diesem Prozess soll Land und Leuten die Struktur aufgezwungen werden, die das internationale Kapital für seine Herrschaft braucht. Es geht um die Ausrichtung aller Werte auf seine Prinzipien, die neben dem materiellen Elend von Millionen Arbeitslosen auch die Armut in den Köpfen der Menschen und Herzen bedeutet."[237]

Die Argumentation der RAF verlief offensichtlich tautologisch, denn dass die BRD der ehemaligen DDR das kapitalistische Wirtschaftssystem überstülpen wollte, wurde bereits mehrfach in der Erklärung gesagt. Dass dies für die Menschen eine gravierende Umstellung ihres Lebens bedeutete, scheint beinahe selbstevident auf der Hand zu liegen.

Die RAF verquickte in der Folge die Umstellung des ökonomischen und Herrschaftssystems mit den Konsequenzen für die Menschen in der (in dieser Phase) üblichen „Sozialarbeiter- bzw. Sonntagspredigt-Manier".

Eine ökonomisch-politische Analyse und pseudo-psychologische Ausführungen gehen dabei Hand in Hand. „Kapitalstrategen wie Rohwedder einer war, geht es darum, auch die Bedingungen für den Angriff auf die Seele des Menschen und ihre tiefe Deformierung, die sie voneinander isoliert und scheinbar unüberwindliche Mauern zwischen ihnen aufbaut, zu schaffen."[238]

Erneut blieb für Menschen aus den Zusammenhängen, mit denen die RAF eine Gegenmacht von unten aufbauen wollte, völlig im Dunkeln, inwiefern der Kapitalismus und die Deformierung der Seelen zwangsläufig miteinander zusammenhängen sollten. Der postulierte Zusammenhang schien allerdings für die RAF wie so vieles andere auch selbstevident zu sein und keinerlei weiterer Erklärung zu bedürfen. So argumentieren aber meines Erachtens lediglich sektiererische Zirkel, die sich im Besitz einer göttlichen und nicht hinterfragbaren Meinung wähnen. In diesem Sinne ist wohl auch die Äußerung eines ehemaligen RAFlers zu verstehen, dass er irgendwann vom „Glauben" an die RAF abgefallen sei.

In einem weiteren Schritt präzisierte die RAF dann die Nachteile der freien Marktwirtschaft: „Das System der >>freien Marktwirtschaft<< gaukelt allen eine vermeintliche Chance vor, sich im Wohlstandsland Großdeutschland einen sicheren Platz ergattern zu können und im Kaufrausch glücklich zu werden – in Wirklichkeit sollen die Menschen im Geiern nach Konsum dumm und stumpf gemacht werden. Wenn überhaupt, gibt es diesen sicheren Platz nur für diejenigen, die bedingungslos bereit sind, im harten Konkurrenzkampf sich besser zu verkaufen als andere und die diesen Wohlstand hier auch wollen, obwohl jede/r weiß oder wissen kann, dass er nur möglich ist, weil Millionen Menschen im Trikont dafür ihren Schweiß und Blut geben."[239]

Die RAF stellte damit fest, dass im Kapitalismus die meisten Menschen von einem sicheren Wohlstand ausgeschlossen werden sollten, obwohl der Wohlstand für die Wenigen im Kapitalismus bereits auf Lasten der Entwicklungsländer stattgefunden hatte. Die Funktion des Konsums war dabei für die RAF ambivalent, denn einerseits entsprach er den kapitalistischen Kapitalakkumulierungsstrategien und andererseits schaffte er es, dass die Menschen die Werte und die Wertigkeit des Kapitalismus verinnerlichten.

Auch die gesellschaftliche Entwicklung im wiedervereinigten Deutschland beurteilte die RAF negativ, da sie von einer 2/3-Gesellschaft sprach, bei der 1/3 der Menschen für den Kapitalverwertungsprozess unbrauchbar geworden seien. Ein Grund dafür lag für sie in der immer weiter gehenden Technisierung und Automatisierung von Produktionsprozessen. Die Gewinner dieser gesellschaftspolitischen Prozesse waren laut RAF die Yuppies, die privilegierte Stellungen in der Gesellschaft einnahmen. Der Lebensinhalt dieser Personen reduzierte sich auf einen gehobenen Konsum mit teuren Wohnungen, Kneipen und Läden. Die 1/3 Ausgeschlossenen der bundesdeutschen Gesellschaft hingegen fanden ihre Lebenszusammenhänge zerstört und wurden in Beton-Silos isoliert und weggesperrt.

Die Funktion dieser RAF-Argumentationsweise lag auf der Hand. Vor allem die Bewohner*innen der ehemaligen DDR (der Großteil der zu 1/3 Ausgestoßenen) sollten Angst vor den Yuppies der BRD kriegen und befürchten, als Verlierer aus den Modernisierungs- und Transformationsprozessen hervorzugehen – was ja auch weitgehend den realen gesellschaftspolitischen Gegebenheiten entsprach. Damit attackierte die RAF die Hoffnungen der ehemaligen DDR-Bürger*innen auf eine Anhebung des Lebensstandards quasi a priori.

Weitere gesellschaftliche Tendenzen waren laut RAF die Zerstörung der kommunikativen Lebenszusammenhänge, aufkeimender Rassismus, Faschismus und Diskriminierung von Frauen. Diese Aspekte bezeichnete die RAF als systemnotwendige Faktoren, wohl wissend, dass die ehemalige DDR diese Punkte aus ihrer konstitutionellen Verfasstheit (als antifaschistischer Schutzwall) heraus bewusst ablehnte. Zudem würden viele positive Errungenschaften der DDR wie Kinderkrippen oder das Selbstbestimmungsrecht der Frau (Abtreibungsparagraf 218) niedergemacht.

Erneut zog die RAF Parallelen zum Dritten Reich, da auch hier Verarmung, Verelendung und Massenarbeitslosigkeit zu katastrophalen politischen und sozialen Zuständen geführt hatten. Damit verfestigte die RAF den Eindruck einer nachholenden Résistance, die vor allem den (alten wie modernen) Faschismus bekämpfte – eine Gedankenfigur, die immer wieder in ihrer Geschichte auftauchte. Allerdings war es bei der Person Rohwedder schwierig, eine personelle Kontinuität vom Dritten zum Vierten Reich auszumachen, weswegen sich die RAF lediglich auf die genannten Allgemeinplätze bezog.

Im Schlussteil der Erklärung skizzierte die RAF rudimentär, wie sie sich ihre zukünftige Strategie vorstellte: „Wir alle, die für ein menschliches Leben in Würde und frei von Herrschaft kämpfen, müssen es anpacken, zur gemeinsamen Kraft zu werden ... Wir können uns den Prozess der Umwälzung der gesamten Verhältnisse vorstellen als einen Prozess, in dem wir in der Durchsetzung konkreter Forderungen und Ziele Gegenmacht aufbauen, eine Gegenmacht, die zusammen mit den Völkern im Trikont die notwendigen Veränderungen gegen das imperialistische System durchsetzen kann und in einem lang andauernden Kampf die Befreiung der Menschen erkämpft."[240]

Damit bekräftigte die RAF, dass sie den revolutionären Prozess auf eine breitere Basis als bisher stellen wollte. Ebenso wies sie ausdrücklich darauf hin, dass es bei dem Kampfprozess um die Durchsetzung konkreter Forderungen und Ziele ging, was bei ihren Aktionen in den 80er Jahren nie (bzw. nur auf äußerst abstraktem Niveau) der Fall gewesen war. Es hat daher den Anschein, als ob die

RAF eine Konkretisierung ihrer bisher sehr abstrakt gebliebenen Politikvorstellungen anstrebte.

Der Wunsch, neue und vor allem zahlreiche (sowie qualitativ wichtige) Bündnispartner*innen zu gewinnen, wurde von der RAF klar formuliert: „Wir wollen uns zusammen mit anderen dafür organisieren, Kampfphasen zu bestimmen und die gemeinsamen Ziele durchzusetzen. Das können wir uns mit allen vorstellen, die die Wirklichkeit im Kapitalismus erdrückend empfinden und erfahren und die anfangen, sich dagegen für ihre eigenen Vorstellungen zu organisieren und danach zu handeln."[241]

Die möglichen Bündnispartner*innen waren damit äußerst zahlreich und es scheint fast, als ob die RAF diesen Kreis ganz bewusst nicht einengte, um sich keine Türe von vornherein zu verschließen. Ein solches Vorgehen wäre für die ersten beiden RAF-Generationen undenkbar gewesen. Eine durchdachte strategische Neubestimmung sieht sicherlich anders aus. Allerdings ist der RAF anzurechnen, dass sie nicht einfach aufgab, sondern zumindest nach neuen Lösungsansätzen suchte.

Immerhin war sich die RAF ihrer Isoliertheit im gesellschaftlichen Spektrum bewusst. Ebenso war ihr offensichtlich klar geworden, dass militärische Aktionen (durch eine rein militärisch agierende Fundamentalopposition) ohne Anbindung im Volk sinnlos sind. So konnte die RAF zwar in einem Reflexionsprozess eigene Fehler benennen, aber keine eindeutigen Schlussfolgerungen daraus ableiten, was sie in Zukunft konkret besser machen könnte.

Sollte dies überhaupt noch möglich sein, so kann man der 3. Generation innerhalb der Transformationsphase der Jahre 1989 bis 1992 eine noch größere Theorie- und Planlosigkeit als Mitte bzw. Ende der 80er Jahre vorwerfen. Zu einem frühen Zeitpunkt der 3. RAF-Generation hatte die Kommandoebene zumindest versucht, Vorstellungen einer gemeinsamen westeuropäischen Front mit anderen Terrororganisationen durchzusetzen. Insgesamt war das strategische, ideologisch-ideengeschichtliche Theoriebildungspotenzial nach dem Zusammenbruch des Ostblocks auf dem Nullpunkt angekommen.

In diesem Sinne fügen sich einige Ausführungen der RAF ein, die am Ende der Rohwedder-Erklärung stehen: „Die revolutionäre Bewegung muss eine reale und greifbare menschliche Perspektive entwickeln und dadurch zur Anziehung für alle, die dieses System als Unterdrückung erfahren, werden."[242]

Immerhin findet sich in diesen Zeilen eine positive Bestimmung, was die revolutionäre Bewegung als Alternative bieten sollte. Allerdings blieben die Begrifflichkeiten weiterhin abstrakt und leer, denn was eine menschliche Perspektive ist, kann sicherlich auf tausend verschiedene Weisen interpretiert werden. Die RAF präzisierte folgerichtig: „Es muss die Keimform einer neuen Gesellschaft entstehen, in der die Menschen anfangen, ohne Herrschaft und selbstbestimmt zusammenzuleben. Selbstbestimmt heißt für uns z.B. auch, nicht immer bloß zu wiederholen, dass es jede Menge Fragen gibt, wie der revolutionäre Prozess weitergehen muss; Selbstbestimmung heißt auch, anzufangen, Antworten zu suchen. Die ganze Verantwortung dafür, wie der Umwälzungsprozess weiter entwickelt wird, liegt bei jeder/m, und jede/r muss diese Verantwortung auch wollen."[243]

Damit vollzog die RAF einen gravierenden Einschnitt in ihrer Historie, den sie in der Retrospektive so beschrieb, dass sie die Verantwortung an die Linke zurückgegeben habe. Damit verband sich die grundlegend selbstkritische Einsicht die RAF, dass sie jahrzehntelang einen Großteil der linksradikalen Politik durch ihre Attentate bestimmt hatte. Außerdem erkannte sie, dass sie eine Alibi-Funktion für die Linke erfüllte, sodass diese selbst nicht tätig werden musste.

Dieser Prozess (dass sich die RAF aus der linksradikalen Politik zurückzog) verstärkte sich noch in den nächsten Jahren. Dahinter steckte wohl nicht zuletzt so etwas wie verletzte Eitelkeit, denn die radikale Linke sah zwar einerseits die RAF als revolutionäre Speerspitze an, sparte aber andererseits nach Attentaten der RAF nicht mit Kritik. Die RAF betonte mehrfach, dass sie die Selbstherrlichkeit dieser Kritik besonders hart getroffen habe, da die meisten der Kritiker*innen nicht einmal im Traum daran gedacht hätten, selbst irgendwelche Aktionen durchzuführen.

In diesem Punkte kann man der RAF getrost zustimmen. Es ist beruhigend, dass es solches Verhalten nicht nur in der „bösen" kapitalistischen Welt gibt, sondern auch in linken und linksradikalen Zusammenhängen.

7 Zerfall und Untergang der RAF

Die Verärgerung der RAF über die Kritik aus linken Zusammenhängen verstärkte sich im Zuge der Kinkel-Initiative. Die Initiative des deutschen Bundesinnenministers hatte gravierende Auswirkungen auf die Homogenität und den monolithisch erscheinenden Block von politischen Gefangenen und RAF-Kommandoebene. Wie gesagt hatte diese „Offerte" des deutschen Staats an politische Gefangene und RAF einen solch entscheidenden Einfluss, dass die RAF als Organisation am Ende ihre Selbstauflösung bekannt gab und die politischen Gefangenen in heillos miteinander zerstrittene Blöcke aufgeteilt waren.

Das Ergebnis war die Einstellung des bewaffneten Widerstands in Deutschland nach knapp drei Jahrzehnten – und dass alle politischen Gefangenen in mühsamen mehrjährigen Prozessen aus der Haft entlassen wurden. Dieser steinige Weg zum unrühmlichen (aber für die Demokratie und beinahe alle BRD-Bürger*innen glücklichen) Ende der RAF soll im Nachfolgenden skizziert werden.

Vor diesem Schritt ist es jedoch unabdingbar auf zwei Ereignisse einzugehen, die sich nach dem „Deeskalationsangebot" der RAF abspielten. Hierbei handelt es sich um die Knast-Sprengung der vor der Eröffnung stehenden Justizvollzugsanstalt Weiterstadt und die tödlichen Ereignisse von Bad Kleinen. Beide Ereignisse sind in ihrer Wichtigkeit für das Verständnis des Gesamtprozesses kaum zu überschätzen, weshalb sie hier geschildert werden, damit der nachfolgende Untergangsprozess der RAF besser eingeordnet werden kann.

Am 27. März 1993 verübte die RAF-Kommandoebene ihren ersten Anschlag nach dem April-Papier. Dabei blieb sie der dort avisierten Linie treu, von tödlich verlaufenden Anschlägen gegen Repräsentanten des Staats abzusehen. Das Kommando „Katharina Hammerschmidt" sprengte an diesem Tag den kurz vor der Einweihung befindlichen Rohbau der Justizvollzugsanstalt Weiterstadt. Der Sachschaden dieser Aktion belief sich auf rund 100 Millionen Deutsche Mark.

Der Tatablauf stellt sich nach heutigen Kenntnissen wie folgt dar: Die JVA Weiterstadt war zum Zeitpunkt des Anschlags nicht eröffnet und noch nicht mit Häftlingen belegt. Zehn Angehörige eines sich aus unterschiedlichen Gruppen zusammensetzenden Wachpersonals hielten sich jedoch zum Anschlagszeitpunkt dort auf, um das Gelände zu schützen. In der Nacht zum 27. März kletterte das Kommando (das aus mindestens vier, vermutlich aber mehr Personen bestand) über die 6,5 Meter hohe Außenmauer des Gefängnisses. Das Kommando war maskiert und mit Maschinenpistolen bewaffnet.

Zunächst drang es in das Wachhäuschen ein und nahm die beiden Wachhabenden gefangen. Das restliche Wachpersonal wurde im Schlaf überrumpelt und ebenfalls gefesselt. Die Gefangenen wurden in einen Transporter verfrachtet, der so abgestellt wurde, dass keine Gefahr für Leib und Leben der Gefangenen bei der Knast-Sprengung bestand.

Daraufhin deponierten die Täter*innen im gesamten Gelände der JVA Sprengstoff, wobei die diesbezüglichen Mengenangaben zwischen mindestens 200 Kilogramm[244] und höchstens einer Tonne[245] schwanken. Um eine Gefährdung Dritter auszuschließen, deponierte das RAF-Kommando weiträumig um die JVA Warnschilder, auf denen auf die kurz bevorstehende Knast-Sprengung und die damit verbundene Lebensgefahr hingewiesen wurde. Eine solche Umsicht revolutionärer Widerstandsgruppen ist wohl eher selten, zumal der Vorgang des Schilder-Aufstellens aufgrund des damit verbundenen Zeitfaktors sicherlich auch die Eigengefährdung während der Aktion erhöhte.

Um 5:12 Uhr am Morgen explodierten die Sprengladungen. Dabei wurden mindestens drei Unterkunftsgebäude und der Verwaltungstrakt komplett zerstört. Der Rest der Anlage wurde auch schwer in Mitleidenschaft gezogen. Zahlreiche Bilder der JVA Weiterstadt belegen eindrucksvoll das Ausmaß der Zerstörung.

Der Anschlag erfreute sich in der linken Szene einer großen Beliebtheit. In verbotenen Druckschriften wurde der Slogan „Der Kampf findet Weiterstadt“ propagiert. Zudem gelang es dem RAF-Kommando bei dem Anschlag einen Großteil der zuvor geübten Kritik auszuräumen. Denn die Zielauswahl, die technische Perfektion und ein immenser Sachschaden waren mit der Prämisse der Schonung von Menschenleben nahezu in Perfektion miteinander verwoben worden.

Am 30. März erschien das recht umfangreiche Bekennerschreiben der RAF. Darin stellte sie zunächst fest, dass sich an der von ihr bekundeten Zäsur der tödlich-bewaffneten Politik nichts geändert habe, da die RAF nach wie vor auf einen Prozess aus sei, „in dem soziale Gegenmacht von unten und daraus eine neue Vorstellung für den revolutionären Umwälzungsprozess entwickelt werden kann ... Es geht um den Aufbau einer sozialen Gegenmacht, die sich als relevante Kraft in einem neuen internationalen Kampf für die Umwälzung der zerstörerischen kapitalistischen Verhältnisse einbringen kann.“[246]

Danach erfolgte die repetitive Aufzählung von bereits in vorigen Erklärungen aufgeführten Standpunkten. Zudem setzte sich die RAF kritisch und selbstkritisch mit dem fortschleichenden Zerfallsprozess der RAF und der politischen Gefangenen auseinander, bevor sie auf die Funktion des Anschlags zu sprechen kommt: „Wir wollen mit dieser Aktion zu dem politischen Druck beitragen, der die harte Haltung gegen unsere gefangenen GenossInnen aufbrechen und den Staat an dieser Frage zurückdrängen kann. Doch dafür, dass ihre Freiheit durchgesetzt werden kann, braucht es die unterschiedlichsten und vielfältigsten Initiativen von vielen ... Mit unserer Aktion haben wir diesen Druck jetzt neu gesetzt und die Drohung aktualisiert."[247]

Die Verknüpfung der RAF, den Anschlag im Zusammenhang mit der Freilassung der politischen Gefangenen zu sehen, wurde ihr von den gefangenen Hardliner*innen und Akteur*innen des linksextremistischen Spektrums massiv zum Vorwurf gemacht. Doch damit nicht genug. Auf den relativen Erfolg der Knast-Sprengung erlitt die Kommandoebene einen Tiefschlag, von dem sie sich nicht mehr erholen sollte.

Drei Monate nach der Knast-Sprengung von Weiterstadt kam es nämlich zum Showdown in Bad Kleinen, bei der zwei RAF-Kommandomitglieder ausgeschaltet werden konnten. Die Aktion war von einem Verbund des Bundesamts und der Landesämter für Verfassungsschutz im Vorfeld gut geplant gewesen. Ihnen war es in mühevoller Arbeit gelungen, den Informanten Klaus Steinmetz an die Kommandoebene der RAF heranzuführen.

Zwischen den RAF-Mitgliedern Birgit Hogelfeld und Wolfgang Grams sowie dem Informanten Klaus Steinmetz wurde für Juni 1993 ein Treffen auf dem Bahnhof des in Ostdeutschland liegenden Bad Kleinen in der Nähe der Stadt Schwerin organisiert. Begleitend hatte der Verfassungsschutz Maßnahmen und Konzepte zur Inhaftierung der RAF-Mitglieder über die Koordinierungsgruppe Terrorismus ausgearbeitet. Dabei sollte der Zugriff eine unversehrte Festnahme und zugleich den Schutz der V-Person gewährleisten, damit diese nach der Festnahme weiter ihre Informanten-Tätigkeit im Umfeld der Kommandoebene vorantreiben konnte.

Steinmetz und Hogefeld fuhren am 27. Juni gemeinsam nach Bad Kleinen, wo sie um 12.58 Uhr ankamen. Steinmetz war die ganze Zeit über mit einem Peilsender versehen, damit der Verfassungsschutz über seinen Aufenthaltsort Bescheid wusste. In Bad Kleinen waren ca. 75 BKA- und GSG 9-Angestellte im Einsatz.

Als gegen 14 Uhr Wolfgang Grams hinzustieß, gingen die drei in die Bahnhofsgaststätte, die sie über eine Stunde später wieder verließen. Bei der Durchquerung der Bahnhofsunterführung geschah der Zugriff. Vermummte GSG-9-Beamte überwältigten Hogefeld und Steinmetz, während Grams hastig die Stufen zum Bahnsteig hinaufkletterte.

Die ihm folgenden GSG 9-Beamten hatten bei der Verfolgung bereits ihre Waffen gezogen. Als Grams den Bahnsteig erreicht hatte, drehte er sich um und schoss auf die Verfolger, wobei er den 25-jährigen Beamten Michael Newrzella tödlich traf. Im Gegenzug eröffneten die GSG 9-Beamten das Feuer und verletzten Grams. Grams fiel auf das Gleisbett, wo er auf dem Rücken liegen blieb. Die offizielle Version besagte, dass Grams sich selbst erschossen habe, wobei merkwürdig ist, dass nicht einmal die Bundesbeamten mitgekriegt haben wollen, wie er sich selbst erschoss. Andere Tatversionen gehen davon aus, dass Grams von den ihm nacheilenden GSG 9-Beamten wehrlos auf dem Gleisbett aus nächster Nähe erschossen wurde. Für diese Tatversion spricht auch die Augenzeugenaussage einer Kiosk-Besitzerin. Auch ein anonym gebliebener (aber am Einsatz beteiligter) Anti-Terror-Spezialist äußerte sich auf ähnliche Weise.

Auf diese Tatversion stützte sich auch die RAF-Erklärung vom 6. Juli 1993: „Die Terroraktion von BAW, BKA und VS in Bad Kleinen, ausgeführt von ihren Killertruppen der GSG 9 und MEK – die Verhaftung von Birgit Hogefeld und die kaltblütige Ermordung von Wolfgang Grams – haben uns tief getroffen."[248]

Damit drehte die RAF einmal mehr in ihrer Geschichte das Terrorverhältnis um und bezichtigte den Staat und seine Exekutivorgane des Terrorismus an der RAF und/oder den politischen Gefangenen. Obwohl die RAF dem Staat unterstellte, das „Vernichtungsverhältnis" gegenüber der RAF aufrecht zu erhalten, bezog sie keine klare Stellung, ob sie die tödlich verlaufenden Attentate deshalb wieder aufnehmen würde. Sie interpretierte (wohl nicht gänzlich zu Unrecht), dass der Staat ihre kritische Selbstreflexion und die Einstellung tödlich verlaufender Attentate als ein Zeichen der Schwäche interpretiert hätte. Doch davon, dass sie den Kampf und den neu eingeschlagenen Weg wieder aufgeben wollte, war an keiner Stelle die Rede. Im Gegenteil: „23 Jahre haben gezeigt, dass weder die RAF noch Widerstand überhaupt militärisch auszulöschen sind, und das wird solange bleiben, wie Unmenschlichkeit und Ungerechtigkeit dieses Land und die Welt regieren."[249]

Damit sollte die RAF schließlich Recht behalten, denn es ist dem Staat (bis zum heutigen Tag) nie gelungen, die RAF militärisch in die Knie zu zwingen.

Von dem Schritt, der zur Selbstauflösung der RAF führte, sind in diesem Schreiben allerdings noch keine Anzeichen zu spüren.

Die Knast-Sprengung der JVA Weiterstadt und die tödlich verlaufenden Ereignisse von Bad Kleinen bildeten die Ereignishorizont, vor dessen Hintergrund die im Folgenden gemachten Ausführungen mit zu verstehen sind. Sie bilden keinen Initialpunkt, denn die anschließend geführte Debatte berührte viel umfassendere Aspekte, nämlich beinahe die gesamte RAF-Geschichte. Aber die beiden Ereignisse können zumindest zum Teil die Vehemenz, die Verbitterung und die Unerbittlichkeit der RAF-internen Auseinandersetzungen erklären.

Folgende Fragen drängen sich in erster Linie im Zusammenhang mit der Kinkel-Initiative auf:

- Handelte es sich bei dieser staatlichen Offerte um eine kaschierte Geheimdienstaktion mit dem Ziel, die RAF auf einen Schlag zu eliminieren? Störte die RAF (aus der Sicht der bundesdeutschen Politik) die jahrelangen Feiern um die deutsche Wiedervereinigung und musste deshalb plötzlich von der Bildfläche verschwinden, um nicht weiter als Nestbeschmutzer fungieren zu können? Sollte die RAF also mit allen Mitteln mehr oder weniger elegant beseitigt werden, damit nichts mehr den größten Triumph der deutschen Nachkriegsgeschichte störte?

Ein Teil der RAF-Gefangenen stieg sofort auf das Gesprächsangebot des Staats ein. Die signalisierte Gesprächsbereitschaft von Seiten des Staats wurde vor allem durch die Aussicht auf eine vorzeitige Haftentlassung gestärkt, was für einige politische Gefangenen nach teilweise Jahrzehnten der (Isolations-)Haft selbstverständlich ein attraktives Angebot darstellte.[250] Im Folgenden wird diese Gruppe der Gefangenen als die Reformer*innen innerhalb der RAF-Struktur bezeichnet, da sie (aus welchen genauen Motiven heraus auch immer) auf das Dialogangebot des Staats einging und dadurch bereit war, die bisherigen RAF-Politikpfade zu verlassen.

Die Annäherung an den Staat und die Bereitschaft zu Verhandlungen sorgte bei einem anderen Teil der RAF-Gefangenen, der eindeutig in der Mehrheit war, für offene Empörung, Unverständnis und sogar regelrechten Hass. Sie wollten um keinen Preis mit dem Staat verhandeln, selbst wenn ihnen die Freiheit als verlockender Preis winkte. Vielmehr sprach sich dieser Teil der RAF-Gefangenen zunächst für die Weiterführung des bewaffneten Kampfs (in der bereits „bewährten“ oder aber einer anderen, moderneren Form) aus. Hardliner*innen ist somit wohl das passende Wort für diese Gefangenen, da sie das Grundverhältnis der RAF zum Staat nicht zu ändern bereit waren und unter allen Umständen an der Fortführung des bewaffneten Kampfs festhalten wollten.

Die Lage der in Freiheit agierenden RAF-Kommandoebene war in dieser verfahrenen Konfliktsituation sehr schwierig und prekär. Sie war eine Art Schnittstelle zwischen den Parteien:

- Wie sollte sie sich verhalten?
- Wozu und mit welcher Begründung sollte sie Position beziehen?
- War sie in der Lage, den Konflikt zu moderieren und gegebenenfalls eine gemeinsame Lösung zu finden?

Die Lage der aktiven RAF-Kämpfer*innen war somit alles andere als einfach. Sie saßen sprichwörtlich zwischen allen Stühlen und vermochten keiner der beiden Seiten in irgendeiner Form gerecht werden. Einerseits musste die RAF ihre Handlungsfähigkeit unter Beweis stellen, damit das Bedrohungsszenario gegen den Staat aufrechterhalten blieb. Andererseits lief sie Gefahr bei einer zu aggressiven, militärischen Offensive und den damit verbundenen Attentaten, die Gesprächsangebote des Staats von vornherein im Keim zu ersticken.

Ebenso lief die RAF Gefahr als opportunistisch-reformistisch abgetan zu werden, wenn sie eine allzu große Bereitschaft zum Verhandeln mit dem Staat signalisierte.

Außerdem stellte sich die Frage der Wahrung der eigenen Identität:

- Sollte der verzweifelte Kampf der 3. RAF-Generation in den 80er Jahren völlig umsonst gewesen sein?
- Sollten am Ende Waffenstillstands- und Friedensverhandlungen alles für die RAF sein, was für ihren jahrzehntelangen Kampf heraussprang, zumal sie sich ja einen vollkommenen Umsturz der bestehenden gesellschaftspolitischen Verhältnisse auf ihre Fahnen geschrieben hatte?

Die RAF schlug sich schließlich (in der Summe) auf die Seite der Reformer*innen, allerdings nicht ohne manchmal zwischen den Positionen hin und her zu lavieren. Sie nahm teilweise einen eigenständigen Standpunkt ein. Diese Ausgangslage der Uneinigkeit und des Streits bildete sozusagen das Todesurteil für die RAF, da bisher eine Stärke der RAF immer ihre durch nichts zu zerstörende Einigkeit gewesen war. Das Aufsplittern der RAF in verschiedene Lager und Fraktionen führte zwangsläufig zu ihrem Zerfall und Untergang.

In den folgenden Kapiteln wird gezeigt, wie die drei Parteien der Hardliner*innen, Reformer*innen und der RAF Stellung zu den Gesprächsangeboten des Staats bezogen und wie sie diese argumentativ, theoretisch-ideologisch sowie strategisch-taktisch rechtfertigten.

Dies wird durch einige gesellschaftspolitische Meinungen ergänzt, denn auch die Kirchen, Gewerkschaften und weitere gesellschaftspolitische Akteur*innen mischten sich eifrig in die Diskussion um den Umgang mit der RAF und ihren Gefangenen ein.

Eine Analyse dieses Diskussions- und Auflösungsprozesses reicht allerdings nicht aus, um den Prozess als Ganzes und die Ideologie und Strategie der RAF nach 1991 zu analysieren. Vielmehr muss in einem weiteren Schritt das Handeln der Kommandoebene nach dem Streit von 1992 bis 1994 einer eingehenden Betrachtung unterzogen werden. Die RAF gab es immerhin bis zu ihrer Auflösungserklärung im Frühjahr 1998. Von 1994 bis 1998 meldete sich die RAF noch einige Male zu Wort und gab der Öffentlichkeit ihre Überlegungen preis.

Als Grundlage für die folgenden Ausführungen dienen zahlreiche Textdokumente. Dies sind vor allem Briefwechsel, Stellungnahmen, Strategiepapiere, Bekennerschreiben und Leserbriefe. Umfangreiches geschichtliches Quellenmaterial bildet somit wiederum die gesicherte Basis, um das Ende der RAF vom Zerfall bis zur vollständigen Auflösung nachzeichnen und verstehen zu können. Die Grundlage der historischen Arbeit ist dabei erneut die philologische Analyse des Quellenmaterials bei einer gleichzeitigen historischen Kontextualisierung, die allerdings bereits zuvor geleistet wurde und hier nicht noch einmal wiederholt werden muss.

7.1 Der Zerfall: Die Lager

Die RAF und ihr Umfeld spalteten sich spätestens nach 1991 offen in mehrere Fraktionen auf, obwohl die deutschen Geheimdienste bereits vorher über erste Brüche, Meinungsverschiedenheiten und unterschiedliche strategisch-taktische Vorstellungen bei den politischen Gefangenen berichtet hatten, was vermutlich Bundesinnenminister Klaus Kinkel zum Anlass nahm, seine Initiative zu lancieren.

Die Hardliner*innen und Reformer*innen standen sich in unversöhnlichen Blöcken gegenüber. Die Kommandoebene der in Freiheit handelnden RAF befand sich zwischen den Fronten, bezog aber letztlich Stellung für die Reformer*innen. Das linksradikale Umfeld der RAF schlug sich (je nach politischer und militanter Ausrichtung) wahlweise der einen oder der anderen Partei zu. Eine bis zu diesem Zeitpunkt nicht gekannte, unversöhnliche Teilung des linksradikalen und staatsfeindlichen Lagers fand statt – ein Vorgang, der dem Staat ein leichtes Spiel mit seinem Staatsfeind Nummer Eins ermöglichte.

So verlor das anti-demokratische Bündnis eine seiner bisher stärksten Waffen: seine Einheit. In der Politik, der Gesellschaft sowie in Polizei- und Geheimdienstkreisen war nach der deutschen Wiedervereinigung das weitere Vorgehen gegenüber der RAF und den Gefangenen nicht unumstritten. Einerseits gab es gesellschaftliche Kräfte, die den offenen Dialog mit den linksradikalen Terrorist*innen befürworteten, mit dem Ziel, das schreckliche Morden zu stoppen und einen Diskurs über gesellschaftliche Probleme in Gang zu bringen. Zu diesen gesellschaftlichen Kräften gehörten Würdenträger der Kirche, liberale Politiker*innen, Professor*innen und Künstler*innen.

Auf der anderen Seite lehnten rechtskonservative Politiker*innen und hochrangige Entscheidungsträger*innen staatlicher Behörden jeglichen Kontakt mit den aus ihrer Sicht schlichtweg schwerkriminellen Linksterrorist*innen kategorisch ab. „Mit Terroristen wird nicht verhandelt“ lautete nach wie vor die bereits in die Jahre gekommene Devise. Damit wurde die Staatsräson (wie 1977 unter der sozialdemokratischen Regierung Helmut Schmidts) über alles andere gestellt. Diese Ausgangssituation war für keine der involvierten Lager leicht.

Es war Bundesjustizminister Klaus Kinkel von der Freien Demokratischen Partei (FDP), der mit seiner auf dem Dreikönigstreffen der FDP in Stuttgart vorgetragenen Kinkel-Initiative die RAF-Debatte überhaupt erst in Gang brachte. Aber bereits vor der Kinkel-Initiative herrschte in der deutschen Gesellschaft und in RAF-Zusammenhängen eine neue Diskussionskultur, die neue und bisher ungangbare Wege andachte. Insofern schien ein Silberstreif am Horizont vorhanden zu sein:

- Konnte die Konfrontation zwischen dem demokratischen Staat und der linksterroristischen Vereinigung RAF endgültig überwunden werden?
- War es endlich möglich, das sinnlose Morden und Bomben zu beenden?

Die Zeichen für eine Überwindung des Konflikts standen eigentlich ganz gut. Die RAF erklärte bekanntlich in der sogenannten April-Erklärung 1992 die Einstellung der bewaffneten Angriffe auf Repräsentanten aus Wirtschaft, Staat und Politik. Dabei verknüpfte sie die Zurücknahme der tödlichen bewaffneten Eskalation aber unauflösbar mit der Bedingung, dass die politischen Gefangenen freikämen, denn mit der April-Erklärung vollzog die RAF einen radikalen Bruch in der bisherigen Auseinandersetzung mit dem Staat. Die darin angekündigte Phase wurde als grundsätzliche Neuorientierung und Reflexion der RAF-Politik seit 1982 verstanden.

Das entscheidende Moment war die RAF-Offerte, ohne prinzipielle Vorleistungen direkte bzw. tödliche Angriffe gegen Repräsentanten des Staats einzustellen. Allerdings verknüpfte die RAF diese Vorleistung mit der Erwartung, dass die staatlichen Organe bis zur endgültigen Freilassung wesentlich verbesserte Haftbedingungen für die in der BRD inhaftierten politischen Gefangenen garantierte, was in dieser Form aber nicht geschah.

Im Nachhinein erwies sich diese Verknüpfung aus Sicht der Hardliner*innen als problematisch, denn ein solches „Verdealen" erwecke laut Hardliner*innen den Eindruck, dass die Politik der RAF ihre politische Existenz nur noch den politischen Gefangenen verdanke. Dies ist auch eine Grundannahme vieler konservativer Historiker*innen bis heute, dass die RAF nach der 1. Generation in ihrer politischen Substanz nur noch die Frage der politischen Gefangenen zum Inhalt gehabt habe. Dass dem nicht so war, wurde bereits durch die umfassende Beschäftigung mit der RAF-Ideologie, der Strategie und der daraus resultierenden Taktik in Form von Attentaten widerlegt. Wer dennoch der RAF jeglichen politischen Gehalt abspricht, der tut dies meist aus ideologischen Gründen.

Die der Kinkel-Initiative und der April-Erklärung folgende Debatte und Selbstzerfleischung der anti-demokratischen und gewaltbereiten Linken verlief alles andere als emotionslos, was nicht verwunderlich ist, da sowohl die gesamte Geschichte der RAF als auch die jeweiligen individuellen Schicksale der RAF-Mitglieder und RAF-Ehemaligen zur Diskussion freigegeben wurden.

Die Parteien der Reformer*innen und Hardliner*innen beschuldigten sich gegenseitig auf einem beinahe unsäglich niedrigen Niveau. Diese Diskussionen verzichteten zum Teil auf jeglichen politischen Inhalt. Das Ganze ging so weit, dass sich ehemalige Kampfgenoss*innen ganz gezielt unter der Gürtellinie attackierten und die persönliche Integrität des jeweils anderen ganz grundsätzlich in Frage stellten.

Damit schien auch eine Ebene persönlicher Aversionen zwischen den Gefangenen zum Vorschein zu kommen. Aber wieso sollte bei der RAF nicht das gelten, was schon immer in der phylo- wie ontogenetischen Menschheitsgeschichte Gültigkeit (unabhängig von Gesellschaftsform und von der historischen Epoche) besaß? Dass es Menschen gibt, die einander zugetan sind und andere, die sich aufgrund ihrer unterschiedlichen Naturelle und so weiter nicht leiden können.

Natürlich wetterten die Hardliner*innen zunächst in erster Linie gegen den Staat, gegen das politisch-wirtschaftliche System und gegen die deutschen Geheimdienste, indem sie diesem Akteur-Konglomerat unlautere Absichten im Zusammenhang mit der Kinkel-Initiative unterstellten. Aber auch die Kommandoebene der RAF entging aufgrund ihrer engen Verknüpfung mit den Reformer*innen nicht den Beschimpfungen und Verdächtigungen der Hardliner*innen. Im Gegenzug „revanchierten" sich Reformer*innen und RAF, indem sie den Hardliner*innen Beschimpfungen wie „Dinosaurier-Denken", „unnötigen Militarismus" und „Starrsinn" an den Kopf warfen – Beleidigungen, die nur einige Jahre zuvor ein Ding der Unmöglichkeit gewesen wären. Diese stark personalisierte Ebene der Streitkultur ist nur dann zu verstehen, wenn man sich in aller Deutlichkeit vergegenwärtigt, dass es für die daran Beteiligten um nicht weniger als ihre Lebensinhalte, ihre Identität und den Glauben an eine das eigene Leben bestimmende Sache ging.

Für fast alle Beteiligten aus dem RAF-Zusammenhang stellte sich durch das neue Ausgangsszenario nun die Frage, ob sie bereit waren, ihr bisheriges Leben über Bord zu schmeißen. Solche kritischen und grundsätzlichen Selbsteinsichten sind schmerzhaft und niemand vollzieht sie gerne, auch wenn sie objektiv und subjektiv noch so zwingend und notwendig sind. Um einen verständlichen Aufbau und eine ertragreiche Übersicht in die Auseinandersetzung zwischen Hardliner*innen, Reformer*innen und RAF zu bringen, sind die folgenden Teilkapitel gleichsinnig gegliedert. Dies betrifft nicht nur die verwendeten Kapitelunterpunkte, sondern auch den Umfang und den Aufbau.

Dabei werden gleichermaßen bei den Hardliner*innen, den Reformer*innen und der RAF folgende Gliederungspunkte berücksichtigt:

- Beurteilung der RAF-Geschichte
- Rechtfertigung des bewaffneten Kampfs

- Analyse des Staats und der Gesellschaft
- Ausrichtung der Ideologie und Strategie und
- Gefangenenfrage.[251]

Die Positionen aus Politik und Gesellschaft werden in einem gesonderten Kapitel zusammengefasst, dargestellt und gewürdigt.

7.2 Die Hardliner*innen

Das Lager der Hardliner*innen umfasste den größeren Teil der politischen Gefangenen. Dabei handelte es sich meistens um ehemalige Mitglieder der RAF-Kommandoebene, aber ebenso schlossen sich Mitglieder des Widerstands an. Die Wortführer und geistigen Mentor*innen der Hardliner*innen waren Brigitte Mohnhaupt, Christian Klar und Helmut Pohl. Sie gehörten alle der 2. Generation der RAF an, wobei Pohl bereits in der 1. RAF-Generation bereits eine untergeordnete Rolle gespielt hatte.

7.2.1 Beurteilung der RAF-Geschichte

Von den Hardliner*innen kann per definitionem nicht erwartet werden, dass sie ab 1992 ihre eigene Geschichte und die Geschichte der RAF grundsätzlich in Frage stellten. Hardliner*innen möchten ja im Gegenteil an etwas festhalten und wehren sich vehement dagegen, neue Wege zu beschreiten. Hardliner*innen stehen zudem für eine bisher eingeschlagene Richtung, von der sie nicht abweichen wollen.

Die Hardliner*innen beurteilten die Geschichte der RAF einhellig als gerechtfertigt. Die Entscheidung bewaffnet zu kämpfen, sahen sie als eine notwendige Folge der gesellschaftspolitischen Verhältnisse in Deutschland und der kapitalistischen Welt. Damit erteilten die Hardliner*innen der 1. RAF-Generation um Baader, Meinhof und Ensslin eine Art „Generalabsolution“, da diese ja unter den genannten Prämissen den bewaffneten Kampf in der BRD aufgenommen hatte.

Ebenso unproblematisch bewerteten die Hardliner*innen das eigene Handeln und den damit verbundenen revolutionären, bewaffneten Kampf. Folglich schienen aus dem Lager der Hardliner*innen keine Zweifel an der Geschichte der RAF vorhanden zu sein.

Der RAF-Aktivist und Hardliner Rolf Heißler schrieb über die Berechtigung des bewaffneten Kampfs: „Die Neubestimmung revolutionärer Politik ändert an der Legitimität unseres Kampfes und unserer Ziele genauso wenig wie an der Illegalität ihrer Maßnahmen gegen uns seit über zwei Jahrzehnten."[252]

Die Geschichte der RAF, der bewaffnete Kampf, Attentate, Tote und die Ziele der revolutionären Politik sind laut Heißler generell nicht hinterfragbar und vollständig gerechtfertigt.

Er schränkte diese Aussage allerdings insofern ein, als es nun (zu Beginn der 90er Jahre) eine Notwendigkeit zur politischen Neuorientierung der RAF gäbe. Wesentlich in der Geschichte der RAF sei (so Heißler weiter) die Frage der politischen Gefangenen. In diesem Zusammenhang war für Heißler entscheidend, wie der Staat mit den politischen Gefangenen umgeht.

Diesen Punkt sah er naturgemäß sehr kritisch, denn er unterstellte dem Staat, dass er gegenüber den Gefangenen der RAF seit Jahrzehnten illegale Maßnahmen zu deren Vernichtung unternahm. Damit sind physische und psychische Folterungen, aber auch die Einschränkung von fundamentalen (Menschen-) Rechten gemeint. Diese Position hätte (abgesehen von der Notwendigkeit einer politischen Neubestimmung aufgrund geopolitischer Transformationsprozesse) so auch vor den 90er Jahren bestehen können.

Natürlich gab es von den Hardliner*innen auch in gewissem Rahmen Kritik an der Geschichte der RAF. Diese berührte allerdings nicht die RAF und ihre ideologisch-strategische Gesamtausrichtung, sondern beschränkte sich im Wesentlichen darauf, dass der bewaffnete Kampf der RAF nicht konsequent genug war und nicht mit der nötigen Härte geführt worden sei. Insofern wurden hier von den Hardliner*innen nur Zweifel am Ergebnis des bewaffneten Kampfs vorgebracht, das eben nicht den intendierten, durchschlagenden Erfolg gehabt hatte. Geschichtlich betrachtet waren der bewaffnete Kampf und die Entwicklung der RAF für die Hardliner*innen moralisch und ethisch notwendig – ohne jeglichen Zweifel. Vielmehr war es für die Hardliner*innen eine Frage der moralischen Aufrichtigkeit und Integrität, auf der Seite der Unterdrückten gegen das System bewaffnet zu kämpfen.

Eva Haule betonte in einer ihrer Stellungnahmen vor allem den historisch-gesellschaftlichen Hintergrund, der den Kampf der RAF bedingte: „Es ist zentral in unserer ganzen Geschichte: Die Aktion der RAF war bestimmt innerhalb einer konkreten Gesamtkonzeption und Zielvorstellung des revolutionären Prozesses, um ihn voranzutreiben. [...] [D]ie Zentralperspektive, die sich historisch aus der Entwicklung des Befreiungskampfes im internationalen Klassenkrieg heraus gebildet hatte – darin die bewaffnete Intervention hier, Guerilla als Offensivposition in der Metropole. Eben auch die Perspektive, die jede Aktion vermittelt hat. Das war seit 1970 unsere Sache."[253]

Damit ist die Geschichte der RAF nach Haule nicht nur gerechtfertigt, sondern sie erhebt den Weg der RAF zum (allein selig machenden) individuellen und geschichtlichen Desiderat – eine Gedankenfigur, die besonders in der 3. RAF-Generation an Gewicht gewann, als die Radikalisierung des Subjektivismus ihrem Höhepunkt entgegensteuerte. Anders formuliert bedeutet das, dass laut Haule die Entscheidung, in der RAF bewaffnet zu kämpfen und sich gegen das System aufzulehnen, für Menschen in der damaligen Zeit der einzig moralisch-ethisch vertretbare Weg war. Wahre Menschlichkeit konnte sich nur in der Aufnahme des bewaffneten Kampfs gegen ein unmenschliches System zeigen.

Haule konkretisierte schließlich diese Aussagen mit Blickrichtung auf die Gegenwart, wobei sie sich gezwungen sah, der Absolutheit ihrer vorigen Aussagen Einschränkungen hinzuzufügen: „Es gibt nicht mehr die >>zentrale Linie<< in einer konkret zu definierenden Etappe, die die gesamte Auseinandersetzung zwischen Imperialismus und Revolution entscheidend bestimmt, wie es z.B. in den 80ern war und nicht nur von uns so begriffen wurde. Heute sind in verschiedenen >>Bereichen<<, >>Problemkomplexen<< gleichzeitig radikale Kämpfe dringend notwendig, und das drückt sich da, wo Widerstand entwickelt wird, schon praktisch aus, im Kampf um Wohn- und Lebensraum, bei den Antifa-Gruppen, beim Kampf gegen die staatliche Ausländerpolitik und dem gegen den neuen Interventionismus der imperialistischen Staaten, beim Kampf gegen Umweltvernichtung, beim Kampf in den Gefängnissen."[254]

Haule schrieb also nicht nur den bei den Hardliner*innen und der 3. RAF-Generation unumstrittenen Ausspruch fest, dass in den 80er Jahren die Welt vor einem Entscheidungskampf zwischen Kommunismus und Kapitalismus stand, was die RAF-Kommandoebene in der damaligen historischen Situation und retrospektiv als Rechtfertigung für ihre Bemühungen und Anstrengungen Mitte und Ende der 80er Jahre sah.

Haule war darüber hinaus auch in der Lage, konkrete Aussichten aufzuzeigen, in welchen Bereichen die Kämpfe der linksradikal-militanten Opposition in Zukunft stattfinden würden. Damit wurde die RAF-Geschichte zum Fingerzeig für die RAF-Zukunft: Geschichte diente hier der Identitätsfindung in der Zukunft. Haule spannte in ihrer Aussage den Bogen von lokalen (Kampf um Lebens- und Wohnraum) zu globalen (Kampf gegen den Interventionismus der imperialistischen Staaten) Themen. Dieser Bogen vom Hier zum Überall in der Welt verdeutlichte die Größe der Aufgaben, welche die RAF und die Linke laut Haule in Deutschland anzupacken hatte.

Die RAF sah, dies führte Haule weiter aus, ihre Geschichte in der Tradition des globalen gesamtrevolutionären Prozesses. Dabei griff die RAF ihrem Selbstverständnis nach auf der Seite der Armen und Entrechteten in den internationalen Klassenkampf ein. Sie versuchte zum einen den unterdrückten Völkern und Menschen in der Dritten Welt zu helfen und zum anderen für eine Befreiung in den europäischen Metropolen zu sorgen. Diesem Verständnis der Hardliner*innen entsprechend war die RAF ein weltumfassender Heilsbringer, der die Bedürfnisse der Menschen in den Metropolen ebenso berücksichtigte wie die der Menschen in den Ländern der Dritten Welt. Die RAF wurde somit allen Unterdrückten gleich gerecht, wobei sie die größte Hilfsbedürftigkeit bei den Menschen in den armen Ländern auf der südlichen Halbkugel sah.

Während Haule zumindest für eine kurze Zeit vor ihrer Verhaftung als zentrale RAF-Figuren galt, waren Gabi Happe und Sigrid Hanka eher Randfiguren der 3. RAF-Generation. Sie mischten sich aber in den Jahren 1992 bis 1994 wortgewaltig in den Streit auf Seiten der Hardliner*innen ein. Happe und Hanka betonten ihre Einstellung zum Spannungsverhältnis von Zentrum (Westen) und Randgebiet (Süden), welches das Denken der RAF lange beherrschte, wie folgt: „Wir kamen zwar nicht mehr direkt aus dieser Entwicklung 78, des offensiven Aufbruchs der Kämpfe gegen den Imperialismus auf allen Kontinenten, denn als wir anfingen, war das Kräfteverhältnis schon festgefressen, und die imperialistischen Staaten allen voran die USA, weiteten ihre ganzen Aufstandsbekämpfungsprogramme auf allen Ebenen aus, gegen die befreiten Länder und Befreiungskämpfe weltweit – counterinsurgency, Contrakriegsführung, direkte militärische Interventionen wie in Grenada, und Westeuropa wurde militärisch aufgerüstet -, aber trotzdem war auch für uns mit dieser Bewegung der internationalen Befreiungsoffensive und darin die Metropolenfront die Vorstellung von Perspektive verbunden."[255]

Die Randprotagonistinnen benannten hier zielgenau wichtige geschichtliche Kernpunkte, die ihren bewaffneten Kampf als gerechtfertigt erscheinen ließen. Damit wurde deutlich, dass für die RAF der wesentliche Ansatzpunkt in der Auseinandersetzung des Imperialismus mit den kommunistischen Befreiungsbewegungen lag. Zudem spielte die damit stets verbundene bipolare Weltordnung und der Kampf um die Weltvorherrschaft zwischen den USA und der UdSSR eine zentrale Rolle.

Hatten Haule, Happe und Hanka das große Ganze im Blick, so wandte sich Christian Klar stärker ganz bestimmten Fragen des Individuums und der damit verbundenen (Kampf-)Geschichte zu. Klar beschrieb die Geschichte der RAF und ihrer Kämpfer*innen so: „Indem die Revolutionäre den revolutionären Prozess leben, nicht einfach etwas ihnen selbst Äußeres bearbeiten, bringen sie die Kraft auf, die das Alte aufsprengen kann. Unter den Bedingungen der imperialistischen Metropole ist mit diesem Ansatz die bürgerliche Mystifikation der Illegalität als Beschränkung von Lebensentfaltung überhaupt erst aufgehoben worden."[256]

In diesem Zitat zeigt sich eindeutig die von der 2. RAF-Generation vollzogene subjektivistische Wende hin zur Frankfurter Schule von Adorno, Horkheimer und Marcuse: nur in der Illegalität besitzt der Mensch demnach die Möglichkeiten einer freien Entfaltung, in dem das freie Sein das Bewusstsein bestimmt.

Christian Klar verstand demnach die Geschichte der RAF als einen persönlichen, unabhängigen und selbstbestimmten Prozess, der sich den Interessen- und Verwertungsbedingungen des kapitalistischen Systems entzieht. Der einzelne Revolutionär möchte nach Klar das kapitalistische System vernichten, da er dessen mörderische Züge erkennt. Für Klar stand somit fest, dass sich der Mensch erst im Kampf innerhalb der RAF verwirklichen und somit zu sich selbst finden kann.

War die RAF in diesem Sinne also eher eine moderne Selbsthilfe- und Selbstfindungsgruppe? Bombenbauen und Schießübungen statt Töpfern und Trommelkurse in der Toskana? Ähnliche Ansätze hatte es schon bei der 3. RAF-Generation gegeben, wie bereits ausführlich dargestellt wurde.

Die Geschichte der RAF und ihrer Kämpfer*innen bestand in Klars Verständnis im Kampf gegen das Alte und im Versuch etwas Neues zu errichten, was den Menschen als ganzheitliches und eigenständiges Wesen widerspiegelt.

Allerdings ging Klar über diese wenigen Andeutungen nicht hinaus. Auch hier gibt es keinerlei konkrete Hinweise darauf, was sich Klar und die RAF unter einer positiven Füllung des Neuen vorstellten und wie der Mensch ein ganzes und eigenständiges Wesen in einer neuen Gesellschaftsordnung werden kann.

Klar verwendete (wie die RAF dies in ihrer Geschichte durchgängig tat) ziemliche leere, abstrakte und analytische Worthülsen, um Attentate gegen Menschen und den bewaffneten Kampf insgesamt zu rechtfertigen. Dabei war niemand aus den Reihen der RAF in der Lage, einen konkreten Gegenentwurf zu den bestehenden Herrschafts-, Gesellschafts- und Politiksystemen zu unterbreiten, was die Vermittlung ihrer Politikinhalte deutlich erschwerte.

Heidi Schulz bekannte hingegen, dass sie Fehler in der RAF-Geschichte sieht. Gleichzeitig weigerte sich die dem Lager der Hardliner*innen zuzurechnende Polit-Aktivistin aber, die RAF-Geschichte als Ganze zu verleugnen und das Ende der Geschichte der RAF mit einzuläuten: „Dazu gehört: deine eindimensionale Sichtweise, die nur unsere Fehler und Schwächen sehen will und losgelöst von der Dialektik >>von Revolution und Konterrevolution<<, losgelöst von den konkreten Herrschaftsprojekten und Bekämpfungsstrategien gegen revolutionäre Politik und jeden Widerstand, führt natürlich nicht zur Weiterentwicklung von revolutionären Erfahrungen, zu Lernprozessen aus der authentischen Geschichte von 22 Jahren Kampf, zu Neubestimmungen auf dieser geschichtlichen Grundlage, sondern zu ihrer Negation, zur Negation all dessen, was erkämpft worden ist. Das ist dann nicht mehr die Trennungslinie zu kapitalistisch-imperialistischer Herrschaft, sondern einen Schlusspunkt zu revolutionärer Politik insgesamt zu setzen."[257]

Indirekt gab Schulz damit zu verstehen, dass die RAF stolz auf eine lange Geschichte des Kampfs zurückblicken könne und dass die RAF historisch und gesellschaftspolitisch viel erreicht und durchgesetzt habe. In diesem Selbstbewusstsein regte sie darüber hinaus an, dass auf dieser Grundlage Neubestimmungen der revolutionären Politik der Zukunft getroffen werden sollten. Darin lag die Einsicht, dass die bisherige Geschichte der RAF zwar positiv verlaufen sei, nunmehr aber einer eingehenden Korrektur bedürfe. Insofern beurteilte Schulz die RAF-Geschichte durchweg wohlwollend, mahnte aber auch gravierenden Veränderungsbedarf für die Zukunft an. Schulz sah den Bedarf für die Zukunft aus der glorreichen Geschichte der Vergangenheit zu lernen und gegebenenfalls Kurskorrekturen vorzunehmen. Dies sollte dann in der vollendeten Revolution münden.

7.2.2 Rechtfertigung des bewaffneten Kampfs

Der bewaffnete Kampf war aus der Sicht der Hardliner*innen notwendig und gerechtfertigt. Deutlicher als Klar dies in einem „konkret"-Leserbrief ausgedrückt hat, kann man diese Ansicht wohl kaum auf den Punkt bringen. Sinngemäß schrieb er dort, dass der Kopf rund sein möge und er den Menschen damit der Gefahr aussetze, dass sich die Gedanken in eine beliebige Richtung entwickeln würden. Aber die Nase würde helfen, vorwärts und rückwärts zu unterscheiden. Und hinter der Stirn befände sich eine Leinwand, auf die der Verstand Visionen werfe und die Augen seien dazu da, den Blick kühl über Kimme und Korn zu werfen. Aber der Kopf beherberge laut Klar eben nicht das Herz. Und dieses (so Klar weiter) sei in erster Linie dafür verantwortlich, dass es sich auch in den schlimmsten Zeiten gegen Ängstlichkeit und kleindeutschen Konformismus wende.

Klar sprach sich damit ohne jeden Zweifel für die Beibehaltung des bewaffneten revolutionären Kampfs aus. Ausdrücklich sah er die Bedeutung der Augen darin, Ziele anvisieren und treffen zu können, was er in seiner aktiven Zeit als Terrorist wohl auch zur Genüge getan hat. Dass er nach seiner Haftentlassung als wissenschaftlicher Mitarbeiter im Deutschen Bundestag für einen prominenten Abgeordneten der LINKEN arbeitete, scheint dabei eine Ironie der Geschichte zu sein.

Gleichzeitig verurteilte Klar diejenigen, die nicht bewaffnet kämpfen wollten, als Reformer*innen und Kleingeister. Er unterstellte ihnen Angst und (was noch viel schlimmer wiegt) den Versuch, diese Angst durch Schaumschlägerei und Gerede rechtfertigen bzw. verstecken zu wollen. Klar sah den bewaffneten revolutionären Kampf auch als Kampf gegen die Ausprägungen des christlich-abendländischen Kulturguts. Denn die „christlich-abendländische >>kulturelle Leistung<< der Trennung von Körper und Geist (die Spaltung in der Person), die, sagen welche, die das genauer erforscht haben, auf dasselbe halbe Jahrtausend zurückreicht, die Deformierungen bedeutet und alle möglichen Erscheinungen von Entfremdung und gleichzeitig die – unbegriffene – scharfe Glasscherbe abgibt, die den weißen HERRENmenschenwahn immer wieder hochbringt. Es ist die Scherbe, die den Herrenmenschen abhält, sich auf den Grund der eigenen Seele niederzulassen und von da aus zu leben, freie Beziehungen zu anderen Menschen/Völkern einzugehen ... Und weil die Scherbe nicht mal entdeckt ist, wird die Ursache des Schmerzes projiziert auf die >>Sündenböcke<<, hassend am meisten die, die mehr Freisein und Lebendigkeit ausstrahlen und ursprünglichere menschliche Bedürfnisse >>anmelden<<“[258]

Klar stellte damit fest, dass die Menschen der westlichen Staaten und sogenannten Zivilisation unter einer Verformung ihrer Persönlichkeit leiden, die durch die Trennung von Körper und Geist hervorgerufen wird. Diese Trennung hindert die Menschen nicht nur daran, freie Beziehungen zu anderen Menschen einzugehen, sondern ist darüber hinaus noch Ansporn, alle ganzheitlicher und ursprünglicher lebenden Menschen vernichten zu wollen. Dies bildete für Klar den gedanklichen Ausgangspunkt, an dem bewaffneter Widerstand unabdingbar ist, da ansonsten die selbsternannten Herrenmenschen alles andere an sich reißen oder vernichten würden. Bewaffneter Widerstand und die Guerilla entwickelten sich so für Klar zur Schutzfunktion ungerechtfertigt Unterdrückter.

Klar rechtfertigte an anderer Stelle (bei einem Strafprozess gegen ihn in Stuttgart-Stammheim) ausdrücklich den Einsatz von Waffen und deren Anwendung: „Es gehört zur grundsätzlichen Verantwortlichkeit, dass der Einsatz von Waffen, wenn dem schon nicht mehr ausgewichen werden kann, dann so geschieht, dass keine Unbeteiligten gefährdet werden. Da sind Prinzipien aus dem Wesen der revolutionären Linken – und sich als Einzelner oder Organisation immer wieder dahin zu schaffen, es auch umzusetzen, muss die (Selbst-)Erziehung bewaffnet kämpfender linker Organisationen sein.“[259]

Klar sprach sich hier deutlich für den Waffeneinsatz aus – Anlass war der RAF-Banküberfall in Zürich, bei dem Unbeteiligte getötet wurden und der insofern eigentlich gegen einen Waffeneinsatz sprechen müsste. Einschränkend verwies Klar deshalb vor dem Hintergrund „ziviler Toter“ auf den notwendigen Schutz von Zivilist*innen. Im Umkehrschluss bedeutete das aber auch, dass Waffen gegen Polizist*innen und andere Ordnungshüter*innen eingesetzt werden können und müssen. Klar stellte beides (den Schutz der Zivilist*innen, aber auch den Einsatz von Waffen gegen Nicht-Zivilist*innen) als eine Selbstverständlichkeit und Notwendigkeit des bewaffneten revolutionären Kampfs heraus. Wer dies anzweifelte, konnte für Klar kein Revolutionär sein. Die ideologisch-immunisierende Argumentationsweise Klars liegt dabei auf der Hand.

Welche Meinung hatten die Hardliner*innen bezüglich der Frage, ob man auch in Zukunft, also in den 90er Jahren und danach bewaffnet kämpfen solle? Hanka und Happe schrieben zu diesem Thema eindeutig: „Wir kämpfen für eine Lebensperspektive, das heißt, wir müssen gesellschaftliche Ziele bestimmen, und wir müssen an einer internationalen Strategie arbeiten, denn es geht um einen weltweiten Umwälzungsprozess. Dieser Prozess ist nur vorstellbar in vielen Kämpfen ... Das heißt, wir müssen an jedem Punkt darauf zielen, die absolute Verfügungsgewalt des Staates, der imperialistischen Staaten überhaupt, einzudämmen und abzunehmen ... Dafür muss sich jede/r einsetzen, der/die nicht bereit ist, sich damit abzufinden, dass das Kapital über die Mehrheit der Weltbevölkerung drüberwalzt, die ganze Erde zerstört und verseucht ... Wir müssen dafür Ziele bestimmen und sie durchkämpfen."[260]

Es fällt auf, dass die Hardliner*innen nicht, wie vielleicht zu erwarten gewesen wäre, vollständig offen von einer zukünftigen bewaffneten Konfrontation mit dem Staat sprechen. Die diesbezüglichen Äußerungen sind analytisch relativ offen, vermutlich um an dieser Stelle ein analytisches Schlupfloch zu lassen, das je nach Bedarf gefüllt werden kann.

Allerdings ist die Sprache nach wie vor militaristisch, denn der Begriff des Kämpfens durchzieht den kurzen Text. Ebenso deutlich ist die Rede davon, dass dem deutschen Staat, den imperialistischen Staaten und dem internationalen Kapital etwas entgegengesetzt werden muss. Insofern ist nicht mehr ausdrücklich von der Notwendigkeit des bewaffneten Kampfs die Rede. Vielmehr scheint dieser aber als Option nicht kategorisch ausgeschlossen, sondern im Bereich des Möglichen zu liegen.

Haule nahm aus einer anderen Perspektive Stellung zur Zukunft des bewaffneten Kampfs und behauptete: „Auch ging es nicht darum, wie die Guerilla hier in irgendwas anderes umgewandelt werden kann ... >>Waffe der sozialen Bewegungen<<, ... (>>schärfstes Mittel des Widerstands<<); oder die alten Bestimmungen plus erweiterter Aktionsradius, wie z.B. Eingriff in den Häuserkampf ... [B]ewaffnete Aktionen sind kein Experimentierfeld ... Das heißt auch, dass nicht eine Fraktion allein von sich aus Grundlagen setzt, die aus ihrem Niveau, einfach schon aus der Qualität der Angriffe den Charakter und Verlauf der ganzen weiteren Auseinandersetzungen determinieren ... Unsere Politik und Praxis kann nie einfach >>Reaktion<<, ein zur Rechenschaft ziehen der Verantwortlichen für die Verbrechen des Imperialismus sein ... Wenn die politische und strategische Bestimmung der bewaffneten Aktion nicht im Zentrum steht und vermittelt ist, stirbt die Politik."[261]

Haule bestand also darauf, dass der RAF (wie dies historisch gesehen aus der Sicht der Hardliner*innen immer gegeben war) weiterhin eine zentrale politische

Perspektive gegeben werden muss. Bewaffnete Politik durfte (nach Meinung der RAF) nie nur Reaktion gegen Aktionen des Staats und der Imperialisten sein.

Vielmehr sollte die bewaffnete Aktion ein taktisches Mittel einer übergeordneten politischen Gesamtkonzeption sein. Gemäß Haule sollte die RAF in der Lage sein, eine politische Perspektive zu erarbeiten. Innerhalb dieser Perspektive wären dann bewaffnete Aktionen nicht nur denkbar, sondern zwingend notwendig, um die konzeptionellen Vorstellungen revolutionärer Politik auch tatsächlich umzusetzen. Solange aber diese klar bestimmte politische Linie fehlte, sah Haule keine gerechtfertigte Grundlage mehr für den bewaffneten Kampf.

7.2.3 Analyse des Staats und der Gesellschaft

Es versteht sich beinahe von selber, dass die Staats- und Gesellschaftsanalyse der Hardliner*innen-Fraktion nicht positiv ausfällt. Eigentlich hatten sich gemäß der Hardliner*innen-Analyse die bundesrepublikanischen Zustände seit der deutschen Wiedervereinigung im Vergleich zu vorher verschlechtert. Nach der Wende und nach der deutschen Wiedervereinigung fehle die systemische Alternative in Form des real existierenden Sozialismus, was den deutschen Staat ermutigen würde, noch rücksichtsloser seine Unterdrückungsmechanismen hochzufahren und die vielfältigen kapitalistisch-imperialistischen Interessen durchzusetzen.

Schulz formulierte ihre Staats- und Gesellschaftsanalyse wenig überraschend wie folgt: „Ich denke, heute in einer Situation, wo sich offen zu zeigen beginnt, wohin großdeutsche Politik führt – Krieg, Asylverhinderung, Oberwasser für alle rechten, reaktionären Entwicklungen, rassistische faschistische Gewalt – >>große Koalition<< (ohne dass sie formal an der Regierung wäre) zu allen einschneidenden politischen Entscheidungen, um die politisch-strategischen Grenzen zu durchbrechen, die dem deutschen Imperialismus durch die Nachkriegsgrenzen und -geschichte ... in seiner Expansion eingeschränkt haben – weltweit – wie im Innern -, müssen alle um einen gemeinsamen politischen Begriff von unten und eine gemeinsame politische Antwort gegen diese Entwicklung kämpfen."[262]

Offensichtlich befürchtete Schulz (stellvertretend für die Hardliner*innen der politischen Gefangenen) im wiedervereinigten Deutschland von Staatsseite aus das Schlimmste. Bereits eingetretene Auswirkungen der Wiedervereinigung waren ihrer Auffassung nach Krieg, die Abweisung von Asylsuchenden und das Entstehen einer reaktionär-faschistischen Ideologie. Außerdem vermutete Schulz, dass sich die faschistische Ideologie bald in konkrete und materialisierte Gewalt umwandeln wird.

Außenpolitisch unterstellte die Hardlinerin gemeinsam mit der 3. RAF-Generation, dass Deutschland imperialistische Großmacht werden wolle, die bestimmte Ziele NS-Deutschlands wieder aufgreife und nun endlich zu verwirklichen versuche. Schulz vermutete in diesem Zusammenhang schließlich, dass Deutschland in absehbarer Zukunft (neben den bisher verwendeten ökonomischen Mitteln) auch militärische Gewalt einsetzen wird, um andere Länder zu unterwerfen. Deutschland beutet also (laut Schulz) Länder in der Dritten Welt und anderswo aus, um sich so reichlich Profite und einen guten Lebensstandard im eigenen Land zu sichern.

Auch innenpolitisch sahen die Hardliner*innen große gesellschaftspolitische Probleme, wie zum Beispiel das der Armut. Ausbeutung findet also auch im Inneren des kapitalistisch-imperialistischen Systems statt. Klar stellte hierzu fest: „So ist das die Logik des Appells an den Staat, >>das Ausmerzverhältnis aufzuheben<<, dann auch nur eine Sache der Respektabilität unter Weißen, sozusagen mit Blick auf den Horizont der Festung Europa. In dieser unaufrichtigen Übertaktik kann das Thema der sich verschärfenden Armut innerhalb der imperialistischen Zentren selbst, die angebliche Priorität der >>neuen Politiker<<, dann auch nur so wie in den neueren Texten gehandelt werden: das wachsende Heer der Armen in den imperialistischen Zentren gezeichnet als Figuren einer Spielfilmkulisse. Ja, das ist überhaupt das Stichwort, wir sind in einen Film getreten."[263]

Klar beschwor damals schon recht eindrücklich das Bild der Festung Europa. Danach soll den Armen der Dritten Welt mit quasi-militärischen Mitteln verwehrt werden, in diese Festung hineinzugelangen – eine Thematik, die auch in der heutigen Zeit immer stärker an Bedeutung gewinnt und Rechtspopulist*innen regen Zulauf beschert.

Aber auch in Europa selbst (so Klars Analyse weiter) wird sich das Problem der Armut verschärfen, allerdings im Vergleich zu den Ländern in der Dritten Welt in geringerem Maße. Klar beschuldigte die RAF-Kommandoebene und die Reformer*innen, für sich einen Platz in der wohlhabenden Festung Europa sichern zu wollen. Damit stellte er die RAF und ihre Reformer*innen auf eine Stufe mit Politiker*innen und Wirtschaftseliten, die für die Armut, das Elend und die Kriege in der Dritten Welt verantwortlich sind. Eine schlimmere Beleidigung der einstigen Kampfgefährt*innen ist eigentlich kaum denkbar. Offensichtlich stellte Klar die ehemaligen Verbündeten bloß, um ihnen ihre Glaubwürdigkeit zu rauben und ihr Ansehen in der linken Szene zu diskreditieren. Zugleich stellte er sein radikales Revolutionsverständnis als einzig gangbaren Weg dar.

Schulz sah im Gegensatz zu Klar das Problem der Armut und der armen Unterschichten in Westeuropa schärfer und detaillierter: „Der sogenannte >>Solidarpakt<<, bei dem schon die Entwürfe in der Schublade liegen, die in Ost- und West(Deutschland) eine weitgehende Deklassierung weiterer breiter Teile der Bevölkerung planen, die viele aus vielen gesellschaftlichen Schichten in einen ökonomischen und sozialen Verarmungsprozess drücken wird. ... Während gleichzeitig von oben >>von den einen<< die Gelder für soziale Projekte gestrichen werden – wie Treffpunkte für Jugendliche, für ältere Menschen, Behinderteneinrichtungen, Obdachlose, fortschrittliche >>Antipsychiatrie<<-Projekte, besetzte Häuser ..., werden von unten >>den anderen<< dazu Brandbomben und Totschlägertrupps >>geliefert<<, in Aktion gesetzt."[264] Schulz bemängelte in ihrer Aussage letztlich den radikalen Abbau des Sozialstaats, die Streichung von Fördergeldern für liberal-progressive Projekte und die damit verbundene Benachteiligung von sozial Schwachen, Minderheiten und Kranken. Heute kann man diese Art der Kritik im gesamten legalen linken politischen Spektrum, aber auch von der Neuen Rechten vernehmen. Die Linken, Teile der SPD und Gewerkschaften, aber auch die Alternative für Deutschland (AfD)[265] erheben heute ähnliche Äußerungen wie Schulz, ohne dabei dem Generalverdacht des Antidemokratischen oder Revolutionären ausgesetzt zu sein.

Die weiteren Aussagen von Schulz kann man hingegen nicht ohne weiteres im gesellschaftlichen Mainstream wiederfinden. Schulz unterstellte nämlich, dass der Sozialabbau durch eine Rechtsradikalisierung der Gesellschaft mit Phänomenen wie rechter Gewalt gegen Andersartige begleitet würde. Darin implizierte sie die Behauptung, dass der Staat die Gewalt von rechts in seinem Sinne steuern würde. Es gibt auch heute wichtige Personen des öffentlichen Lebens, die das Ganze ähnlich sehen und an den Beispiel AfD und PEGIDA festmachen. Ein der SPD und den Grünen nahestehender Autor aus Stuttgart

(Wolfgang Schorlau) stellte in seinem Roman „Das München-Komplott" einen Zusammenhang von sozialer Verarmung und gewalttätiger Unterdrückung von rechts her, der zwar nicht vom Staat, aber durch Geheimdienste gesteuert wird. Heute haben sich das politische Establishment in Form der Regierungskoalition unter Bundeskanzlerin Merkel und andere politische Gruppierungen quasi die Argumentationslinien der politischen Gefangenen zu eigen gemacht, um gegen den für die Demokratie gefährlichen Rechtspopulismus Front zu machen. Diese Hinweise seien nur gegeben, damit gesehen werden kann, dass einige der damals noch als politisch extremistisch geltenden Meinungen heute in den politischen Mainstream gewandert sind. Insofern hat in Deutschland vielleicht tatsächlich ein politischer Linksruck stattgefunden, der aber an der systemisch-kapitalistischen Ausrichtung Deutschlands nichts geändert hat.

Rico Prauss, ein Gefangener aus dem Widerstand, glaubte sogar zu erkennen, dass US-amerikanische Verhältnisse wie das Phänomen der Ghettoisierung in Deutschland Einzug halten: „Hat ja die verzweifelte Explosion in den Ghettos der USA gerade noch einmal deutlich gemacht – das orientierungslose Moment darin, seine tragische Gewalttätigkeit, ist ja auch die Folge der Zerschlagung schwarzer authentischer Selbstorganisation – und damit der sozialen Bindung, des politischen Bezugs, die die US-Regierung betrieb, weil sie die Widersprüche nicht lösen wollte. Momente dieser Entwicklung sind längst hier in Deutschland angekommen. Das fängt die bürgerliche Gesellschaft nicht mehr auf, und niemand außer uns schafft den Pol und die Werte, in dem das außerhalb bierselig-männlicher oder technokratisch->>hygienischer<< Barbarisierungsprozesse zu einem Anziehungspunkt für Menschen wird."[266]

Prauss verlagerte damit die Lösungskompetenz für die Probleme der zunehmenden sozialen Verarmung ausschließlich in die Hände der radikalen Linken, denn nur hier seien gelungene und nachhaltige Lösungen für die Menschen und ihre Probleme zu erwarten. Prauss lehnte in jedem Fall Versuche ab, in denen Lösungen sozialer Fragen durch oberflächliche männliche Kumpanei oder aber bürokratisch-technokratische Ansätze herbeigeführt werden. Nur die revolutionäre Linke könne (nach Prauss) die notwendigen Werte und die Anziehungskraft ausstrahlen, die den Menschen Perspektive und tatsächliche Unterstützung gibt. Gemäß dieser Argumentation sind der Fortbestand und die Berechtigung der radikalen Linken auch für die Zukunft gesichert.

7.2.4 Ausrichtung der zukünftigen Ideologie und Strategie

Die Hardliner*innen hielten nicht, wie dies vielleicht zu erwarten gewesen wäre, stur und unreflektiert am bewaffneten Kampf fest – sie waren durchaus in der Lage, hierzu recht differenzierte Positionen einzunehmen. Bei den Hardliner*innen fand insofern ein grundlegender Überlegungsprozess über den bewaffneten Kampf und seine Bedeutung in der Zeit nach dem Kalten Krieg (in einer vollständig veränderten geostrategischen und global-politischen Gesamtlage) statt. Am Ende dieses Reflexionsprozesses gab es schließlich bei einigen der Hardliner*innen neuartige Einsichten, die den bewaffneten Widerstand nicht mehr ausschließlich in den Mittelpunkt aller Überlegungen stellten.

Mohnhaupt stellte zur Bedeutung des bewaffneten Kampfs in der Nachwende-Zeit fest: „Aber heute kann die bewaffnete Aktion hier diese strategische Funktion nicht mehr haben, gar nicht mehr erreichen, weil es die strategische Gesamtkonzeption nicht mehr gibt. Sie trifft die veränderte Wirklichkeit nicht mehr. Die Auseinandersetzungen sind so viele geworden, die alle gleichzeitig nach Lösungen verlangen, dass die >>zentrale Perspektive<<, wie sie historisch entwickelt war, die neu entstandenen Bedingungen nicht mehr erfassen kann."[267]

Mohnhaupt rechtfertigte den Kampf der RAF vor der Wende aus der Bipolarität und der Blockbildung des Kalten Krieges heraus. Für sie gab es damals eine strategische Gesamtkonzeption und eine zentrale Perspektive, die im gemeinsamen Angriff der revolutionären Bewegungen gegen das imperialistisch-kapitalistische Staatensystem bestand. Der bewaffnete Kampf war schon alleine durch die dergestalt beschriebenen historischen Parameter für sie gerechtfertigt und notwendig.

Gleichzeitig befand sich die RAF (so Mohnhaupt weiter) im weltweiten Kampf auf der Seite der kommunistischen Befreiungsbewegungen. Die kommunistische Weltanschauung befand sich in einem groß angelegten historisch-kulturellen Kontext und stellte eine reale Alternative zur kapitalistisch-imperialistischen Staatenwelt dar.

Nun fragte Mohnhaupt aber kritisch, ob (vor dem Hintergrund der alles auf den Kopf stellenden weltpolitischen Veränderungen) die gerade genannte Sichtweise überhaupt noch ihre Berechtigung besitze und ob am bewaffneten Kampf sinnigerweise weiterhin festgehalten werden solle. Die von Mohnhaupt vertretene Sichtweise für die Zeit des Kalten Kriegs besaß nach der Wende für sie offensichtlich keine Gültigkeit mehr, da es nun kein massives kommunistisches Gegengewicht zum kapitalistischen System mehr gab. Insofern schien aus Sicht der Hardliner*innen eine reale Perspektive für eine sinnvolle RAF-Strategie und -Ideologie der Zukunft schwierig bis unmöglich zu sein.

Was Mohnhaupt in ihrer Analyse allerdings übersah, ist, dass sie damit die RAF mehr oder weniger in eine völlige Abhängigkeit zu der Systemalternative des real-sozialistischen Staatenblocks stellte. Diese Sichtweise dürften weder ihr noch anderen Hardliner*innen in dieser Konsequenz zugesagt haben, da diese doch von einer Berechtigung der RAF a priori und sui generis als eine eigenständig-autonome Widerstandsbewegung ausgingen.

Pohl erteilte dem bewaffneten Kampf keine generelle Absage, wenngleich seine diesbezügliche Begründung ziemlich überrascht: „Wenn es denn heute soweit ist, wie dieses Staatsschutzprodukt eines kurzzeitigen Zusammentreffens ..., dass sie glauben, die Ernte der letzten zwei Jahre einfahren zu können und jedem die Pistole auf die Brust zu setzen und nach seiner Aussage zum „bewaffneten Kampf“ abzufragen, dann kann ich ihnen auch gleich antworten: ich mache diese politische Aussage, die ich in den letzten Jahren vertreten habe, heute nicht mehr. Das ist heute überhaupt keine Aussage mehr. Die Möglichkeit, die in der Zäsur gesteckt hat, dürfte vorbei sein. Die bewaffnete Aktion und die Militanz werden einfach in unterschiedlichen politischen und gesellschaftlichen Konfrontationen und in allen möglichen Formen stattfinden. Egal, was die RAF und die Gefangenen sagen. Und das werde ich in manchem bestimmt gut nachvollziehen können. Deshalb werde ich einen Teufel tun, den bewaffneten Kampf >>abzusagen<<.“[268]

Helmut Pohl lehnte es offensichtlich ab, vor dem Staatsschutz und dem politischen System „einzuknicken“ und dem bewaffneten Kampf grundsätzlich abzuschwören. Dies geschah aber nicht (wie zunächst anzunehmen wäre) aus der Überlegung heraus, den bewaffneten Kampf als RAF und linksextremistische bewaffnete Fundamentalopposition wieder aufzunehmen. Vielmehr ging Pohl wohl davon aus, dass die RAF und die politischen Gefangenen in Zukunft ihren politischen Einfluss verlieren und keine Rolle mehr im politischen Diskurssystem spielen werden.

Pohl unterstellte außerdem, dass in der deutschen Gesellschaft zahlreiche politische und gesellschaftliche Kämpfe stattfinden werden, die nicht in direktem Zusammenhang mit der RAF stehen. Darin ist die Annahme beinhaltet, dass sich die Militanz und offene Auseinandersetzung in Zukunft auf eine viel breitere gesellschaftliche Grundlage stützen kann, was ja eigentlich immer Wunsch und Desiderat des Kampfs der RAF gewesen war. Pohl erwartete sogar, dass sich die Anliegen der RAF auf einer breiten gesellschaftspolitischen Basis erkämpfen und umsetzen lassen. Dies müsste seiner Meinung nach aber nicht unbedingt unter der Führung bzw. unter dem „Label" RAF geschehen.

Pohl ging somit davon aus, dass die Ziele der RAF und die Ziele der unteren Schichten deckungsgleich sind. Nachdem Pohl von einer breiten Masse ausging, die sich gegen den Staat auflehnt, verlor die RAF zugleich ihr politisches Gewicht. Insofern benötigte die RAF nach Pohl auch weder eine Ideologie noch eine Strategie für die Zukunft, da sie von den gesellschaftspolitischen Ereignissen überholt wurde und fortan keine Existenzberechtigung bzw. keine Bedeutung mehr besäße. Diese Einsicht aus dem Munde eines beinahe lebenslangen RAF-Hardliners zu hören, überrascht dann doch sehr.

Happe und Hanka warfen der in Freiheit handelnden Kommandoebene der RAF nach dem Anschlag auf den Gefängnisneubau von Weiterstadt vor, eine falsche taktische und strategische Neuorientierung kreiert zu haben. Der Vorwurf lautete genauer, dass sie den bewaffneten Kampf schließlich nur noch als Druckmittel gegen den Staat in Sachen Gefangenenfrage benutzten. Die RAF hatte ja in ihrer April-Erklärung von 1992 die Aussetzung tödlicher Attentate verkündet, sich aber das Recht vorbehalten, bei bestimmten politischen Entwicklungen zur bewaffneten Politik zurückzukehren.

Beim Anschlag auf den Gefängnisneubau in Weiterstadt waren bekanntlich keine Menschen zu Schaden gekommen – trotzdem hatte die RAF damit gegenüber dem Staat ein Drohpotenzial aufgebaut. In jedem Fall wurde der Staat durch das Attentat in seiner Funktion als Ordnungs- und Kontrollmacht angegriffen.

Happe und Hanka schrieben zum Anschlag von Weiterstadt und dem damit verbundenen Auftreten der RAF: „Weiterstadt steht genau in dem Kontext ... es ist nicht nur politisch ganz grundsätzlich einfach falsch, taktisch so mit dem bewaffneten Kampf zu hantieren, um ihn letztendlich nur noch als Druckmittel für uns Gefangene aufrechtzuerhalten – ohne dass er seine eigene Bestimmung hat -, sondern zudem auch ein völliger Trugschluss, zu erwarten, das würde irgendwas anderes >>bringen<<, als die noch weitere Verschärfung der Geiselhaft."[269]

Der Anschlag war für Hanka und Happe offensichtlich widersinnig, da er de facto nur für eine Verschärfung der Haftbedingungen sorgte und keine eigenen politischen Vorstellungen transportierte. Damit stellten sie der RAF ein taktisches und strategisches Armutszeugnis aus, was einer kollektiven wie persönlichen Beleidigung gleichkam und von der Kommandoebene wohl auch so verstanden wurde.

Mohnhaupt unterstützte die von Happe und Hanka eingeschlagene Richtung, wenn sie über das Agieren der RAF schrieb: „Diese Verknüpfung hat sich auf beides – auf die politische Durchschlagskraft des Schritts der RAF und den Sinn seiner Neubestimmung genauso wie auf die Anstrengung, endlich einen Einschnitt in der Staatspolitik gegen die Gefangenen zu erkämpfen – im schlechten ausgewirkt, weil sie beidem den politischen Inhalt entzogen oder ihn jedenfalls verwischt hat."[270]

Auch hier fand keine Neubestimmung der revolutionären Politik und Strategie statt. Mohnhaupt warf der RAF darüber hinaus vor, außerhalb der Frage der politischen Gefangenen keinen eigenen politischen Inhalt mehr zu haben. Ein solches Urteil aus den eigenen Reihen war für eine Bewegung wie die RAF, die sich als genuin radikale politische Bewegung verstand, vernichtend. Dies war wohl genauso intendiert und zu verstehen. Schließlich war Mohnhaupt die Anführerin der 2. RAF-Generation und an ihren Ansprüchen gnadenlos gescheitert. Da schien es in ihrem ureigenen Interesse zu liegen, die Anführer*innen der 3. RAF-Generation in der Beurteilung ihrer ideologischen und strategisch-taktischen Kompetenz zumindest nicht besser wegkommen zu lassen, als sich selbst.

Mohnhaupt, Happe und Hanka verurteilten folglich einhellig die Strategie und Taktik der RAF, da diese die Gefangenenfrage mit der Einstellung bewaffneter Angriffe verknüpfte. Damit hatte sich die RAF in den Augen der Hardliner*innen entpolitisiert und auf die Lösung der Gefangenenfrage reduziert; ein Vorwurf, der bereits gegen die 2. RAF-Generation massiv im Raum stand. Die Hardliner*innen waren aber nicht in der Lage, die von ihnen aufgezeigte politische und strategische Lücke durch eigene, neue Inhalte zu schließen.

Haule versuchte diesen theoretischen Mangel zu beseitigen und erklärte vor Gericht, wie sie sich die weitere Strategie und Ideologie der politischen Gefangenen und der RAF vorstellte. Dabei fiel auf, dass sich ihre Einschätzung paradoxerweise zu einem großen Teil mit den Vorstellungen der in Freiheit agierenden RAF deckte, wie später noch zu sehen sein wird. Haule führte konkret aus: „Der Weg, den wir jetzt sehen und gehen wollen, auch für unsere Freiheit – und dabei ist uns bewusst, dass es ein längerer Prozess ist -, das ist die konkrete

Auseinandersetzung und bewusste Verbindung mit den Kräften in der Gesellschaft, die sich nicht anpassen an die reaktionäre Entwicklung, sondern sich der Faschisierung, neuen imperialistischen Kriegen, Rassismus und sexistischer Gewalt entgegenstellen und das trotz unterschiedlicher Geschichte und politischer Arbeit mit uns zusammen wollen. … Sie werden ihre Politik nur ändern, wenn gesellschaftliche Kräfte sich massiv dagegen stellen und die Bestimmung über die sozialen und politischen Entwicklungen nicht den Reaktionären überlassen."[271]

Im Gegensatz zur RAF grenzte Haule den Kreis der gesellschaftlichen Kräfte stark ein, mit denen sie paktieren wollte. Ausdrücklich handelte es sich dabei ausschließlich um gesellschaftliche Kräfte, die dem System kritisch und außerdem „handelnd" gegenüberstehen. Haule wollte jedenfalls die Politik der RAF auf eine breitere gesellschaftliche Basis stellen, um mehr politische Durchschlagskraft entwickeln zu können. Diese Einschätzung war beinahe identisch mit derjenigen der RAF-Kommandoebene, die ja auch von einer aufzubauenden „Gegenmacht von unten" sprach, die sich gegen die Pläne der Herrschenden aufzulehnen habe.

7.2.5 Bewertung der Gefangenenfrage

Entscheidend für die Bewertung der Gefangenenfrage und die Kinkel-Initiative war aus Sicht der Hardliner*innen die Einschätzung, wer als geistiger Urheber des Ganzen anerkannt wird. Klar packte auch hier seine Ansicht in Worte, die sehr deutlich sind: „Anfang des Jahres kam die Koordinierungsgruppe für Terror, die in Wiesbaden alle die Repressionsapparate zusammenführt, die seit der alten Gestapo getrennt bleiben sollten, mit einer Sache raus, die als neue Haltung des Apparats in der Gefangenenfrage gelten soll. Der damalige Bundesjustizminister präsentierte das für die Öffentlichkeit, und seitdem hieß das Kinkel-Initiative."[272]

Klar warf dem deutschen Staat vor, auf rechtswidrige Weise Geheimdienste zusammengelegt zu haben, die nach den erschütternden Erfahrungen der NS-Zeit hätten getrennt bleiben sollen. Von diesem Super-Geheimdienstgremium, der „Koordinierungsgruppe Terrorismus", stamme (so Klar weiter) die staatliche Initiative, die dann vom Bundesjustizminister Kinkel medienwirksam an die Öffentlichkeit gebracht wurde.

Die Hardliner*innen lehnten dieses Angebot zum Dialog von Seiten des Staats ab, da sie ihm grundsätzliche Unaufrichtigkeit unterstellten. Ein Angebot, das von den Geheimdiensten auf den Weg gebracht wurde, konnte (dies ist aus Klars Aussage ersichtlich) nicht aufrichtig gemeint sein und die Interessen der RAF und der politischen Gefangenen berücksichtigen.

Mohnhaupt ging bei der Verurteilung der Koordinierungsstelle Terrorismus (KGT) noch einen entscheidenden Schritt weiter als Klar, wenn sie formulierte: „Die KGT ist die operative Koordinierung von politischen und Staatsschutzapparaten, ein extra-legaler Zusammenschluss zu mehr Effizienz, schnelleren, abgestimmteren Entscheidungen, die dann von allen Ebenen getragen und umgesetzt werden. Entscheidungen wie die Kinkel-Initiative."[273]

Damit unterstellte die Chefin der 2. RAF-Generation dem deutschen Staat eine unlautere Vermischung von Politik und Staatsschutz-Behörden, wie sie vom Gesetzgeber nie vorgesehen war. Der Begriff „extra-legal" verdeutlicht, dass Mohnhaupt die Koordinierungsgruppe Terrorismus als außerhalb des Rechtsraums handelnd ansah, was in einer freiheitlich verfassten Demokratie natürlich ein absolutes No-Go darstellt. Insofern fehlte der KGT die Legitimation durch eine gesetzliche Basis. Aus dem Verständnis der deutschen Geschichte heraus (so Mohnhaupt) hätte nach den schrecklichen Erfahrungen der NS-Herrschaft niemals wieder eine solche Organisation existieren dürfen.

Heißler sah das Ziel der Kinkel-Initiative darin, die Auflösung der RAF und des bewaffneten Kampfs herbeizuführen: „Das Jahr 92 begann mit dem Lancieren der KGT-Initiative in die Öffentlichkeit, deren Kern das In-Aussicht-Stellen der Freilassung einiger politischer Gefangener war unter dem Vorbehalt, dass die RAF auf Operationen verzichtet, und mit dem Ziel, dass sich an unserem Kampf um unser Leben gegen die menschenzerstörerischen Bedingungen keine politischen Prozesse mehr entwickeln, um so der Guerilla das Wasser abzugraben. Sie war und ist die Umsetzung der Lochte-These: Ohne Gefangenen keine RAF, die von bestimmten Liberalen und >>linken<< Kreisen übernommen wurde."[274]

In Heißlers Aussage sind interessante Annahmen enthalten, die meines Erachtens den Kern der Debatte um die Gefangenenfrage berühren. Er ging zunächst davon aus, dass die KGT-Initiative zur Freilassung der politischen Gefangenen nur dann gültig ist, wenn die RAF den bewaffneten Kampf vollständig einstellt. Diese Unterstellung würde aber der KGT und der RAF ein Verhandeln und Paktieren unterstellen, das meines Wissens an keiner Stelle belegt ist, sondern lediglich auf Vermutungen und Unterstellungen basiert. Sowohl die KGT als auch die RAF haben immer vehement bestritten, jemals in (direkten) Verhandlungen miteinander gestanden zu haben, wobei der Fortbestand der „RAF-Rentner“ bis heute schon gewisse diesbezügliche Fragestellungen aufwerfen könnte, die in Richtung eines Deals zwischen Staatsschutz und der 3. RAF-Generation hinauslaufen.

Heißler sah zudem wohl berechtigterweise einen deutlichen Zusammenhang zwischen der Existenz der RAF und der Frage der politischen Gefangenen. Zwar schob er diese Einsicht zunächst liberalen und legalen linken Kreisen zu, dennoch schien er dieser Sichtweise auch selbst etwas abgewinnen zu können: Wenn es die Frage der politischen Gefangenen nicht mehr gäbe, dann hätte sich das Problem der RAF von alleine gelöst. Diese Aussage galt nach Heißlers Selbstverständnis allerdings nur für die 3. RAF-Generation nach dem Zusammenbruch des kommunistischen Blocks.

Aus dieser Sichtweise heraus könnte man dann auch (böswillig) von der RAF als Gefangenen-Befreiungsorganisation sprechen. Diese Entwicklung konnte Heißler natürlich nicht gutheißen oder auch nur nachvollziehen, da er als ehemaliger RAF-Kämpfer die RAF als echte politische Organisation mit eigenen strategischen und taktischen Vorstellungen verstand. In der Summe unterstellte Heißler der Kinkel-Initiative und der KGT folglich den Versuch, die RAF zu entpolitisieren – was schließlich zu ihrer Auflösung führen solle.

Somit lässt sich bisher festhalten: An den Einzelheiten der Kinkel-Initiative wurde von den Hardliner*innen kein gutes Haar gelassen. Vermutlich war es den Hardliner*innen bereits ein Dorn im Auge, dass wichtige Personen aus Politik, Wirtschaft und Gesellschaft an der Genese der Kinkel-Initiative beteiligt gewesen sein sollen. Ingnatz Bubis und Edzard Reuter sollten demnach als Vermittler zur Politik (in personae Helmut Kohl, Sabine Leutheusser-Schnarrenberger und Wolfgang Schäuble) fungieren.

Klar zeigte Empathie, griff die Gedanken der Reformer*innen auf und skizzierte das Szenario der Gesamtlösung (vor dem Hintergrund der Kinkel-Initiative) aus seiner Sicht wie folgt: „Eine >>Gesamtlösung<< wird vorgeschlagen, die so aussehen soll: für die Illegalen zugestandenes Exil oder kurzer Knast und anschließende Legalisierung – zuvor solle jedoch geklärt sein, was aus den Gefangenen werde, die >>Verhandlungslinie<< entwirft Dellwo, indem er sich staatliche Ordnungssorge aufsetzt und die Vorzüge einer >>Repolitisierung des Staatsverhältnisses<< ausmalt. Die Rolle stärkster Initiative für die Gesamtlösung wird bei den deutschen Wirtschaftseliten vermutet und erwartungsvoll beschworen. Kohl wird das Angebot angedient, dass dieser so doch vor den nächsten Wahlen als derjenige glänzen könnte, der >>das Problem<< erfolgreich beendet hätte."[275]

Klars Urteil war in jeglicher Hinsicht vernichtend. Er ging davon aus, dass nach dem Plan der KGT die aktive RAF ins Exil gehen könne oder nur relativ kurze Haftstrafen verbüßen müsse, um dann wieder entlassen zu werden.[276] Das Schicksal der politischen Gefangenen war für ihn hingegen offen. Er identifizierte Dellwo als geistigen Vater des Deals und Anführer der Reformer*innen. Klar unterstellte Dellwo sogar so etwas wie die Übernahme einer staatlichen Ordnungssorge. Damit warf Klar Dellwo vor, mit fliegenden Fahnen in das Lager des Gegners gewechselt zu sein und die eigene Geschichte verraten zu haben.

Klar störte sich am meisten am Begriff der „Repolitisierung des Staatsverhältnisses". Für eine traditionelle Widerstandsorganisation wie die RAF könne ein politisches Verhältnis zum Staat nur im bewaffneten Kampf bestehen. Ansonsten würde die RAF nicht nur ihre eigenen politischen Ziele verraten, sondern auch ihre Identität und Geschichte.

Die Wirtschaftseliten waren für Klar eindeutig die Initiatoren der mutmaßlich geheimen Verhandlungen, da diese am meisten unter den Attentaten der RAF zu leiden hatten. Der letzte RAF-Anschlag mit Personenschaden (das Rohwedder-Attentat) lag zum Zeitpunkt von Klars Aussage noch nicht allzu lange zurück. Die Wirtschaft versuche nun ihrerseits (so spann Klar den Faden weiter) der Politik die Kinkel-Initiative schmackhaft zu machen, damit diese (vor allem CDU und FDP) dann wahlwerbewirksam die endgültige Beseitigung des historisch-politischen Problems RAF verkünden könne.

Aber: Die RAF und die politischen Gefangenen wurden somit zum Objekt von Politik und Wirtschaft anstatt als selbstbestimmte, freie Subjekte ihr eigenes Handeln zu bestimmen. Folglich sah Klar die RAF nur noch als willenlosen Spielball fremder Mächte.

Insgesamt (das hat dieses Kapitel deutlich gezeigt) lehnten die Hardliner*innen die Kinkel-Initiative fast vollständig ab. Aus ihrer Perspektive beging jede/r, die/der sich auf die Kinkel-Initiative einließ, damit Verrat an der historischen Revolution der RAF und der subjektiven Revolutionsgeschichte. Die Begründungen der Hardliner*innen unterschieden sich zwar im Detail, aber die Ergebnisse waren ziemlich identisch.

7.3 Die Reformer*innen

Der Kern der Reformer*innen bestand hauptsächlich aus Mitgliedern der RAF-Gruppe, die 1975 die deutsche Botschaft in der schwedischen Hauptstadt Stockholm überfiel. Diese Reformer*innen betonten immer wieder ihre Nähe zu den Positionen der in Freiheit agierenden RAF-Kommandoebene.

Als Birgit Hogefeld 1993 in Bad Kleinen verhaftet und selbst politische Gefangene wurde, bezog sie unmittelbar auf Seiten der Reformer*innen Stellung, bevor sie sich schließlich in ihrem Strafprozess vom bewaffneten Kampf der RAF lossagte. Hogefeld verzichtete in ihrem Strafprozess (zur großen Enttäuschung vieler potenzieller Anhänger*innen) auf die sonst übliche politische Verteidigung, was bedeutet, dass sie ihre Taten nicht politisch zu rechtfertigen versuchte. Vielmehr agierten Hogefeld und ihre Verteidigung im konventionellen Rahmen der Strafprozessordnung. Damit sprach sich Hogefeld quasi selbst den Status einer politischen Gefangenen ab, was für die Gefangenen der RAF eigentlich ein Novum darstellte.

Das diesbezügliche Kalkül lag vermutlich darin, den Strafverfolgungsbehörden zu signalisieren, dass die RAF nach der Verurteilung nicht mehr als politische Akteurin im bewaffneten Widerstandssystem agieren würde. Dadurch würde sich das Strafurteil nicht wesentlich reduzieren, aber sie konnte dadurch auf Hafterleichterungen und unter Umständen eine deutlich vorzeitige Entlassung hoffen.

Zwei RAF-Überlebende der Botschaftsbesetzung in Stockholm waren die seit 1975 in Haft sitzenden Widerstandskämpfer Dellwo und Taufer. Sie galten als die geistigen Väter und Wortführer der Reformer*innen. Knut Folkerts, der erst 1977 in der heißen Phase des Deutschen Herbstes in den Niederlanden bei der Rückgabe eines Mietautos nach einem Schusswechsel mit der Polizei verhaftet wurde, gehörte auch zum engeren Kreis der Reformer*innen. Die „Reformer*innen-Konstellation" ergab sich vermutlich erst durch die gemeinsame Inhaftierung der drei ehemaligen RAF-Kämpfer in der Justizvollzugsanstalt Celle. Die Reformer*innen wurden aufgrund ihres Inhaftierungsorts immer wieder die „Celler Gefangenen" genannt, was je nach Perspektive als Lob oder vernichtendes Urteil gemeint war.

7.3.1 Beurteilung der RAF-Geschichte

Es ist beinahe selbstverständlich, dass auch die Partei der Reformer*innen die Geschichte der RAF nicht durchweg negativ beurteilte. Dies widersprach auch nicht unbedingt dem Anliegen der Reformer*innen, sich für Veränderungen hinsichtlich der bewaffneten Politik auszusprechen. Die Entscheidung in der RAF bewaffnet zu kämpfen, hatte schließlich jeder der Reformer*innen einmal für sich getroffen und dann auch konsequent umgesetzt. Damit einher geht die Vermutung, dass die Reformer*innen diese Entscheidung für den bewaffneten Kampf zu einem Zeitpunkt in ihrem Leben als unabdingbar und notwendig erachtet haben.

Die ehemaligen RAF-Kämpfer Dellwo, Taufer und Folkerts trieb zunächst in diesem Sinne die Sorge um, dass das System die Erinnerung an den bewaffneten Kampf auszulöschen versuche: „Sie wollen uns und unsere Geschichte nach wie vor auslöschen."[277]

Offensichtlich und verständlicherweise wurde die Geschichte der RAF in engster Verknüpfung mit dem eigenen Leben gesehen. Der Staat und seine Exekutivorgane versuchen (so Folkerts oben stehende Behauptung) die Gefangenen der RAF und die Geschichte der RAF auszulöschen – womit Folkerts beim Staat von einer radikalen und gnadenlosen Haltung ausgeht, die angesichts der reformerischen Einstellung überrascht. Zu beachten ist dabei, dass die Reformer*innen die Geschichte der RAF nicht abstrahiert und losgelöst vom eigenen Leben und Lebensentwurf zu sehen in der Lage waren – prägte doch dieser Schritt ihr Leben nachhaltig.

Dellwo unterstützte Folkerts, indem er den allgemeinen linken Aufbruch in den 60er Jahren hervorhob, aber gleichzeitig die Notwendigkeit betonte, dass sich die Politik der RAF in Zukunft anders orientieren müsse: „Wir sagen aber auch: Auch wenn alles eine Neubestimmung erfahren muss – die Geschichte im bewaffneten Kampf ist Teil unseres Lebens. Er ist selber Teil des weltweiten linken Aufbruchs ab Mitte der 60er Jahre."[278]

Dellwo rechtfertigte somit zunächst einmal ohne Einschränkung die Geschichte der RAF und hinterfragte sie nicht kritisch, auch wenn er Änderungen für die Zukunft anmahnte. Dellwo verknüpfte also ebenso wie Folkerts das eigene Leben mit dem gesamten Kampf der RAF und fand beides gerechtfertigt. Insofern ist bei beiden keine Reue bezüglich ihrer Lebensläufe zu spüren.

Die allgemeine Rechtfertigung der RAF-Geschichte lag für Dellwo wie für Folkerts im weltweiten linken Aufbruch ab Mitte der 60er Jahre. Inhaltlich ist damit aber überhaupt noch nichts gesagt. Vielmehr bezog sich Dellwo lediglich auf eine (von ihm sehr einseitig dargestellte) gesellschaftspolitische Tendenz zu einem bestimmten Zeitpunkt in der Geschichte.

Reformer*innen und Hardliner*innen teilten somit meines Erachtens die Ansicht, dass der militant-radikale Aufbruch der Linken Ende der 60er Jahre und die bewaffnete Politik der RAF ohne jegliche Einschränkung gerechtfertigt sind. Kritik an der RAF-Geschichte wurde nur in Bezug auf einzelnen Aktionen oder bestimmten Epochen laut.

Taufer sah solch einen markanten und kritischen Punkt der RAF-Geschichte in der Entführung des Lufthansa-Passagierflugzeugs „Landshut" von 1977, die mit der Erschießung und Gefangennahme der palästinensischen Terrorist*innen in Mogadischu durch die Spezialeinheiten der deutschen Bundespolizei (GSG 9) und der Befreiung der Urlauber*innen endete. Diese Unterstützungsaktion der Palästinenser*innen sei damals (so Taufer) von den politischen Gefangenen wie Baader, Ensslin und Raspe vehement kritisiert worden, da sie sich direkt gegen das deutsche Volk gewendet habe. Eine Fortschreibung dieses Irrtums war laut Taufer die bereits erwähnte Ermordung des amerikanischen GIs Pimental.

Bis Mitte der 80er Jahre stellte Taufer einen Bedeutungswandel vom Vorrang des Politischen für die 1. und 2. Generation der RAF zum Primat des Militärischen für die 3. RAF-Generation fest: „Hier wird sich in den 80er Jahren, ausgehend von der Frontideologie, ein Bedeutungswandel vollziehen – die militärische Aktion wird zum Begriff des Revolutionären schlechthin, daneben gibt's auch noch politische Initiativen. Die Gründe für diese >>Entpolitisierung<< der militärischen Aktion liegen letzten Endes darin, dass das Politikbild, in dessen Rahmen wir uns in der ersten Hälfte der 70er Jahre bewegen (weltweiter Aufstand gegen das US-imperialistische System), in der zweiten Hälfte der 70er Jahre verschwimmt, ohne dass neue Grundlagen sich in ausreichender Deutlichkeit entwickeln."[279]

Taufers Kritik richtete sich also vor allem gegen die 3. Generation der RAF, allerdings auch gegen Teile der 2. Generation, der er selbst angehörte. Taufer behauptete, dass der Gründergeneration der RAF um Baader, Meinhof, Ensslin und Mahler ursprünglich ein hoher politischer Gehalt innegewohnt habe. Um den politischen Forderungen Nachdruck zu verleihen, habe die RAF zum Mittel der bewaffneten Politik (sprich zu Attentaten bis hin zu Mord) gegriffen.

Spätestens Mitte der 80er Jahre vollzog sich für Taufer hierin aber ein fundamentaler Bedeutungswandel. Das Frontkonzept des Mai-Papiers (aber auch Strategiepapiere der 3. RAF-Generation) verklärte(n) den militärischen Eingriff der Guerilla zur höchsten Form des Politischen. Diese Tatsache setzte Taufer mit einer Entpolitisierung der militärischen Aktion gleich, wobei dies durch ideologisch unterfütterte Bekennerschreiben durchaus entkräftet werden könnte.

Der maßgebliche Grund lag für Taufer in der fehlenden gesellschaftspolitischen Analyse der RAF bzw. im Festhalten an bereits vorhandenen Politikbildern. Dabei fanden sich gerade in den RAF-Bekennerschreiben der 3. RAF-Generation teilweise umfassende gesellschaftspolitische Analysen, die auch im Besonderen auf Deutschland gemünzt waren. Dies ergab sich ganz zwangsläufig aus der neu ausgerichteten strategisch-taktischen Ideologie der RAF, die den deutschen Militärisch-Industriellen-Komplex und deutsche Ziele aus der zweiten und dritten Reihe wie Ministerialdirigenten und Staatssekretäre ins Visier nahm. Insofern erscheint Taufers Kritik zumindest nicht durchweg plausibel und stichhaltig.

Einen durchaus positiven Höhepunkt der RAF-Entwicklung sah Taufer in den Jahren 1984/85 hingegen im Front-Hungerstreik: „Vor dem Hungerstreik hatte es, im besten Sinn des Frontpapiers, zwischen drinnen und draußen eine Diskussion mit dem Ziel gegeben, das alte Verhältnis unselbständiger – und so materiell ineffizienter – Solidarität mit den Gefangenen aufzulösen zugunsten eigeninitiativen Handelns und Denkens. Und so erreichte die Front in dieser Zeit ihren Höhepunkt und zugleich ihre Grenzen. Während die Gefangenen drinnen kämpften, gab es draußen eine Vielfalt von Initiativen und Aktionen. Noch nie hatte es aus und in unserem Zusammenhang eine solche konzentrierte Dichte befreiend wirkender, phantasievoller, radikaler Initiativen gegeben."[280]

Taufer spielte in seinen Ausführungen unter anderem auf den Widerstand und mit diesem assoziierte Akteur*innen an, wodurch die Aktionenvielfalt des linksradikalen Spektrums breiter und bunt geworden sei.

Im Umkreis des Widerstands befand sich die sogenannte Unterstützer*innen-Szene der RAF, die sich offen für die Anliegen der politischen Gefangenen einsetzte. Die Unterstützer*innen-Szene ermöglichte ebenso den Austausch zwischen Gefangenen und illegalen Kämpfer*innen, indem sie die Gefangenen betreute und deren Botschaften weiterleitete. Während des Hungerstreiks 1984/85 wurde von den RAF-Unterstützer*innen zum Beispiel eine Live-Sendung in einem

Studio des SWR gestürmt und Transparente mit der Forderung nach Freiheit für die politischen Gefangenen entrollt. Die RAF-Unterstützer*innen schmierten außerdem den Fernsehmoderatoren Schokoküsse in die Haare. Zugleich fanden in verschiedenen Städten verhältnismäßig gut besuchte Demonstrationen statt, auf welchen die unmenschlichen Haftbedingungen gegen die politischen Gefangenen angeprangert wurden. An diesen Demonstrationen nahmen auch Personen außerhalb des engeren RAF-Unterstützer-Kreises teil.

Taufers bereits genanntes positives Fazit der Hungerstreik-Front von 1984/85 ist wohl nicht zuletzt vor dem Hintergrund der zusammengeführten Aktionen zwischen den Ebenen RAF, AD, Widerstand und Unterstützer*innen zu verstehen.

Vier Jahre später folgte der nächste große Hungerstreik der RAF. Dieser fand kurz vor dem endgültigen Zusammenbruch des Ostblocks statt. Diesen Hungerstreik von 1989 beurteilte Taufer als einen besonders schwerwiegenden Einschnitt in der Geschichte der RAF: „Der Hungerstreik war dann auch in mehrfacher Hinsicht ein Einschnitt. Eine breite Solidarisierung, von den radikalen Linken bis über sich bis dahin abgrenzende linke Gruppen bis hin zu gewerkschaftlichen und kirchlichen Kreisen bewirkte zum ersten Mal ein Aufbrechen der Staatsschutzblocks, ohne indes an der harten Haltung der Entscheidungsträger etwas ändern zu können."[281]

Aus dieser (an sich günstigen) Ausgangssituation entwickelte sich laut Taufer eine fatale Spaltung der Gruppe der politischen Gefangenen, welcher zuerst der Zerfall und dann die Auflösung der RAF folgte. Der Streit zwischen der RAF und Fraktionen der politischen Gefangenen liegt darin begründet, dass über das Ziel (die Zusammenlegung und dann die anschließende Freiheit der Gefangenen) absolute Einigkeit herrschte, zugleich aber ein erbittert geführter Richtungsstreit über den richtigen Weg dorthin ausbrach.

Am Hungerstreik 1989 ragte für Taufer heraus, dass sich zum ersten Mal gesellschaftlich weithin akzeptierte Gruppen wie Gewerkschaften und Kirchen für die Freilassung politischer Gefangener einsetzten. Darin lag für Taufer wohl der Nachweis, dass die RAF in der Gesellschaft angekommen war, das heißt, dass sich ein Teil des gesellschaftspolitischen Mainstreams hinter die Forderungen der RAF und der politischen Gefangenen stellte. Darüber hinaus stellte Taufer sogar fest, dass selbst die Staatsschutz-Organe kontrovers über den weiteren Umgang mit der RAF und den politischen Gefangenen diskutierten. Dies alles stellte für ihn eine neue Ausgangssituation dar, da gerade die Staatsschutz-Organe aus Sicht der RAF bis dahin auf einem Vernichtungsverhältnis gegenüber der RAF und den politischen Gefangenen bestanden hatten. Allerdings gestand Taufer ein, dass an der harten Haltung der politisch-administrativen Entscheidungsträger trotz des beschriebenen gesellschaftspolitischen Drucks und einer neuen Meinungsvielfalt nichts geändert werden konnte.

Taufers Annahme einer gesellschaftlichen Unterstützung für die Freilassung der politischen Gefangenen gründete wohl auf einer gravierenden Fehleinschätzung, denn vielen Menschen war ebenso wie politischen Entscheidungsträgern und Geheimdienstleuten klar, dass sich die RAF auflösen würde, wenn es die politischen Gefangenen nicht mehr gäbe. Dem Hungerstreik von 1989 folgte also beinahe zwangsläufig ein äußerst schmerzhafter Prozess der Entfremdung und des Streits.

Als Höhepunkt der Ereignisse um die Spaltung zwischen RAF, Reformer*innen und Hardliner*innen im Jahr 1992 sah Taufer ein Desaster, das sich durch eine völlige politische Leere auszeichnete: „Die Vehemenz, mit der die Klärungsprozesse gefordert werden, ohne zu Resultaten zu kommen, entspricht der politischen Leere des Jahres 1992. Die alten, seit 20 Jahren gültigen Gewissheiten sind erschüttert und neue nicht in Sicht. In dieser Krisenzone – in der die Gefahr eines letzten Stillstands ebenso gegeben ist wie die Chance, neue Ufer zu erreichen – wird erstens von fast allen gedacht und gesagt, was 20 Jahre lang von fast niemandem gesagt wurde, und zweitens wird der Staat initiativ ... Entscheidend ist, dass er die Initiative in die Hand bekommt. Und so wird aus dieser Kinkel- und/oder KGT-Initiative eine Köpfe-füllende monströse Angelegenheit. Wohl wissend um den inneren Zustand der Gruppe fordert der Verfassungsschutz die Zusammenlegung, lange vor 1992 (die Gefangenen sollen sich zerstreiten) – und identifizieren Gefangene die Kinkel-Initiative sofort als Spaltungsmanöver."[282]

Die Zäsur des Jahres 1992 barg gemäß Taufer Chancen für die RAF und eine Neubestimmung der linken Politik, aber auch die Gefahr, dass die Politik der RAF und der politischen Gefangenen im Nichts verschwindet. Es war für ihn bemerkenswert, dass die (lange Zeit geltenden) linken Wahrheiten plötzlich nicht mehr gültig waren und es sich schwierig gestaltete, eine neue tragfähige linke Perspektive herzustellen, die in die Zukunft weist.

In dieser Phase der Schwäche von RAF, Hardliner*innen und Reformer*innen wurde die Staatsseite aktiv. Damit blieb der RAF und den politischen

Gefangenen nur die Möglichkeit, in ihrem Zustand der allgemeinen Orientierungslosigkeit auf das Handeln des Staats zu reagieren. Zwischen der Kinkel-/KGT-Initiative und der geheimdienstlichen Forderung nach Zusammenlegung der politischen Gefangenen sah Taufer einen engen Zusammenhang. So war den Geheimdiensten bekannt, dass die Gruppe der politischen Gefangenen zerstritten und dass es zwischen Gefangenen und der RAF zu Spannungen gekommen war. Insofern ist die Vermutung Taufers nicht völlig von der Hand zu weisen, dass der Staat durch ein geschicktes Taktieren der RAF den Todesstoß versetzt hat.

7.3.2 Rechtfertigung des bewaffneten Kampfs

Im Unterschied zu den Hardliner*innen entwarfen die Reformer*innen eine dezidierte geschichtliche Begründung, welche die Notwendigkeit und Rechtfertigung des bewaffneten Kampfs betrifft. Die Hardliner*innen hatten sich bei der Daseinsbegründung für die RAF im Wesentlichen auf soziologische und politologische Annahmen fokussiert. Die Reformer*innen entwarfen hingegen ein eher geschichtlich gewachsenes Bild der RAF-Entwicklung, das den Kampf der RAF rechtfertigt, moralisch-ethisch überhöht und somit als beinahe unausweichlich darstellt. So ist zum Beispiel in einem „konkret"-Interview die Rede davon, dass die RAF eine nachholende Résistance gewesen sei: „Unsere Einschätzung damals war, dass sich der Imperialismus >>in der strategischen Defensive<< befindet ... [V]or dem Hintergrund von Auschwitz und Vietnam war es politisch und moralisch denkbar, auch mit dem Versuch des bewaffneten Kampfs in den Zentren des Imperialismus, diesem Aufstand mit allen Kräften beizutreten. Die schillernde Haltung, die Politik, Wirtschaft, Justiz und Militär zur faschistischen Vergangenheit, und die eindeutige Position, die sie für den Genozid in Vietnam einnahmen, ließ darüber hinaus die Frage offen, ob der Faschismus in Deutschland wieder hervor kriechen könnte. Der bewaffnete Kampf in der Bundesrepublik war gewissermaßen auch der Versuch einer nachholenden Résistance."[283]

Die Reformer*innen sahen also die Bundesrepublik Deutschland nicht nur als juristischen Nachfolgestaat des Dritten Reichs. Sie unterstellen zudem auch eine geistige Fortschreibung des nationalsozialistischen Erbes im „demokratischen“ Nachkriegsdeutschland. Diese Gedankenfigur hatte sich bereits zur Zeit der Studentenunruhen etabliert und trug zum Unmut gegen das elterliche Establishment bei. Zudem wurde sie von etlichen RAF-Akteur*innen unterschiedlicher Generationen geteilt.

Bei nüchterner Betrachtung lässt sich dieser Vergleich aber nicht aufrecht erhalten, denn die französische Résistance bekämpfte die deutschen Besatzer während des Zweiten Weltkriegs auf französischem Boden. Die Résistance war folglich der Versuch eines unterdrückten und besetzten Volks, die brutalen und gewissenlosen Okkupanten zu bekämpfen. Bereits durch die territorialen und die nationalen Komponenten wird offensichtlich, dass der Résistance-Vergleich der Reformer*innen und der anderen RAF-Akteur*innen (die ihn bemüht haben) hinkt:

- Von wem soll Deutschland besetzt gewesen sein?
- Den Deutschen?
- Den Besatzungsmächten?
- Und: Kann man die Bundesrepublik Deutschland mit dem Dritten Reich und den Nazis vergleichen?

Ebenso problematisch erscheint mir in der zitierten Passage der Aspekt zu sein, dass Taufer Auschwitz und Vietnam in einem Atemzug nennt. Der Krieg in Vietnam ist sicherlich furchtbar gewesen und hat unvorstellbares, großes Leid vor allem gegenüber dem vietnamesischen Volk verursacht. Aber Vernichtungslager wie Auschwitz, die zur Ermöglichung des industriell praktizierten Genozids an den Juden eingerichtet wurden, gab es in Vietnam nicht einmal ansatzweise. Außerdem beuteten die Amerikaner die Arbeitskraft Mensch im Gegensatz zu den Nazis nicht so vollumfänglich und bis zur völligen Vernichtung aus.

Im Gegenteil: Für die amerikanische Regierung war der Krieg in Vietnam aus geopolitischen und geostrategischen Gesichtspunkten heraus nicht nur gerechtfertigt, sondern zwingend notwendig. Sie wollten den „demokratischen“ Einflussraum in Südostasien sichern und kommunistische Diktaturen mit ihren menschenverachtenden Regimes und Todeslagern (wie zum Beispiel bei den Roten Khmer in Kambodscha) verhindern.

Taufers Aussage verdient aber noch eine eingehendere Betrachtung. In ihr werden nämlich diverse geschichtliche Sachverhalte bunt miteinander vermischt und unterschiedlichste politische Systeme in einen Topf geworfen. Im Einzelnen sind in seinem Statement insbesondere die folgenden Annahmen enthalten, die es kritisch zu überdenken gilt:

Während des Dritten Reichs gab es in Deutschland keinen Widerstand.

Das Fehlen eines Widerstands im Dritten Reich stellt ein moralisch-ethisches Defizit dar, das Widerstand im juristischen Nachfolgestaat generell rechtfertigt, auch wenn das Staatssystem ein völlig anderes ist.

Der juristische Nachfolgestaat des Dritten Reichs, die Bundesrepublik Deutschland, steht in historischer, gesellschaftlicher und kultureller Tradition des Dritten Reichs und muss deshalb bekämpft werden.

Die so dargestellten Annahmen Taufers sind offensichtlich allesamt äußerst problematisch und letztlich nicht haltbar.

Im Einzelnen:

Im Dritten Reich gab es sowohl zivilen als auch bewaffneten Widerstand gegen das Hitler-Regime. Als Beispiele für diesen Widerstand seien stellvertretend die „Weiße Rose“, Georg Elser, die „Rote Kapelle“,[284] die Verschwörung des „20. Juli“ um General von Stauffenberg sowie die „Swing-Jugend“ oder die „Edelweiß-Piraten“ genannt.

Ein offensichtlicher Unterschied dieser Widerstandsbewegungen gegen Hitler im Vergleich zur französischen Résistance besteht im vereinzelten und unsystematischen Vorgehen der Gruppierungen. Allerdings muss erneut darauf hingewiesen werden, dass Frankreich ein besetzter Nationalstaat war und die Résistance sich also gegen die deutschen Besatzer wandte und eine nationalfranzösische Bewegung war.

Ob das Fehlen eines umfassenden deutschen Widerstands gegen Hitler als moralisch-ethisches Defizit auf den Nachfolgestaat übertragen werden kann (wie Taufer dies tut), ist mehr als zweifelhaft. Bei der Bundesrepublik Deutschland handelt es sich um einen betont demokratischen Rechtsstaat, der offiziell ganz bewusst mit dem totalitär-diktatorischen Erbe des Dritten Reichs gebrochen hat, während gleichzeitig zahlreiche Karrieren in allen Gesellschaftsbereichen vom NS-Deutschland bis in die BRD erfolgreich fortgeführt wurden.

Gerade aus den Fehlern des Dritten Reichs wollte die Bundesrepublik Deutschland lernen. Das Grundgesetz (die bundesrepublikanische Verfassung) ist insofern darauf ausgerichtet, dass sich so etwas wie der Nationalsozialismus nie wiederholen kann. Insofern stellte der Vergleich Taufers eine Verleumdung der Bundesrepublik Deutschland und einen verzweifelten Versuch dar, das eigene Tun (bewaffnete Politik gegen einen demokratischen Staat zu führen) zu rechtfertigen.

Wie die Hardliner*innen rechtfertigten auch die Reformer*innen ihre Entscheidung (bewaffnet zu kämpfen) aus einer politischen und geostrategischen Gesamtentscheidung heraus: „Damals dachten und kämpften wir als Teilnehmer eines weltweiten Aufstands gegen das US-imperialistische Weltsystem. Die Welt war zweigeteilt, die Sowjetunion zwang dem Imperialismus ein globales Kräfteverhältnis auf, das seinen Bewegungsspielraum gegenüber den Völkern und Befreiungsbewegungen des Trikonts beschnitt."[285]

Das bipolare Kräfteverhältnis auf der Welt schien also auch in diesem Fall der Ansporn und die Rechtfertigung zu sein, bewaffnet in den Kampf um gesellschaftspolitische Zustände eingreifen zu können. Es drängt sich einem der Eindruck auf, als ob damals für die RAF als Berechtigung (bewaffnet zu kämpfen) das Wissen ausreichte, dass sie einen starken Verbündeten hatte.

Im Zitat wird aber noch ein weiterer Feind der RAF benannt. Der US-Imperialismus verkörperte für die RAF die Perfektion und gleichzeitig die absolute Perfidie des Kapitalismus. Diese Wirtschaftsform war für die RAF in besonders hohem Maße zu verurteilen, da sie sich nicht an den Bedürfnissen des Menschen, sondern alleine an der Profitmaximierung und den Interessen der herrschenden Klasse orientiert. Mit dem Kapitalismus verbanden sich (aus Sicht der RAF) die Staats- und Gesellschaftsformen der westlichen Demokratien. Allerdings sah die RAF die westliche Demokratie nicht als ideale Staatsform an, da sie die mit ihr verbundenen Formen der Wirtschaftsordnung des Kapitalismus moralisch-ethisch für verwerflich hielt. Der US-Imperialismus bedeutete für die RAF, dass die politischen (westliche Demokratie) und wirtschaftlichen (Kapitalismus) Systemformen aggressiv ausgerichtet sind und mit militärischen Mitteln gewaltsam in die Welt exportiert werden, bis sie zur allbeherrschenden Wirtschafts- und Gesellschaftsform geworden sind. Folglich sah die RAF alle militärisch-politischen Konflikte der USA unter diesen Vorzeichen. Dabei unterschlug sie aber, dass die Sowjetunion ebenso ihre politischen (Real-Sozialismus) und wirtschaftlichen (Zentralverwaltungswirtschaft bzw. Planwirtschaft) Systeme in die Welt exportiert und militärisch abgesichert hatte. Die USA und die Sowjetunion befanden sich zu Beginn der 70er Jahre im Kalten Krieg, der (zum Glück für die Menschheit) nie heiß wurde.

In Vietnam fand Ende der 60er bis Mitte der 70er Jahre ein sogenannter Stellvertreterkrieg innerhalb des Kalten Krieges statt. Die USA unterstützten das westlich orientierte südvietnamesische Regime und vor allem China (sowie die UdSSR) den kommunistisch ausgerichteten Norden des Landes. Die bundesdeutsche Linke und die RAF bezogen ohne Wenn und Aber Stellung gegen die Amerikaner, da sie diesen einen versuchten Genozid am nordvietnamesischen Volks vorwarfen.

7.3.3 Analyse des Staats und der Gesellschaft

Konnte man in den vorangegangenen Teilkapiteln bedeutende inhaltliche und semantische Schnittmengen zwischen Hardliner*innen und Reformer*innen feststellen, so trifft dies auch für die Analyse des Staats und der Gesellschaft zu, was vor dem Hintergrund einer ähnlich bis gleichsinnig verlaufenden politischen Sozialisation nicht verwunderlich ist.

So teilte Taufer beispielsweise die Einschätzung der Hardliner*innen, dass die deutsche Gesellschaft im wiedervereinigten Deutschland Gefahr laufe, wieder dem Faschismus zu erliegen: „Und wenn heute eine Re-Faschisierung läuft, dann breitet sie sich aus in jenem politisch-kulturellen Vakuum, das diese Linke in ihrem Rückzug aus einer gesamtgesellschaftlichen Verantwortung und Neusetzung von Werten und Einstellungen hinterlassen hat. Die Welt, nicht zuletzt die westlichen Systeme, befinden sich in einem sich beschleunigenden Prozess der Implosion, der vermutlich von ähnlicher Dimension sein wird wie der Übergang vom Mittelalter zur Neuzeit."[286]

Taufer sah den Grund für eine zunehmende Faschisierung der deutschen Gesellschaft also darin, dass sich die Linke und dadurch auch ihre Werte aus dem gesellschaftlichen Raum zurückgezogen haben. Insofern sei (so Taufer weiter) eine von der Linken verursachte und nicht wieder ersetzte Leerstelle entstanden, die nun durch faschistische Tendenzen gefüllt würde. Damit schrieb Taufer die Verantwortung für den Rechtsruck in der deutschen Gesellschaft letztlich der Linken zu. Dieser Befund verknüpfte sich mit dem daran kausallogisch anknüpfenden Aufruf, als Linke wieder aktiv zu werden, um den Rechten den Boden zu entziehen und sie zurückzudrängen.

Weltgeschichtlich sah Taufer die Welt vor einem Prozess des Zerfalls und des

Übergangs, den er mit dem Übergang vom Mittelalter zur Neuzeit verglich, was eine (salopp gesagt) ziemlich steile These ist. Schließlich lieferte er für diese Behauptung auch im weiteren Text keine Belege, das heißt, dass eine Begründung hierfür nicht vorhanden ist, weshalb die Wertigkeit dieser Aussage durchaus bezweifelt werden darf.

Taufer sah außerdem den Kampf gegen den Faschismus als eine der wichtigsten gesellschaftspolitischen Aufgaben an – für die Linke, aber auch für die ganze Gesellschaft: „Am wichtigsten scheint mir aktuell eine möglichst breite Front gegen die Gefahr von Faschismus. Eine Frage, die unausweichlich auf uns zukommen wird, spätestens dann, wenn es in dieser Entwicklung einen noch bedrohlicheren Sprung geben wird. So jedenfalls die Erfahrungen aus der Geschichte ... Diese Faschisierung ist aber nur der unverstellte Klartext des neoliberalen Wolfsgesetzes. Antifaschistischer Kampf ist notwendig, soweit ich das von hier sehen kann, hat er eine Kraft und eine Wirkung entwickelt, die ihn legitimiert, aber doch ist er ohne Schutzwirkung gegenüber der Zerstörungsdynamik des neoliberalen Totalitarismus."[287]

Taufer ging also davon aus, dass die faschistische Bewegung in der deutschen Gesellschaft deutlich an Zulauf gewinnen wird. Die Begründung hierfür sah er in der geschichtlichen Erfahrung, die aus dem Dritten Reich heraus gewonnen wurde.

Interessant ist die Begründung, die Taufer für den aktuellen Faschismus lieferte. So stellte er die These auf, dass der Neoliberalismus den wesentlichen Grund für diese Art von Faschismus darstellt. Diesen Zusammenhang belegte er aber nicht. Insofern bleibt im Dunkeln, wie Taufers Behauptungen zu verstehen sind. Der Zusammenhang zwischen der Wirtschaftsform (Neoliberalismus) und der politischen Ausrichtung (Faschismus) ist alles andere als selbsterklärend. Insgesamt gab es laut Taufer bereits gute Ansätze des antifaschistischen Widerstandskampfs. Allerdings habe dieser noch keine Schutzmechanismen gegen die Zerstörungsdynamik des neoliberalen Totalitarismus entwickeln können. Offensichtlich verwischte Taufer hier mehrere Begründungs- und Argumentationsebenen.

Der angebliche Kausalnexus von Neoliberalismus und Faschismus macht meines Erachtens keinen Sinn, denn der Neoliberalismus ist am weltweiten Absatz von Waren und Gütern interessiert – unabhängig von Faktoren wie Hautfarbe, Rasse und Nationalität. Inwiefern der Neoliberalismus totalitäre, faschistische oder sogar rassistische Tendenzen besitzen soll, ist fragwürdig, da die wesentlichen Kennzeichen des Neoliberalismus doch gerade Warenabsatz und Deregulierung sind. Die heute herrschende Dichotomie von Globalisten und Nationalpopulisten scheint Taufers Überlegungen ad absurdum zu führen.

Dellwo ging (auf Deutschland bezogen) davon aus, dass dem Staat und der Gesellschaft der neue soziale Gedanke und ein neuer historischer sozialer Sinn für die Gesellschaft fehlen: „Ich weiß, dass er etwas mit der Eigengeltung von Mensch und Natur zu tun hat, die wir uns zurückerobern müssen. Aber unsere erste Schranke ist heute die Entfremdung in der Gesellschaft." [288]

Der Mensch und die Natur sollen (laut Dellwo) einen Wert aus sich heraus besitzen, der nichts mit der Markt- und Verwertungslogik des kapitalistischen Systems zu tun habe – ein Gedanke, der heute sogar den Mainstream der ökologischen Bewegung beherrscht. Besonders schwierig scheint mir der Gedanke der Eigengeltung von Mensch und Natur zu sein, da der Mensch und die Natur seit Beginn der Menschheit immer in einem dialektischen Wechselverhältnis von Nutzung und Ausnutzung standen – auch unter kommunistischer Führung und Wirtschaftsform. Die Wertigkeit des Menschen an sich ist zudem ein zutiefst postmaterialistischer Gedanke, der mit revolutionärem Pathos recht wenig bis rein gar nichts zu tun hat, sieht man von der strategisch-theoretischen Ausrichtung an der Frankfurter Schule und der Subjektwerdung im revolutionären Prozess einmal ab.

Des Weiteren prangerte Dellwo die Entfremdung in der Gesellschaft an und bezog sich dabei offensichtlich auf Karl Marx. Nach Marx ist der Mensch durch die arbeitsteilige Gesellschaft und die Lohnarbeit sich selbst und damit auch der Gesellschaft entfremdet. Diese Defizite verursachen sowohl für die einzelne Person als auch für die Gesellschaft tiefgehende Probleme, denn der Mensch verliert dadurch seine Wertigkeit. Zudem ist sich der Mensch seines Selbst nicht mehr bewusst.

Wie ersichtlich verquickte Dellwo hier auf unzulässige Weise mehrere Argumentationsstränge aus der marxistischen Dialektik, der Psychoanalyse und des Postmaterialismus. Dass ein solcher Theorieeklektizismus keine Überzeugungskraft zu entfalten vermag, liegt auf der Hand.

Letztlich beurteilten die Reformer*innen die Stabilität des Systems nach der Wende negativ: „Wir könnten jetzt viel zusammenzählen, warum wir das System heute schwächer, weil instabiler, sehen als damals. Aber letztlich bringt uns das nicht weiter, weil wir ja auch wissen, dass die Kaputtheit der anderen Seite nicht unsere Stärke ist. Es gibt keinen Automatismus von Elend und Befreiung. Umgekehrt wäre dann allerdings seine Stabilität, unterstellt man sie mal, nicht die Ursache unserer Schwäche ... Ob das System nun stabiler ist oder nicht – wer sein Leben in dieser Gesellschaft nicht verwerfen will, muss aus dem herrschenden gesellschaftlichen Konsens raus und eine eigene Vernunft setzen, leben und darum kämpfen, dass sie als Gegenrealität in der Gesellschaft existiert und entwickelt werden kann."[289]

Die von den Reformer*innen festgestellte Schwäche des Systems setzten sie im gleichen Atemzug ins richtige Verhältnis, wenn sie behaupteten, dass die Schwäche der anderen nicht als eigene Stärke verstanden werden muss. Als Problem diagnostizierten die Reformer*innen, dass es keine automatische Befreiung aus dem gesellschaftlichen Elend gibt. Sie appellierten an die Vernunft des Einzelnen, aus dem gesellschaftlichen Konsens und aus der bürgerlichen Existenz auszubrechen, um das eigene Leben nicht zu verwirken. Allerdings ließen sie völlig im Dunkeln, woher sie die analytische Gewissheit bezogen, dass das System schwächer denn je sei – in dieser Form wirkte das eher wie ein frommer Wunsch und nicht wie eine gut fundierte Analyse.

Der Schlussgedanke im vorangegangenen Zitat findet sich auch in zahlreichen Schriften der RAF zu dieser Zeit wieder. Dort wird mit etwas anderen Worten gesagt, dass eine Gegenrealität bzw. eine Gegenmacht von unten erkämpft werden muss, auf deren Basis dann eine groß angelegte gesellschaftliche Gegenentwicklung stattfinden könne. Allerdings scheiterte die RAF an diesem Versuch. Vermutlich gab es zwischen RAF und den Celler Gefangenen eine Kommunikation, die es ermöglichte, zu ähnlichen Schlussfolgerungen zu kommen und ähnlich artikulierte Standpunkte als Gegengewicht zu den Argumenten der Hardliner*innen zu formulieren.

Die Problematik blieb jedoch immer dieselbe, denn weder RAF noch die Celler Gefangenen waren in der Lage, ihre Andeutungen mit positiven, zukunftsweisenden Konkretisierungen zu füllen. Destruktive Analytik hat bisher nie etwas Positives entstehen lassen.

7.3.4 Ausrichtung der zukünftigen Ideologie und Strategie

Das Lager der Reformer*innen konnte sich bei den Themen der Ideologie und Strategie natürlich nicht für ein plumpes „Weiter so, RAF!" aussprechen, was im Übrigen selbst die Hardliner*innen in dieser Deutlichkeit nicht machten. Dieser Einschnitt betraf auch die zukünftige Ideologie und Strategie der politischen Gefangenen. Insofern konstatierten Reformer*innen und Hardliner*innen gleichermaßen einen zwingenden Änderungsbedarf bei der in Freiheit agierenden RAF.

Für Hardliner*innen und Reformer*innen bestand also die Übereinstimmung darin, dass die Ideologie und Strategie der RAF und der politischen Gefangenen einer Verbesserung und Weiterentwicklung bedurfte. Wie so häufig im Leben gab es eine Übereinstimmung hinsichtlich der Diagnose – aber wie mit dem Befund verfahren und was aus den Fehlern der Vergangenheit gelernt werden soll, darüber herrschte zwischen Hardliner*innen und dem kleineren Lager der Reformer*innen ein mehr als erbittert geführter Richtungsstreit.

Dellwo sprach ausdrücklich davon, dass die alte Konzeption der RAF in Zukunft nicht mehr aufrechtzuerhalten sei. Schwierigkeiten hatten sowohl Reformer*innen als auch Hardliner*innen an dem Punkt, an dem es um die positive Füllung der zukünftigen Ideologie und Strategie ging – an diesem Kardinalfehler litt die RAF bereits von Beginn an. Der RAF gelang es zu keinem Zeitpunkt ihrer Existenz, ein positiv gefülltes Gegenkonzept zum Bestehenden zu entwerfen, geschweige denn einen für die Massen attraktiven Gegenentwurf zu gestalten. Die RAF verneinte immer nur das, was war, konnte selber aber keine neuen ideologischen Alternativen herstellen, die über abstrakte Worthülsen hinausgingen – geschweige denn ein Gesellschaftsszenario für die Zeit nach der gelungenen Revolution entwerfen.

Taufer erging sich zunächst in Andeutungen, bestätigte dann aber deutlich Dellwos Linie: „Es gibt draußen welche, die die Einstellung der Angriffe, das damit verbundene Aufknoten unserer Geschichte sowie – kaum unvermittelt – Andeutungen, wonach in der Gesellschaft heute etwas anderes möglich sein soll, als Messer in den Rücken empfinden. >>Links<< steht mit dem Rücken zur Wand – so sehr die Kämpfe ums Überleben im Alltag ohne Militanz kaum noch vorstellbar sind, so sehr sie auch ganz subjektiv Überlebensbedingung sind, an der grundsätzlichen Situation ist damit allein nichts zu ändern. Ich denke aber, auch wenn eine revolutionäre Perspektive nicht in Sicht ist, haben die Recht, die Widerstand leisten. Das war ursprünglich Selbstverständnis von >>RAF<<, um nach und nach dem verbalradikalen Lippenbekenntnis zu weichen.“[290]

In Taufers noch weiter gehender Aussage stecken zwei Sachverhalte, die im Folgenden eine eingehende Betrachtung verdienen: Zunächst stellte Taufer im weiteren Verlauf seiner Aussage diejenigen, welche die RAF für die Einstellung der bewaffneten Politik kritisieren, in die geistige Nähe der Deutschnationalen (vor allem die Deutschnationale Volkspartei: DNVP) zur Zeit der Weimarer Republik. Der Ausdruck Messer im Rücken hat einen offensichtlichen Bezug zur Dolchstoß-Legende in den 20er und 30er Jahren des 20. Jahrhunderts. Die Dolchstoß-Legende besagt, dass das deutsche Heer im Ersten Weltkrieg nicht auf dem Schlachtfeld besiegt, sondern von der Heimat hinterrücks erdolcht wurde – was schließlich die militärische Niederlage besiegelte. Durch diese tautologische Analogie machte Taufer die Entscheidung der RAF unangreifbar und rückte all diejenigen, die sich gegen die Einstellung der bewaffneten Politik aussprachen, politisch nach rechts, was im Verständnis eines Linksradikalen und ehemaligen RAF-Aktivisten einer bodenlosen Beleidigung gleichkommt. Es fragt sich, mit welcher historischen oder sonstigen Berechtigung Taufer es sich erlauben konnte, eine solche Aussage zu treffen. Zwischen der Dolchstoß-Legende, der Weimarer Republik und der Geschichte der RAF liegen in ihrer geschichtlichen Bedeutsamkeit gefühlte Lichtjahre – sowohl inhaltlich als auch strukturell.

Der zweite Sachverhalt betrifft die strategische Lage der Linken. Die Linke stehe mit dem Rücken zur Wand und könne sich somit nicht angemessen wehren. Dieser Befund der Linken stünde aber (so Taufer) in starkem Gegensatz zur Situation des Einzelnen. Denn der Einzelne müsse sich in seinem Alltag militant wehren, um seine Interessen zu wahren und sich zu verwirklichen. Insofern billigte Taufer trotz der fehlenden revolutionären Gesamtperspektive den militanten Widerstand des Individuums. Dies ergab sich für ihn aus der Notwendigkeit, Widerstand gegen das System zu leisten, um nicht auf der Strecke zu bleiben. Das sei zugleich immer der Ansatz der RAF gewesen, womit er sicherlich auf die Gründung der RAF anspielte und nicht unrecht hatte.

Taufer sah die Zukunft Deutschlands von sozialen Bewegungen geprägt, wobei wieder recht schwammig und unterspezifiziert blieb, was denn genau darunter zu verstehen sei. Diese antizipierte Entwicklung dürfte den Reformer*innen entgegengekommen sein. Die Hardliner*innen hingegen bezichtigten die Reformer*innen wiederholt des Reformismus und unterstellten ihnen, einen Platz im Vierten Reich ergattern zu wollen.

Taufer machte die folgende gesellschaftspolitische Aussage über die Zukunft Deutschlands – aus seiner Weltanschauung und aus seinem soziopolitischen Verständnis heraus sind das wohl kohärente Behauptungen: „Die kommende Ära wird die Ära der sozialen Bewegungen sein, der ökonomischen und sozialen Erfindungen. Vorausgesetzt, es gelingt, den dazu nötigen Raum aufzumachen und konkreter Utopie endlich mal einen diesseitigen Sinn zu geben. Denn die Alternative wäre eine sich ausbreitende diffuse Gewalt und Destruktivität von jenen gegen jene, die um ihr Überleben kämpfen. Und was dann eine RAF zur Gewaltfrage sagen würde, wäre dieser Eskalation gegenüber völlig gleichgültig. Von dieser veränderten Weltlage spricht die Erklärung der RAF. Es ist keine Kapitulation, es ist die konsequente Neuorientierung auf eine Situation, zu der die bewaffnete Aktion quer liegt."[291]

Taufer unterstellte nicht nur, dass die sozialen Bewegungen für die Zukunft eine große Rolle spielen werden. Darüber hinaus behauptete er, dass soziale und ökonomische Erfindungen bedeutend sein werden. Er füllte diese Behauptungen inhaltlich aber nicht weiter aus und so bleibt nur zu vermuten, dass er eine stärkere Verknüpfung von ökonomischen und sozialen Aspekten meinte – Ansätze, die heute sowohl in das Wirtschaftssystem als auch in das politische System Eingang gefunden haben. Eine Voraussetzung für eine gelungene Verknüpfung von Sozialem und Wirtschaftlichem lag für Taufer darin, dass die Linke beides erkämpfe und dem Ganzen auch einen diesseitigen (das heißt weder religiösen noch esoterischen) Sinn verleihen könne. Gelänge die beschriebene Verknüpfung nicht, dann bliebe laut Taufer nur die Alternative eines Kampfs „Aller gegen Alle" – das wäre dann vor allem der Kampf derjenigen, die um ihr wirtschaftliches Überleben kämpfen müssen.

Vor dem Hintergrund dieses schrecklichen Gewaltszenarios sah es Taufer als unwichtig an, was die RAF dann zur Frage des bewaffneten Kampfs sage. Diese Aussage erinnert beinahe im Wortlaut an die (etwas zuvor zitierte) Meinung von Helmut Pohl. Insofern schienen sich ehemalige RAF-Aktivist*innen einig darin zu sein, dass die militärische und gesellschaftspolitische Bedeutung der RAF vor dem Hintergrund der sich ändernden soziopolitischen Parameter verschwindend gering war.

Allerdings ist bei einer genauen Betrachtung dieser Worte die Aussage sicherlich nicht ganz uneigennützig. Denn indem Taufer das Gewaltszenario ohne RAF als ungleich gewalttätiger skizzierte, geriet die RAF beinahe in den Verdacht, selbst nur moderate und gegebenenfalls so etwas wie „gute" bzw. „sinnvolle" Gewalt zu produzieren. Vor dem heutigen Gesellschaftspanorama, in dem sich immer häufiger die Gewalt von rechts entlädt, scheinen Taufer und die RAF allerdings beinahe recht behalten zu haben, nur dass das Aufbegehren des Volkes nicht wie von beiden erwartet von der politisch linken Seite kam. Nationalkonservative und Nationalpopulisten füllten die von der Linken hinterlassene theoretische Leere durch eigene Ideologie-Konstrukte und verstehen es nach wie vor, Massen für die Straße zu mobilisieren.

Nicht nur die Argumente von Reformer*innen und Hardliner*innen ähnelten sich, sondern auch das dabei benutzte Vokabular. Taufer unterstützte ausdrücklich die Entscheidung der RAF bewaffnete Angriffe auf Menschen einzustellen, da nur so versucht werden könne, die von ihm beschriebene Situation mit positivem und konstruktivem Sinn zu füllen und einer schrecklichen Phase der entfesselten, weite Bevölkerungsteile betreffenden Gewalt zu entgehen. Eine Fortführung der bewaffneten Politik durch die RAF hätte gemäß Taufer den Versuchen einer gewaltfreien Neuorientierung widersprochen.

Die Reformer*innen rangen auf der anderen Seite um eine neue Perspektive der zukünftigen Ideologie und Strategie des Widerstands: „Die Suche nach einer Überwindungsperspektive wird allerdings in dem Maß subjektiv als sinnlos und abgehoben erscheinen und objektiv auch sein, wo die Alltagskämpfe ums Überleben und für eine selbstbewusste Kultur der Existenz diesseits der Selektionsrampe Weltmarktrentabilität nicht geführt werden. Damit ist aber schon die Unmöglichkeit benannt, unseren Kampf hier anders als mit international-solidarischer Wirkung zu entwerfen. Warum Auschwitz im US-Krieg gegen Vietnam wiedererkennbar gewesen sein soll, die nicht weniger massenhaft-tödlichen ökonomischen Vernichtungsfeldzüge des westlichen Kapitals gegen die allermeisten Trikontländer Ausdruck eines Demokratisierungsprozesses sein sollen, ist nicht nachzuvollziehen. Bei jenen, die so reden, scheint mir das Demokratische heute nicht weniger ideologisch-entäußert zu sein wie ehedem das Revolutionäre."[292]

Die Reformer*innen beschrieben in einem ersten Schritt, wie die positive Füllung des sozialen Sinns aussehen könne. Diese Perspektive ist für sie nur außerhalb der kapitalistischen Verwertungs- und Verwendungszusammenhänge denkbar. Die Reformer*innen bestritten also, dass innerhalb der herrschenden Gesellschafts- und Herrschaftsstrukturen Deutschland ein sinnerfülltes Leben möglich sei. Die Alternative bestand für sie in einer selbstbewussten Kultur der Existenz.

Aber wie so häufig erklärten die Reformer*innen mit keinem weiteren Wort, was diese selbstbewusste Kultur der Existenz denn sein soll. Die Versprechen, etwas konstruktiv im Sinne einer Alternative zu entwerfen, wurden einmal mehr auch von den Reformer*innen nicht eingelöst. Dieser Befund zieht sich durch die gesamte Geschichte der RAF und alle Ebenen: der RAF, dem Widerstand und den politischen Gefangenen. Die gesamte Strategie und die Ideologie der Terrorist*innen bestand immer in einer Verneinung bzw. Vernichtung des Bestehenden à la: Unsere Strategie ist die Strategie gegen ihre Strategie.

Aus solch einem Negationsmechanismus heraus konnte ganz offensichtlich nichts Positives und Eigenständiges entstehen. Im Zitat sagte Taufer anschließend, dass die zukünftigen Ansätze der Linken nur international und solidarisch sein können.

Die restliche Argumentation war zum Teil recht wirr. Einerseits wurde bestritten, dass Vietnam und Auschwitz vergleichbar seien und andererseits wurde behauptet, dass die als Demokratisierungsprozess verkleidete Einführung des Kapitalismus in den Ländern der Dritten Welt nicht weniger Opfer (als Auschwitz und Vietnam zusammen?) gefordert hätte. Insofern ergab sich ein radikales und unerbittliches Bild hinsichtlich der zukünftigen Ideologie und Strategie der RAF. Zwar sollten bewaffnete Angriffe der RAF eingestellt werden. Das skizzierte Gesellschaftsbild war aber unglaublich düster, da dem Kapitalismus zu Beginn der 90er Jahre vorgeworfen wurde, auf einer Stufe mit Auschwitz und Vietnam zu stehen. Eine Überwindungsperspektive sahen die Reformer*innen nur in einer massenhaft breit angelegten Widerstandsbewegung, die letztlich in einer Überwindung der herrschenden Verhältnisse münden sollte.

Vor dem Hintergrund des Gesagten scheint es an dieser Stelle durchaus berechtigt und gerechtfertigt zu sein, die folgenden Fragen zu stellen:

Waren die Reformer*innen insofern radikaler als die Hardliner*innen, da sie letztlich von einem gesellschaftlich breit aufgestellten gewalttätigen Widerstand ausgingen?

Standen die Reformer*innen für eine grundlegend neue Politik des Widerstands gegen das System?

War es „nur" das Scheitern der bewaffneten Politik der RAF, welche die Reformer*innen zum Umdenken zwang?

In jedem Fall bleibt festzuhalten, dass offensichtlich auch die Reformer*innen weiterhin an einer Überwindung der kapitalistisch-demokratischen Gesellschaftsverhältnisse interessiert waren. Diese Schnittmenge des Antidemokratischen und Antikapitalistischen blieb trotz der massiven Meinungsdifferenzen aufgrund derselben politischen Sozialisation bestehen.

7.3.5 Bewertung der Gefangenenfrage/Kinkel-Initiative

Einig waren sich die Reformer*innen mit den Hardliner*innen darüber, dass eine Zusammenlegung aller politischen Gefangenen unabdingbar sei. Denn dieser Zusammenlegung, die einen Diskussionsprozess zwischen den Gefangenen ermöglichen sollte, müsste dann (so die gemeinsame Vorstellung) die Freilassung der politischen Gefangenen folgen. Zudem könne nur durch die Zusammenlegung der Gefangenen eine kohärente Strategie entwickelt werden, die auch eine Strahlkraft auf die in Freiheit agierende RAF besitzen würde. Die Freiheit der Gefangenen nach der Zusammenlegung würde dann sicherlich auch einen positiven Effekt auf eine „gute" (wie auch immer konkret ausgestaltete) Politik der RAF besitzen.

Insofern waren es auch die politischen Gefangenen, welche den an die RAF getätigten Vorwurf der Verknüpfung der Gefangenenfrage mit der Existenz bzw. neuen Politikausrichtung der RAF selbst reproduzierten und somit die Haltlosigkeit ihrer Vorwürfe offenbarten.

Die Reformer*innen begrüßten aber im Gegensatz zu den Hardliner*innen zunächst die Kinkel-Initiative und den neuen gesellschaftlichen Umgang mit dem bewaffneten Widerstand und den Gefangenen. Von daher überrascht es nicht, dass die Reformer*innen den Staatsschutz-Behörden als der passende Ansatzpunkt galten, um die RAF und die politischen Gefangenen auseinanderzubrechen.

Dellwo sprach sich insofern folgerichtig und deutlich für eine Gesamtlösung der Gefangenenfrage aus: „Bin ich auch für eine Gesamtlösung, so bin ich nicht für >>abwickeln<<. Für mich ist nur etwas zu Ende gekommen, wir stecken in der Sackgasse, und aus der müssen wir raus. Das meint den Aspekt von >>Freiheit<<, weil's nicht nur um die Freiheit der Gefangenen vom Knast geht."[293]

Die Freiheit der politischen Gefangenen (und zwar aller – unabhängig von der Lagerzugehörigkeit Hardliner*innen oder Reformer*innen) war somit das erklärte Ziel von Dellwo. Reale Freiheit meinte für ihn (ebenso wie die Abwesenheit von Gefängnis) auch, das System überwinden zu können. Dellwo wies hier den Vorwurf entschieden zurück, die Gefangenenfrage abwickeln oder „verdealen" zu wollen. Dies war ihm wiederholt aus dem Lager der Hardliner*innen vorgeworfen worden.

Der Begriff „abwickeln" beinhaltet ein abwertendes Moment, da man Dellwo unterstellte, unlauter mit dem System zu verhandeln, seine eigene RAF-Geschichte zu verkaufen und sich bei den Feinden anzubiedern, um sich einen warmen, sicheren Platz im Vierten Reich zu ergattern.

Zugleich verknüpfte Dellwo die Lösung der Gefangenenfrage damit, dass die RAF wieder eine Perspektive erhält. Das bedeutet konkret, dass er die RAF in einer konzeptionellen Sackgasse sah, aus der sie sich erst befreien könne, wenn die Frage der politischen Gefangenen nicht mehr an erster Stelle stehe.

Die Hardliner*innen warfen den Reformer*innen ausdrücklich Verrat und ein Abwickeln der RAF-Geschichte vor. Dazu (so die Unterstellung der Hardliner*innen) würden die Reformer*innen Gespräche mit prominenten Vertreter*innen aus Politik, Wirtschaft und Gesellschaft führen.

Dellwo wies diese Vorwürfe zurück und behauptete: „Wir haben weder Reuter noch Kohl noch sonst jemand einen Deal angetragen, wir haben auch keine >>Abwicklung<< betrieben, schon gar nicht ist eine >>Gesamtlösung<< an irgendjemand herangetragen worden."[294]

Sprach Dellwo im vorigen Zitat noch davon, dass es ihm ausdrücklich um eine Gesamtlösung gehe, so verleugnete er dies hier und widersprach sich damit ganz offensichtlich.

Er bestritt zudem, mit Bundeskanzler Kohl oder dem damaligen Vorstandsvorsitzenden der Mercedes Benz AG, Edzard Reuter, gesprochen bzw. verhandelt zu haben und setzte sich damit energisch gegen die erbitterten Vorwürfe der Hardliner*innen zur Wehr. Zu einem früheren Zeitpunkt hatte Dellwo anders geklungen – man konnte dabei durchaus den Eindruck gewinnen, dass die Celler Gefangenen Dellwo, Taufer und Folkerts eine Initiative zur Freilassung aller politischen Gefangenen entwickeln und dabei alle ihnen zur Verfügung stehenden Mittel einsetzen wollten.

Schließlich überführte sich Dellwo quasi selbst der Unaufrichtigkeit, denn nun tauchten genau die Namen und Sachverhalte auf, die er zuvor verleugnet hatte: „Wir haben in zwei Richtungen gesprochen: Leute suchen, die das, was die RAF und die Gefangenen in den letzten Jahren versucht haben, als vernünftig sehen und deshalb öffentlich unterstützen wollen; Druck machen in den Reihen der Gegenseite. In ersterem sind wir auf Bubis gekommen ... Von ihm kam, dass er selber mit uns sprechen wollte, um direkt zu hören, was wir wollten. Wir haben dem natürlich zugestimmt (und hätten ihm dabei auch vorgeschlagen, nach und nach einige andere Gefangene zu besuchen). Daraus ist bis jetzt nichts geworden, denn Kohl nahm ihn bei irgendeiner Gelegenheit kürzlich beiseite und erklärte, er sei gegen diesen Besuch, >>solange Bad Kleinen nicht zu Ende ermittelt sei<< ... Ganz anders bestimmt ist die Reuter-Sache. Es ging darum, dass jemand von >>außen<< (also außerhalb unseres Zusammenhangs) sie aus einer Einschätzung der Situation heraus, wie er sie selber vertreten kann, auf den Ernst der Lage aufmerksam macht, auf das, auf was es wahrscheinlich hinausläuft, wenn die Regierung ihre Haltung nicht ändert. Zu diesem Zweck habe ich mit Ströbele über die Situation diskutiert. Auch dass er nicht in unserem Namen reden kann, dass er nicht verhandelt, keine Zusagen macht oder sonst etwas, sondern einfach, dass er als jemand, der die ganze Geschichte von Anfang an kennt und in ihrer Dialektik einzuschätzen weiß, darauf hinweist, dass die Regierung eine andere Entwicklung systematisch zerstört und für alles, was daraus kommen mag, dann auch alleine die Verantwortung hat."[295]

Bubis als Vorsitzender des Zentralrats der Juden in Deutschland sollte die breite Öffentlichkeit in Deutschland auf die Anliegen der politischen Gefangenen aufmerksam machen. Dabei unterstellten ihm die Reformer*innen (wohl eher ungefragt), dass er die Anliegen der politischen Gefangenen für sinnvoll halte und dies auch so nach außen vertreten wolle. Darüber hinaus gingen die Reformer*innen davon aus, dass Bubis in den Reihen der Gegenseite Druck gemacht hatte. Weshalb sie annahmen, dass Bubis ihrem Anliegen wohlgesonnen sei und sich für sie instrumentalisieren ließe, wurde mit keinem Wort begründet.

Dieser „gesamtgesellschaftlichen Einflussgröße" in Person von Bubis stellte sich aber (nach Ansicht der Reformer*innen) die Politik entgegen. Bundeskanzler Kohl untersagte wohl Bubis (woher die Reformer*innen dieses Wissen bezogen, bleibt ein Geheimnis) mit den Celler politischen Gefangenen in Kontakt zu treten. Kohls Begründung lautete angeblich, dass zuerst die Geschehnisse in Bad Kleinen (der Tod eines GSG 9-Beamten und der Tod des mutmaßlichen Terroristen Wolfgang Grams und die Verhaftung der Terroristin Birgit Hogefeld) aufgeklärt werden müssten. Damit hatte Bundeskanzler Kohl wohl einen ziemlich geschickten Schachzug getätigt, vermutlich in dem Wissen, dass sich die Ereignisse von Bad Kleinen in absehbarer Zukunft kriminalistisch nicht völlig auflösen lassen würden.

Auf einer anderen Ebene lag für die Reformer*innen nach eigenen Angaben der Vorstoß mit dem Daimler Vorstandsvorsitzenden Reuter. Hier ging es den Gefangenen auf gut Deutsch darum, ihr Erpressungspotenzial gegenüber einem ausgewählten hohen Repräsentanten der Wirtschaft sichtbar zu machen, der dies dann als Multiplikator weiter streut. Reuter sollte insofern glasklar vermittelt werden, dass die RAF den bewaffneten Kampf wieder aufnimmt und Repräsentanten aus Staat und Wirtschaft tötet, sollten die Forderungen nach Zusammenlegung und Freilassung der Gefangenen nicht erfüllt werden. Eine solche Konstellation der Reformer*innen kann meines Erachtens durchaus als ein plumper Erpressungsversuch klassifiziert werden und zeigt die hypokritische Seite der Reformer*innen auf, da sich diese ja ausdrücklich gegen ein „Verdealen" der Freiheit politischer Gefangener ausgesprochen hatten.

Als weiterer Teil des Ganzen wird der Grünen-Bundestagsabgeordnete und frühere RAF-Anwalt Hans-Christian Ströbele aufgeführt. Auch ihm sollte klargemacht werden, dass die Eskalation von Seiten der RAF wieder aufgenommen werden würde, wenn das Forderungspaket hinsichtlich der politischen Gefangenen nicht erfüllt werde. Dabei sollte Ströbele sozusagen als Verbindungsmann zur Politik und Wirtschaft fungieren. Verdächtig erscheint in diesem Zusammenhang die Aussage, dass Ströbele nicht die Befugnis gehabt habe, Zusagen zu machen – dies evozierte zumindest den Verdacht, dass die Reformer*innen genau das im Sinn gehabt hatten.

Die Reformer*innen standen der Kinkel-Initiative in der Summe also weitgehend positiv gegenüber und verlangten die Zusammenlegung und Freilassung aller politischen Gefangenen. Dazu suchten sie Gespräche mit hochkarätigen Vertreter*innen aus Politik, Wirtschaft und Gesellschaft. Allerdings (und dies wird unmissverständlich klar) wollten die Reformer*innen in diesen Gesprächen martialische Drohkulissen aufbauen und mit einem Wiederbeginn tödlicher Angriffe der RAF drohen, sollten ihre Forderungen hinsichtlich der politischen Gefangenen nicht erfüllt werden. Damit erwiesen sie sich im Prinzip exakt als das, was ihnen die Hardliner*innen vorwarfen. Sie benutzten das Instrument der bewaffneten Politik und der tödlich verlaufenden Angriffe, um beides als Verhandlungsmasse einzusetzen und um ihre Freiheit zu erlangen.

7.4 Die 3. RAF-Generation

Die Kommandoebene der 3. RAF-Generation nahm im Streit zwischen den Hardliner*innen und den Reformer*innen eine eigenständige Position ein. Sie wollte sich wohl von keiner der beiden Seiten vollständig instrumentalisieren lassen. In der Summe schlug sie sich (insbesondere nach den Ereignissen von Bad Kleinen) auf die Seite der Celler Gefangenen.

7.4.1 Beurteilung der RAF-Geschichte

Bei der 3. Generation der RAF gilt es zu bedenken, dass sie einerseits Attentate mit vielen Toten verübte – andererseits stellte sie den bewaffneten Kampf später ein und löste sich selbst auf. Insofern war ihr Verhältnis zur Geschichte der RAF sicherlich nicht unproblematisch, denn zum einen mussten die bereits begangenen Taten moralisch-ethisch und ideologisch gerechtfertigt werden und zum anderen musste auch die Entscheidung für die Einstellung des bewaffneten Kampfs ihre vollumfängliche Berechtigung besitzen. Beide Stoßrichtungen erforderten eine komplexe, elaborierte Argumentationslinie.

Es ist erstaunlich, wie sehr sich die Betrachtungen der RAF-Geschichte ähneln. Zweifellos gab es einen tief greifenden Streit zwischen den Parteien. Gleichwohl ist bei allen Parteien bezüglich der RAF-Geschichte beinahe dieselbe Geisteshaltung erkennbar.

Die 3. RAF-Generation schrieb über den Beginn der RAF: „Wir, die RAF, sind Anfang der 70er Jahre in der Phase der weltweiten Aufbrüche für Befreiung und der Vietnammobilisierung entstanden. Unser Aufbruch war aus einer Zeit möglich, in der mit der 68er-Revolte auch hier viele Menschen aufgebrochen waren; in diesem Land, in dem es nach Auschwitz keine gesellschaftliche Auseinandersetzung mit der faschistischen Vergangenheit gab und Nazis in allen Bereichen von Staat und Wirtschaft wieder eingesetzt wurden."[296]

Die erste Rechtfertigung für die Entstehung der RAF bildete also der Kampf gegen den US-Imperialismus. Erneut wurde die Metapher des Kampfs um Befreiung als Synonym für das Einstehen auf Seiten des Kommunismus benutzt – dies hatten wir bereits bei den Hardliner*innen und Reformer*innen so vernommen. Zudem erinnerte die RAF an die ungesühnte und nicht aufgearbeitete Nazi-Vergangenheit in Deutschland und sie stellte den bruchlosen Übergang von NS-Zeit und BRD heraus, was beispielsweise Karrieren in beiden Systemen anbelangt. Dies erinnert an die Argumentationsweise der Reformer*innen, welche die RAF ja als nachholende Résistance beschrieben hatten.

Die RAF sah (ebenso wie die Hardliner*innen und Reformer*innen) den Vietnamkrieg als Katalysator für die eigene Geschichte: „Während des Vietnamkriegs war unser Land wichtigste Drehscheibe für den US-Völkermord am vietnamesischen Volk. Wir haben uns dem weltweiten Aufstand gegen den US-Imperialismus angeschlossen. Damals war die Handlungsfreiheit des Imperialismus gegenüber den Bewegungen der nationalen Befreiung im Süden durch die Existenz der Sowjetunion begrenzt. In diesem globalen Kräfteverhältnis haben wir unseren Kampf für die Umwälzung hier als Teil der internationalen imperialistischen Befreiungsfront bestimmt. Es war für uns unmittelbare Perspektive, im gleichzeitigen internationalen Kampf den Durchbruch für Befreiung zu schaffen."[297]

Die RAF stellte sich ausdrücklich in den Kontext der südlichen nationalen und kommunistischen Befreiungsbewegungen, die gegen den US-Imperialismus gekämpft haben. Sie gestand auch ein, dass es wichtig war, die UdSSR als potenzielle Rückendeckung zu besitzen, da dieser Schutz die Handlungsfreiheit der Amerikaner beschnitt.

Der Kampf der RAF fand zwar naturgemäß in der europäischen Metropole statt, allerdings stellte sich die RAF ganz bewusst in den weltweiten Zusammenhang der südlichen Befreiungsbewegungen. Die Befreiungsbewegungen befanden sich aus eurozentrischer Sicht am Rand der kapitalistischen Zentren und Metropolen. Wie viele andere auch ging die RAF ursprünglich davon aus, dass die Befreiungskämpfe den US-Imperialismus schnell besiegen würden. Diese Hoffnung zerschlug sich, da sich der US-Imperialismus (entgegen dem Mao-Wort) eben nicht als „Papier-Tiger" entpuppte.

Die RAF zog dennoch die Rechtfertigung ihrer bewaffneten Politik bis zur Mitte der 80er Jahre aus dem internationalen Befreiungskampf gegen den US-Imperialismus. Sie stellte aber fest, dass es ab Anfang bzw. Mitte der 80er Jahre einen massiven Gegenangriff des Feindes gab: „Auch wenn das Durchkommen der Befreiungskämpfe seit Ende der 70er Jahre durch den Imperialismus gestoppt werden konnte, war unsere Politik bis über die Mitte der 80er Jahre hinaus zentral innerhalb dieser Koordination bestimmt. Wir haben in den 80ern unsere Kraft dafür eingesetzt, das imperialistische Rollback aufzuhalten, mit dem das Rad der Geschichte hinter die Oktoberrevolution zurückgedreht werden sollte."[298] Anfang bzw. Mitte der 80er Jahre gab es in den USA und Großbritannien, welche beide als Führer der kapitalistisch-imperialistischen Staaten galten und somit die beiden wichtigsten Feindfiguren der RAF waren, eine neokonservative politische Bewegung. Ronald Reagan war Präsident der USA und Margaret Thatcher Ministerpräsidentin von Großbritannien. Beide Politiker setzten sich druckvoll und nachhaltig für eine Neoliberalisierung der westlich-kapitalistischen Gesellschaften und ein kompromissloses Bekämpfen der Feinde westlicher Demokratien ein.[299]

Die RAF unterstellte den Systemakteuren der damaligen Zeit, die Geschichte und Errungenschaften des Kommunismus vernichten zu wollen. Die RAF sah ihre Hauptaufgabe darin, diese Rollback-Bestrebungen zu bekämpfen und zurückzudrängen. Aus der bisherigen Begründung heraus wurden der US-Imperialismus und die Nazi-Vergangenheit Deutschlands als wichtiger Ansporn für den bewaffneten Kampf beschrieben. Dabei fehlten dann noch die Aspekte Westeuropas und des zeitgenössischen Deutschlands. Wieso sollte auch der bewaffnete Kampf gegen das Nachkriegsdeutschland gerechtfertigt sein?

Die RAF nahm auch hierzu Stellung und begründete ihren bewaffneten Kampf in Deutschland wie folgt: „In den verschiedenen Phasen unseres 22jährigen Kampfes haben wir als Metropolenguerilla gegen die imperialistischen Weltbeherrschungspläne interveniert, gegen die US-Politik, gegen die NATO, gegen die Formierung des westeuropäischen Blocks und gegen die Entwicklung Großdeutschlands zur Weltmacht und gegen die neue Weltordnung."[300]

Die Formierung des westeuropäischen Blocks (Europäische Union und Europäische Gemeinschaft) stand für die RAF in direktem Zusammengang mit der US-Politik und der NATO. Dies alles zusammengenommen bildete die konzeptionelle Grundlage der „imperialistischen Weltbeherrschungspläne", gegen welche die RAF immer kämpfte. Zudem unterstellte die RAF der Bundesrepublik, sich zur Weltmacht in einer neuen Weltordnung aufschwingen zu wollen. Insofern waren für sie die beiden Angriffsziele Europa und Deutschland gerechtfertigt.

Deutschland galt dabei nicht nur als Vasall der USA, vielmehr wurden Deutschland (ganz in der Tradition des Dritten Reichs) eigene Großmachtpläne unterstellt. Diese fänden allerdings im Rahmen des imperialistischen Gesamtkonzepts statt. Auch innerhalb der EU (so die RAF an anderer Stelle) würden die Deutschen die Vorherrschaft anstreben.

Die 3. Generation der RAF sah sich schließlich mit weltgeschichtlichen Ereignissen konfrontiert, die bei allem vorhandenen Kadergehorsam nicht verleugnet werden konnten. Trotz der sich gegen jegliche Kritik verwahrenden Theorien und nicht hinterfragbaren Weltanschauungen konnte die RAF die Tatsache nicht ignorieren, dass der kommunistische Staatenbund und mit ihm die bipolare Nachkriegsordnung zusammengebrochen waren. Dies stellte die RAF-Kämpfer*innen vor allem vor ideologische und strategische Probleme, da die bisherige Ausrichtung der RAF mit einem Schlag gegenstandslos geworden war und einer gründlichen Überarbeitung bedurfte. Ausgangspunkt war die „Tatsache, dass wir alle vor einer veränderten Situation im weltweiten Kräfteverhältnis standen – die Auflösung des sozialistischen Staatensystems, das Ende des Kalten Krieges. Wir waren damit konfrontiert, dass die Vorstellung, im gemeinsamen internationalen Kampf einen Durchbruch für Befreiung zu schaffen, nicht aufgegangen ist. Die Befreiungskämpfe waren insgesamt zu schwach, um gegen die auf allen Ebenen ausgeweitete Kriegsführung des Imperialismus anzukommen."[301]

Offen gestand die RAF an dieser Stelle ihre Niederlage ein. Sie erkannte an, dass die angestrebte Befreiung vom Imperialismus nicht gelungen war. Den Grund sah sie in der Schwäche der gegen den Imperialismus geführten Kämpfe und in der Stärke des Gegners. Die Beurteilung der eigenen Geschichte fiel somit katastrophal bis vernichtend aus. Unumwunden gab die RAF zu, den Kampf verloren zu haben – wenngleich auch nur als ein kleiner Teil im internationalen Gesamtgefüge. Trotz des Eingeständnisses der Niederlage legte die RAF zunächst aber noch nicht ihre Waffen nieder. Vielmehr suchte sie nach neuen Ansätzen und Begründungen, um den bewaffneten Kampf doch noch fortführen zu können. So etwas geschieht am besten, wenn man im Staatswesen und in der Gesellschaftsordnung gravierende Dinge findet, die man verurteilt und gegen die es zu kämpfen lohnt.

Die RAF schrieb deshalb folgerichtig (bezüglich der Phase nach der deutschen Wiedervereinigung) über ihre Zielvorstellungen: „Unser Versuch von 89 bis 92 war an Grenzen gestoßen. In dieser Phase lag es uns fern, in der Zeit der Depression der Linken, dem Siegestaumel der Herrschenden, den staatlichen Rassismuskampagnen, den rassistischen und faschistischen Eskalationen auf den Straßen, dem Golfkrieg u.v.a. den bewaffneten Kampf zurückzunehmen. Deshalb wurde aus dieser Phase von uns aus der Versuch einer (ungewollt heimlichen) Überleitung zu neuen Bestimmungen und politischen Beziehungen."[302]

Auch hier räumte die RAF ein, dass sie drei Jahre nach dem Kollaps des kommunistischen Staatensystems eine weitere Niederlage einstecken musste. Trotzdem sah sie es als selbstverständlich an, den bewaffneten Kampf auch in solch einer aussichtslosen Situation nicht einzustellen. Diese Entscheidung begründete sie damit, der Depression und Resignation der Linken entgegenwirken und somit Hoffnung für die Linke verbreiten zu wollen. In gewisser Hinsicht hat sie das bei ihrer Anhängerschaft getan.

Ein weiterer wichtiger Punkt war der Siegestaumel der Gewinner des Kalten Krieges, den die RAF nicht kommentarlos stehen lassen wollte. Innerdeutsche Zustände wie zunehmender Faschismus und Rassismus bildeten schließlich weitere Triebfedern für die RAF, um den bewaffneten Kampf aufrechtzuerhalten – dasselbe galt für den Zweiten Golfkrieg. Dieser Krieg stand (laut RAF) exemplarisch für das neue Selbstbewusstsein der Herrschenden, beliebige Völker und Nationen militärisch niederringen zu können, die sich nicht dem herrschenden kapitalistischen System unterwarfen. Trotz aller Bemühungen das Bestehende aufrechtzuerhalten, gestand die RAF ein, dass sie (heimlich!) Überlegungen anstellte, wie sie neue politische Inhalte und Ziele bestimmen könne.

Diese Argumentation wirkt merkwürdig. Was für einen Sinn soll es haben, das Alte krampfhaft aufrechtzuerhalten, wenn man doch weiß, dass es falsch ist und einer Korrektur bedarf? Heimliche Überlegungen für einen möglichen Übergang kann man im Nachhinein immer für sich reklamieren, ohne dass jemand den Wahrheitsgehalt dieser Aussage überprüfen kann. Hier scheint der Wunsch Vater des Gedankens zu sein – denn rückblickend kann immer ein Konstrukt fabriziert werden, das nachholend behauptet, die damaligen Schwachstellen erkannt zu haben und bereits über neue Richtungen nachzudenken.

7.4.2 Rechtfertigung des bewaffneten Kampfs

Natürlich war die 3. Generation der RAF daran interessiert, die Notwendigkeit des bewaffneten Kampfs deutlich herauszustellen, denn schließlich hatte sie neun Jahre lang bewaffnete Politik mit zahlreichen Todesopfern und Sachschäden in mehrstelliger Millionenhöhe betrieben und diese auch ideologisch, theoretisch und moralisch-ethisch vertreten.

Die RAF prahlte nach der Ankündigung ihrer Zäsur (der Einstellung ihrer bewaffneten Politik) geradezu, wenn sie behauptete, dass 23 Jahre gezeigt hätten, dass weder die RAF noch Widerstand überhaupt militärisch auszulöschen seien – und dass das solange so bleiben wird, wie Unmenschlichkeit und Ungerechtigkeit dieses Land und die Welt regieren. Damit unterstellte die RAF den Staatsschutz-Behörden totale Unfähigkeit, da diese das Problem der RAF und des Widerstands nicht mit militärisch-polizeilichen Mitteln in den Griff gekriegt haben – trotz ständig steigender Behörden-Etats und technologischer Hochrüstung. Mit dieser Feder darf sich die „Reste-RAF" bis heute schmücken. Häme für den Gegner und Stolz für sich selber schwang mit, als die RAF behauptete, dass sie nie militärisch besiegt wurde. Für die RAF war der bewaffnete Widerstand gerechtfertigt, da es Unmenschlichkeit und Ungerechtigkeit in Deutschland und auf der Welt gibt. Was sich hinter diesen Begriffen verbirgt, bleibt (wie leider allzu häufig) mal wieder offen.

Überhaupt ist es fraglich, was für ein naives Gemüt man besitzen muss, um sich eine Welt ohne Ungerechtigkeit vorstellen zu können. Dabei ist Ungerechtigkeit ein weit dehnbarer Begriff – was für den einen gerecht ist, empfindet der andere als ungerecht. Und solange es menschliches Zusammenleben gibt, wird es auch Ungerechtigkeit geben. Ungerechtigkeiten finden in diesem Sinne ständig in kleinsten menschlichen Einheiten (Selbstbild, Beziehung, Familie, Schule, Arbeit etc.) sowie im Weltgefüge statt.

Aus geschichtlicher Sicht betrachtet rechtfertigte die RAF ihre bewaffneten Aktionen wie folgt: „Unsere Aktionen gegen verantwortliche Militärs, Wirtschaftsführer oder Verantwortliche aus dem politischen Apparat waren für viele Menschen nachvollziehbar und moralisch legitim. Sie wurden aus der Schärfe der eigenen Lebenssituation, der eigenen Unterdrückung und Entwürdigung als legitim begriffen und daraus, dass Millionen Menschen wissen, dass die Macht hier für Krieg und weltweites Elend verantwortlich ist."[303]

Diese Argumentation mag für Bürger*innen schwer nachvollziehbar sein, aber für Akteur*innen linker Zusammenhänge besitzt sie sicherlich ihre Berechtigung. Insofern schien die RAF ihre Attentate als eine bewaffnete Politik der Bestrafung intendiert zu haben – nach dem Motto: Da manche Menschen für Böses verantwortlich sind, ist es gerechtfertigt, diesen Menschen wiederum etwas Böses anzutun oder sie zu töten, um so die Welt etwas besser zu machen. Das Übel der Welt lag für die RAF also im Kapitalismus und in seinen

Protagonist*innen – also im System der freien Marktwirtschaft. Dies entsprach durchaus der Ideologie der RAF-Gründergeneration.

Mit dieser Wirtschaftsform ging für die RAF automatisch die Ausbeutung von anderen Ländern und Menschen einher: „Den Kampf für ein Leben ohne Herrschaft wird es so lange geben, solange dieses imperialistische System existiert, das den Wert von Menschenleben und Natur nach ihrer Verwertbarkeit fürs Kapital bemisst – den Kampf für die Befreiung von den verinnerlichten Werten des Systems, gegen Rassismus und sexistische Unterdrückung wird es geben, bis überall Werte und Strukturen existieren, die von der Würde des Menschen ausgehen."[304]

Ein Blick in das Grundgesetz der Bundesrepublik Deutschland hätte der RAF aber beizeiten verraten können, dass der erste Artikel in der deutschen Verfassung gerade eben die Unantastbarkeit der Würde des Menschen unter einen unverrückbaren, alles Weitere überschattenden Schutz stellt. Die Würde des Menschen ist in Deutschland durch nichts und niemanden anzutasten. Der erste Artikel des Grundgesetzes wurde aus den schrecklichen Erfahrungen des Nationalsozialismus und seiner mehr als menschenverachtenden Politik heraus verfasst. Artikel 1 GG sollte somit die Würde des Menschen als nicht hinterfragbare Residualkategorie für eine demokratische Gesellschaft festschreiben, die für alle Zeiten und überall Gültigkeit besitzt.

Die RAF stellte die Notwendigkeit ihres bewaffneten Kampfs außerdem dezidiert in einen internationalen Kontext: „Wir leben heute in einer Zeit, in der wir alle mit den katastrophalen Folgen der Globalisierung der Herrschaft des kapitalistischen Marktes konfrontiert sind. Deshalb finden wir es wichtig, dass alle, die weltweit auf der Suche nach Wegen sind, wie menschenwürdiges Leben durchgesetzt werden kann, die Diskussion international führen und über die Grenzen und Kontinente hinweg organisieren. Trotz der unterschiedlichen Entwicklungen der Kämpfe und der Bedingungen ist es eine gemeinsame Suche danach, wie wir gegen die Weltbeherrschungspolitik der G7-Staaten, die die Macht des Kapitalsystems über die Menschen und die Natur als endgültig zementieren will, für das Leben der Menschen dringende Lösungen durchsetzen können."[305]

Die Rechtfertigung für den bewaffneten Widerstand ergab sich für die RAF aus der Globalisierung und der Weltbeherrschungspolitik der G7-Staaten. Deshalb ist nicht nur der bewaffnete Widerstand gerechtfertigt, sondern darüber hinaus sollte international nach gemeinsamen Strategien und Lösungen gesucht werden. Das Ziel der gemeinsamen bewaffneten Bemühungen war für die RAF der Mensch und die Natur, für die es positive Lösungen zu entwickeln galt. Für die RAF war es demnach auch in Ordnung, den bewaffneten Widerstand als Druck- und Drohpotenzial gegenüber dem Staat zu benutzen. Diese Haltung wurde vor allem von den Hardliner*innen stark kritisiert, da so der eigentlich genuin politische Gehalt der RAF verloren ginge.

Die RAF leitete den Gegenangriff ein und entgegnete der Kritik der Hardliner*innen deutlich und verbittert: „Ihr werft uns vor, mit unserer Drohung und der Sprengung des Weiterstädter Knastes hätten wir >>die bewaffnete Aktion zur Ware gemacht<<. Sind eurer Meinung nach Aktionen nur zur Begriffsbildung zulässig? Nur abstrakte Politik? Seit wann ist es eurer Meinung nach verwerflich, mit Aktionen Druck gegen den Staat auszuüben? Ihr wisst genauso gut wie wir, dass die bewaffnete Aktion in ihrem politischen Inhalt stimmen muss, um Druck auf den Staat für eine Entwicklung, die es zu erkämpfen gilt, ausüben zu können. Das Verhältnis, das ihr zu revolutionärer Politik und zur bewaffneten Intervention heute vermittelt, ist dermaßen abstrakt und tot wie es uns vollkommen fremd ist und wie wir es von den Kämpfenden auf der ganzen Welt nicht kennen."[306]

Dieses Zitat zeigt ein extrem hohes Maß an Verbitterung. Das Ziel (die gefangenen Genoss*innen aus den Gefängnissen freizupressen) war der RAF heilig und dafür war ihr auch beinahe jedes Mittel recht. Terroristische Anschläge sind insofern schon als Mittel zum Zweck zu bezeichnen. Genau dieser Punkt wurde von den Hardliner*innen als unpolitisch oder entpolitisiert angegriffen. Damit (so der Vorwurf) würde sich die RAF ihren politischen Gehalt selbst entziehen und sich angreifbar machen. Natürlich haben die Hardliner*innen auch gesehen, dass die RAF so zu einer Art Gefangenenbefreiungsbewegung mutierte, die keinen anderen Inhalt als eben die politischen Gefangenen besaß.

Allerdings muss man die Antwort der RAF auch würdigen. Gerade für die RAF-Terrorist*innen der 2. Generation (die ja maßgeblich zu den Kritiker*innen der Kommandoebene nach 1990 gehörten) war es ja nachgerade Sinn und Zweck von Kommando-Aktionen (vor allem im Terror-Jahr 1977 des Deutschen Herbstes) Druck auf den Staat aufzubauen, um die Stammheimer Gefangenen freizupressen. Insofern blendeten die Hardliner*innen meiner Meinung nach zu Beginn der 90er Jahre geradezu aus, dass es insbesondere die 2. RAF-

Generation war (der sie im Übrigen alle angehörten), die ihr größtes Augenmerk auf die Freipressung der im Hochsicherheitstrakt der JVA Stuttgart-Stammheim einsitzenden RAF-Kader der 1. Generation richtete.

Aus diesem Sachverhalt heraus erklärte sich wohl auch ein Teil der Bitterkeit, die bei der 3. RAF-Generation (aufgrund der teilweise unterhalb der Gürtellinie verlaufenden Tiefschlägen von der Fraktion der Hardliner*innen) herrschte und auch verbalisiert wurde. Die Reaktion glich der eines bestraften Kindes, welches die Bestrafung nicht nachvollziehen kann, da der Bestrafende dieselben Handlungen und Denkweisen an den Tag gelegt hat, wie das Kind selbst.

7.4.3 Analyse des Staats und der Gesellschaft

Die RAF sah die staatliche und gesellschaftliche Entwicklung der Jahre 1992 bis 1994 naturgemäß sehr kritisch. Eine wie auch immer geartete Nähe zum System ist in keiner Weise erkennbar. Der Kollaps der bipolaren Weltordnung besaß international betrachtet die Ausmaße eines Erdbebens am oberen Ende der Richterskala und hatte auch auf Deutschland gravierende Auswirkungen. Der real existierende Sozialismus war mit dem Zusammenbruch des Warschauer Pakts Vergangenheit und zu einer Fußnote der Geschichte geworden.

Für die radikale Linke im westlichen Bündnissystem bestand somit nicht einmal mehr auf dem Papier eine Systemalternative im Osten. Obwohl die RAF die weltpolitische und historische Entwicklung nach 1989 analytisch klar sah und sie auch einordnen konnte, dachte sie zunächst nicht daran, die Waffen niederzulegen und den bewaffneten Kampf aufzugeben. Ihre Staats- und Gesellschaftsanalyse zeigte für sie vielmehr weiterhin die Notwendigkeit auf, im jeweilig spezifischen kulturell-nationalen Kontext eine neue Kraft der revolutionären Kämpfe entstehen zu lassen.

Gleichzeitig benannte die RAF mehrere Gründe für den Kollaps des sozialistischen Staatenblocks, um dadurch ungeahnte (und auch positiv bestimmte) Möglichkeiten für die Zukunft aufzuweisen: „Der Zusammenbruch der sozialistischen Staaten, der seine Ursache wesentlich in den im Inneren ungelösten Widersprüchen hatte, hat katastrophale Auswirkungen für Millionen Menschen weltweit und hat alle, die rund um den Globus um Befreiung kämpfen, auf sich selbst zurückgeworfen. Aber dadurch hat sich für alle die Notwendigkeit noch mal deutlicher gezeigt, dass die Kämpfe um Befreiung nur aus dem Selbstbewusstsein der eigenen, speziellen Geschichte der Völker, den authentischen Bedingungen und Zielen entwickelt werden können. Und nur daraus kann eine neue internationale Kraft entstehen. Das haben viele GenossInnen aus dem Trikont in die Diskussionen eingebracht, und sie haben dort Anfänge einer ganz neuen Politik gefunden und umgesetzt – das werden wir hier auch."[307]

Nun fehlte also (laut RAF) den sozialistisch inspirierten Befreiungskämpfen der globale Bezugspunkt. Diese Schwäche beurteilte die RAF zugleich als Stärke. Aus diesem Zurückgeworfen sein auf sich selber könne eine neue Kraft der revolutionären Befreiungskämpfe entstehen, wenn sich diese Kämpfe mehr auf ihre lokalen Ziele und Bedingungen beschränken würden. Die RAF wollte diese in der Dritten Welt gemachten Erfahrungen aufgreifen und in Deutschland in Sachen der eigenen Politik umsetzen.

Die RAF beschäftigte sich nicht nur mit der weltgeschichtlichen und weltpolitischen Entwicklung. Sie interessierte sich insbesondere für die staatlichen und gesellschaftlichen Verhältnisse in Deutschland, was bereits in den Bekennerschreiben der Jahre 1989 bis 1991 eine wichtige Rolle spielte: „Die Zerstörung des Sozialen unter den Menschen ist die Voraussetzung für Rassismus. Diese Zerstörung bedeutet, dass auf der Basis des kapitalistischen Systems, dem 24-Stunden-Alltag von Leistung und Konkurrenz, den Menschen eigene Kriterien geraubt und durch für den Kapitalismus funktionale Werte ersetzt wurden – am effektivsten in den Metropolen. Das zeigt sich zum Beispiel am Verhältnis zu Arbeit und Leistung als Wertdefinition des Menschen: Ohne Arbeit bist du nichts ... Es ist das Verhältnis zur Zeit, wo es für die meisten Menschen zur Normalität geworden ist, in einem vollkommen vorbestimmten Rhythmus und Stress das ganze Leben zu verbringen, in dem es keinen Platz für Kreativität und Lebenslust gibt."[308]

Dieses Gesellschaftsbild der RAF nimmt sich sehr düster aus. Die RAF sah zudem keinerlei Grundlage, dass unter den kapitalistischen Voraussetzungen etwas Soziales unter den Menschen entstehen kann. Eine Folge dieser gesellschaftlichen Entwicklung bestehe laut RAF darin, dass der Staat Mittel und Wege finden müsse, was er mit Menschen mache, die nicht gemäß den kapitalistischen Prinzipien funktionieren. Zu diesem Personenkreis gehören auch politische und Wirtschaftsflüchtlinge, die in Deutschland Asyl suchen. Für diese nicht verwertbaren Menschen sähe der Staat die Lösung des Weg- und Einsperrens vor. Die RAF unterstellte dabei: „Der Weiterstädter Knast steht exemplarisch dafür, wie der Staat mit den aufbrechenden und sich zuspitzenden Widersprüchen umgeht: gegen immer mehr Menschen Knast, Knast, Knast – und er steht als Abschiebeknast für die rassistische staatliche Flüchtlingspolitik. In seiner technologischen Perfektion von Isolation und Differenzierung von gefangenen Menschen ist er Modell für Europa."[309]

Der Staat ging also (laut RAF) mit den gesamtgesellschaftlichen Zuständen auf eine sehr brutale und einseitige Weise vor. Diese Zustände erforderten eine neue Technologie der Gefängnisse, die der Notwendigkeit des Wegsperrens gerecht wurden, aber auch die Möglichkeit einer Wiederverwertbarkeit der Menschen im kapitalistischen System beinhalteten – die sogenannte Resozialisierung.

Die RAF vertiefte ihre Staats- und Gesellschaftsanalyse, indem sie den Umgang des Staats mit dem linksradikalen Widerstand untersuchte. Daran wollte die RAF eine gesellschaftspolitische Gesamtentwicklung deutlich machen. Zugleich war die RAF der Meinung, dass durch den Umgang des Staats mit dem Linksradikalismus ein neuer Umgang mit der Demokratie und Menschenrechten offenbart würde: „Die gesamte Entwicklung der letzten Jahre sowie der Staatsterror vom 27.6.93 im besonderen werden sicher immer mehr Menschen die Augen darüber öffnen, was in diesem Land, das in der tiefsten Krise des zusammenbrechenden kapitalistischen Systems zur Weltmacht strebt und darin immer mehr um sich schlägt, Menschenrechte bedeuten. Da, wo Menschenrechte den staatlichen Konzepten im Wege stehen, bedeuten sie nichts – genausowenig wie dort, wo sie wirtschaftlichen Interessen im Wege stehen. Der Kapitalismus geht immer über Leichen."[310]

Die RAF stellte einerseits eine tiefe Krise des „zusammenbrechenden kapitalistischen Systems" fest, behauptete aber im selben Atemzug, dass Deutschland erneut nach der Weltmacht streben würde. Im Umgang mit Menschenrechten unterstellte die RAF dem deutschen Staat, dass die Menschenrechte (wenn diese den staatlichen bzw. wirtschaftlichen Zielen entgegenstehen) nichts wert seien.

Dabei sind Menschenrechte (dies sei an dieser Stelle ausdrücklich wiederholt) ein unveräußerlicher Teil der Demokratie und des Demokratieverständnisses in Deutschland. Sie stehen im Grundgesetz unter besonderem Schutz und dürfen nicht geändert werden. Die Einhaltung der Menschenrechte bestimmt geradezu das deutsche Demokratieverständnis nach 1945. Insbesondere der erste und wichtigste Artikel des Grundgesetzes sagt vor dem Hintergrund der historischen Erfahrungen des Nationalsozialismus in unmissverständlicher Deutlichkeit: „Die Würde des Menschen ist unantastbar." Dieses Grundrecht gilt universell.

Die RAF hingegen unterstellte dem deutschen Staat, die Menschenrechte im eigenen Land mit Füßen zu treten und darüber hinaus (sowohl innen- als auch weltpolitisch) über Leichen zu gehen. Dass das RAF-Mitglied Grams in Bad Kleinen ums Leben kam (das ist in diesem Kontext damit gemeint) ist unbestritten. Dabei hatte es sich aber um eine Eskalation zwischen RAF und Staatsmacht gehandelt – mit Toten auf beiden Seiten. Ob der schwer verletzt auf den Gleisen liegende Grams die Waffe gegen sich selbst richtete, ist nicht sicher. Restfragezeichen in dieser Sache bleiben allerdings (wie beschrieben) bestehen.

7.4.4 Ausrichtung der zukünftigen Ideologie und Strategie

Die veränderte weltpolitische Lage stellte die RAF vor ernsthafte Probleme. Es versteht sich von selbst, dass es nach dem Zusammenbruch des sozialistischen Staatensystems für die RAF schwierig war, die zukünftige Ideologie und Strategie zu bestimmen.

Das Möglichkeitsspektrum bestand hier in einem sturen Festhalten an den alten Konzepten bis hin zur bedingungslosen Selbstauflösung. Im Nachhinein kommt man nicht umhin festzuhalten, dass die RAF dieses ganze ihr zur Verfügung stehende Arsenal weidlich genutzt hat: Zunächst hielt sie (unbeirrt von realen weltpolitischen Ereignissen) an den alten kommunistischen Binsenweisheiten fest, wechselte dann ihre ideologische und strategische Ausrichtung, um sich dann schließlich (fast neun Jahre später) aufzulösen.

Die RAF übte zumindest teilweise auch Selbstkritik. Sie bekannte im Rückblick offenherzig, dass sie die einmalige Chance, die sich 1989 ergab, nicht genutzt hat. Dieses Bekenntnis stellt keine selbstkritisch-analytische Meisterleistung dar, zeugt aber von einer inhaltlich-thematischen Offenheit und Ehrlichkeit.

Außerdem gestand die RAF ein, dass für sie selber hier die Möglichkeit einer ideologischen und strategischen Neubestimmung gelegen hätte, die sie aber nicht genutzt hat: „Spätestens 89 lag mit der Annexion der DDR durch die

BRD auf dem Tisch, dass eine historische Phase, die mit der Oktoberrevolution ihren Anfang nahm, mit großen Schritten auf ihr Ende zuging. Doch wir haben es nicht geschafft, eine Diskussion in Gang zu setzen, die sich damit konfrontiert und gleichzeitig aus der Geschichte der Kämpfe – den Stärken und Schwächen – neue Bestimmungen entwickelt."[311]

Es scheint, dass sich die RAF in diesem Fall mangelnde Kommunikation mit anderen Linksradikalen vorwirft. In der Nachschau hätte (so die Selbstreflexion) die Möglichkeit des Jahres 1989 darin gelegen, die eigene Geschichte zu analysieren, um dann Stärken und Schwächen benennen zu können. Aus dieser Analyse hätte man (so das Fazit der RAF) neue ideologische und strategische Bestimmungen ableiten können, die womöglich eine erfolgreiche Zukunft ermöglicht hätten. Diese Schritte wurden aber nicht vollzogen, worin die RAF zu Recht eine vergebene Chance sah, ihre Politik auf eine neue Basis zu stellen.

An anderer Stelle behauptete die RAF dann das genaue Gegenteil, nämlich, dass sie doch seit 1989 angefangen habe, sich über eine neue Ausrichtung ihrer Politik Gedanken zu machen: „Wir, die RAF, haben seit 89 angefangen, verstärkt darüber nachzudenken und zu reden, dass es für uns alle, die in der BRD eine Geschichte im Widerstand haben, nicht mehr so weitergehen kann wie bisher. Wir haben überlegt, dass es darum geht, neue Bestimmungen für eine Politik herauszufinden, die tatsächliche Veränderungen für das Leben der Menschen heute durchsetzen kann und die längerfristig den Herrschenden die Bestimmung über die Lebensrealität ganz entreißt. Dafür ist es notwendig, sich die eigene bzw. gemeinsame Geschichte aller im Widerstand anzusehen, darüber nachzudenken, was wir falsch gemacht haben und welche Bedeutung es für die Zukunft besitzt."[312]

Das Eingeständnis der RAF und der Linken lautete offensichtlich, dass nach 1989 neue Wege gesucht werden mussten. Darin lag das Bekenntnis, dass die bisherige Politik der RAF zu wenige konkrete Veränderungen für das Leben der Menschen erreicht hatte.

Das Töten von Eliten und Bombenanschläge gegen Gebäude verbessern eben nicht das Leben vieler Menschen, sondern bringen nur Tod, Trauer und Zerstörung hervor, ohne dass irgendjemandem geholfen wird. Insofern waren die tödlichen Anschläge bestenfalls „Trostspender" für Linksradikale, aber sie haben am Funktionieren des Systems und bezüglich der konkreten Verbesserung des Lebens der unterdrückten Menschen nichts geändert.

Die langfristige strategische Ausrichtung der RAF bestand darin, dass den Herrschenden nachhaltig die Bestimmung über die Lebensbedingungen der Menschen entrissen werden sollte. Über die ideologische Grundlage dieser Bemühungen wurde von der RAF aber keinerlei Aussage getroffen; vermutlich, weil diese damals auch nicht einmal intern expressis verbis formuliert worden war. Es versteht sich beinahe von selber, dass die neue Politik der RAF nicht auf der Grundlage der freiheitlich-demokratischen Grundordnung von statten gehen konnte. Zur Neuorientierung wurde dennoch erneut eine kritische Überarbeitung der eigenen Standpunkte angemahnt.

Die RAF wurde an anderer Stelle konkreter, was sie unter dem oben Beschriebenen verstand: „Ein Aneignungsprozess von unten wird in konkreten Kämpfen und konkreten Forderungen laufen, in denen wir den Herrschenden abringen, was Menschen zum Leben brauchen. Das wird zum Beispiel vom Kampf um Lebens- und Wohnraum, gegen zerstörerische und sinnentleerte Arbeit, gegen Umweltvernichtung, den Gefangenenkämpfen, der Organisierung von Schutz für Flüchtlinge und antifaschistische Mobilisierung bis zu der Forderung nach Schuldenstreichung oder Reparationszahlungen der imperialistischen Staaten an die kolonisierten Völker reichen."[313]

Die RAF sah also ihre ideologische und strategische Position nicht mehr als die einer Speerspitze einer revolutionären Bewegung in Deutschland und Westeuropa. Vielmehr wollte sie sich konkret vor Ort beim Kampf um besetzte Häuser engagieren, den Schutz von Flüchtlingen organisieren und im Umweltschutz tätig werden.

Es fragt sich vor diesem Hintergrund, ob die RAF ihren Platz in Bürgerinitiativen, sozialen Bündnissen, sozial engagierten Verbänden und in den Kirchen suchte; aus den Reflexionen über diese Jahre und dem damit verbundenen fundamentalen Umbruch bleibt beinahe kein anderer Schluss mehr übrig. Als Ausgangspunkt der neuen Politik diente der RAF das Selbstbewusstsein, vom Staat und der Polizei militärisch nicht bezwungen worden zu sein und somit dem Staat und seinen Ordnungsorganen ein militärisches Unentschieden abgetrotzt zu haben. Dies mochte zwar für das Selbstbewusstsein selbsternannter Guerilleros gut sein, half aber der konkreten Verbesserung der Revolutionsbedingungen auf keinen Fall weiter.

Die Behauptung der RAF (ein mindestens militärisches Patt erreicht zu haben) speiste sich aus dem Wissen, dass Polizei, Staatsschutz und andere staatliche

Stellen zur Terrorismusbekämpfung es letztlich nie geschafft hatten, die RAF militärisch zu zerschlagen: „Dieser Staat hat 22 Jahre versucht, die RAF und die Gefangenen aus der RAF und aus den Widerstandskämpfen mit allen Mitteln auszulöschen. Damit sind sie gescheitert. Und das ist unsere Ausgangsposition, mit der wir in die neue Phase gehen."[314]

Selbst bei nüchterner Betrachtung scheint ein rein militaristisches Selbstbewusstsein, auf der eine neue revolutionäre Politik fußen soll, mehr als dürftig und kein solides Fundament zu sein. Umso eklatanter war das Eingeständnis der RAF, nach Jahrzehnten des bewaffneten Kampfs nicht mehr positive Resultate vorweisen zu können.

Ein wesentlicher Bestandteil der Neuausrichtung der RAF war vor dem Gesichtspunkt der sogenannten politischen Gefangenen zu sehen. Die RAF wollte mitbestimmen, was mit den Gefangenen passiert und ob sie Aussichten auf eine baldige Freilassung haben: „Dieser Prozess von Diskussionen und Aufbau einer Gegenmacht von unten schließt für uns als einen ganz wesentlichen Bestandteil den Kampf für die Freiheit der politischen Gefangenen mit ein. Aus 20 Jahren Ausnahmezustand gegen die Gefangenen, Folter und Vernichtung, geht es jetzt darum, ihr Recht auf Leben durchzusetzen – ihre Freiheit zu erkämpfen!"[315]

Der Aufbau einer Gegenmacht von unten soll also vor allem vor dem Hintergrund geschehen, dass die Gefangenenfrage gelöst wird, was eine gute Verklausulierung dessen ist, dass die anderen Inhalte auf der RAF-Agenda sich ziemlich dünn und dürftig ausnahmen bzw. sich hinter analytisch-abstrakten Worthülsen ohne wirkliche Inhalte versteckten. Eine solche „Revolutionsideologie" vermag für weite Teile der Bevölkerung naturgemäß keine Faszination zu entfalten.

Ein erster Schritt zur Lösung der Gefangenenfrage bestand aus Sicht der RAF in ihrem ansonsten vorbehaltlosen Angebot, die bewaffneten Angriffe gegen Personen einzustellen: „Der Staat hat die Rücknahme der Eskalation von unserer Seite aus sowie unsere veröffentlichte Selbstkritik als Zeichen der Schwäche genommen. Sie haben die Situation für die politischen Gefangenen nur weiter verschärft sowie eine neue Prozesswelle gegen unsere gefangenen GenossInnen begonnen ... Dieses System muss überwunden werden – darin werden wir unseren Weg finden, wie wir es in den Erklärungen seit dem 10.4.92 gesagt haben. Allerdings ist die Ausgangssituation eine neue: Wolfgang ist hingerichtet worden. Die Herrschenden wollen die Lähmung von allen auf unserer Seite. WIR

RUFEN ALLE MENSCHEN, DIE DIESER TERROR BETROFFEN GEMACHT HAT, DAZU AUF: GEHT NICHT ZUR TAGESORDNUNG ÜBER! NEHMT DAS NICHT HIN!“[316]

Insofern gestand die RAF ein, dass ihre einseitig verkündete Waffenstillstandsofferte im Sinne von Verzicht auf tödlich verlaufende Attentate nicht nur ihr Ziel nicht erreicht, sondern dass es die Situation noch verschlimmert habe. Die RAF hielt aber am Ziel der Überwindung des Systems durch den Aufbau einer Gegenmacht von unten fest. Wie dies genau vor sich gehen solle, darüber schwieg sie sich einmal mehr aus. Dies spricht für die politische Naivität der RAF, denn nach den von ihr postulierten Aussagen sah es so aus, dass sie sich immer noch als Zentrum eines irgendwie gearteten gesellschaftlichen Diskursgefüges betrachtete. Wie dies aus der Illegalität heraus praktisch vor sich gehen solle, darüber machte sie keine Andeutungen.

Schließlich wetterte die RAF gegen die politischen Gefangenen und hier in erster Linie gegen die Fraktion der Hardliner*innen. Diese hätten ihnen (zumindest indirekt) die Strategie mit dem Ziel der Freilassung vorgeschrieben. Demnach wollten die Hardliner*innen die Einstellung der bewaffneten Politik – mit ungewissem Ausgang. Nachdem die RAF den Schritt aber vollzogen hatte, schossen sich gerade die Hardliner*innen auf das Waffenstillstandsangebot ein und machten der RAF starke diesbezügliche Vorwürfe, welche besonders heftig geschmerzt haben dürften.

Der Ansatzpunkt der RAF habe dagegen vorgesehen, die bewaffnete Politik einzustellen, aber bei Bedarf zu ihr zurückzukehren: „Zur Vorstellung einiger von euch gehörte auch, dass wir eine Erklärung abgeben: dass die RAF den bewaffneten Kampf einstellt. Damals hieß es: Ansonsten ist jeder Gedanke an die Freiheit der Gefangenen Illusion. Wir sollten uns zurückziehen, dazu würde der Staat >>Danke<< sagen und sonst nichts – was dann komme, wisse niemand. Das war allerdings nie unsere Vorstellung, weil wir davon ausgegangen sind, dass wir nur in einem Kampfprozess neue Ausgangsbedingungen durchsetzen können, was auch heißt, in einer Zeit bewaffnet zu intervenieren, in der die strategische Vorstellung noch nicht erarbeitet ist, wenn es die Entwicklung von uns verlangt.“[317]

Damit gab die RAF offen zu, dass für sie eine Strategie ohne bewaffnete Politik zwar generell im Bereich des Möglichen liege, die bewaffnete Intervention aber immer noch als Königsweg offen stünde. Dies war genau der Punkt, der ihnen von den Hardliner*innen vorgeworfen wurde: Der Einsatz des bewaffneten Kampfs als punktuelle Intervention ohne eine strategisch-ideologische Gesamteinbettung.

Zugleich wurde auch das unauflösbare Paradoxon zwischen Hardliner*innen und RAF deutlich. In solch einer komplexen, verfahrenen Gesamtgemengelage konnte nichts Positives entstehen. Zudem fühlten sich beide Seiten gleichermaßen „verraten" und „verkauft". Insbesondere bei der RAF war die Enttäuschung und Verbitterung über den vermeintlichen Verrat der Hardliner*innen deutlich zu spüren.

7.4.5 Bewertung der Kinkel-Initiative/Gefangenenfrage

Viele Aussagen über die Gefangenenfrage und die Kinkel-Initiative wiederholen Standpunkte, welche die RAF bereits zu anderen Themen dargelegt hatte. Deutlich wird, dass die RAF der Gefangenenfrage eine ganz zentrale Bedeutung einräumte. Um es in aller Vorsicht zu formulieren: Die Frage der politischen Gefangenen hat sowohl die 2. als auch die 3. RAF-Generation in ihrem politischen Wirken und im bewaffneten Widerstand geprägt.

Aus der Tatsache vom Staat militärisch nicht in die Knie gezwungen worden zu sein folgerte die RAF: „Justizminister Kinkel hat mit seiner Ankündigung im Januar, einige haftunfähige Gefangene und einige von denen, die am längsten im Knast sind, freizulassen, das erste Mal von staatlicher Seite offen gemacht, dass es Fraktionen im Apparat gibt, die begriffen haben, dass sie Widerstand und gesellschaftliche Widersprüche nicht mit polizeilich-militärischen Mitteln in den Griff kriegen."[318]

Insofern bewertete die RAF die Kinkel-Initiative als Niederlage und Schwäche des Staats, anstatt sie (wie dies teilweise die Hardliner*innen taten) als raffiniertes, geheimdienstinduziertes staatliches Manöver zur Vernichtung der gesamten RAF anzusehen. Den Umkehrschluss (dass die Kinkel-Initiative der staatlich gelenkte Versuch sein könnte, das Problem der RAF endgültig zu beseitigen) wurde nicht gezogen, vermutlich wegen einer Mischung aus Stolz, Ignoranz und dem verbissenen Festhalten an der eigenen Geschichte. Die RAF unterstellte der Kinkel-Initiative und deren Urhebern in der Koordinierungsgruppe Terrorismusbekämpfung trotz ihrer Einschätzung der Sachlage dennoch keine plötzliche Sympathie für die Ziele und Anliegen der RAF. Insofern hatte sich die RAF wohl ein gesundes Maß an Realismus erhalten.

Gleichwohl vermutete die RAF, dass der Staat sich auf die RAF und die politischen Gefangenen zubewegt hat, um weiter gehenden Schaden für den Staat und seine Funktionsträger (die ja bislang der Möglichkeit tödlicher Attentate ausgesetzt waren) zu vermeiden: „Natürlich haben wir weder Kinkel noch der >>Koordinierungsgruppe Terrorismusbekämpfung<< die Wandlung zu menschlichen Motiven unterstellt … Allerdings denken wir, dass noch viel mehr Menschen als uns bewusst geworden sein muss, dass in der ganzen Situation eine politische Brisanz steckt, die wir für unsere Seite zur Wirkung bringen können. Es reicht nicht aus, sich gegenseitig darüber zu verständigen, dass sich die Ziele des Staatsschutzes natürlich nie mit unseren decken. Es ist enorm wichtig, zu sehen, dass der Staat an einem Punkt der Auseinandersetzung begriffen hat, dass er sich bewegen muss, an dem er jahrzehntelang ausschließlich auf Vernichtung gesetzt hat. In der Konfrontation zwischen Gefangenen aus der Guerilla/Widerstandskämpfern und dem Staat hat er nie auf Integration gesetzt, weil sowohl in dieser wie auch in der Konfrontation Guerilla – Staat der Antagonismus der Ausgangspunkt ist."[319]

Der Staat hatte seine Einstellung aus RAF-Sicht also schon ein wenig geändert. Hatte er bisher auf die völlige Vernichtung des bewaffneten Widerstands gesetzt, so versuchte er nun neue Wege, wie denjenigen der Integration, zu gehen. Dabei übersah die RAF wohl, dass der von ihr selbst festgestellte Antagonismus von Staat und RAF nicht mit einem Schlag aufgehoben werden konnte. Zudem schloss sie weiter die Möglichkeit einer Falle von Staatsseite aus und bestätigte damit den bei ihr vorherrschenden blinden Fleck.

In einem weiteren Schritt fabulierte die RAF, dass die Kinkel-Initiative mit einem normalen politischen Aushandlungsprozess zu vergleichen sei und erhob sich damit in den Status einer anerkannten politischen Kraft – ein Prozess, den die RAF wohl in ihren kühnsten Träumen herbeigesehnt hat: „Wir haben gesagt, dass es für uns ein wesentlicher Bestandteil in dem jetzt notwendigen Aufbauprozess ist, die Freiheit unserer gefangenen GenossInnen zu erkämpfen. Wenn wir jetzt davon reden, dass eine politische Lösung in der Auseinandersetzung für ihre Freiheit durchgesetzt werden kann, ist dies ein Ergebnis von jahrelangen Kämpfen. Die Freiheit aller politischen Gefangenen in einem absehbaren Zeitraum kann nur in einem Kampfprozess durchgesetzt werden. Wir wollen eine reale Lebensperspektive für unsere gefangenen GenossInnen und für die Gefangenen aus allen Befreiungskämpfen; wir wollen sie für alle und mit allen, die eine menschliche Lebensbestimmung für sich und alle Unterdrückten und Entrechteten überall auf dieser Welt erkämpfen wollen."[320]

Nur durch die jahrelangen Kämpfe der RAF (so die Kernaussage des Zitats) sei der Staat an den „politischen Verhandlungstisch" mit der RAF gezwungen worden – erneut eine maßlose Selbstüberschätzung der eigenen und eine gnadenlose Unterschätzung der staatlichen Möglichkeiten.

Was die RAF unter einer menschlichen Lebensperspektive verstand, bleibt einmal mehr im Dunkeln. Natürlich war es der RAF wiederum nicht möglich einzugestehen, dass ihr Dasein maßgeblich von der Gefangenenfrage abhing. Dies widerspricht zwar zahlreichen zuvor zitierten Aussagen, käme aber sogar aus dem Selbstverständnis der RAF heraus einer politischen Bankrotterklärung gleich, zumal der Vorwurf in diese Richtung nicht nur aus dem Lager der Hardliner*innen stammte, sondern auch in Staatsschutzkreisen zu vernehmen war.

So behauptete die RAF ihre Entscheidung zur Einstellung der bewaffneten Politik sei völlig unabhängig von der Situation der politischen Gefangenen und der Kinkel-Initiative gewesen: „Die Zäsur, die wir im April 92 einleiteten, war unabhängig von der Situation der politischen Gefangenen notwendig, und so auch von uns bestimmt. Wir hätten die Eskalation in der Konfrontation mit dem Staat auch dann zurückgenommen, wenn es keine politischen Gefangenen, geschweige denn Kinkel- oder sonstige KGT-Initiativen gegeben hätte."[321]

Wie so häufig widersprach die RAF auch in diesem Punkt einmal mehr ihren eigenen Aussagen. Sie schien sich nach allen Seiten rechtfertigen zu wollen, um ihr Gesicht wahren zu können. Allerdings lassen sich dann (wie gesehen) offensichtliche und eklatante Widersprüche nicht vermeiden. So wurde die 3. Generation der RAF zu ihrem eigenen Totengräber, da sie auch innerhalb ihres engsten Umfelds an Glaubwürdigkeit und Unterstützung verlor, nicht zuletzt aufgrund inkonsistenter Argumente und zunehmender Unglaubwürdigkeit.

Nachdem die Kinkel-Initiative bisher auf der Habenseite der aktiven RAF verbucht worden war, änderte sich diese Selbsteinschätzung aufgrund der realen Ereignisse schlagartig. Dies beruhte vor allem auf der Beobachtung, dass der Staat neue Prozesslawinen (aufgrund der Kronzeug*innen-Aussagen der in der ehemaligen DDR gefangen genommenen Aussteiger*innen aus der 2. RAF-Generation) gegen politische Gefangene eingeleitet hatte und damit die Aussicht auf eine vorzeitige Entlassung für viele politische Gefangene nicht nur in weite Ferne rückte, sondern zunächst einmal fast unmöglich gemacht wurde. Das Ziel der RAF (die Freiheit für die politischen Gefangenen zu erreichen) war damit in sehr weite Ferne gerückt – und der Staat hatte mit allen ihm zur Verfügung stehenden Mitteln eindrucksvoll seine Macht demonstriert.

Die RAF reagierte auf diesen Schritt des Staats, indem sie den Gefängnisneubau im hessischen Weiterstadt in die Luft sprengte: „Wir haben mit dem Kommando Katharina Hammerschmidt den Knast in Weiterstadt gesprengt und damit auf Jahre verhindert, dass dort Menschen eingesperrt werden. Wir wollen mit dieser Aktion zu dem politischen Druck beitragen, der die harte Haltung gegen unsere gefangenen GenossInnen aufbrechen und den Staat an dieser Frage zurückdrängen kann. Doch dafür, dass ihre Freiheit durchgesetzt werden kann, braucht es die unterschiedlichsten und vielfältigsten Initiativen von vielen. Im letzten Jahr hatten wir versucht, trotz der Zäsur politischen Druck von unserer Seite aus an dieser Frage über die Drohung zu halten. Das, was es dafür an Wirkung und Grenze hätte sein können, ist leider gerade von GenossInnen aus dem linksradikalen Spektrum demontiert worden."[322]

Die RAF gab an dieser Stelle also durchaus offen zu, dass das Attentat von Weiterstadt dazu dienen sollte, Druck auf den Staat in der Gefangenenfrage auszuüben und spielte somit der Argumentation der Hardliner*innen in die Hände, die der RAF ja genau das unterstellt hatten. Zudem nahm sie die Schüsse vor den Bug von einigen ihrer Kritiker*innen persönlich.

7.5 Positionen zur RAF, den politischen Gefangenen und der Kinkel-Initiative aus der Mitte der Gesellschaft

Die Kinkel-Initiative sorgte (auch abseits von Artikulationen aus dem linksradikalen Spektrum) gesellschaftspolitisch für Furore. Dies soll im Folgenden exemplarisch dargestellt werden, um zweierlei aufzuzeigen: Einmal, dass die RAF Unrecht hat mit ihrer Behauptung, dass eine gesellschaftlich breit angelegte diskursive Verständigung der RAF mit Akteur*innen aus gesellschaftlichen Subsystemen möglich sei. Zum anderen verdeutlicht das Beispiel aber auch, dass die dergestalt offene gesellschaftspolitische Diskussion von RAF und anderen gesellschaftlichen Akteur*innen weitestgehend auf die Gefangenenfrage reduziert war. Andere Politikinhalte der RAF haben somit niemals den gesellschaftlichen Mainstream erreicht. Zumindest gab die RAF durch ihre Bekennerschreiben und Strategiepapiere nie den entscheidenden Anstoß, dass ein Thema in der Mitte der Gesellschaft thematisiert wurde.

Vertreter*innen der protestantischen Kirche dachten seit dem Jahr 1992 öffentlich gut vernehmbar über den Umgang des Staats mit politischen Gefangenen nach. Dabei wurde nicht mit fundamentaler Kritik am Staat gespart, wenngleich dies meistens nicht so weit ging, dass von Folter oder Isolationshaft die Rede war. Menschenunwürdige Haftumstände wurden dennoch offensiv und mit diesen und ähnlichen Termini angeprangert. Der Staat wurde außerdem dazu aufgerufen, den Dialog mit der RAF und den politischen Gefangenen zu suchen, um eine konstruktive Gesamtlösung zu finden.

Zahlreiche Intellektuelle riefen zum Dialog zwischen den beiden verfeindeten Parteien auf. Das politische Spektrum dieser Intellektuellen reichte vom linksliberalen über das sozialistische bis hin zum grün-alternativen Lager. Hierbei wurde immer wieder die Vernunft beider Parteien beschworen, eine andere Lösung als die der Gewalt und des Tötens zu suchen.

Manche Politiker*innen und Parteifunktionär*innen setzten sich mehr oder weniger offen für die Belange der politischen Gefangenen ein. Politiker*innen der Grünen betonten zwar immer, dass sie die gewaltsame Politik der RAF auf keinen Fall gutheißen, gaben aber immer auch zu erkennen, dass sie den staatlichen Umgang mit der RAF und den politischen Gefangenen ebenso wenig unterstützen.

Mitglieder der PDS (Nachfolgepartei der SED und Vorgänger von Die Linken) zeigten Anfang der 90er Jahre relativ offen ihre Sympathien für die Ziele und Aktionen der RAF und die politischen Gefangenen. Dies ging sogar so weit, dass diese Politiker*innen an Demonstrationen für die Freilassung der politischen Gefangenen teilnahmen, was für das konservative Parteienspektrum einen veritablen Affront darstellte.

Schließlich sei noch auf die Aussage des damals sehr bekannten Fußball-Bundesliga-Trainers des Sportclubs Freiburg verwiesen. Volker Finke sagte sinngemäß, dass er die Anliegen und Ziele der RAF persönlich nachvollziehen könne. Diese Aussage (eines ehemaligen auf Lebenszeit verbeamteten Studienrats!) sorgte erstaunlicherweise nicht für einen Aufschrei der Empörung und stieß nicht nur auf Unverständnis. Finke musste folglich nicht seinen Trainerstuhl räumen, wie dies bei anderen Vereinen zu erwarten gewesen wäre. In Anbetracht der öffentlichen Vorbildfunktion Finkes signalisierte dieser Vorgang zu jener Zeit wie selbstverständlich die Beschäftigung mit der RAF und das teilweise Gutheißen ihrer Ziele waren. Nur wenige Jahre zuvor hätten solche Sichtweisen für hohe Wellen gesorgt.

Die RAF besaß in den Jahren 1992 bis 1994 (dies sollten die wenigen genannten Beispiele zeigen) eine ungewöhnlich breite gesellschaftspolitische Relevanz, die über die übliche Konfrontationslinie (Staat gegen RAF) hinausging. Was einige Jahre zuvor noch gänzlich undenkbar war und für einen gesellschaftlichen Aufschrei gesorgt hätte, konnte nun recht frei (und ohne große Konsequenzen und Sanktionen zu befürchten) geäußert werden. Dies könnte ein Hinweis dafür sein, warum die RAF die Hoffnung schöpfte, dass es ihr gelingen würde (und müsste), mit unterschiedlichsten gesellschaftspolitischen Gruppierungen in einen Dialog treten zu können.

7.6 Die RAF in den Jahren 1994 bis 1998

Die in diesem Buch diskutierten Ereignisse der Jahre 1992 bis 1994 zeigen deutlich, dass sich die RAF ihrem unrühmlichen Ende näherte. Der RAF gelang es nicht einmal innerhalb ihres engsten Umfelds für Einheit (geschweige denn für eine revolutionäre Einheitsfront) zu sorgen. Im Gegenteil, das Umfeld der RAF war zerstritten wie nie zuvor und die Lager der Hardliner*innen, Reformer*innen und RAF zerfleischten sich sprichwörtlich gegenseitig. Der Staat und die mit Linksextremismus befassten Exekutivorgane konnten insofern in aller Ruhe dabei zusehen, wie sich die RAF und die politischen Gefangenen in einem mörderischen Zustand der Selbstzerstörung befanden. Zwar konnte nicht vollständig ausgeschlossen werden, dass sich die RAF und die politischen Gefangenen nicht noch einmal zusammenraufen und den bewaffneten Kampf in der altbewährten Tradition wieder aufnehmen würden – aber die diesbezüglichen Chancen waren bei einer realistischen Betrachtung sehr gering.

Außerdem zeichnete sich keine Bewegung ab, welche das Vakuum, das die RAF hinterlassen würde, füllen konnte. Die Staatsschutzseite musste nach der Kinkel-Initiative und den neuen Kronzeugenaussagen der ehemaligen Aussteiger*innen aus der DDR gar nicht weiter aktiv werden, um den Spaltungsprozess der RAF weiter voranzutreiben. Dieser war quasi zu einem Selbstläufer geworden.

Es wurde bereits mehrfach deutlich aufgezeigt, dass die RAF zu diesem Zeitpunkt nicht einmal ansatzweise in der Lage war, die von ihr entworfenen Pläne umzusetzen und die abstrakten, analytisch offenen Phrasen und Begriffe inhaltlich und vor allem mit aktivem Leben (also einer Art empirischem Relativ) zu erfüllen. Dieses Faktorenbündel stellt ein untrügliches Indiz für das gnadenlose Scheitern der neu angekündigten Phase der RAF-Politik in der Nach-Ära des Kalten Krieges dar.

Dennoch löste sich die RAF nicht sofort nach den Ereignissen der Jahre 1992 bis 1994 auf. Es dauerte immerhin noch beinahe vier Jahre, bis die RAF offiziell ihr eigenes Ende verkündete. Allerdings trat die RAF in diesen vier Jahren nicht mehr „aktiv" (also durch Attentate gegen Dinge oder Personen) in Erscheinung.

Die RAF hatte sich tatsächlich endgültig aus dem bewaffneten Kampf zurückgezogen und damit gleichermaßen Hoffnungen wie Befürchtungen erfüllt. Im Jahr 1996 meldete sich die RAF (ohne einen Anlass wie ein Attentat oder ähnliches zu besitzen) mehrfach publizistisch zu Wort. Sie gab eine für diese Epoche vergleichsweise lange Erklärung ab und schrieb zwei Leserbriefe. Zwei Jahre später veröffentlichte die RAF schließlich ihre Auflösungserklärung.

7.7 Erklärung und Leserbriefe im Jahr 1996

Die RAF-Erklärung vom 29. November 1996 beschäftigte sich mit verschiedenen Themen, ohne einen erkennbaren roten Faden zu besitzen.[323] Im Unterschied zu vielen früheren Erklärungen fällt aber der lesefreundliche und vergleichsweise lockere, gut kommensurable Stil auf. Dies hängt vermutlich damit zusammen, dass zahlreiche praktische Fragen der aktuellen und konkreten RAF-Probleme angesprochen und keine übergeordnet-theoretischen und strategisch-taktischen Überlegungen angestellt wurden. Es könnte aber auch sein, dass die RAF die Kritik an anderen Bekennerschreiben und Erklärungen beherzigt hatte und sich deshalb um einen Stil bemühte, der leicht rezipiert werden konnte. Dieses Unterfangen würde mit dem Ziel korrelieren, eine möglichst große Zielgruppe im Sinne des Aufbaus einer Gegenmacht von unten anzusprechen.

Zunächst einmal diente die RAF-Erklärung dem Aufruf an die ehemaligen Kampfgenoss*innen, generell keine Aussagen über die Illegalität zu machen. Die RAF hatte wohl zu diesem Zeitpunkt bemerkt, dass inzwischen zahlreiche Personen des linksradikalen Spektrums mit der Polizei zusammenarbeiteten. Die Zusammenarbeit von Linksradikalen und Polizei geschah wohl vor allem vor dem Hintergrund, für den Einzelnen Strafreduzierung oder Straffreiheit auszuhandeln. Im Gegenzug dafür wollte die Polizei möglichst umfassende Aussagen über die Illegalität, die linksradikale Szene und entsprechende Straftaten erhalten.

Immer wieder bläute die RAF ihren einstigen Kampfgenoss*innen beinahe gebetsmühlenartig ein: „Es bleibt für alle Zeiten dabei – Zerfallsprozesse hin oder her: Keine Aussagen über bestehende illegale (oder legale) Strukturen! Keine Aussagen über geheime Exil-Orte und Strukturen! Es wird immer wieder GenossInnen geben, die davon Gebrauch machen und darauf angewiesen sind, dass die Bullen nicht alles darüber wissen, wie linke Strukturen so etwas organisieren könnten. Keine (scheinbar heute harmlosen) Infos über die Illegalität und wie diese zu organisieren möglich ist! Weder in Form von Aussagen noch von entpolitisiertem Gelaber in Medien, >>Anekdoten aus früheren Zeiten<< in Büchern oder am Tresen, oder egal in welcher Form der Selbstdarstellung!"[324]

Bereits 1996 machten sich also ehemalige Genoss*innen daran, ihre Vergangenheit in der RAF medial, publizistisch und vor allem auch materiell auszuschlachten. Die vielen Ausrufezeichen in dem kurzen Textausschnitt spiegeln auch grafisch die Panik der RAF wider, dass durch solche Aussagen die Polizei auf ihre Spuren kommen könnte.

Das Bestreben der RAF war es also, konkreten Schaden von sich abzuwenden und eine mögliche Verhaftung durch über sie verbreitete Informationen vermeiden. Zudem sah sie die Motive der Aussagenden ausschließlich im Bereich der Selbstdarstellung und der möglicherweise damit verbundenen Profitgenerierung. Die RAF-Begründung für die Notwendigkeit des Schweigens lautete, dass sie die Aussicht auf revolutionären Widerstand in der Zukunft zumindest potenziell ermöglichen möchte. Die RAF unterstellte dem Staat aber, nach wie vor nicht viel über sie zu wissen, was zumindest ein klein wenig durch die Ereignisse von Bad Kleinen relativiert werden muss, da die Polizei hierdurch zwangsläufig neue Erkenntnisse über die RAF gewonnen hatte.[325]

Mit der Unwissenheit kombiniere sich die Boshaftigkeit des Staats, gezielte Lügen über die RAF zu verbreiten: „Die Wirklichkeit hatte mit den Staatsschutz-Behauptungen nichts zu tun. Sie konstruieren eine künstliche Wirklichkeit in der bewussten Täuschung der Öffentlichkeit."[326]

Die RAF-Unterstellung, dass die Staatsschutz-Behörden die Öffentlichkeit gezielt belügen würde, kann an dieser Stelle nicht verwundern, zumal zu diesem Zeitpunkt klar war, dass der Staat (zumindest vordergründig) weiterhin eine harte Schiene gegen die politischen Gefangenen und die RAF-Kommandoebene fahren würde.

Trotz aller Fahndungserfolge und Aussagen von Aussteiger*innen und Informanten wisse der Staat wenig über die RAF – diese angebliche Erkenntnis in die Welt zu posaunen, schien der RAF immer wieder ein großes Anliegen zu sein (angesichts der immer wiederkehrenden Redundanz): „Sie wissen nicht viel über uns. Sie haben noch nie wirklich durchgeblickt, wie unsere Strukturen aussehen oder wer in der RAF organisiert ist ... BKA-Fahndungsplakate sind keine >>Mitgliedslisten<< der RAF. Selbst die Tatsache, dass der Informant Steinmetz sich mit welchen von uns treffen konnte, hat sie nicht dazu befähigt, uns zu zerschlagen."[327] Offensichtlich amüsierte die RAF, dass die Staatsschutz-Behörden jahrelang (nach dem Desaster von Bad Kleinen[328] und trotz des Verfassungsschutz-Informanten Steinmetz) nicht wussten, wer zur 3. Generation gehörte.

Tatsächlich wiesen die polizeilichen Fahndungsplakate einige Personen als RAF-Mitglieder aus, obwohl sie dies nachweislich nie waren. Bis heute hält sich daher das Wissen um die Mitglieder der Kommandoebene der 3. Generation in Grenzen – es wurde (aus welchen Gründen auch immer) nie offengelegt. Dass die Sprengung des Gefängnisses von Weiterstadt ein voller populistischer Erfolg war, daran bestand für die RAF kein Zweifel – auch hier war die RAF gänzlich unkritisch, denn an anderer Stelle hatte sie ja bereits eingestanden, dass ihr insbesondere die Kritik aus dem linksradikalen Lager an dieser Aktion zu schaffen gemacht hatte. Deshalb lag es (aus Sicht der RAF) im Interesse des Staats, die RAF-Aktionen als geheimdienstgesteuert oder -induziert auszugeben: „Die Aktionen (sic!) wurde von außergewöhnlich vielen Leuten gut gefunden. Auch über die Linke hinaus wurde dieser militanten Aktion mit Sympathie begegnet. Sie wurde von vielen als sinnvoll erachtet ... Deswegen möchten die Geheimdienste genau diese Aktionen denunzieren. Wer würde es nicht als Dreck empfinden, wenn so eine Aktion, die als Ablehnung herrschender Gewaltverhältnisse und bewusste Auflehnung gegen die herrschende Ordnung daherkam, in Wirklichkeit eine Geheimdienst-Operation gewesen wäre. Gerade in der historischen Situation, in der die Linke sich überlegen kann und muss, was sie in Zukunft zu tun gedenkt, soll der bewaffnete Kampf der vergangenen Jahrzehnte als diffuse und nebulöse Inszenierung unter Beihilfe der Geheimdienste denunziert werden."[329]

Insgesamt sei es das Ziel der Staatsschutz-Behörden, den gesamten bewaffneten Widerstand als von Geheimdiensten unterwandert darzustellen, um diesen zu diskreditieren und die Möglichkeit eines zukünftigen bewaffneten Kampfs auszuschließen.

Eine solche Geschichts(um)schreibung ist inzwischen wieder modern – nicht wenige sehen heute den Links- und Rechtsterrorismus als von einem totalitären Geheimdienstkonglomerat gesteuerte Bewegungen. Dabei sollen geheime Organisationen wie GLADIO[330] eine wesentliche Rolle gespielt haben. Es ist selbstevident, dass sich Ehemalige der Widerstandsbewegungen nicht in ein solches Denkmuster inkorporieren lassen wollen, da sie ihre eigenen Lebensentwürfe und einen großen Teil ihres Lebens dem bewaffneten Widerstand widmeten. Für involvierte Personen sind derartige Vorwürfe (dass sie nur als Marionetten einer Welt- und/oder Geheimdienst-Verschwörung fungierten) natürlich obsolet. Dennoch sollte auch und gerade bei der RAF im Blick behalten werden, dass die Geheimdienste[331] häufig in irgendeiner Form mitgemischt haben. Beispiele hierfür sind die Waffenbeschaffungen Baaders, die Person Wadi Hadads (der die „Landshut"-Entführung steuerte und vom KGB Zuwendungen erfuhr) die V-Frau Verena Becker und ihre Beziehungen zum Bundesverfassungsschutz oder eben der Informant Klaus Steinmetz.

Auf das Bombenattentat im hessischen Weiterstadt bezogen wird die RAF dann noch konkreter: „Sie behaupten, dass Legale den Sprengstoff in einem Motorradkoffer mit einem Motorrad für uns transportiert hätten. Das ist so unwahr wie unrealistisch. Die Tatsache, dass unser Kommando gut 1 t Sprengstoff in Weiterstadt benutzte ... zeigt aber, wie absurd die Geschichte ist. Natürlich weiß der Staat, dass die von ihnen angegebene wesentlich geringere Menge Quatsch ist. Aber selbst um diese zu transportieren, würde uns was Besseres einfallen als >>Szene<<-Motorräder zu benutzen. Dieser Unsinn, den BAW und BKA behaupten, soll die Verfolgung einer Genossin wegen der angeblichen Beteiligung in Weiterstadt ermöglichen."[332]

Das Ziel der RAF bestand offensichtlich darin, die Staatsschutz-Behörden als Lügner und zudem der Rechtsbeugung zu bezichtigen. Die Staatsschützer gaben folglich (gemäß RAF) nicht nur bewusst eine falsche Menge an eingesetztem Sprengstoff an, sie taten dies darüber hinaus mit dem Ziel, eine Frau rechtswidrig mit dem Attentat in Verbindung zu bringen, mit dem diese nichts zu tun habe – soweit zumindest die Einlassungen der RAF. Es ist aber zu vermuten, dass besagte Frau eine Szene-Aktivistin und den Behörden ein Dorn im Auge war, weshalb diese versuchten, sie mit dem Weiterstadt-Attentat in Verbindung zu bringen, um sie für möglichst lange Zeit einsperren zu können.

Eindringlich warnte die RAF ihre Kampfgenoss*innen vor dem Irrglauben, der Staat würde die strafrechtliche Verfolgung der linksradikalen Kreise einstellen, da diese am Boden zerstört seien: „Wir halten die Verwunderung darüber, dass der Staat trotz der Schwäche der Linken weiterhin mit Härte gegen sie vorgeht, für unverständlich. Im Gegenteil tritt er gerade deswegen noch einmal nach. Vor allem in der historischen Situation, in der die Linke sich wandeln wird und eine neue systemoppositionelle Kraft entstehen kann, setzt der Staat umso mehr auf repressive Abschreckung. Niemand soll sich jemals mehr trauen, die Regeln des Systems bewusst und konsequent zu durchbrechen."[333]

Der Staat verfolge also die Linke mit brutaler Härte, um eine zukünftige linksradikale Opposition im Keim ersticken zu können. Offensichtlich besaß die RAF aber nach wie vor den Glauben an die Wandlungsfähigkeit der Linken und an die Entstehung einer oppositionellen Kraft – trotz aller Unterdrückungsversuche des Staats.

Zwischen den Zeilen steckte eine versteckte Warnung an alle Linksradikalen. Sie sollten bei ihren Aktivitäten Vorsicht walten zu lassen, um nicht der staatlich-exekutiven Repressionswalze zum Opfer zu fallen, da diese gerade in den Zeiten relativer Schwäche noch stärker gegen Linke vorginge, als in deren Hochzeiten.

Was für die RAF und die Linksradikalen galt, zeigte sich laut RAF auch gesamtgesellschaftlich: „Die Militarisierung im Inneren ist ihre politische Antwort auf die gesellschaftlichen Verhältnisse und die Entwicklung, die abzusehen ist. Die Vervielfachung des Polizeiapparats und die Legalisierung geheimdienstlicher und polizeilicher Maßnahmen gegen immer größere Teile der Gesellschaft, der totale Überwachungsstaat sind Begleitwerkzeuge zum sozialen Kahlschlag, den das kapitalistische System jetzt und für die Zukunft fordert."[334]

Um den Abbau des Sozialen erst möglich zu machen, sei (laut RAF) eine militärisch-polizeiliche Hochrüstung erforderlich. Diese soll soziale Unruhen im Keim ersticken und gegebenenfalls auch gegen die Bevölkerung eingesetzt werden.

Angesichts der gegenwärtigen angespannten gesellschaftspolitischen Lage (die nicht mehr viel mit dem Linksextremismus zu tun hat) ist in der Tat eine polizeiliche Militarisierung des Alltags zu konstatieren. Die gesellschaftliche und subgesellschaftliche Gegenmobilisierung verläuft heute allerdings eher am politisch rechten Rand oder in Parallelgesellschaften (wie arabischen Clan-Familien).

Abschließend fragte sich die RAF, ob und wie Widerstand in Deutschland in Zukunft aussehen soll und welche Rolle die RAF darin überhaupt noch spielen könne: „Und es ist auch ganz unabhängig von uns nicht richtig, jetzt davon auszugehen, dass es nie wieder illegale Strukturen geben muss. Die gewalttätigen Verhältnisse und die Abwehrreflexe des Staats gegen systemüberwindende Vorstellungen und emanzipatorische Politik lassen diesen Schluss jedenfalls nicht zu – auch wenn das mit der RAF nichts zu tun hat. Wenn wir auch keine Beschäftigung für die nächsten 100 Jahre darin sehen, wollen wir dazu beitragen, ein kollektives Bewusstsein über unsere Geschichte zu ermöglichen – mit dem Sinn, daraus Erkenntnisse zu gewinnen, die uns allen etwas für eine bessere, freiere, starke und emanzipative Politik für die Umwälzung der Verhältnisse in die Hand geben."[335]

Ausdrücklich schloss die RAF also nicht aus, dass es zukünftig in Deutschland wieder bewaffneten Widerstand und illegale Strukturen geben könne. Sie betonte aber, dass das dann nichts mit ihr (also der RAF) zu tun habe, da das RAF-Konzept überholt sei. Ihre eigene Rolle sah die RAF in der Aufarbeitung ihrer eigenen Geschichte – allerdings mit dem praktischen Ziel, daraus etwas für die Politik der Zukunft zu lernen.

7.8 Die Auflösungserklärung 1998

Schließlich erklärte die RAF nach beinahe drei Jahrzehnten (28 Jahren um genau zu sein) des bewaffneten Kampfs im April 1998 ihre Selbstauflösung. Dieses für die Geschichte der RAF unvergleichlich wichtige Dokument soll einer eingehenden Analyse unterzogen werden. Dabei empfiehlt es sich (analog der bisher verwendeten Vorgehensweise) die Themenstränge der Auflösungserklärung zu bündeln und (wo möglich) in Relation zueinander zu setzen.

Insbesondere ist bei der Auflösungserklärung zu betrachten, dass die 3. RAF-Generation quasi die Abwicklung der gesamten RAF-Historie betrieb. Dabei analysierte sie Zustände, bei denen sie nicht dabei war und sie interpretierte Gedanken, Worte und Handlungen von RAF-Akteur*innen der 1. Generation und sicherlich auch von Teilen der 2. Generation.

Diese nachträgliche Rechtfertigung und Anpassung muss insofern kritisch betrachtet werden, als dass die RAF sicherlich die Geschichte der RAF aus ihrer Warte betrachtete. Dabei musste sie ihr eigenes Scheitern ebenso eingestehen, wie sie Fehler bei ihren Vorgänger*innen benennen musste, um deren Scheitern erklären zu können. Die RAF-Auflösungserklärung ist also mitnichten ein offiziell-objektives „Statement", sondern ein von Eigeninteressen und Fremdinterpretationen geprägter Text, der sicherlich nicht die Zustimmung aller (an der RAF-Geschichte Beteiligten) haben dürfte.

Gleichwohl wurde die RAF-Auflösungserklärung sozusagen aus der Vogelperspektive geschrieben und suggerierte den Eindruck einer weitgehenden Neutralität und Objektivität. Um hier ein sozialwissenschaftliches, fremdes Konstrukt zur Veranschaulichung zu benutzen: Die RAF versuchte einen Beobachterstandpunkt höherer Ordnung einzunehmen, um eigene und fremde Ereignisse und Erlebnisse möglichst nah an der Wahrheit schildern zu können.[336]

Die zuvor gemachten Bemerkungen sollen die Leser*innen vor allem dahingehend sensibilisieren, dass es die Differenz zwischen der Eigen- und Fremdbeobachtung der 3. RAF-Generation sowie die Differenzen zwischen Eigen- und Fremdbeobachtungen der (in der Erklärung inkludierten) 1. und 2. RAF-Generation zu beachten gilt.

Die „Reste-RAF" des Jahres 1998 gliederte ihre Auflösungserklärung in die folgenden Unterpunkte:

- **Ausgangssituation (für die 1. Generation)**

Die RAF (so beginnt die Auflösungserklärung) sei ab jetzt Geschichte und die in der RAF organisierten Personen seien nun ehemalige Militante der RAF. Freimütig gestand die RAF ein, dass das Ergebnis ihre revolutionären Bemühungen kritisiere. Zusammen mit der Bewegung 2. Juni, den Revolutionären Zellen und der Roten Zora sei die RAF gegen die Unterdrückung in den Metropolen und der Dritten Welt aufgestanden. Damit reihe sie ihre Art und Form des bewaffneten Widerstands und der Politikbetreibung in die Geschichte deutscher Widerstandsbewegungen ein.

Dabei blieb sie aber nicht stehen, denn die Befreiungsbewegungen der Dritten Welt hätten zudem als Ansporn gewirkt, die Umwälzung der kapitalistischen Verhältnisse in Angriff zu nehmen: „Nach Faschismus und Krieg hat die RAF etwas Neues in die Gesellschaft gebracht: das Moment des Bruchs mit dem System und das historische Aufblitzen von entschiedener Feindschaft gegen Verhältnisse, in denen Menschen strukturell unterworfen und ausgebeutet werden und die eine Gesellschaft hervorgebracht haben, in der sich die Menschen selbst gegeneinander stellen. Der Kampf im gesellschaftlichen Riss, den unsere Feindschaft markierte, griff einer wirklich gesellschaftlich werdenden Befreiung nur voraus: der Riss zwischen einem System (in dem der Profit das Subjekt, der Mensch das Objekt ist) und der Sehnsucht nach einem Leben ohne den Trug und Lug dieser sich sinnentleerenden Gesellschaft. Die Schnauze voll vom Buckeln, Funktionieren, Treten und Getreten werden. Von der Ablehnung, zum Angriff, zur Befreiung."[337]

Die RAF sprach insofern mehr als deutlich ihre Verurteilung der kapitalistischen Verhältnisse aus, was bei einer kommunistisch inspirierten Freiheitsbewegung in einer kapitalistischen Gesellschaft überhaupt nicht verwunderlich war. Diese Überlegungen zur Entstehung der RAF sind also nachträgliche kausal-analytische Erklärungsversuche, die mit den Intentionen der Gründerväter übereinstimmen können, aber nicht zwingend müssen. Allerdings war die Textdichte der 1. RAF-Generation so gut ausgeprägt, dass die hier getätigten Ausführungen der RAF als stichhaltig betrachtet werden können. Mit diesen vergleichsweise wenigen Überlegungen sah die RAF des Jahres 1998 ihre Genese und die der 1. Generation weitgehend erklärt.

- **Der Kampf der 2. Generation**

Für die RAF bestand der Ansatzpunkt der 2. Generation in der Befreiung der politischen Gefangenen – womit sie Wasser auf die Mühlen des RAF-feindlichen Lagers aus Staatsschützer*innen und linientreuen Historiker*innen goss, welche die 2. Generation als entpolitisierte Gefangenenbefreiungsbewegung sahen.

Offensichtlich stellte die RAF der 2. Generation damals radikal die Machtfrage: „Es begann ein radikaler und entschiedener Versuch, gegen die Macht eine offensive Position für die revolutionäre Linke durchzusetzen. Der Staat wollte genau das verhindern. Das Explosive (die Eskalation dieser Auseinandersetzung) kam aber auch aus dem Hintergrund der deutschen Geschichte: der Kontinuität des Nazi-Nachfolgestaats, auf die die RAF mit der Offensive traf."[338]

Diese Kontinuität des Nationalsozialismus in der BRD zeigte sich für die RAF zum Beispiel par Excellence beim Entführungsopfer Schleyer sowie bei einigen Mitgliedern des Krisenstabs unter Bundeskanzler Helmut Schmidt. In beiden Fällen waren die Personen im Dritten Reich engagiert für die nationalsozialistischen Ziele eingetreten und hatten ihre Karrieren im Nachkriegsdeutschland beinahe ohne Bruch fortgesetzt. Zahlreiche Personen des Krisenstabs hatten als Offiziere in der Wehrmacht gedient – nicht zuletzt der Bundeskanzler höchstselbst.

Als äußerst problematisch beurteilte die RAF die Entführung der Lufthansa-Maschine „Landshut" durch ein Unterstützungskommando der Palästinenser*innen (dem PLFP Special Command), da sich die Aktion gegen normale deutsche Urlauber*innen und damit das gemeine Volk gerichtet hatte. Diese nachholende Generalkritik an der 2. Generation traf sicherlich nicht die Meinung der (in die Vorgänge um den Deutschen Herbst involvierten) Ehemaligen der RAF, deckte sich aber weitgehend mit der Kritik des damaligen linken Spektrums (und des Mainstreams) an der Flugzeugentführung.

Was etwas überrascht, ist die geistige Brücke, welche die RAF aus dieser Kritik ableitete: Durch die Flugzeugentführung wäre dem Kampf der RAF die sozialrevolutionäre Ebene abhanden gekommen. Diese Niederlage der RAF im Jahr 1977 zeigte die Grenzen des Konzepts Stadtguerilla auf.

Die letzte RAF-Generation kritisierte auch die maßgeblich von Ulrike Meinhof bestimmte und durchgesetzte internationalistisch-antiimperialistische Linie. Hierzu sagte ein Ehemaliger der 2. RAF-Generation, dass eine solche (nachträglich übergestülpte) Konstruktion nicht zulässig sei, da das Konzept von Meinhof die sozialrevolutionäre Ebene ganz bewusst nicht in die Gesamttheorie inkorporiert habe.

- **Frontkonzept der 80er Jahre**

Gemeinsam mit dem Konzept Stadtguerilla der 70er Jahre ging das Frontkonzept der 80er Jahren von der bewaffneten Aktion als zentralem Moment des revolutionären Prozesses aus. Neu war aber, dass das Frontkonzept viele verschiedene Kämpfe und Kampfakteure der 80er Jahre in das Konzept des bewaffneten Widerstands zu integrieren versuchte.

Ein wesentliches gemeinsames Angriffsziel beider Ansätze war für die RAF die Militarisierung der NATO-Politik, die den Krieg gegen die UdSSR und die

Befreiungsbewegungen in der Dritten Welt ermöglichen sollte. Der besondere Wunsch der RAF war, möglichst viele Militante aus unterschiedlichen Bereichen an ihrem Kampf zu beteiligen.

In dieser recht kurzen und prägnanten Form hat die RAF in der Auflösungserklärung die beiden zentralen Strategiepapiere und ihre Inhalte auf einen essentiellen Wesenskern reduziert. Nach der Rekonstruktion vollzog sie so etwas wie eine Dekonstruktion,[339] um daraufhin ihre ex-post-Kritik üben zu können und das Scheitern der beiden Konzepte offenzulegen.

Die RAF kritisierte in ihrer Rückschau, dass es ihr nicht gelungen war, ihren Kampf auf eine wirklich breite Basis zu stellen: „Der Befreiungskampf ... macht nur Sinn, wenn es eine Chance gibt, dass Kräfte in der Gesellschaft bereit sind, ihn aufzunehmen ... Aber selbst die, die solidarisch waren (und das waren nicht wenige), haben den Kampf mit dieser Vorstellung nicht aufgenommen. Der Guerillakrieg braucht die Perspektive auf die Ausweitung auf eine neue Ebene des Kampfes."[340]

Durch die Konzentration auf den bewaffneten Kampf verschenkte die RAF ihrer eigenen Einschätzung nach bedeutendes Leistungspotenzial: „Die Vorstellung der RAF, die die bewaffnete Aktion zum Mittelpunkt des Kampfes bestimmte, unterbewertete die politischen und gegenkulturellen Prozesse außerhalb des politisch-militärischen Kampfes."[341]

Nach Einschätzung der RAF lagen hierin die Kardinalfehler des Konzepts Stadtguerilla sowie des Frontkonzepts, die eben gerade nicht auf Bewegungen außerhalb des politisch-militärischen Kampfs eingingen, sondern alles unter dem Dach des bewaffneten Kampfs vereinen wollten. Das Problem beider Konzepte war so der vorherrschende Militarismus der Bewegung, die es versäumte, nicht-militaristische Widerstandselemente (die in der Gesellschaft durchaus anzutreffen waren) in ihre Strategie und Taktik zu integrieren.

Die RAF der 80er Jahre ging ihrerseits gemäß der Auflösungserklärung[342] davon aus, dass der sozialrevolutionäre Ansatz in ihrer Politik enthalten sei. Dieser Standpunkt führte aber letztlich zu einer abstrakten Politik und einer Trennung von Anti-Imperialismus und sozialer Revolution: „Die Subsumierung jedes sozialen und politischen Inhalts unter den antiimperialistischen Angriff gegen das >>Gesamtsystem<< produzierte falsche Trennungen statt einen Prozess der Einheit; und es führte zu einer Unidentifizierbarkeit an konkreten Fragen und Inhalten des Kampfes."[343]

In der Folge sei deshalb das Militärische unangemessen hoch bewertet worden. Die militärischen Schläge gegen die Herrschenden seien außerdem immer härter geworden.

Im Prinzip lautete die harsche Selbstkritik der RAF, dass sie sich selbst und ihren bewaffneten Kampf in eine immunisierte, durch nichts zu hinterfragende Position manövriert hatte. Jede/r, der/die nicht unumwunden dieser bewaffneten Politik zustimmte, war somit ein potenzieller Gegner der RAF oder aber zumindest nutzte die RAF die Ressourcen dieser potenziellen Verbündeten nicht ausreichend – und sie wollte offenbar auch gar keine Strategie finden, diese Teile in ihre Bewegung zu integrieren.

- **Nach der Wende**

Nach der deutschen Wiedervereinigung wollte die RAF den Kampf aufrechterhalten, stellte aber gleichzeitig fest, dass sich die Guerilla verändern musste, um mehr Wirksamkeit entfalten zu können: „Unsere Hoffnung war eine neue Verbindung der Guerilla und anderen Orten des Widerstands in der Gesellschaft. Dafür suchten wir nach einem neuen Entwurf, in dem die Kämpfe von den Stadtteilen bis zur Guerilla würden zusammenstehen können. Es war uns wichtig, nach dem Zusammenbruch der DDR unseren Kampf in ein Verhältnis zur neu entstandenen gesellschaftlichen Situation zu bringen“.[344]

Spätestens an dieser Stelle wird evident, dass sich der Gedanke, dass es die RAF zu keiner Phase ihrer Existenz verstand, ihren Kampf breiter aufzustellen, wie ein roter Faden durch die Auflösungserklärung zieht. Neu war aber nach der Wende das Bevölkerungspotenzial der ehemaligen Deutschen Demokratischen Republik, welches die RAF durchaus für ihren Kampf hätte mobilisieren können. Erst später entdeckte die RAF, dass die von ihr gesteckten Ziele unter dem Dach der RAF nicht realisierbar waren, da ihre historische Verwurzelung alleine in der alten BRD lag und deshalb die Bürger*innen der DDR ihrem Kampf eher mit Unverständnis als mit Sympathie, Wohlwollen und Unterstützung begegneten.

Folgerichtig gelang es der RAF zu ihrem Bedauern auch nicht, sich in ein neues sozialrevolutionäres und internationalistisches Konzept einzubinden: „Wir waren viel zu spät – auch dafür, um die RAF nach einem Prozess der Reflektion zu transformieren ... Das Ende der RAF ist letztlich keine Folge unseres Prozesses der (Selbst-)Kritik und Reflektion, sondern es ist notwendig, weil die Konzeption der RAF nicht das enthält, woraus jetzt etwas Neues entstehen kann.“[345]

Die Möglichkeit eines Einschnitts nach der Wende habe die RAF nicht genutzt und auch die angestrebte Umorientierung (auf einen sozialrevolutionären Prozess hin) sei nicht gelungen.

Damit wird ein zweiter Kerngedanke der Auflösungserklärung offensichtlich: warum die von der RAF geplante Revolution so nicht funktioniert habe. In allen Epochen der RAF habe die notwendige sozialrevolutionäre Perspektive gefehlt, die im Gegensatz zur antiimperialistisch-internationalistischen Einstellung den Kampf und das Akteurs-Gefüge des Kampfs deutlich erweitert hätte.

- **Soziale Revolution**

Die RAF fuhr fort, dass sie auf dem Weg zur Befreiung viele Fehler gemacht habe. Ein Problem sei zum Beispiel der Widerspruch zwischen dem Krieg-Führen und dem Wunsch nach Befreiung gewesen: „Aber der Widerspruch zwischen Krieg und Befreiung ist bei uns oft verdrängt und weggeredet worden. Auch der revolutionäre Krieg produziert Entfremdungen und Autoritätsstrukturen, was Befreiung widerspricht."[346]

Als Beispiel dafür führte die RAF den Streit zwischen Hardliner*innen, Reformer*innen und der RAF aus dem Jahr 1993 an.

Als strategisches Hauptproblem sah die RAF aber, dass sie neben der illegalen und bewaffneten Opposition keine politisch-sozialen Gegenstrukturen aufgebaut habe. Für dieses Defizit wurde die RAF zu Beginn der 90er Jahre heftig von anderen Terrororganisationen wie der spanischen GRAPO oder der belgischen CCC kritisiert.

Der politisch-militärische Angriff allein (so die RAF selbstkritisch weiter) habe eben nicht die gewünschte Durchschlagskraft entwickeln können. Insgesamt sei der politische Prozess zu schwach gewesen, um auch nur annähernd eine gesamtgesellschaftlich relevante Bedeutung zu gewinnen.

Selbstkritisch bemerkte die RAF dazu: „Die RAF setzte ihre Strategie des bewaffneten Kampfes in den verschiedenen Phasen unterschiedlich um und kam dabei zu keinem Zeitpunkt in das Stadium, in dem der militante Angriff dahinkommt, wo er hingehört: zur taktischen Option einer umfassenden Befreiungsstrategie."[347]

Die RAF machte mit diesen Zeilen deutlich, dass für sie der bewaffnete Kampf eine Strategie sei – anstatt einer taktischen Möglichkeit (unter vielen anderen) eines umfassenderen Konzepts. Dieses Kernproblem habe dafür verantwortlich gezeichnet, dass der RAF eine neue Ausrichtung nach der Wende nicht mehr gelungen sei: „Die ausbleibende politische-soziale Organisierung ist ein entscheidender Fehler gewesen."[348]

Insofern vermochte es die RAF nicht, Einfluss auf die gesellschaftliche Entwicklung zu nehmen. Eine revolutionäre Bewegung aber, die keinen Einfluss auf gesellschaftspolitische Entwicklungen besitzt, ist eine Totgeburt. Diese Einsicht kam der RAF aber erst sehr spät, nachdem der vergebliche revolutionäre Kampf bereits zahlreiche Opfer gefordert hatte.

• Opfer der RAF

Vergeblich warteten die Leser*innen der RAF-Auflösungserklärung auf ein Wort der Entschuldigung der RAF – zumindest gegenüber ihren zahlreichen Opfern, was an dieser Stelle angebracht gewesen wäre. Vielmehr betonte die RAF die Notwendigkeit von Opfern im revolutionären Prozess, auch wenn dies nicht leicht falle: „Unser Kampf – die Gewalt, mit der wir uns gegen die Verhältnisse stellten – hat eine schwerwiegende Seite. Auch der Befreiungskrieg hat seine Schattenseiten. Menschen in ihrer Funktion für das System anzugreifen, ist für alle Revolutionäre auf der Welt ein Widerspruch zu ihrem Denken und Fühlen – zu ihrer Vorstellung von Befreiung. Auch wenn es im Befreiungsprozess Phasen gibt, in denen das als etwas Notwendiges gesehen wird, weil es diejenigen gibt, die die Ungerechtigkeit und die Unterdrückung wollen und die Macht, die sie oder andere haben, verteidigen. Revolutionäre sehnen sich nach einer Welt, in der niemand darüber entscheidet, wer ein Recht auf Leben und wer es nicht hat. Trotzdem hat die Aufregung über unsere Gewalt auch irrationale Züge. Denn der tatsächliche Terror besteht im Normalzustand des ökonomischen Systems."[349]

Offensichtlich war die RAF auch im Zuge ihrer Auflösung nicht in der Lage, sich bei ihren Opfern und deren Angehörigen zu entschuldigen. Das Morden wurde damit gerechtfertigt, dass die eigentliche Ungerechtigkeit von den Ermordeten in die Welt gesetzt worden sei. Diese Gedankenfigur tauchte bereits in etlichen Bekennerschreiben aller Epochen auf: Dass das RAF-Opfer für den Tod von Abertausenden von Menschen verantwortlich sei und dass dieser individuelle Tod im Vergleich zu den Tausenden von ihm evozierten Toten nicht weiter ins Gewicht falle.

Zudem fügte die RAF noch eine systemische Komponente hinzu: Ebenso würde der tägliche Terror (mit zahlreichen Todesopfern) im kapitalistischen

Wirtschaftssystem liegen. Diese Argumentationsstrategie bezog sich auf die Wurzeln der RAF und rekurrierte damit auf Karl Marx. Überhaupt hatte die RAF in ihrer Auflösungserklärung die Richtung „Back to the Roots“ eingeschlagen, auch wenn die sozialrevolutionäre Komponente hauptsächlich von Horst Mahler propagiert wurde, der sich gegen Ulrike Meinhof aber nicht durchsetzen konnte. Dies wollte oder konnte die RAF in ihrer Auflösungserklärung aber nicht offen zugeben, da Mahler bereits 1998 den vollkommenen Wechsel zum politisch rechtsextremen Spektrum vollzogen hatte.

Wenn man „sozialrevolutionär" mit der Fokussierung auf Deutschland und der Inkorporierung des genuin in Deutschland Widerständigen in Zusammenhang bringt, dann könnte die RAF-Auflösungserklärung den Verdacht evozieren, nationalistisch-sozialrevolutionär ausgerichtet zu sein. Dass die Verfasser*innen dieses Pamphlets eine solche Interpretation auf keinen Fall zulassen konnten, versteht sich von selbst. Oder wie ein Mitglied der 2. RAF-Generation mir einmal in Bezug auf diese Komponenten der Auflösungserklärung verriet: „Das war so nie intendiert gewesen. Man kann nicht am Ende herkommen, alles umdrehen und dann sagen, so hätte es funktioniert. In meinen Augen gehen diese Typen in Richtung Reichsbürger.“

Einem solch harschen Urteil vermag ich mich nicht anzuschließen, da der Grundsatz der Selbstkritik an sich lobenswert ist – aber ein Fünkchen Wahrheit könnte in der Aussage schon drin stecken.

- **Zukunft**

Für die Zukunft mahnte die RAF eine größere Vielfalt in Sachen Widerstand gegen das System an. Die Befreiung sei nur dann denkbar, wenn viele Subjekte, Inhalte und Ziele in den Prozess der Befreiung eingebracht würden. Dieses Ziel könne die RAF jedoch nicht erreichen.

Hoffnungsfroh hielt die RAF dennoch fest: „Die Freude, ein umfassendes, ein antiautoritäres und dennoch verbindlich organisiertes Projekt der Befreiung aufzubauen, liegt noch unverbraucht und vor allem noch wenig versucht vor uns.“[350]

Die RAF sah also ihre Entscheidung, den bewaffneten Kampf einzustellen als unabdingbare Grundlage, um diesen Prozess in Gang zu setzen. Die Beendigung ihres Projekts käme einem Aufbruch zur Suche nach neuen Antworten entgegen. Zugleich ist dies als ein heftiger Seitenhieb gegen all diejenigen aus dem linksradikalen Lager zu verstehen, welche die RAF und ihre Aktionen immer nur scharfzüngig kritisiert haben, ohne jemals einen Gedanken daran zu verschwenden, selbst den bewaffneten Kampf aufzunehmen. Die Aufforderung war ganz offensichtlich: Wir geben den Ball ab, jetzt liegt es an euch!

- **Schluss**

Die RAF beendete ihre Auflösungserklärung, indem sie der Gefallenen auf Seiten der Revolution gedachte. Außerdem schickte sie zahlreiche Grüße an ehemalige Verbündete und bedankte sich für die geleistete Unterstützung. Der Schluss zeigt freudig in die Zukunft: „Die Revolution sagt: ich war ich bin ich werde sein."[351]

Das von Rosa Luxemburg stammende und von der RAF abgewandelte Zitat war gut gewählt, da es signalisierte, dass die Revolution mit oder ohne RAF weitergehen wird. Allerdings ist bis zum heutigen Tag nichts davon zu spüren, dass sich eine Revolution aus dem linken Spektrum anbahnt. Vielmehr scheint es so, als ob die Linken heute immer mehr den wieder erstarkenden Rechten die Straße überlassen würden. Aber um diese Ebene des Kampfs (um die Vorherrschaft auf der Straße) hatte sich eine elitär-exklusive Revolutionsbewegung wie die RAF ohnehin nie groß gekümmert, geschweige denn an solchen Kämpfen partizipiert.

8. Die RAF – nach 50 Jahren immer noch kein Ende

Mit der Auflösungserklärung aus dem Jahr 1998 findet die Geschichte der RAF immer noch kein Ende, denn die ehemaligen Terrorist*innen der 3. Generation sind bekanntlich noch immer in Freiheit.
Das führt zu einer Reihe von brisanten Fragen:

- Was machen sie heute?
- Wo leben sie?
- Warum ist es den Fahndungsbehörden bis heute nicht geglückt, sie (trotz eines immensen Fahndungsdrucks) zu schnappen?

Diese und weitere Fragen geben Anlass zu relativ wilden Spekulationen. Um die Jahreswende 2015/16 rauschte es gehörig im deutschen Blätterwald mit Titelstorys unter dem gemeinsamen Tenor: „RAF 4.0: 40 Morde angekündigt!"

Nahm die Rote Armee Fraktion (RAF) also den bewaffneten Kampf gegen das kapitalistisch-imperialistische Großdeutschland (im RAF-Duktus: das Vierte Deutsche Reich) wieder auf? Eine neue RAF war den Herrschenden 2016 vielleicht sogar eine willkommene Bedrohung, die von der damaligen „Flüchtlingskatastrophe" ablenkte.

Dabei roch die Geschichte um die RAF 4.0 sofort nach einer Finte, wobei zwei Richtungen denkbar sind: Es könnte sich um ein Staatsschutz-Konstrukt (False Flag Operations / Black Ops) gehandelt haben oder die Mainstream-Medien plusterten die Geschichte auf, um Kasse zu machen (und eventuell zugleich die Bedürfnisse der politischen Eliten zu bedienen).

Recht schnell wurden berechtigte Zweifel an der Authentizität des RAF-Schreibens laut – wegen Begriffen, die nicht dem linkem Sprachduktus entsprechen: „Ami-Hure", „Arschkriecher" und „für ein freies und demokratisches Deutschland" werden nach wie vor als nicht gängige Termini im linksradikalen Diskurs angesehen.

Zudem wurde das Schreiben zuerst von der NPD veröffentlicht und der Twitter-Account @antifanetzwerk ist zudem nicht echt, sondern ein falsches Konstrukt. Nach einem halben Jahr stellte die Staatsanwaltschaft folgerichtig die Ermittlungen in Sachen RAF 4.0 ein.

Wozu diente dann das Ganze? Zum einen sollte eventuell die Angst vor einem wiedererstarkten, linksradikalen Terrorismus geschürt werden. Zum anderen begründete das gefälschte RAF-Schreiben 40 angedrohte Morde mit dem Behördenversagen bei den Ermittlungen in Sachen rechtsextremistischer Terrorzelle NSU.

Geschichtsrevisionistische Ansätze, die revolutionären Bewegungen per se jegliche Legitimation absprechen, sind zwar in, manchmal aber in keiner Weise haltbar oder auch nur plausibel. Diese Theorien gehen davon aus, dass alle Terrororganisationen geheimdienstinitiiert, geheimdienstinfiltriert und geheimdienstgesteuert sind. Das soll womöglich potenzielle zukünftige Revolutionär*innen davon abhalten, den bewaffneten Kampf aufzunehmen, da sie von vornherein damit rechnen müssen, lediglich fremdgesteuerte Marionetten im großen Spiel der Geheimdienste zu sein und niemals ihre eigene politische Agenda realisieren zu können.

Die Journalistin Regine Igel beschrieb in „Terrorjahre"[352], wie die NATO-Geheimorganisation Gladio linksterroristische Umtriebe in Italien steuerte, um in der Bevölkerung eine reaktionäre Grundstimmung zu evozieren, die das Entstehen eines kommunistischen Regimes verhindern sollte.

War also die Geschichte der Brigate Rosse und die Entführung und Ermordung des italienischen Ministerpräsidenten Aldo Moro „lediglich" ein CIA-gesteuertes Unternehmen, welches nichts mit dem linksrevolutionären Widerstand in Italien zu tun hatte? Ein Chef der Brigate Rosse (Mario Moretti) verneinte dies ausdrücklich,[353] wobei es tatsächlich Anzeichen dafür gibt, dass Teile der BR geheimdienstinfiltriert waren, auch wenn es sich dabei nicht um den von Moretti geführten Flügel handelte.

In „Terrorismus-Lügen"[354] widmete sich Regine Igel dann dezidiert der deutschen Terrorgeschichte und inkriminierte die DDR und ihren Geheimdienst Staatssicherheit, dass diese mit westeuropäischen Terrororganisationen jeglicher Couleur (auch Rechtsterroristen!) kooperiert hätten, um das politische System im Westen nachhaltig zu destabilisieren. Es wird in diesem Zusammenhang kolportiert, wie RAF-Mitglied Christian Klar zum Panzerfaust-Übungsschießen nach Ostdeutschland eingeflogen wurde,[355] um danach den US-General Haig anzugreifen.

So kritisch man diesen Gedankenspielen und Sachverhalten auch gegenüberstehen mag – belegt ist die Kooperation zwischen RAF und Stasi, was die Versorgung und Unterbringung der kampfmüden RAF-Aussteiger*innen nach der Niederlage im Deutschen Herbst 1977 betraf. Dass die Stasi den ausgebrannten

Terrorist*innen eine neue Heimat im real-sozialistischen Arbeiter- und Bauernstaat gab, dürfte eher als Stabilisierung der BRD denn als systemunterhöhlende Maßnahme zu verstehen sein. Dabei gilt es zu bedenken, dass auch die RAF-Aussteiger*innen einen hohen Preis für das von ihnen gewählte Exil bezahlen mussten. Die diesbezügliche Währung bestand sicherlich in einem Informationstransfer – insofern dürfte die Stasi nicht nur über so manche RAF-Analysen über die BRD und die NATO, sondern auch über RAF-interne Strukturen der damaligen Zeit Bescheid gewusst haben.

Was weiterhin rätselhaft bleibt, ist, was mit der „Reste-RAF" in personae Ernst-Volker Staub, Burkhard Garweg und Daniela Klette passiert ist. Im Sommer des Jahres 1999 gelang den ehemaligen RAF-Kämpfer*innen ein durchaus spektakulärer Coup: Sie überfielen mit Panzerfäusten und Kalaschnikows einen Geldtransporter bei Duisburg und erbeuteten sage und schreibe eine Million D-Mark. Da ehemalige Terrorist*innen im Untergrund der kapitalistischen Welt sehr viel Geld benötigen (um die teure Illegalität bezahlen zu können) startete das Trio spätestens 2016 eine Serie von Geldtransporter-Überfällen.

Die Mainstream-Printmedien von FOCUS bis BILD überschlugen sich angesichts dieser neuen Entwicklungen. Aber auch die vom ZDF ausgestrahlte Denunzianten-Fernsehsendung „Aktenzeichen XY" berichtete gleich mehrfach über die schweren Raubüberfälle der Ex-Terrorist*innen. Moderator Rudy Cerne fragte dabei recht ketzerisch, ob die Raubüberfälle als Anschubfinanzierung für eine neue RAF 4.0 dienen sollten. Weiter (so Cerne) könne nicht ausgeschlossen werden, dass die 3. Generation der RAF wieder aktiv sei und an eine Neuaufnahme des bewaffneten Kampfs denke.

Die Gretchenfrage in diesem Zusammenhang lautet meines Erachtens: Wieso gelingt es dem Trio nun seit beinahe vier Jahren (trotz des immensen Fahndungsdrucks und top-aktuellen Fahndungsbildern) sich den Strafverfolgungsbehörden zu entziehen? Oder aber die klassische Frage im Zusammenhang mit allen Verbrechen: Cui bono?

Leider können diese Fragen aufgrund der aktuell vorliegenden Faktenlage noch nicht beantwortet werden. Spekulationen in diesem Zusammenhang sind möglich, rutschen aber leicht in Richtung Verschwörungstheorien ab,[356] weshalb an dieser Stelle darauf verzichtet werden soll. Wir dürfen gespannt sein, ob die ehemalige Garde der 3. Generation jemals geschnappt und für ihre Taten zur Rechenschaft gezogen wird. Zu vermuten steht, dass es irgendwann einmal zu einem großen Knall kommen wird. Dies impliziert die Wahrscheinlichkeit von Todesopfern. Denn entweder werden bei den weiteren Raubüberfällen der ehemaligen RAFler*innen Menschen getötet oder aber die Ex-Terrorist*innen werden durch einen Polizeizugriff „neutralisiert". Es kommt ohnehin einem Wunder gleich, dass das Trio so lange Zeit beinahe unbehelligt frei agieren konnte.

Vielleicht gelingt eines Tages auch die Beantwortung der Frage, wieso das alles in dieser Form möglich war. Bis dahin bleibt nur zu hoffen, dass dieses „lose" Ende der RAF-Geschichte nicht noch zu weiteren Opfern führen möge.

9 Fazit

Bei einer Gesamtbetrachtung der ideologischen, strategischen und militärischen Entwicklung der RAF in den Jahren 1970 bis 1988 konnte festgestellt werden, dass die RAF in ihrem Selbstverständnis als eine marxistisch-leninistisch orientierte Gruppierung begonnen hatte, wobei Komponenten der südamerikanischen Stadtguerilla-Theorie als Ergänzung hinzu kamen. Recht schnell jedoch wurde diese Linie durch eine von starken subjektiven Komponenten durchzogene Kursänderung korrigiert – dies geschah spätestens zu Beginn der 2. RAF-Generation. Man kann in diesem Schritt einen Wandel vom am Kollektiv orientierten Marxismus-Leninismus zu den eher am Individuum ausgerichteten Lehren der Kritischen Theorie (Frankfurter Schule nach Horkheimer, Marcuse und Adorno) sehen.

Die 1. Generation der RAF hatte also eine eher kommunistisch orientierte Grundausrichtung, die vor allem am Maoismus und anderen Befreiungskonzepten der Dritten Welt Orientierung fand. Allerdings handelte es sich dabei nicht um einen starren Parteikader-Kommunismus (denn den Mitgliedern der 1. Generation der RAF war ein solches Denken fremd), vielmehr sah man sich als Teil des weltweiten Befreiungskampfs gegen Kapitalismus und Imperialismus.

Die 2. Generation der RAF verstärkte dann die bereits während der 1. Generation in nuce vorhandene subjektivistische Wende, die insbesondere auf die Subjekt-Theorie der Frankfurter Schule rekurrierte und letztlich ideengeschichtlich Autoren wie Marcuse und Adorno und so weiter in den Mittelpunkt ihrer theoretischen Überlegungen stellte.

Die 2. Generation war (wie dezidiert aufgezeigt) ideologisch-strategisch wenig innovativ. In dieser Hinsicht fehlten ihr sicherlich so intellektuell brillante Köpfe wie Ulrike Meinhof oder Horst Mahler, die das theoretische Grundgerüst der 1. Generation durch viel Überlegung und einiges an Papierproduktion erschaffen haben. Beinahe alle Aktionen und Überlegungen der 2. Generation orientierten sich vielmehr an praktischen Fragen, wie unter anderem die gefangenen Kader Andreas Baader, Gudrun Ensslin und Jan-Carl Raspe aus den Gefängnissen befreit werden könnten.

Bei der 3. Generation lässt sich eine sogar noch weitergehende Theoriefeindlichkeit als bei der 2. Generation feststellen, wobei Begriffe wie „Selbstorganisierung“ und „selbstbestimmtes Leben“ in den Vordergrund rückten.

Allerdings versuchte die 3. Generation im Gegensatz zur 2. Generation eigenständige ideologisch-strategische Konzepte zu entwickeln, auch wenn man dabei zunächst auf dem Mai-Papier der 2. Generation aufbaute. Zudem nahm die Menge von Strategiepapieren und die Länge von Bekennerschreiben wieder deutlich zu.

Ein wichtiges Moment der 3. Generation war der Versuch der (genuin europäischen) Internationalisierung des Terrors in Westeuropa, so beispielsweise mit der französischen Action Directe und einem Teil der italienischen Brigate Rosse.[357] Diese Internationalisierung beschränkte sich nicht auf Verbalradikalismen, Ausbildungsaspekte oder Waffen- und Wissenstransfers. Vielmehr sollte de facto eine gemeinsame antikapitalistische und antiimperialistische Front aufgebaut werden, die nicht nur strategisch und logistisch kooperiert, sondern zugleich ihre Attentate synchronisiert bzw. gemeinsam verübt. Zugleich schien sich die 3. Generation der Brisanz der historischen und geopolitischen Lage bewusst zu sein, denn sie versuchte schnell ihr ganzes Gewicht in den Kampf gegen den Imperialismus und die ihn unterstützenden Kräfte zu werfen, damit dieser nicht den Kalten Krieg gewinnt.

Ein sehr aufschlussreiches Kapitel ist die ideologisch-strategische Weiterentwicklung der RAF nach dem Zusammenbruch des Ostblocks und dem Fall der Berliner Mauer. Insgesamt (das dürfte dieses Buch gezeigt haben) befand sich das strategische, ideologisch-ideengeschichtliche Niveau der RAF in den Transformationsjahren von 1989 bis 1992 auf einem absoluten Nullpunkt. Zwar waren in den Erklärungen immer wieder Ansatzpunkte dafür zu finden, dass die RAF wusste, dass eine ideologische, strategische und taktische Neuorientierung ihrer bewaffneten Politik notwendig war. Dieses Erfordernis verband sich gleichzeitig mit dem Eingeständnis, dass die bisher von der RAF angewandten Konzepte versagt hatten.

Insgesamt ist für die Zeit nach der Beendigung des Kalten Krieges bei der RAF eine starke Tendenz zur sprachlichen Immunisierung und holistisch-universellen Argumentation festzustellen, die es eigentlich per se unmöglich machte, in eine ernsthafte inhaltliche Auseinandersetzung einzutreten. Problematisch war in diesem Zusammenhang auch das bei der 3. RAF-Generation immer schon existente Problem, dass die aufgeführten Positionen, Behauptungen, Unterstellungen, Prognosen und so weiter nicht durch Zitate oder Verweise auf dahinter stehende Theorie-Konstrukte belegt wurden.

Auch insofern ist die ideologisch-theoretische Unterfütterung der RAF-Erklärungen von 1989 bis 1992 beinahe als nicht vorhanden zu bezeichnen. Die argumentative ideologische Hauptstoßrichtung der RAF lag in dieser Zeit in der Behauptung der ideologischen und praktischen Kontinuität des Faschismus in Deutschland. Zudem steuere das wiedervereinigte Deutschland auf ein Viertes Reich zu. Dieses Vierte Reich bedeutete laut RAF, dass das neue Gesamtdeutschland neben den ökonomischen und den politischen auch wieder militärische Mittel einzusetzen strebe, um die Völker und Menschen den kapitalistischen Verwertungsbedingungen zu unterwerfen.

Nach dem Wegfallen der real-sozialistischen Systemalternative vermochte es die RAF auch aus ihrer immanenten Argumentationslogik heraus nicht, Theoriekonzepte zu generieren, welche die neue theoretische Basis und damit den Überbau ihrer Aktionen bildete. Die wenigen Ansätze, die es dennoch hierzu zu identifizieren gibt, seien im Folgenden kurz summiert. Die neue revolutionäre Bewegung sollte (laut RAF) ein Organisationsprozess sein, der möglichst viele gesellschaftliche Akteur*innen mit einzubinden habe.

Insofern war bei der RAF zum ersten Mal eindeutig die Rede von einer sozialen Gegenmacht von unten, was wohl das Äquivalent zur (in der Auflösungserklärung immer wieder genannten) sozialrevolutionären Basis bilden sollte. Dieser Gedanke bestimmte auch die RAF-Strategie der nächsten Jahre. Zudem gab die RAF verstärkt die Verantwortung an linke Gruppen zur Bestimmung, Weiterentwicklung und Umsetzung revolutionärer Strategien ab.

Die Bestimmung des revolutionären Prozesses und die Analyse der herrschenden Verhältnisse sollte sich (so der Wunsch der RAF) aus zahlreichen Diskussionen mit zahlreichen Akteur*innen ergeben. Als konkreter, realer neuer Bündnispartner die RAF nach der Zeit der Transformation waren aber lediglich einige kurdischen Bewegungen zu bezeichnen.

Der Versuch der RAF, in der Friedensbewegung oder bei den Bewohner*innen der ehemaligen DDR Einfluss zu gewinnen, scheiterte kläglich. Nicht ganz so eindeutig war die Sachlage bei neuen Bündnisgenoss*innen wie die Hausbesetzer*innen der Hamburger Hafenstraße. War hier lediglich eine ideologische Affinität vorhanden oder führte das Ganze tatsächlich zu einer praktischen, gemeinsamen Zusammenarbeit? Gesicherte Aussagen sind in diesem Punkt schwer möglich und auch die Selbsterklärungen der RAF sind in diesem Punkt nicht eindeutig. Die Neubestimmungsversuche der RAF, die vom bis dato vorherrschenden Denken „Unsere Strategie gegen ihre Strategie" abweichen, nehmen sich seltsam abstrakt und inhaltsleer aus.

So war wie erwähnt die Rede davon, dass Menschen in Selbstbestimmung und Würde leben sollen. Zudem sollte laut RAF eine gesellschaftliche Organisation ohne Herrschaft möglich sein. Hinzu kommt, dass sich die RAF an den Menschen und ihren menschlichen Bedürfnissen orientieren wollte. Diese Orientierung am Menschen sei (laut RAF) nicht mit den kapitalistisch-imperialistischen Lebensverhältnissen kompatibel. Die Begriffe Selbstorganisation und Selbstbestimmung wurden in den RAF-Texten nach dem Zusammenbruch des Ostblocks häufig gebraucht, jedoch in keiner Weise irgendwie inhaltlich spezifiziert. Das theoretische Niveau der RAF-Schriften ist nicht nur aus diesem Grund als kläglich anzusehen – die von der RAF angerissenen Begriffe wurden nicht einmal ansatzweise in irgendeiner Form gefüllt.

Als Fazit kann festgehalten werden, dass die RAF in der Zeit der Transformation von 1989 bis 1992 beinahe völlig frei von theoretischen Konzepten, Theorien und Ideologien war und dass sie sich auf der verzweifelten Suche nach einer neuen Strategie, Taktik und militärischen Grundausrichtung befand. Die wenigen Ansätze in diese Richtungen befanden sich bestenfalls auf einem kläglichen Niveau und vermochten nicht einmal aus der RAF-immanenten Sichtweise zu überzeugen. In der internen ideologischen RAF-Debatte der Jahre 1992 bis 1994 setzte dann aber ein grundlegender Reflexionsprozess ein, der das theoretische Niveau wieder etwas anzuheben vermochte.

Letztendlich war die RAF für ihren Zerfall und ihre Auflösung maßgeblich selbst verantwortlich – eine andere Lesart der Auflösungserklärung ist nicht möglich. Es war der vehemente Streit zwischen Hardliner*innen, Reformer*innen und der RAF, der den Anfang vom Ende der RAF besiegelte. Bei diesem Streit schienen nicht zuletzt persönliche Gründe vorhanden und für die Schärfe des Konfrontationsniveaus verantwortlich zu sein. Auch in einer Gruppe wie den politischen Gefangenen und in der RAF gab es offensichtlich menschliche Sympathien und Antipathien. Das galt auch für den Fall, dass alle Gruppenmitglieder Genoss*innen waren. Natürlich ging es bei dem Richtungsstreit auch um Fragen der Meinungshoheit: Wer hatte hier das Sagen und konnte die politische Richtung vorgeben?

Die Frage der Meinungsführerschaft betraf die RAF im Prozess des Widerstands, die Geschichte der RAF und die politische Ausrichtung für der Zukunft. Dabei zeigte sich, dass die inhaltlichen Positionen der Hardliner*innen, Reformer*innen und RAF nur unwesentlich differierten. Alle waren sich in zentralen Punkten einig, wie zum Beispiel, dass die politischen Gefangenen freikommen müssten. Ebenso bestand Konsens darin, dass die Politik der RAF eine neue Orientierung bräuchte. Diese Erkenntnis bildete die eigentliche Überraschung der Untersuchungen, die im letzten Abschnitt dieses Buchs geführt wurden.

Letztlich herrschte erbitterter Streit um marginale inhaltliche Unterschiede. Bei der Untersuchung der RAF-Geschichte glichen sich beispielsweise die Schilderungen von Hardliner*innen, Reformer*innen und RAF beinahe aufs Wort. Alle Fraktionen gingen davon aus, dass der Aufbruch der RAF aus dem bipolaren Verhältnis des Kalten Krieges gerechtfertigt war. Die bewaffnete Politik des linksradikalen Widerstands zweifelte keine der Parteien an – im Prinzip waren sich Hardliner*innen, Reformer*innen und RAF darin einig, dass die neue Politik der RAF auf einer breiten gesellschaftlichen Basis stattfinden solle. Allerdings gelang es keiner der Parteien inhaltlich genauer auszuführen, wie diese neue Politik ganz konkret aussehen soll.

Und so bezog die RAF von allen Seiten reichlich Kritik – entweder für das Fortführen oder aber für das Einstellen ihrer bewaffneten Politik. Dementsprechend getroffen zeigte sich die RAF fortan – auch in ihrer Auflösungserklärung. Dabei wurde die RAF hinsichtlich ihrer Zukunftsvorstellungen noch am konkretesten – sie versuchte zumindest, aus den Fehlern der Vergangenheit zu lernen. Folglich wollte sie ihrem Kampf auch eine sozialrevolutionäre Ebene geben.

Diese Form der Neuausrichtung wurde dann unter anderem von den Hardliner*innen aufs Korn genommen, welche bewaffnete Aktionen nach wie vor als Krönung der revolutionären Politik verstanden. Die RAF hingegen wollte viele Bündnisse mit gesellschaftlichen Gruppen eingehen. In der Tat lesen sich die Absichtserklärungen der RAF zum Teil sozialreformerisch bis reformistisch. Es drängt sich so der Eindruck auf, dass die RAF in kirchlichen Gruppen, in Bürgerinitiativen und in sozialkritischen Verbänden Fuß fassen wollte. Damit entfernte sie sich aber zunehmend von ihren eigenen linksradikalen Wurzeln.

Wer zu spät kommt, den bestraft das Leben – das erklärte Michail Gorbatschow (der letzte Führer der Sowjetunion,) einmal sinngemäß. Die RAF kam zu spät und wurde bestraft. Es gelang ihr nicht mehr, ihre Politik den weltpolitischen Änderungen anzupassen. Diese Chance wurde in den Jahren 1989 bis 1992 vergeben, denn die RAF hielt zunächst stur an den bisher verfolgten politischen Konzepten fest. So verlor die RAF auch innerhalb ihres engsten Unterstützer-Umfelds jegliche Zustimmung. Der Streit zwischen Hardliner*innen, Reformer*innen und RAF gab der RAF den endgültigen und irreversiblen Todesstoß. Dem Zerfall folgte (von 1994 bis 1998) der Abgesang. Dieser mündete 1998 in der längst überfälligen Auflösungserklärung.

10 Anmerkungen
(Endnotes)

1 https://beste-10.de/buch-raf/ (aufgerufen am 10. März 2019)

2 Eckhard Jesse, Sammelrezension, in: Uwe Backes/Alexander Gallus/Eckhard Jesse/Tom Thieme (Hrsg.), Extremismus und Demokratie: 30. Jahrgang 2018. Baden-Baden 2018, S. 280

3 Hermeneutik versteht sich hier als Methode zur Auslegung und Erklärung eines Textes und meint das Verstehen von Sinnzusammenhängen in Lebensäußerungen aller Art aus sich selbst heraus, hier vor allem in Hinsicht auf geschichtliche Ereignisse. Vergleiche hierzu eine ausführliche Beschreibung von Hermeneutik, zum Beispiel https://de.wikipedia.org/wiki/Hermeneutik (Zugriff 3. Mai 2019)

4 Christof Wackernagel, RAF oder Hollywood: Tagebuch einer gescheiterten Utopie. Springe 2017, S. 9

5 Christof Wackernagel, RAF oder Hollywood: Tagebuch einer gescheiterten Utopie. Springe 2017, S. 9

6 Hinweise auf ein kritisch-solidarisches Verhältnis zu den revolutionär-islamischen Gruppen finden sich ausdrücklich in: https://www.untergrund-blättle.ch/archiv/ausgabe5/die_geschichte_der_antiimperialistischen_zellen_aiz.html (Zugriff 3. Mai 2019)

7 Vergleiche zum Beispiel Bernhard Giesen, Terrorismus als Performanz, in: Herbert Willems (Hrsg.) Theatralisierung der Gesellschaft, Band 1, Berlin 2008, S. 615-621

8 Dies entspricht immerhin beinahe einem Drittel der 2016 ausgestrahlten „Aktenzeichen XY"-Sendungen.

9 Zum Beispiel die Geschichte des verlorenen Sohns im Lukas-Evangelium.

10 Manchmal ist gar nicht sicher, ob die noch untergetauchten Ehemaligen der RAF für die ihnen zugeschriebenen Überfälle verantwortlich sind. So wurde zum Beispiel der Überfall auf einen Geldtransporter in der Nähe des Köln-Bonner-Flughafens am 6. März 2019 den „RAF-Rentnern" (Titelzeile Bild-Zeitung) zugeschrieben, obwohl noch gar nichts Genaueres bekannt war.

11 Dieser ausdrückliche Hinweis findet sich zum Beispiel in der RAF-Auflösungserklärung.

12 Vergleiche hierzu Bruce Hoffmann, Terrorismus – Der unerklärte Krieg. Neue Gefahren politischer Gewalt, Frankfurt am Main 2006, S. 21-80

13 Hierauf wird an späterer Stelle noch eingegangen.

14 Narrativ bedeutet in diesem Zusammenhang die Art und Weise, wie die Geschichte dargestellt wird. Es geht also um die Form der Darstellung der Erzählung, die in unserem Fall aus historischen Sachverhalten besteht.

15 Diese Einsicht hat sich inzwischen sogar bei der Neuen Rechten durchgesetzt. Einer ihrer Frontmänner, der Compact-Herausgeber Jürgen Elsässer, schrieb lapidar aber zutreffend in seinem Editorial: „Im Wettbewerb der Systeme haben die Kommunisten verloren, weil die Planbürokratie zu schwerfällig war." Vergleiche hierzu Compact Spezial, Klimawandel – Fakten gegen Hysterie, Berlin 2017, S. 3

16 Über diesen Punkt kann man trefflich streiten. Das inzwischen in Verruf geratene Rational-Choice-Paradigma in der Lesart eines Hartmut Essers stellt diese Behauptung einfach auf.

Andere diesbezügliche Argumentationen und Begründungen sind subtiler und differenzierter. Hier kommt es aber lediglich auf die Tatsache an, dass den Menschen altruistische Gründe (seine Person und Arbeit in den Dienst einer Gemeinschaft zu stellen und von den individuellen Bedürfnissen weitgehend zu abstrahieren) nicht ausreichend motivieren.

17 Teilweise konzedieren die Kommentatoren in überregionalen Tageszeitungen sogar, dass sich China nicht nur auf dem Weg zur ökonomischen, sondern auch zur militärischen Supermacht befindet. Vergleiche zum Beispiel hierzu https://www.welt.de/politik/ausland/article189778103/China-Auf-dem-Weg-zur-Militaer-Supermacht.html (Zugriff am 3. Mai 2019)

18 Zum Scheitern des Hanoi-Gipfels zu Beginn des Jahres 2019 vergleiche zum Beispiel https://www.spiegel.de/politik/ausland/donald-trump-und-kim-jong-un-wie-es-zum-scheitern-des-hanoi-gipfels-kam-a-1255522.html (Zugriff am 3. Mai 2019)

19 George Bush Senior

20 Francis Fukuyama

21 Vergleiche zu den Statistiken, die 9/11 betreffen, zum Beispiel https://www.n-tv.de/archiv/Der-11-September-in-Zahlen-article123268.html (Zugriff am 3. Mai 2019)

22 So wurde der mutmaßliche Drahtzieher des Attentats gegen das US-Navy-Schiff Cole, Jamal al Badawi, erst unter der Ägide von US-Präsident Donald Trump zur Rechenschaft gezogen bzw. getötet. Vergleiche hierzu https://www.n-tv.de/archiv/Der-11-September-in-Zahlen-article123268.html (Zugriff am 3. Mai 2019) Zu den Hintergründen der Anschläge auf die Botschaften in Kenia und Tansania vergleiche https://www.faz.net/aktuell/politik/hintergrund-die-anschlaege-von-nairobi-daressalem-und-aden-170625.html (Zugriff am 3. Mai 2019)

23 So wurde beim Straßburger IS-Attentäter das Treue-Bekenntnis erst nach der Tat gefunden. Entscheidend ist, dass der Treue-Eid zum Islamischen Staat überhaupt stattgefunden hat. Vergleiche hierzu https://www.wr.de/politik/video-mit-is-treueeid-des-strassburger-attentaeters-gefunden-id216072773.html (Zugriff am 3. Mai 2019)

24 Vergleiche zum Inszenierungscharakter der Hinrichtungen des Islamischen Staats beispielsweise https://www.welt.de/politik/ausland/article134402203/IS-inszeniert-Hinrichtung-als-blutige-Film-Orgie.html (Zugriff am 3. Mai 2019)

25 Vergleiche zu den politischen Auswirkungen des Kniefalls von Bundeskanzler Willy Brandt zum Beispiel https://www.spiegel.de/einestages/willy-brandt-in-warschau-a-946886.html (Zugriff am 3. Mai 2019)

26 So wird unter anderem behauptet, dass Brandts Kniefall bis heute Kritik nach sich zieht. Siehe https://www.welt.de/politik/ausland/article11431245/Der-Kniefall-der-in-Polen-fast-nicht-stattfand.html (Zugriff am 3. Mai 2019)

27 Michael Müller, Andreas Kanonenberg, Die RAF-Stasi-Connection, Berlin 1992

28 Inge Viett, Nie war ich furchtloser, Hamburg 1996 und https://www.mdr.de/zeitreise/ddr-als-unterschlupf-fuer-raf-terroristen-100.html (Zugriff am 3. Mai 2019)

29 Till Meyer, Staatsfeind: Erinnerungen, Berlin 2008

30 Hier sind als Beispiele unter anderem Karl-Heinz Ruhland und Gerhard Müller zu nennen. Vergleiche hierzu https://www.zeit.de/1986/48/wunderwaffe-kronzeuge/seite-6 (Zugriff am 3. Mai 2019)

31 Die Aussagebereitschaft der RAF-/DDR-Aussteiger*innen ging sogar so weit, dass sie nicht nur ehemalige Genoss*innen belasteten, sondern sie sagten auch umfangreich über

die anderen Aussteiger*innen aus. Vergleiche hierzu https://www.spiegel.de/spiegel/print/d-13501209.html (Zugriff am 3. Mai 2019)

32 Peter-Jürgen Boock, Die Entführung und Ermordung des Hanns Martin Schleyer – Eine dokumentarische Fiktion, Frankfurt am Main 2002

33 Auch das Abendblatt meldete Zweifel an der Glaubwürdigkeit von Boocks Aussagen an https://www.abendblatt.de/politik/article107940648/Aussage-von-Ex-Terrorist-Peter-Juergen-Boock-geplatzt.html (Zugriff am 3. Mai 2019)

34 Vergleiche hierzu https://www.spiegel.de/spiegel/print/d-13680759.html (Zugriff am 3. Mai 2019)

35 Stefan Schweizer, RAF 3.0+: Zerfall, Auflösung, Überfälle (1992-2017), Waiblingen 2018

36 Bei den soziopolitischen und soziohistorischen Kontextualisierungen der drei RAF-Generationen beziehe ich mich neben etlichen anderen Quellen insbesondere auf den ID-Verlag (HG.), Rote Arme Fraktion. Texte und Materialien zur Geschichte der RAF, Berlin 1997. Dies wird allerdings durch viele weitere für die RAF bedeutende politische und historische Ereignisse sowie eigene Schlussfolgerungen ergänzt.

37 Zum Zitat siehe beispielsweise https://de.wikipedia.org/wiki/Truman-Doktrin (Zugriff am 3. Mai 2019)

38 James Ellroy, Ein amerikanischer Thriller, Berlin, 2010 und Laurent Guénot, 50 Years of Deep State, Progressive Press 2014

39 Vergleiche hierzu http://www.glasnost.de/hist/apo/cssr1.html (Zugriff am 3. Mai 2019)

40 Vgl. Stefan Schweizer, Die Akte Baader, Meßkirch 2018

41 Vgl. Stefan Schweizer, Roter Frühling 72 – RAF 1.0, Waiblingen 2017

42 Vgl. Stefan Schweizer, RAF 1.0-3.0: Ideologie, Strategie, Attentate (1970-1992), Waiblingen 2017

43 Vergleiche hierzu https://www.zeit.de/1978/24/die-wege-zur-gewalt/seite-7 (Zugriff am 3. Mai 2019)

44 Klaus-Jürgen Bremm, Die Waffen SS, Hitlers überschätzte Prätorianer, wbg Theiss 2018

45 Die RAF benötigte sicherlich zu Beginn ihres Daseins auch eine Findungs- und Reflexionsphase, in welcher Form und in welchem Stil die Erklärungen gehalten werden sollten.

46 Dieses und alle anderen RAF-Zitate sind dem Band ID Verlag Rote Armee Fraktion, Texte und Materialien zur Geschichte der RAF, Berlin 1997 entnommen.

47 Die Rote Armee aufbauen, S. 25

48 Was später noch durch den Bestandteil Fraktion ersetzt wurde, um zu verdeutlichen, dass sich die RAF als Teil eines weltweiten Befreiungskampfs sah und ihre bewaffneten Verbände nur als integralen Teil einer übergeordnet agierenden gesamten Roten Armee verstanden.

49 Ausländische Historiker wie Ian Kershaw betrachten diesen Begriff für die ganze Zeit der RAF-Existenz als zutreffend. Die Unsinnigkeit dieser Betrachtungsweise muss an dieser Stelle nicht ausgeführt werden, da sie aus dem bisher Gesagten selbstevident wird. Vergleiche zur fast durchgängigen Verwendung des Begriffs Baader-Meinhof-Gruppe, Ian Kershaw, Achterbahn, DVA 2019

50 Die Rote Armee aufbauen, S. 6

51 Die Rote Armee aufbauen, S. 6

52 Die Rote Armee aufbauen, S. 6

53 Dabei handelt es sich um die Bibel-Aussage, dass am Anfang das Wort war.

54 Vergleiche zu einer literarischen Schilderung dieser abenteuerlichen Flucht: Stefan Schweizer, Roter Frühling – RAF 1.0, Südwestbuch 2017 und Stefan Schweizer, Die Akte Baader, Meßkirch 2018

55 Vgl. dazu den diesbezüglichen Versuch, den ich in dem biografischen Kriminalroman „Die Akte Baader" unternommen habe.

56 Später wurde der § 129 StGB spezifisch auf terroristische Sachverhalte ausgeweitet. Nicht selten wurde dann von einem „RAF-Paragrafen" gesprochen. Danach konnten empfindliche Freiheitsstrafen ausgesprochen werden, wenn Personen im Besitz von RAF-Propagandamaterial, zum Beispiel Strategiepapieren oder Bekennerschreiben, waren. Zudem wurde jegliche Form der „Werbung" für die RAF als ein (mit Gefängnis zu ahndender) Straftatbestand bewertet. Von dem § 129 StGB wurde rege Gebrauch gemacht. Er diente wohl in erster Linie zur Abschreckung und zur Disziplinierung von tendenziell mit der RAF sympathisierender Personen. Insofern handelt es sich um ein Repressionsmittel erster Güte, das vielen vergleichsweise harmlosen Menschen empfindliche Haftstrafen einbrachte. Auf der anderen Seite zementierte genau dieser Paragraf den mystifizierenden Status der RAF als Organisation.

57 Das Konzept Stadtguerilla, S. 41

58 Das Konzept Stadtguerilla, S. 45

59 Das Konzept Stadtguerilla, S. 46

60 Das Konzept Stadtguerilla, S. 48

61 Über den bewaffneten Kampf in Westeuropa, S. 49

62 Über den bewaffneten Kampf in Westeuropa, S. 49

63 Über den bewaffneten Kampf in Westeuropa, S. 71

64 Über den bewaffneten Kampf in Westeuropa, S. 52

65 Über den bewaffneten Kampf in Westeuropa, S. 59

66 Über den bewaffneten Kampf in Westeuropa, S. 68

67 Über den bewaffneten Kampf in Westeuropa, S. 72

68 Über den bewaffneten Kampf in Westeuropa, S. 72

69 Über den bewaffneten Kampf in Westeuropa, S. 74

70 Über den bewaffneten Kampf in Westeuropa, S. 83

71 Über den bewaffneten Kampf in Westeuropa, S. 99

72 Über den bewaffneten Kampf in Westeuropa, S. 107

73 Margit Schiller hat wie etliche andere (weniger „prominente") Mitglieder der 2. RAF-Generation ihre Erinnerungen an die RAF-Zeit zu Papier gebracht. Vergleiche Margit Schiller, Es war ein harter Kampf um meine Erinnerung. Ein Lebensbericht aus der RAF. München 2001

74 Dem Volk dienen, S. 112

75 Dem Volk dienen, S. 133

76 Dem Volk dienen, S. 113

77 Dem Volk dienen, S. 116 ff.

78 Dem Volk dienen, S. 128

79 Dem Volk dienen, S. 128 ff.

80 Dem Volk dienen, S. 138 ff.

81 Dem Volk dienen, S. 143
82 Anschlag auf das Hauptquartier der US-Army in Frankfurt/Main, S. 145
83 Anschläge in Augsburg und München, S. 145
84 Anschläge in Augsburg und München, S. 145
85 Anschlag auf den BGH-Richter Buddenberg in Karlsruhe, S. 146
86 Anschlag auf den BGH-Richter Buddenberg in Karlsruhe, S. 146
87 Sprengstoffanschlag auf das Springer-Hochhaus in Hamburg, S. 147
88 Bombenanschlag auf das Hauptquartier der US-Army in Europa in Heidelberg, S. 148
89 Bombenanschlag auf das Hauptquartier der US-Army in Europa in Heidelberg, S. 148
90 Die Aktion des Schwarzen September in München, S. 153
91 Die Aktion des Schwarzen September in München, S. 177
92 Vergleiche das Bild in: Willi Winkler, Die Geschichte der RAF, Berlin 2008 (1. Bildteil)
93 Neudeutsch würde man vermutlich von „Mobbing“ sprechen. Dass es Meinungsunterschiede bei den politischen Gefangenen gab, ist gut belegt. Ob diese und damit verbundene menschliche Antipathien für einen Selbstmord Meinhofs verantwortlich waren, kann nicht abschließend beurteilt werden. Propagandistisch schlachtete die RAF Meinhofs Tod auf jeden Fall aus und sprach von einer Hinrichtung durch Kräfte des Staats.
94 Vergleiche zum Beispiel https://de.wikipedia.org/wiki/COINTELPRO (Zugriff am 3. Mai 2019)
95 Wobei ja bereits auf den Widerspruch hingewiesen wurde, dass eine legale Unterstützung kaum möglich war, da jede positive Äußerung über die RAF als schwerwiegender Straftatbestand betrachtet wurde.
96 Vergleiche hierzu die kontroversen Debatten über Dominik Grafs Tatort-Krimi „Der rote Schatten“.
97 Butz Peters, RAF – Terrorismus in Deutschland, München S. 210 f.
98 Vgl. Stefan Schweizer, Die Akte Baader, Meßkirch 2018
99 Vergleiche hierzu den mit sensationellen Fakten und gewagten Gedankenspielen aufwartenden Aufsatz Artur Braun, „Vorsicht, Herr Buback!“: Der Generalbundesanwalt im Dunkel der Interessen der Viermächte, in https://www.researchgate.net/publication/297760897_Vorsicht_Herr_Buback_Der_Generalbundesanwalt_im_Dunkel_der_Interessen_der_Vier-Machte
100 Christof Wackernagel/Stefan Schweizer, Mehr Demokratie wagen!, Manuskript
101 Wolfgang Kraushaar, Verena Becker und der Verfassungsschutz, Hamburg 2010
102 Auf alternative Darstellungen, die auch ein hohes Maß an Plausibilität besitzen, sei an dieser Stelle ausdrücklich hingewiesen. Vergleiche Michael Buback, Der zweite Tod meines Vaters, München 2008
103 Erklärung vom 7. April 1977, S. 267
104 Erklärung vom 7. April 1977, S. 268
105 Erklärung vom 7. April 1977, S. 268
106 Erklärung vom 14. August 1977, S. 269
107 Erklärung vom 14. August 1977, S. 269
108 Erklärung vom 14. August 1977, S. 269
109 Erklärung zum Hungerstreik, S. 269 f.
110 https://socialhistoryportal.org/raf/text/307177

111 https://socialhistoryportal.org/raf/text/307177
112 https://socialhistoryportal.org/raf/text/307177
113 https://socialhistoryportal.org/raf/text/307177
114 https://socialhistoryportal.org/raf/text/307177
115 https://socialhistoryportal.org/raf/text/307177

Zu Beginn gab es hinsichtlich der Todesnacht in Stammheim auch von eher „staatstragenden“ Autor*innen wie Stefan Aust deutliche Fragezeichen, die er aber in späteren Ausgaben seines Bestsellers „Der Baader-Meinhof-Komplex“ zurückgenommen hat. Dort ist dann eher kursorisch für alle ungeklärten Sachverhalte bezüglich der RAF von einer „Zeit der Mythen“ die Rede. Vergleiche Stefan Aust, Der Baader-Meinhof-Komplex, Hamburg 2008

117 Peter-Jürgen Boock, Die Entführung und Ermordung des Hanns Martin Schleyer, Eine dokumentarische Fiktion, Frankfurt am Main 2002

118 Buback verzichtete wohl weitgehend aus freien Stücken auf ein Mehr an Begleitschutz, obwohl er mehrfach dazu gedrängt worden war.

119 Hierin ähnelte die Planung und Durchführung des Attentats sehr stark dem Attentat und der Entführung des italienischen Ministerpräsidenten Aldo Moro.

120 Hierbei handelte es sich um ein PLFP-Spezialkommando, das ganz gezielt für Flugzeug-Entführungen geschult worden war.

121 In Sicherheitskreisen gilt es als wahrscheinlich, dass die mit einem palästinensischen Revolutionsführer liierte Deutsche Monika Haas mit ihrem Baby einen Großteil des Waffenschmuggels nach Mallorca plante und durchführte.

122 Erklärung vom 7. September 1977, S. 271

123 Erklärung vom 12. September 1977, S. 272

124 Erklärung vom 13. September 1977, S. 272

125 Erklärung vom 13. Oktober 1977, S. 273

126 Erklärung vom 19. Oktober 1977, S. 273

127 Christof Wackernagel, Interview in soft secrets, Jahrgang 11, Nummer 2, Amsterdam 2019

128 Der unangefochtene Status von Brigitte Mohnhaupt lässt sich wohl letztlich auch dadurch erklären, dass sie von Andreas Baader, Gudrun Ensslin und Jan-Carl Raspe im 7. Stock des Hochsicherheitstrakts der JVA Stuttgart-Stammheim als dezidierte Nachfolgerin von ebenjenen bestimmt und gezielt geschult worden war. Insofern entspann sich hier nicht (wie sonst bei anderen Widerstandsbewegungen solcher Art zu verzeichnen) ein Kampf um die Spitzenposition im Machtgefüge.

129 Die Umstände seines Todes waren insofern fragwürdig, als nicht wirklich sicher ist, ob die beiden Beamten in Notwehr handelten oder ob es sich bei dem Ganzen um einen präventiven Todesschuss handelte, der nach der Schleyer-Entführung bei den Behörden auf der Tagesordnung zu stehen schien.

130 Der Hungerstreik endete am 26. Juni desselben Jahres.

131 Wogegen sich der Hungerstreik in erster Linie richtete (nämlich gegen die nach RAF-Meinung horrenden Haftbedingungen) wurde bereits erwähnt.

132 Hungerstreik-Erklärung vom 20. April 1979, S. 281

133 Hungerstreik-Erklärung vom 20. April 1979, S. 281

134 Erklärung vom 25. Juni 1989, S. 282

135 Erklärung vom 25. Juni 1989, S. 283
136 Erklärung vom 25. Juni 1989, S. 283
137 Erklärung vom 25. Juni 1989, S. 284
138 Erklärung zum Abbruch des Hungerstreiks, S. 284
139 Zum Tod von Juliane Plambeck und Wolfgang Beer, S. 285
140 Zum Tod von Juliane Plambeck und Wolfgang Beer, S. 285
141 Hungerstreik-Erklärung vom 6. Februar 1981, S. 286
142 Hungerstreik-Erklärung vom 6. Februar 1981, S. 287
143 In Sicherheitskreisen wird davon ausgegangen, dass Helmut Pohl und Ingrid Jakobsmaier die treibenden und maßgeblich ausführenden Kräfte bei diesem Attentat waren.
144 Erklärung vom 31. August 1981, S. 289
145 Erklärung vom 31. August 1981, S. 289
146 Michael Müller, Andreas Kanonenberg, Die RAF-Stasi-Connection, Berlin 1992
147 Erklärung vom 15. September 1981, S. 290
148 Erklärung vom 15. September 1981, S. 290
149 Erklärung vom 15. September 1981, S. 290
150 Guerilla, Widerstand und antiimperialistische Front, S. 297 f.
151 Dies ist ein Grund dafür, warum aus diesem umfangreichen Strategiepapier recht wenige Direktzitate erfolgen.
152 Guerilla, Widerstand und antiimperialistische Front, S. 302
153 Der Startbahn-Widerstand wandte sich sehr militant gegen den Ausbau der Startbahn West des Frankfurter Flughafens.
154 Das ehemalige Jugoslawien, das zu diesem Zeitpunkt in nationalistische Teilsaaten zerfiel.
155 Im Lager der Linken war der Krieg gegen den Irak vehement umstritten. Einerseits wurde der Krieg als weiterer brutaler Schritt des US-Imperialismus gegen nicht-willfährige Nationen gesehen, um die Ressourcen-Sicherung in Sachen Öl zu garantieren. Andererseits war der irakische Herrscher Saddam Hussein ein Feind der Linken, da sein despotisch-diktatorischer Führungsstil auf Kritik stieß und da er einen brutalen Krieg gegen die kurdische Minderheit führte. Die Kurden aber (insbesondere die kurdische Arbeiterpartei PKK) besaßen die Sympathien der deutschen Linken. Wie ersichtlich war eine moralisch gut zu rechtfertigende und vor allem einheitliche Positionierung der Linken während der Irak-Kriege nicht einfach.
156 Es ist bis heute strittig, ob Grams sich selbst richtete oder ob er von Mitgliedern der GSG 9 aus Rache für den von ihm getöteten Elite-Polizisten) erschossen wurde.
157 Zur Debatte standen unter anderem die Ermordung von Ponto, die Schleyer-Entführung und die Anschläge auf die US-Generäle Haig und Kroesen.
158 Diese Unterstützung hält im Prinzip bis zum heutigen Tag an, denn so wurde zum Beispiel der Top-Terrorist der 2. RAF-Generation (Christian Klar) als wissenschaftlicher Mitarbeiter eines prominenten Linken-Politikers angestellt, was viel Aufmerksamkeit, Widerspruch aber auch Unterstützung erfuhr.
159 Hier ist bis heute trotz offizieller Untersuchungen und Berichte eher unklar, wer die tödlichen Schüsse auf Grams abgab.
160 Birgit Hogefeld, Ein ganz normales Verfahren ... – Prozesserklärungen, Briefe und Texte zur Geschichte der RAF. Berlin 1996

161 Sicherlich gehörten auch wenige gewaltbereite Antifaschist*innen zu diesem Kreis, aber in der Regel wurden immer nur Autonome und Antiimperialist*innen als RAF-Verbündete auf der 2. Ebene der Organisationshierarchie angegeben.
162 Alexander Straßner, Die dritte Generation der „Roten Armee Fraktion". Entstehung, Struktur, Funktionslogik und Zerfall einer terroristischen Organisation, Wiesbaden 2005
163 So wird zum Beispiel davon ausgegangen, dass bei der Sprengung des Gefängnisneubaus in Weiterstadt neben den RAF-Kommandomitgliedern auch Personen aus dem Widerstand beteiligt waren, da die Operation sehr ressourcen- und personalaufwendig war.
164 Auch hier ist zu konstatieren, dass die starren Begriffsdefinitionen von legal und illegal nicht durchweg taugen und schlüssig sind. Denn auch im legalen Umfeld der RAF gab es einige Personen, die sich im Graubereich zwischen Legalität und Illegalität befanden.
165 Auch hier gab es wieder einen relativ großen „Graubereich". Denn einerseits war zum Beispiel die linksextremistische Zeitschrift „radikal" verboten und schon alleine der Besitz eines Druckexemplars konnte nach § 129 a empfindliche Geld- oder (im Extremfall) sogar Haftstrafen nach sich ziehen. Sicher ist aber auch, dass in der „radikal" etliche Autor*innen publizierten, die noch nicht in die Illegalität abgetaucht waren und sich dort rhetorisch radikal „austobten".
166 Brigitte Mohnhaupt, Erklärung vom 4. Dezember 1984, S. 321 f.
167 Erklärung vom 20. Dezember 1984, S. 328
168 Erklärung vom 20. Dezember 1984, S. 328
169 Gemeinsame Erklärung von RAF und Action Directe, Januar 1985, S. 328
170 Erklärung vom Januar 1985, S. 330
171 Erklärung vom 1. Februar 1985, S. 331
172 Erklärung vom 1. Februar 1985, S. 330
173 Es scheint so, als ob sich die 3. RAF-Generation durch diesen Schritt auch gegenüber den politischen Gefangenen im Sinne einer Anerkennung profilieren wollte.
174 An die gefangenen Revolutionäre, S. 331
175 Hungerstreikabbruch-Erklärung der Gefangenen aus RAF und Widerstand, S. 332
176 Hungerstreikabbruch-Erklärung der Gefangenen aus RAF und Widerstand, S. 333
177 Interview vom April 1985, S. 340
178 Interview vom April 1985, S. 334
179 Die Zeitungen kolportierten, dass sie ihm offensichtlich eine heiße Liebesnacht in Aussicht gestellt hätte, woraufhin Pimental bereit gewesen wäre, die Disko mit ihr zu verlassen.
180 Neudeutsch würde man von einem „Shitstorm" sprechen.
181 Der NS-/Faschismus-Vorwurf wurde der RAF teilweise schon bei der Genickschuss-Exekution Schleyers gemacht.
182 Erklärung vom 8. August 1985, S. 342
183 Pohl tätigte diesen Ausspruch allerdings später und in einem anderen Zusammenhang – die Kernaussage trifft aber den von der RAF gemeinten Sachverhalt.
184 Erklärung vom 8. August 1985, S. 343
185 Erklärung vom 25. August 1985, S. 345
186 Erklärung vom 25. August 1985, S. 344
187 Erklärung vom 25. August 1985, S. 344 f.
188 Erklärung vom 25. August 1985, S. 345
189 Interview mit der RAF, S. 346

190 An die, die mit uns kämpfen, S. 354 f.
191 An die, die mit uns kämpfen, S. 353
192 An die, die mit uns kämpfen, S. 360
193 Die revolutionäre Front aufbauen, S. 364
194 Die revolutionäre Front aufbauen, S. 365
195 Erklärung vom 9. Juli 1986, S. 376
196 Erklärung vom 9. Juli 1986, S. 371
197 Erklärung vom 9. Juli 1986, S. 373 f.
198 Erklärung vom 10. Oktober 1986, S. 382
199 Erklärung vom 10. Oktober 1986, S. 382
200 Erklärung vom 10. Oktober 1986, S. 378 f.
201 Natürlich herrscht zwischen einem Ministerialdirigenten und einem Staatssekretär ein starkes hierarchisches Gefälle. Letztlich können sie aber in derselben oder zumindest in einer ähnlichen Funktion gesehen werden. Beiden obliegt die Leitung eines (jeweils größeren bzw. kleineren) Ausschnitts eines (in diesen Fällen) Bundesministeriums. Insofern sind sie (und das dürfte sie für die RAF in ihrer Anschlagwahl auf eine gleiche Stufe gesetzt haben) wichtig für das Funktionieren der Ministerialbürokratie, die wiederum für die Umsetzung der bundespolitischen Gesetze und politischen Leitlinien verantwortlich ist.
202 Erklärung vom 20. September 1988, S. 388
203 Erklärung vom 21. September 1988, S. 388
204 Erklärung vom 20. September 1988, S. 387
205 Erklärung vom 20. September 1988, S. 388
206 Hierbei lässt sich sicherlich trefflich streiten, ob dadurch die RAF die Initiative des Handelns aus der Hand gegeben hat und ob diese Reaktion vor dem Hintergrund einer solchen Bewertung nicht ein großer strategisch-taktischer Fehler war.
207 Gerhard Wisniewski/Wolfgang Landgraeber/Ekkehard Sieker, Das RAF-Phantom – Wozu Politik und Wirtschaft Terroristen brauchen, München 1992
208 Dies ist eine Argumentationsfigur, die auch heute noch von ehemaligen RAF-Mitgliedern gerne verwendet wird. So hat Christof Wackernagel dies in einem Interview mit einer subkulturellen Szene-Zeitschrift auch geäußert. Er habe sich der RAF angeschlossen, um den Kampf gegen den Faschismus in einem System anzutreten, der damals noch nicht ausgelöscht gewesen sei.
209 Erklärung vom 2. Dezember 1989, S. 392
210 Diese Form der Verwässerung revolutionärer Politik hatte die RAF (Jahre zuvor) bei ihren Kritiker*innen abgelehnt.
211 Erklärung vom 2. Dezember 1989, S. 392
212 Erklärung vom 2. Dezember 1989, S. 392
213 Dies stellte die Basis der Verschwörungstheorien beim Herrhausen-Attentat dar, da diese Autoren*innen behaupteten, dass Herrhausen ein „guter Kapitalist“ gewesen sei, der die Entschuldung der Dritten Welt entgegen den Interessen der Wall Street gefordert habe.
214 Erklärung vom 2. Dezember 1989, S. 392
215 Erklärung vom 2. Dezember 1989, S. 392
216 Erklärung vom 2. Dezember 1989, S. 392
217 Erklärung vom 2. Dezember 1989, S. 392 f.

218 Erklärung vom 26. April 1990, S. 393

219 Hierbei handelte es sich in erster Linie nicht um Mitglieder der nationalseparatistischen (und höchstens am Rande sozialistisch eingestellten) baskischen Befreiungsbewegung ETA, sondern um politische Gefangene kommunistisch-sozialistischer Widerstandsbewegungen (wie der GRAPO).

220 Erklärung vom 29. Juli 1990, S. 394

221 Erklärung vom 29. Juli 1990, S. 396

222 Humberto Maturana, Francisco Varela, Der Baum der Erkenntnis, Berlin 2009

223 Die politische Bandbreite reichte im wissenschaftlichen Diskurssystem sicherlich von konservativen Lesarten des Selbstorganisationskonzepts bis hin zu liberalen Interpretationen. Die analytische Offenheit des neurobiologischen Konzepts und dessen unterschiedlich ausfallender Wissenschaftstransfer in Disziplinen wie Soziologie, Ökonomie und Politikwissenschaft ermöglichten die eben genannte politische Bandbreite der Adaptionen.

224 Stefan Schweizer „Anthropologie der Romantik", Paderborn 2008

225 Erklärung vom 29. Juli 1990, S. 397

226 Erklärung vom 29. Juli 1990, S. 398

227 Erklärung vom 29. Juli 1990, S. 399

228 Erklärung vom 29. Juli 1990, S. 401

229 Erklärung vom 13. Februar 1991, S. 401

230 Erklärung vom 13. Februar 1991, S. 401

231 Erklärung vom 13. Februar 1991, S. 402

232 Erklärung vom 13. Februar 1991, S. 402

233 Erklärung vom 13. Februar 1991, S. 403

234 Erklärung vom 13. Februar 1991, S. 403

235 Erklärung vom 4. April 1991, S. 405

236 Erklärung vom 4. April 1991, S. 405 f.

237 Erklärung vom 4. April 1991, S. 405 f.

238 Erklärung vom 4. April 1991, S. 406

239 Erklärung vom 4. April 1991, S. 406

240 Erklärung vom 4. April 1991, S. 409

241 Erklärung vom 4. April 1991, S. 408

242 Erklärung vom 4. April 1991, S. 409

243 Erklärung vom 4. April 1991, S. 409

244 Dies ist die Menge, auf die sich die Polizei festlegte.

245 Dies ist die Menge, welche die RAF in ihrem Bekennerschreiben angab.

246 Erklärung vom 30. März 1993, S. 455

247 Erklärung vom 30. März 1993, S. 461 f.

248 Erklärung vom 6. Juli 1993, S. 464

249 Erklärung vom 6. Juli 1993, S. 466

250 Die RAF-Gefangenen tendierten in der Regel dazu, die lange Haftdauer duldsam vor dem „größeren" Hintergrund des revolutionären Projekts zurückzustellen.

251 Die folgenden Zitate sind dem Band „>wir haben mehr fragen als antworten ...<, RAF diskussionen 1992-1994, Berlin 1995 entnommen, es sei denn, dass dies anders gekennzeichnet ist.

[252] Edition ID-Archiv, S. 175
[253] Edition ID-Archiv, S. 23
[254] Edition ID-Archiv, S. 23
[255] Edition ID-Archiv, S. 53
[256] Edition ID-Archiv, S. 245
[257] Edition ID-Archiv, S. 180
[258] Edition ID-Archiv, S. 178
[259] Edition ID-Archiv, S. 160 f.
[260] Edition ID-Archiv, S. 57
[261] Edition ID-Archiv, S. 26
[262] Edition ID-Archiv, S. 181
[263] Edition ID-Archiv, S. 246
[264] Edition ID-Archiv, S. 181
[265] Wobei die AfD die Schuld an diesen Zuständen beinahe ausschließlich an der Aufnahme zu vieler Asylsuchender festmacht.
[266] Edition ID-Archiv, S. 30
[267] Edition ID-Archiv, S. 198
[268] Edition ID-Archiv, S. 226
[269] Edition ID-Archiv, S. 251
[270] Edition ID-Archiv, S. 197
[271] Edition ID-Archiv, S. 289
[272] Edition ID-Archiv, S. 159
[273] Edition ID-Archiv, S. 203
[274] Edition ID-Archiv, S. 174
[275] Edition ID-Archiv, S. 243
[276] Keine dieser Versionen hat sich bisher bestätigt. Dennoch sind die Reste der RAF-Kommandoebene trotz massiver Fahndung, top-aktuellen und gestochen scharfen Fahndungsbildern nach wie vor auf freiem Fuß, was schon einige unangenehme Fragen aufwerfen kann, die dann aber vermutlich vom Mainstream sofort als Verschwörungstheorie abgetan werden.
[277] Edition ID-Archiv, S. 170
[278] Edition ID-Archiv, S. 166
[279] Edition ID-Archiv, S. 304
[280] Edition ID-Archiv, S. 308
[281] Edition ID-Archiv, S. 313 f.
[282] Edition ID-Archiv, S. 319
[283] Edition ID-Archiv, S. 89
[284] Die Rote Kapelle stellte eine Zusammenfassung unterschiedlicher Widerstandsgruppen dar, die alle zum Ziel hatten, Hitler zu beseitigen.
[285] Edition ID-Archiv, S. 88
[286] Edition ID-Archiv, S. 187
[287] Edition ID-Archiv, S. 328
[288] Edition ID-Archiv, S. 90
[289] Edition ID-Archiv, S. 96

290 Edition ID-Archiv, S. 330
291 Edition ID-Archiv, S. 89
292 Edition ID-Archiv, S. 329
293 Edition ID-Archiv, S. 237
294 Edition ID-Archiv, S. 255
295 Edition ID-Archiv, S. 236
296 Edition ID-Archiv, S. 66
297 Edition ID-Archiv, S. 66 f.
298 Edition ID-Archiv, S. 66 f.
299 Ian Kershaw, Achterbahn – Europa 1950 bis heute, München 2019
300 Edition ID-Archiv, S. 67
301 Edition ID-Archiv, S. 16
302 Edition ID-Archiv, S. 346
303 Edition ID-Archiv, S. 132
304 Edition ID-Archiv, S. 65
305 Edition ID-Archiv, S. 65
306 Edition ID-Archiv S. 281
307 Edition ID-Archiv, S. 16
308 Edition ID-Archiv, S. 210
309 Edition ID-Archiv, S. 215
310 Edition ID-Archiv, S. 219
311 Edition ID-Archiv, S. 67
312 Edition ID-Archiv, S. 16
313 Edition ID-Archiv, S. 65 f.
314 Edition ID-Archiv, S. 69
315 Edition ID-Archiv, S. 18
316 Edition ID-Archiv, S. 219
317 Edition ID-Archiv, S. 281
318 Edition ID-Archiv, S. 18
319 Edition ID-Archiv, S. 149
320 Edition ID-Archiv, S. 69
321 Edition ID-Archiv, S. 346
322 Edition ID- Archiv, S. 214
323 Würde diese Erklärung nach den Maßstäben eines Deutschaufsatzes bewertet werden, bliebe dem Bewertenden kaum etwas Anderes übrig, als zu dem Urteil "Thema verfehlt" mit der Note "mangelhaft" zu kommen.
324 Erklärung vom 29. November 1996, S. 502
325 Dabei ist zu beachten, dass die RAF-Gefangene Birgit Hogefeld nach ihrer Verhaftung offensichtlich nicht mit den Staatsschutz-Behörden zusammengearbeitet hat, da diese ansonsten die Rest-Strukturen der RAF zerschlagen hätten – es sei denn, es gab doch einen mehrfach angedeuteten „Deal" zwischen RAF und Staat.
326 Erklärung vom 29. November 1996, S. 502
327 Erklärung vom 29. November 1996, S. 502
328 Die Ereignisse um Bad Kleinen führten zu einem politischen Stühle-Rücken auf höchster

Ebene. Immerhin mussten ein Bundesminister und ein Staatsminister aufgrund der Vorfälle ihre Posten räumen.

329 Erklärung vom 29. November 1996, S. 502 f.

330 Daniele Ganser, NATO Geheimarmeen in Europa – Inszenierter Terror und verdeckte Kriegsführung, Winterthur 2009

331 Dies betrifft sowohl die westlichen Geheimdienste als auch die der ehemaligen Warschauer Pakt-Staaten.

332 Erklärung vom 29. November 1996, S. 503

333 Erklärung vom 29. November 1996, S. 504

334 Erklärung vom 29. November 1996, S. 504

335 Brief an die Junge Welt, S. 508 f.

336 Zum Konzept des Beobachterstandpunkts höherer Ordnung vergleiche zum Beispiel Niklas Luhmann, Die Gesellschaft der Gesellschaft, suhrkamp taschenbuch wissenschaft, Frankfurt am Main 1998 und Stefan Schweizer, Politische Steuerung selbstorganisierter Netzwerke, Baden-Baden 2003

337 Rote Armee Fraktion, „Warum wir aufhören" (http://www.rafinfo.de/archiv/raf/raf-20-4-98.php) (Zugriff am 9. Mai 2018)

338 Rote Armee Fraktion, „Warum wir aufhören" (http://www.rafinfo.de/archiv/raf/raf-20-4-98.php) (Zugriff am 9. Mai 2018)

339 Zum Konzept der Dekonstruktion vergleiche Michel Foucault, Archäologie des Wissens, suhrkamp taschenbuch wissenschaft, Frankfurt am Main 1981

340 Rote Armee Fraktion, „Warum wir aufhören" (http://www.rafinfo.de/archiv/raf/raf-20-4-98.php) (Zugriff am 9. Mai 2018)

341 Rote Armee Fraktion, „Warum wir aufhören" (http://www.rafinfo.de/archiv/raf/raf-20-4-98.php) (Zugriff am 9. Mai 2018)

342 Dabei dürfte es eine große Schnittmenge zwischen den beiden Gruppierungen geben, da Staub, Garweg und Klette sicherlich schon zu Beginn der 3. RAF-Generation als Mitglieder der RAF-Kommandoebene mit von der Partie waren.

343 Rote Armee Fraktion, „Warum wir aufhören" (http://www.rafinfo.de/archiv/raf/raf-20-4-98.php) (Zugriff am 9. Mai 2018)

344 Rote Armee Fraktion, „Warum wir aufhören" (http://www.rafinfo.de/archiv/raf/raf-20-4-98.php) (Zugriff am 9. Mai 2018)

345 Rote Armee Fraktion, „Warum wir aufhören", (http://www.rafinfo.de/archiv/raf/raf-20-4-98.php) (Zugriff am 9. Mai 2018)

346 Rote Armee Fraktion, „Warum wir aufhören" (http://www.rafinfo.de/archiv/raf/raf-20-4-98.php) (Zugriff am 9. Mai 2018)

347 Rote Armee Fraktion, „Warum wir aufhören" (http://www.rafinfo.de/archiv/raf/raf-20-4-98.php) (Zugriff am 9. Mai 2018)

348 Rote Armee Fraktion, „Warum wir aufhören" (http://www.rafinfo.de/archiv/raf/raf-20-4-98.php) (Zugriff am 9. Mai 2018)

349 Rote Armee Fraktion, „Warum wir aufhören" (http://www.rafinfo.de/archiv/raf/raf-20-4-98.php) (Zugriff am 9. Mai 2018)

350 Rote Armee Fraktion, „Warum wir aufhören" (http://www.rafinfo.de/archiv/raf/raf-20-4-98.php) (Zugriff am 9. Mai 2018)

351 Rote Armee Fraktion, „Warum wir aufhören“, (http://www.rafinfo.de/archiv/raf/raf-20-4-98.php) (Zugriff am 9. Mai 2018)

352 Regine Igel, Terrorjahre – Die dunkle Seite der CIA in Italien, München 2006

353 Mario Moretti, Brigate Rosse – Eine italienische Geschichte, Berlin 2006

354 Regine Igel, Terrorismus-Lügen, Wie die Stasi im Untergrund agierte, München 2012

355 Michael Müller/Andreas Kanonenberg, Die RAF-Stasi-Connection, Berlin 1992

356 Vergleiche die vehemente Amazon-Rezension über mein Buch „RAF 3.0+: Zerfall, Auflösung, Überfälle (1992-2017), Waiblingen 2018 https://www.amazon.de/RAF-1-0-3-0-Stefan-Schweizer/dp/3946686214/ref=sr_1_1?__mk_de_DE=ÅMÅŽÕÑ&keywords=stefan+schweizer&qid=1556466214&s=books&sr=1-1

357 Querverbindungen zu den italienischen Brigate Rosse gab es seit der 2. RAF-Generation. Mit der 3. RAF-Generation fokussierten sich diese Kontakte allerdings auf die internationalen Roten Brigaden, einer Abspaltung der Mutterorganisation.